1+X 职业技术 · 职业资格培训教材

物业管理员

主编 周建华 主审 许惠贤

五级

中国劳动社会保障出版社

图书在版编目(CIP)数据

物业管理员：五级/上海市职业技能鉴定中心组织编写. —北京：中国劳动社会保障出版社，2013

1+X职业技术·职业资格培训教材

ISBN 978-7-5167-0175-1

Ⅰ.①物… Ⅱ.①上… Ⅲ.①物业管理-职业技能-鉴定-教材 Ⅳ.①F293.33

中国版本图书馆CIP数据核字(2013)第054232号

中国劳动社会保障出版社出版发行

(北京市惠新东街1号 邮政编码：100029)

出 版 人：张梦欣

*

三河市华骏印务包装有限公司印刷装订 新华书店经销

787毫米×1092毫米 16开本 21.25印张 402千字

2013年3月第1版 2022年2月第5次印刷

定价：48.00元

读者服务部电话：(010) 64929211/84209101/64921644

营销中心电话：(010) 64962347

出版社网址：http://www.class.com.cn

内容简介

本教材由人力资源和社会保障部教材办公室、中国就业培训技术指导中心上海分中心、上海市职业技能鉴定中心依据上海 1+X 物业管理员（五级）职业技能鉴定细目组织编写。教材从强化培养操作技能，掌握实用技术的角度出发，较好地体现了当前最新的实用知识与操作技术，对于提高从业人员基本素质，掌握物业管理员（五级）的核心知识与技能有直接的帮助和指导作用。

本教材在编写中根据本职业的工作特点，以能力培养为根本出发点，采用模块化的编写方式。本教材内容共分为 9 章，主要包括物业管理概述，物业管理人员基本从业要求，前期物业管理及物业管理的招投标，物业管理的运作主体，房屋的养护与维修管理，房屋设备的维护与管理，物业管理服务，物业管理常用的信函、文本与合同，建筑识图与房屋建筑基础。为方便读者掌握所学知识与技能，教材在每一章节后附有测试题及答案。

本教材可作为物业管理员（五级）职业技能培训与鉴定考核教材，也可供全国中、高等职业技术院校相关专业师生参考使用，以及本职业从业人员培训使用。

前　言

职业培训制度的积极推进，尤其是职业资格证书制度的推行，为广大劳动者系统地学习相关职业的知识和技能，提高就业能力、工作能力和职业转换能力提供了可能，同时也为企业选择适应生产需要的合格劳动者提供了依据。

随着我国科学技术的飞速发展和产业结构的不断调整，各种新兴职业应运而生，传统职业中也越来越多、越来越快地融进了各种新知识、新技术和新工艺。因此，加快培养合格的、适应现代化建设要求的高技能人才就显得尤为迫切。近年来，上海市在加快高技能人才建设方面进行了有益的探索，积累了丰富而宝贵的经验。为优化人力资源结构、加快高技能人才队伍建设，上海市人力资源和社会保障局在提升职业标准、完善技能鉴定方面做了积极的探索和尝试，推出了1+X培训与鉴定模式。1+X中的1代表国家职业标准，X是为适应上海市经济发展的需要，对职业的部分知识和技能要求进行的扩充和更新。随着经济发展和技术进步，X将不断被赋予新的内涵，不断得到深化和提升。

上海市1+X培训与鉴定模式，得到了国家人力资源和社会保障部的支持和肯定。为配合上海市开展的1+X培训与鉴定的需要，人力资源和社会保障部教材办公室、中国就业培训技术指导中心上海分中心、上海市职业技能鉴定中心联合组织有关方面的专家、技术人员共同编写了职业技术·职业资格培训系列教材。

职业技术·职业资格培训教材严格按照1+X鉴定考核细目进行编写，教材内容充分反映了当前从事职业活动所需要的核心知识与技能，较好地体现了适用性、先进性与前瞻性。编写组特聘请编写1+X鉴定考核细目的专家，以及相关行业的专家参与教材的编审工作，保证了教材内容的科学性及与鉴定考核细目、题库的紧密衔接。

职业技术·职业资格培训教材突出了适应职业技能培训的特色，使读者通过学习与培训，不仅有助于通过鉴定考核，而且能够真正掌握本职业的核心技术与操作技能，从而实现从懂得了什么到会做什么的飞跃。

职业技术·职业资格培训教材立足于国家职业标准，也可为全国其他省市开展新职业、新技术职业培训和鉴定考核，以及高技能人才培养提供借鉴或参考。

新教材的编写是一项探索性工作，由于时间紧迫，不足之处在所难免，欢迎各使用单位及个人对教材提出宝贵意见和建议，以便教材修订时补充更正。

人力资源和社会保障部教材办公室

中国就业培训技术指导中心上海分中心

上 海 市 职 业 技 能 鉴 定 中 心

目　录

第 1 章

物业管理概述

第 1 节　物业及物业管理的概念

一、物业

1. 物业的含义

“物业”一词译自 Real Property 或 Real Estate，其含义为“财产、资产、拥有物、房地产”等，这是一个广义的范畴。它最早使用于我国香港地区及东南亚一带的国家，20 世纪 80 年代传入内地，其含义是指土地以及土地上以建筑物形式存在的不动产。

在世界上大多数国家和地区，“物业”作为通用的词汇，与房地产、不动产表达的是同一个概念。但在我国特定的环境下，物业与房地产所表达的意思不完全相同。房地产是一个相对宏观的概念，是指形成于生产、流通、消费整个过程中的房地产产品，是土地及定着于土地之上的建筑物、构筑物和其他附属物在自然形态和经济形态下的总称；而物业则是一个相对微观的概念，它一般是指进入消费领域的房地产产品。

归纳起来，物业的含义应该包含以下三项内容：

(1) 已建成并具有使用功能和经济效用的各类房屋。

(2) 与这些房屋相配套的设备、设施。

(3) 相关的场地。

各类房屋可以是一个建筑群，如住宅小区、工业小区等；也可以是单体建筑，如一幢高层或多层住宅楼、写字楼、商业大厦、旅游宾馆、停车场等。与之相配套的设备、设施和相关的场地是指房屋内外各类设备、市政、公用设施及相邻的场地、庭院、干道。

2. 物业的分类

物业可以从各个不同的角度进行分类，本书仅就使用功能的角度来划分。

根据使用功能的不同，物业一般可分为以下四类：

(1) 居住物业。包括住宅小区、单体住宅楼、公寓、别墅等。

(2) 商业物业。包括综合楼、写字楼、商业中心、会展中心、酒店、康乐场所等。

(3) 工业物业。包括工业厂房、仓库等。

(4) 其他用途物业。如车站、机场、医院、学校、教堂、寺庙、名人故居等。

具有不同使用功能的物业，其管理有着不同的内容和要求。

3. 物业的特点

作为土地、建筑物与物权总和的物业，它与其他工业产品有着本质的区别，这主要体现在以下几个方面。

(1) 空间位置的固定性。由于土地具有不可移动性，而建筑物必须固定在土地上，也就形成了物业空间位置的固定性，这种固定性是指土地的空间方位、位置的确定性。物业空间位置的固定性，使得房地产的开发、买卖、租赁及售租后的服务等一系列经济活动必须因地制宜、就地进行，而不可能像其他工业产品那样可以通过运输而到处流动。欠发达地区的物业不能因为发达地区的价格高就流动到发达地区去。物业空间位置的固定性也使得与之相配套的管道、道路、电缆不能移动，否则就会丧失物业的全部或部分功能。

(2) 使用寿命的长期性。物业使用寿命的长期性有两重含义：一方面，从构成物业基础的土地来看，它对于房地产开发来说具有可以永续利用的特点，拆除某一建筑物或构筑物后，可以再建其他建筑物或构筑物。因此，土地的使用寿命相对于人的寿命来说，可以看做是永恒的。另一方面，所开发的物业使用期限一般可达几十年乃至上百年。即土地和房屋本身是可以长期使用的。在我国，根据《中华人民共和国城镇国有土地使用权出让和转让暂行条例》的规定，土地使用权出让最高年限如下：居住用地为70年，工业用地为50年，教育、科技、文化、卫生、体育用地为50年，商业、旅游、娱乐用地为40年，综合或者其他用地为50年。土地使用权期间届满，根据《中华人民共和国物权法》的规定，住宅建设用地使用权期间届满的，自动续期；非住宅建设用地使用权期间届满后的续期，依照法律规定办理。该土地上的房屋及其他不动产的归属，有约定的按照约定办理；没有约定或者约定不明确的，依照法律、行政法规的规定办理。

(3) 建设时间的长期性与投资资金的高额性。物业开发建设周期比一般的商品生产周期要长得多，从土地征用到“七通一平”(“七通”即通路、通水、通电、通话、通有线电视、通地下排水管、通管道煤气，“一平”即平整土地)，到施工、安装，再到竣工验收和交付使用，一般需要1～2年或更长的时间。物业开发建设同时需要大量的资金投入，一般一栋几千平方米至上万平方米的楼房，仅建筑安装工程造价就高达几千万元，在北京、上海、深圳等城市的黄金地段甚至超过这个水平。随着城市经济的发展和房地产市场的日益成熟，大、中城市土地价格又不断上涨，再加上我国由于在城市建设中实行了综合开发、配套建设的方针，使得物业开发建设的投资数额进一步增大。

(4) 价值上的保值性与增值性。由于土地资源稀缺，一般来说，随着时间的推移，物业表现出明显的保值性与增值性。这是因为，随着社会生产力的发展、人口的增加和人民生活质量的提高，不论是生产还是生活，人类对土地的需求量是不断增长的。然而一定时期内，按照城市规划的要求，可用于物业建设的土地面积是有限的。由于土地面积的相对稳定性，使得土地供求矛盾日益尖锐，所以，物业的价格一般也会不断上涨，具有保值和增值的倾向。当然，物业的增值是一种长期的趋势，而不是直线式的运动。从某一时期来看，物业的价格可能有升有降、上下波动，但从长期来看，无疑呈现出在波动中上扬的趋势。

（5）形式上的多样性。建筑物的功能不同、位置不同、环境条件不同，形成了物业形式上的多样性。在南方地区，建筑物为了防台风往往建得比较低矮；而在北方地区，房屋为了便于融雪常把屋顶建得尖一些、斜一些。世界上许多著名建筑物，在考虑其使用要求时，还表现或追求一种理念以及艺术视觉效果，或体现出相应的宗教信仰，如巴黎的卢浮宫、悉尼歌剧院、北京紫禁城、西宁的塔尔寺以及上海的东方明珠电视塔、金茂大厦等。当然，房屋等建筑物因其用途、功能不同也需要建造不同的形式，以满足不同的需要。即使是同一式样的楼宇，也会因地点、环境、气候条件的不同，在结构、质量、材料方面表现出一些差异。

（6）政府宏观调控性。由于土地资源的稀缺，使得物业也是稀缺的，而物业又关系到国计民生、社会稳定等重大问题。因此，对于物业的使用、支配，任何国家多少都有一些限制，加强政府的宏观调控也是十分必要的。物业法令和政府政策的影响主要体现在以下两个方面：一是限制权，即政府基于公共利益的需要，可通过相应的法律和政策限制某些物业的开发、使用、转让等，如城市规划对土地用途和建筑高度、容积率、覆盖率等都有明确的规定；二是行政征用权，政府为满足社会公共利益的需要，可以对任何物业实行强制征用。物业受政策影响较大还体现在，由于物业具有固定性，所以无法躲避未来政策变化的影响。这表明物业投资具有高风险与高收益并存的特点。目前，我国大陆与物业相关的法律、法规主要包括物权法、土地管理法、城市房地产管理法、城市规划法、城镇国有土地使用权出让和转让暂行条例、城市新建住宅小区管理办法、物业管理条例等，以及民法、商法、经济法和一些地方性的法规。如果没有这些法律、法规，整个国家和地区的物业建设势必处于混乱无序状态，给社会环境、生态平衡、人口流向、交通、治安、防火、防灾等带来巨大的负面影响。

4. 物业的社会属性

物业的社会属性主要包括以下内容：

（1）经济属性。表现为物业的商品属性，即物业是一种商品，物业的生产、经营、交换、分配、消费等必然是商品化的运行过程，物业的一切运行须符合市场经济的客观要求。

（2）法律属性。表现为房地产的物权关系。在我国的法律中，房地产物权是指房地产物权人在法律范围内享有房屋的所有权及其占有土地的使用权。

5. 物业的物权

物业的物权是指物业权利主体在法律规定范围内支配不动产，并排除他人干涉的权利。物权是财产权，它的标的是物，它的义务主体是不固定的人，且物权有追及效力，即物权的标的物无论辗转于任何人之手，权利人均可凭借其物而主张权利。物业物权的内容十分广泛，除自物权（所有权）之外，还有由所有权衍生的他物权。物业的他物权是指与自物权对应的、在他人所有物业或不动产上设定的物权，以及所有权以外的物权的全体。具体包括以下内容：

（1）用益物权。是指以他人不动产的使用与收益为内容和目的依法设定的物权，包括地上权、地役权、典权、永佃权等。用益物权以其使用价值为目的，就其实体而利用，因而被称为实体支配权。用益物权人依法获取占有、使用、收益的权利，致使原所有权人暂时或长期失去部分或全部权利。用益物权通过合同等法律手续取得后，具有相对独立性，即为相对独立的他物权，并可以对抗所有权。

（2）担保物权。是指为了担保债务的履行，在债务人或第三人特定的不动产或权利（含土地使用权）上所设定的物权，包括抵押权、留置权、质权等。担保物权是一种从物权（从属于债权）和他物权。担保物权以取得不动产交换价值为目的，其性能是确保债务的清偿，并不直接占有和使用标的物。

二、物业管理

1. 物业管理的起源

“物业管理”一词译自 Real Estate Management，它是社会经济发展到一定水平时的产物。传统意义上的物业管理起源于 19 世纪 60 年代的英国，由于工业革命的发展使得大量农村人口涌入工业城市，这必然引起对城市房屋需求的增加，但对其缺乏管理导致诸如房屋破损严重、居住环境日趋恶化等“社会问题”。当时有一位名叫奥克维娅·希尔（Octavia Hill）的女士迫不得已为其名下出租的物业制定了一套规范租户行为的管理办法，出乎意料地收到了良好效果，使得当地人士纷纷效仿，这可以说是最早的“物业管理”。时至今日，英国的物业管理作为一个固定行业，其整体水平是世界一流的。除了传统意义上的楼宇维修、养护、清洁、保安外，物业管理的内容已延伸至工程咨询和监理、物业功能布局和划分、市场行情调研和预测、目标客户群认定、物业租售推广代理、通信及旅行安排、智能系统化服务、专门性社会保障服务等全方位服务。

我国大陆对物业管理的探索和尝试是从 20 世纪 80 年代初开始的，在学习和借鉴国外及国内港澳先进经验的基础上，首先在经济特区深圳和沿海发达地区广州试行，然后在总结经验的基础上逐步推广至全国。

2. 物业管理的基本概念

根据国务院 2007 年 8 月 26 日修订，并于 2007 年 10 月 1 日起实施的《物业管理条例》，对物业管理做了以下定义：本条例所称物业管理，是指业主通过选聘物业服务企业，由业主和物业服务企业按照物业服务合同约定，对房屋及配套的设施、设备和相关场地进行维修、养护、管理，维护相关区域内的环境卫生和秩序的活动。

就实践而言，物业管理的外延也在不断扩大。物业服务企业除了提供上述基本服务之外，还应为业主或使用人提供全方位的综合性服务，这既可方便业主或使用人、服务业主或使用人，同时也能增加企业的收入。

物业管理首先提供的是服务，其服务对象是人；物业管理其次提供的是管理，其管理对象是物业。物业管理的服务主要是通过它的管理来体现的。物业管理是集服务、管理、经营为一体的有偿经济活动。

3. 物业管理的性质

物业管理在我国是一种新型的管理模式，其性质也非常明确，本质是服务，它与行政管理及其他管理截然不同。首先，从经济活动方式上看，物业管理同第三产业的其他部门一样，不直接生产有形的商品，而是提供服务；其次，物业管理作为房地产综合开发的延伸和完善，存在于房地产业的消费环节中，将专业化的管理和服务提供给业主和使用人，从业主和使用人那里收取服务费用。总之，物业管理是寓管理、经营于服务之中的第三产业。

物业管理采取有偿服务的方式，这与社会主义市场经济的本质是相吻合的。

科学地认识物业管理的性质，对于制定物业管理的有关方针、政策，引导物业管理健康发展，充分发挥物业管理的作用都具有十分重要的意义。它可以为物业管理政策和法规的制定提供理论依据，从而对物业管理真正起到指导和规范作用；它更有利于促进物业管理实践的发展，使人们认识到物业管理既不是福利性的行业，也不是一个可获丰厚利润的行业，物业服务企业只有通过提供质价相符的优质服务，才能使企业不断获得发展；它可以帮助物业服务企业及其管理部门增强服务意识，通过服务实现社会效益、经济效益和环境效益的统一。

4. 物业管理的特点

物业管理一般具有社会化、专业化、规范化、经营化、契约化等特点。

（1）物业管理职能的社会化。物业管理职能的社会化是指它将分散的社会分工汇集起来统一管理。除了房屋及设施、设备的管理和维护外，还包括绿化、保洁、公共区域秩序维护、车辆的停放管理、协助做好物业管理区域内的安全防范工作以及物业管理的特色服务，包括特约服务和便民服务。物业管理职能的社会化大大方便了业主和使用人，因为生活中的很多琐事都能通过物业服务企业的各种服务得到解决，使广大业主和使用人能集中精力投入自己的工作中去，从而为社会创造更多的财富。同时，对政府各有关职能部门而言，由于物业服务企业提供了热情、周到的服务，这也为他们工作的顺利开展打下了一个良好的基础，也有利于和谐社会的创建。

（2）物业管理组织的专业化。物业管理是由专业的服务企业——物业服务企业实施对物业的统一管理。除了物业服务企业从事专业服务外，绿化公司、保安公司、清洁公司等专业化公司提供专业服务已逐步成为一种趋势。所谓专业化有三层含义：一是有专门的组织机构。专门组织的建立表明这一行业已从分散型的劳动转向了专业型。二是有专业的人员配备。物业管理的内容很多都是专业性的，如机电设备、电梯、空调、房屋、管道、消防设备等的维护必须由专业人员实施。三是有专门的管理工具和设备。物业服务企业将一些专业管理以经济合同的方式交予相应的专业经营服务公司，这有利于提高城市管理的专业化和社会化进程，并能进一步推进城市管理向现代化管理方式的转换。

（3）物业管理形式的规范化。这是物业管理走向现代化、科学化的一个重要标志。它不仅指企业的设立必须按照国家和政府机关的有关政策、法规规定，合法经营，而且还包括企业的管理运作程序必须规范，如物业的接管要规范、日常管理服务要规范、与业主签订契约要规范等。物业服务企业还应建立岗位规范，所谓岗位规范，就是本岗位工作、服务的目标要求，这是企业创文明、塑形象的重要环节。

（4）物业管理过程的经营化。与投资管理、决策咨询等一样，物业管理是一种经营性行为，所追求的目标就是利润的最大化，而非以往政府职能的延伸。当然，在目前我国的物业服务企业仍属微利企业，它所能实现的经营目标也仅仅是保本微利、量入为出。但随着我国经济的进一步发展，物业管理服务质量的进一步提高，物业服务企业的利润应该还有一定的上升空间，这也是物业管理行业今后能健康持续发展的前提。

（5）物业管理关系的契约化。契约化的含义是通过经济合同或公共契约的方式，约定契约双方的权利和义务，并明确服务项目标的，包括经济利益的标的。这种在市场经济中出现的管理服务型的经济关系是一种商品经济合同式的买卖关系，彻底改变了原来房屋管理的行政式管与被管的关系，增强了行业的竞争性和挑战性。

第2节　物业管理的原则、基本环节和服务内容

一、物业管理的原则

根据物业管理的特点和性质，我国物业管理活动的开展必须坚持以下几项基本原则。

1. 以人为本，服务第一的原则

物业管理的服务对象是人。服务面对的是具有不同文化背景、不同职业、不同年龄的各类群体，具有群众性和多样性的特点；同时，物业管理服务又贯穿于整个物业存在的全过程，故又具有长期性的特点。因此，物业管理服务要充分考虑适应的宽泛性，一切为业主和使用人着想，以上乘的服务和科学的管理来营造一个舒适、方便、安全、优美的物业环境，方便业主和使用人的工作及生活，这是物业管理的根本宗旨和首要原则。

2. 企业化经营、社会化服务的原则

在社会主义市场经济条件下，物业管理的服务是通过具有独立法人资格的物业服务企业来实施的。物业服务企业具有自主经营、自负盈亏、自我约束、自我发展的特点，国家对从事物业管理活动的企业实行资质管理制度。因此，物业服务企业在实施管理和提供服务时，必须按照市场经济规律的要求实行企业化经营和社会化管理。而实行物业管理招投标应该是今后物业管理市场发展的必然方向，目前，仅规定住宅物业前期物业管理必须实行招投标，而其他物业前期物业管理仅是提倡实行招投标，这还是很不够的。当然，对业主大会成立后的物业管理，业主大会在选聘物业服务企业时可以通过招投标的方式，也可以通过协议的方式，这主要是考虑到招投标有个成本的问题。但就目前国内的实际情况而言，业主大会更换物业服务企业的情况较少发生，即使有，也大多采用协议的方式，物业管理二手市场规模非常有限。随着经济的不断发展，今后整个物业管理市场的企业选聘应该会逐步实行招投标，这对提升物业管理行业的整体服务质量和市场化程度是十分重要的。物业服务企业应该以自己的经营能力和优质服务在物业市场上争取自己的位置，拓展自己的业务。物业服务企业作为独立的法人，可以按照《中华人民共和国公司法》（简称《公司法》）的规定从事经营活动，不受任何干扰。同时，物业服务企业的行为不是政府行为，其在运作中要遵循社会化管理的原则，协调和处理好与各有关部门，如街道、居委会、公安、市政、公用、邮电、交通等行政性和事业性单位的关系，建立社会化管理的联

动体系，以充分发挥各类物业的综合效益和整体功能。

3. 统一经营、综合管理的原则

现代物业的种类多样，有各种住宅、商业大厦、办公大楼等，使用性质可以由商业、服务业、办公商务、住宅等共同构成。但房屋建筑结构及供电、供暖、供气、上下水管、电梯等设施有时是无法分割的，相互贯通，具有整体性和系统性。住宅小区内有时也还包含文化、娱乐、生活服务、商业等设施，共同组成一个完整的多功能小区。因此，房屋结构相连以及设备相互贯通的整体性和系统性，决定了只能通过统一经营、综合管理，才能使各类建筑物和工作、居住环境相协调，从而充分发挥出物业的功能作用。

4. 专业化管理和业主自治管理相结合的原则

所谓业主自治管理，是指在一个物业区域内成立业主大会，由业主大会聘请专业物业服务企业实施管理，在这种物业管理中，业主处于主导地位。物业服务企业按照合同要求，通过专职的管理服务人员，负责对物业的维修和养护，实行专业化的管理并提供多层次的服务。但由于物业管理的服务面广，而且涉及的内容多而复杂，需要业主或使用人的配合。因此，可采用多种形式，诸如宣传和介绍正确使用、维护房屋及其各类设施的方法，组织业主或使用人参与力所能及的环境卫生、绿化种植和绿化认养、环境美化等各项公益活动，举办各种联谊会、书画展，开通服务热线电话等举措，促使业主或使用人积极参与物业管理工作，并对物业服务企业的工作实行监督，形成良好的民主管理机制，提高管理服务的效率。

5. 契约化原则

契约化原则是指依法通过各种合同、规章、条例对物业进行管理，物业管理服务的全部运作过程都建立在契约的基础上。从业主大会成立、委托管理到具体每项经营、服务项目的确定和操作，都必须以一系列的契约为前提。契约化管理的原则要求管理民主化、公开化。物业服务企业的一切经营管理活动都应当接受业主委员会的监督，实行专业管理与民主管理相结合，执行机构和监督机构相分离，这样才有利于促进服务态度的改变，有利于服务质量和管理水平的提高。

二、物业管理的基本环节

物业管理涉及从物业的规划设计开始，直到物业投入使用后全部正常管理的全过程。它由许多环节构成。按照物业管理的先后顺序，基本上由以下几个环节构成。

1. 物业管理的提前介入

物业的建造周期一般较长，少则一两年，多则四五年，设计、施工和安装的技术含量都较高。为了保证物业的正常使用和发挥功能，对物业实施有效的管理，需要物业服务企业提前介入。所谓物业管理的提前介入，严格意义上是指物业服务企业在物业的规划设计或开发建设阶段就参与、介入，充当参谋。共同参与物业的设计、施工和安装，从物业管理的角度为开发企业出谋划策，把好设计关、建设配套关、工程质量关和使用功能关，为物业投入使用后提供优良的管理创造条件。但目前大多数的提前介入还是在入住前半年左右，主要就建筑安装及后期工作提一些建议，为验收接管做前期准备，这还是远远不够的。

2. 物业服务企业的落实

为了保证物业在交付使用时能获得及时、良好的管理，必须在物业交付使用前落实好物业服务企业，以确保物业管理的良性运作。在业主、业主大会选聘物业服务企业前，国家倡导建设单位按照房地产开发与物业管理相分离的原则，通过招投标方式选聘具有相应资质的物业服务企业，提供前期物业服务。对于住宅物业，建设单位应当通过招投标方式选聘具有相应资质的物业服务企业，提供前期物业服务，并签订书面的前期物业服务合同。但投标人少于 3 个或者住宅规模较小的，经物业所在地的区、县人民政府房地产行政主管部门批准，可以采用协议的方式选聘具有相应资质的物业服务企业。

一般来说，建设单位选聘的物业服务企业多为提前介入的物业服务企业。

3. 物业管理人员的培训

物业管理从业人员的来源面比较宽，既有招聘的中、高层次的管理人员，又有吸纳的下岗再就业人员；既有具备大、中专学历的专业技术和管理人员，又有文化程度较低的清洁、保安人员。为了适应物业管理专业化和现代化管理的要求，同时尽快熟悉本物业区域的特点，物业服务企业必须分别对管理层和操作层（如维修、养护、保安、清洁、绿化等）的人员进行培训，以便使他们对所管理的物业、服务的对象、职责范围和相关的专业知识有充分的了解，从而为他们的顺利上岗打下扎实的基础。

物业服务企业员工培训是一项长期的任务，除了入门培训外，还必须建立一种定期培训的制度，做到员工培训的常态化，使员工能不断地吸收新的知识，掌握新的技能，学习新的政策、法规，通过运用新的工作方式和思维方式，使企业的服务质量不断提高，从而在市场竞争中立于不败之地。

4. 物业管理规章制度的制定

规章制度是物业管理顺利实施的前提和保证。规章制度的制定应依据国家和政府有关部门的法律、法规和规定，如国务院颁布的，经 2007 年 8 月 26 日修订，并于 2007 年 10 月 1 日起实施的《物业管理条例》和地方性的物业管理规定等，并结合本物业的实际情况。这是物业管理逐步成熟并走向规范化、科学化、程序化和法制化的具体体现。物业管理规章制度的内容包括物业服务企业的职责、各部门的职责、各类人员的岗位责任制、物业区域内的各项管理规定以及业主和使用人的权利、义务、责任等。

5. 物业的验收和接管

物业的验收包括物业的竣工验收和物业的承接验收。物业的竣工验收是物业建筑生产的最后一个阶段，是建筑商和开发商之间的一个法定手续。它包括隐蔽工程验收、单项工程验收、分期验收和全部工程验收。物业的承接验收是在竣工验收合格的基础上，以主体结构安全和满足使用功能为主要内容的再验收，是物业服务企业承接开发商移交物业的验收。移交应办理书面移交手续，开发商还应向物业公司移交整套图样资料，以便于今后的管理和维修、养护。在物业保修期间，接受委托的物业服务企业还应与房地产开发企业签订保修实施合同，明确保修项目及有关责任。

6. 进户管理

所谓“进户”，是指业主和使用人收到书面通知书并在规定期限内办理完结相应手续后实际入住，即将物业正式交付业主和使用人使用。进户管理是物业管理中一个十分重要的阶段，物业服务企业必须认真对待每一个环节，以保证进户工作的正常开展。进户管理工作一般按以下程序进行：

（1）业主和使用人接待。业主和使用人携带购房合同（或租赁合同）、身份证及入住书面通知书，到物业服务企业相关部门办理进户手续。

（2）发放资料及钥匙。物业服务企业查验了业主和使用人上述各类文件后，即可发放钥匙及以下资料：用户入住验收表、用户手册及使用说明书、管理规约、装修申请表、其他宣传资料和规定。

（3）业主和使用人验收。业主和使用人应按用户入住验收表所列各项内容逐一进行验收，并及时填写用户入住验收表，以便有问题及时解决。

（4）用户入住验收表存档。

7. 装修及搬迁管理

目前，大多新开发的楼盘为全装修房，通过菜单式的选择，让业主在备选的几个装修方案中选一个。这不仅使购房者省却了装修的麻烦，同时也避免了单独装修可能给物业带来的损伤。若楼盘为非全装修房，则业主和使用人在装修前应填报装修申请表，确保装修不损坏房屋的承重结构、不破坏建筑物的外墙原貌以及不损坏公用设备和设施。同时，防止乱倒、乱放建筑垃圾，噪声超出规定标准等现象的发生。物业服务企业在平时应加强对装修行为的监管，加强对装修现场的巡视，发现有违规行为应及时予以阻止，并督促其改正，对坚持不改者，报有关部门依法处理。

对于搬迁，物业服务企业应尽量事先与业主和使用人进行沟通，了解搬迁的具体时间，做到心中有数，以便做好相应的安排和管理工作，尽可能少地影响已入住业主的正常生活。

8. 建立物业管理档案

物业管理的档案资料包括业主和使用人的资料以及物业的构成及周围环境的资料。业主和使用人入住以后，物业服务企业应及时建立他们的档案资料，包括进户人员数、姓名、性别、年龄、职业、联系电话、费用缴付情况记录、装修情况记录等。同时，物业服务企业也应将物业管理的相关联系电话、接待时间和接待人、各种应急联系电话等基本情况以卡片的形式发给每一位业主和使用人，确保物业服务企业以及业主和使用人之间的联系畅通。

建立物业管理档案资料时，必须紧紧抓住收集、整理、归档、利用四个环节。

9. 物业管理的日常服务

物业管理进入正常的管理阶段后，物业服务企业必须尽心尽责地做好日常的服务工作，按照合同的约定，认真做好物业的维修、养护，物业设备的管理，管理辖区内的环境、绿化、保洁、秩序维护等工作，为业主和使用人营造一个舒适的生活和工作环境。

三、物业管理的服务内容

由于物业类型的不同，物业管理服务所涉及的内容也不尽相同。物业管理服务均须以物业服务合同为基础。

1. 物业管理服务的基本内容

（1）对房屋及其附属设备、设施的维修、养护、管理。

（2）公共区域秩序的维护。

（3）保洁、绿化管理。

（4）车辆的停放管理。

（5）物业共有部位的管理。

（6）物业档案资料的保管。

（7）物业维修、更新改造和养护费用的财务管理。

（8）物业使用中对禁止性行为的管理。

（9）物业服务合同约定的其他服务项目。

2. 物业管理的其他委托服务

物业管理的服务是全方位的，在做好以上物业管理的基本服务内容之外，只要是业主和使用人需要，对社会和他人有益的服务工作，物业服务企业在有条件的情况下都应该积极去做，并努力把它做好。物业管理的其他委托服务涉及生活中的方方面面，包括衣着方面、饮食方面、家居方面、旅行方面、娱乐方面、购物方面、家政方面等。但是，物业经营应侧重于服务质量，而不在于过多地追求服务项目的多样化，物业服务项目和内容的安排上应该质量重于数量，对于增设特色服务务必慎重，避免盲目贪多求新，反而影响了物业管理服务的质量。

有关物业管理的基本服务内容和其他委托服务的内容将在后面章节中详细阐述。

第 3 节 物业管理的模式、目标和发展趋势

一、物业管理的模式

本书所讲述的物业管理模式是指物业管理的类型。

从目前情况来说，物业管理的模式主要有三种：第一种模式是由业主选聘物业服务企业实行专业管理；第二种模式是由业主实行自营管理；第三种模式是由“职业经理人”或“事务所”组织实施物业管理。

1. 物业服务企业实行专业管理

由业主选聘物业服务企业实行专业管理是我国目前广泛采用的主流模式。这种模式主要是香港模式，物业服务企业是应业主的聘请或按发展商与政府订立的契约对住宅区或大厦进行管理的机构。在这种物业管理模式中，房屋产权不属于物业服务企业，而是归属于其他人，即物业服务企业只拥有经营管理权，而无产权。其工作内容包括房屋及其附属设备设施的养护修缮，还包括小区或大厦内的秩序管理、环境卫生、车辆的停放及管理，绿化、消防、财务管理及其他相关的服务，即通过服务为住户提供一个良好的工作、居住环境。这种服务是有偿的，但不以盈利为唯一目的，它按政府有关价格政策以及相应的服务分类和等级制定收费标准，由业主选择，基本上是收支相抵，略有微利，兼顾经济效益和社会效益。此类物业服务企业如要实现较好的经济效益，可考虑走规模化发展的道路。

在世界上有许多国家和地区都主要采用物业服务企业实行专业管理的模式。

专业管理模式如果施行得好，可以为业主提供周到全面的服务，免除他们的后顾之忧，虽然收费略高一些，但只要合理，业主还是愿意负担，愿意接受物业服务企业的专业管理。但是实行专业管理应当由业主委员会通过招投标方式或协议的方式选聘物业服务企业（前期物业管理由开发商通过招投标方式选聘物业服务企业），双方协商确定服务项目和收费标准，而不能由开发商组建或聘用物业服务企业，单方面决定服务项目和收费标

准，然后强加给业主。

没有业主委员会的，应通过由业主共同协议的方式或招投标方式来选聘物业服务企业。

从委托服务型物业管理的“保本微利”的经营方针看，似乎物业服务企业无利可图。但客观实践证明，只要不断拓展服务项目，适当地扩大物业管理规模，经营得法，注重提高效率，仍然可以获得较好的经济收益，同时实现良好的社会效益。因此，这种物业管理类型在我国南方一些经济比较发达的地区出现后，受到政府的鼓励和百姓的称赞，之后在全国各地得到了广泛的发展。

2. 业主实行自营管理

由业主实行的自营管理是物业管理的又一种模式，所谓的业主自营管理是指业主大会通过市场手段招聘各专业公司进行管理的方式。不成立业主大会的则由业主共同通过市场手段招聘各专业公司进行管理，具体可由全体业主选出的管理小组来落实操作。

业主自营模式不需要交纳营业税等税费，也减少了企业运营的管理费用，所以管理的成本比较低。若将有的工作聘请本物业中的退休人员担任，其费用可以更低，在我国的台湾地区就非常普遍地采用业主自营管理的办法。台湾自营式物业管理人员非常精干，由业主自己选出的管理小组全权负责物业管理，专职人员只有两个人，一位是干事，另一位是会计。另外，从退休人员中聘用少量的临时工做保安、保洁和维修工作，从共有房屋的出租收入中支付工作人员的工资、奖金和设备费，从而减轻了业主的经济负担，也避免了不少常见的纠纷，保障了住宅区生活的安定和有序。

3. 由“职业经理人”或“事务所”组织实施物业管理

所谓由“职业经理人”或“事务所”来组织实施物业管理，是指由业主通过聘用“职业经理人”，由其来组织实施物业管理。物业区域的重大事务由全体业主共同商定，并由全体业主选出的管理小组来组织落实。日常事务则由聘请的“职业经理人”进行统筹规划和实施。

由于我国目前比较强调实行专业化、社会化、市场化管理，所以由物业服务企业管理的住宅区占比重很大，即以物业服务企业实行专业管理模式占主流，业主实行自营管理模式比例相当小，且取得成功的范例也比较少。由“职业经理人”或“事务所”来组织实施物业管理的模式，还只是在部分发达城市刚刚起步，尚处于探索阶段。

聘用物业职业经理人或事务所来实施物业管理，不仅是因为职业经理人具有专业性、风险意识强和创新精神三个最基本的特征，而且对物业服务企业实行专业管理，能大幅降低其运行成本。

由于我国目前大部分实行的是物业服务企业的专业管理，物业管理中出现的许多问题，如业主与物业服务企业之间的冲突纠纷多、物业管理费收费难、服务不到位、业主投诉率高、物业管理经费运作困难等，与管理模式相对单一有一定的关系，如能适当鼓励和引导后两种非主流管理模式，使其数量能不断地增加，形成和物业服务企业专业管理模式并存的态势，将有利于推动物业管理质量的提高。

二、物业管理的目标

1. 物业管理的总目标

物业服务企业按照物业服务合同的约定，为业主或使用人提供服务，内容涉及合同约定的物业管理事项、服务质量、服务费用等。通过对合同的履行，以期使物业管理能达到以下目标：

（1）创造一个文明和谐的物业管理区域。良好的物业管理，能为业主和使用人创造一个舒适的居住环境、生活环境和工作环境，这有助于物业管理区域内人际关系的调和，有助于增强业主的睦邻意识，创造相互尊重、和乐共处的睦邻关系，从而为和谐社区、和谐社会的创建作出贡献。

（2）延长物业的使用年限，确保其功能的正常发挥。良好的物业管理不仅可以使物业的使用处于良好状态，而且还能确保物业在整个使用周期内功能的正常发挥，同时延长其使用年限。良好的物业管理还可以提升物业的档次和适用性，增加其使用价值和价值。

（3）实现物业管理经费的良性运作。开展物业管理工作所面临的一个重要问题就是资金问题，只有资金的来源是稳定而持续的，物业管理工作才能正常地运转。资金管理不仅包括物业管理企业的运营预算、流程、财务管理制度，另一个重要方面是物业管理费的收缴。物业管理费收缴难的问题是困扰很多物业服务企业的“老大难”问题。良好的物业管理的含义不仅包括物业管理服务的高质量，同时也包括资金管理的良性运作。优质的物业管理服务能使物业管理费的收缴率达到最高，而如果管理不善，不仅会影响物业服务企业的声誉，引起业主的不满和投诉，而且也会影响物业管理费的收缴率，从而影响物业管理工作的正常开展。

2. 物业管理的具体目标

在确定了物业管理须达到的总目标的前提下，物业管理的具体目标可归纳为三个方面，即质量目标、安全目标和费用目标。

物业管理的工作目标就是要采取措施确保总目标的实现。但应该指出的是，三大目标之间不是完全独立的，而是一个有机的系统，彼此相互关联，在考虑某一具体目标的实现时要兼顾其余，否则会顾此失彼。物业管理人员应以全局的眼光，综合运用法律、经济、技术以及组织协调等措施，努力寻求三大目标的实现。

（1）物业管理的质量目标。物业管理的质量目标包括硬件目标和软件目标。硬件目标就是采取各种有效措施保证物业的使用功能，使物业处于良好状态，而软件目标则包括服务的完备性和及时性、用户的满意度等。影响物业质量目标实现的因素很多，包括物业建造前和建造期间的设计因素、建筑材料因素、设备质量因素、安装因素、土建施工因素等，以及物业使用期间对设备的合理操作、定期保养、及时维修等因素，但更重要的是物业服务企业在实施物业管理中的服务意识和服务水平。良好的物业管理服务意识和优秀的物业管理服务水平是实现物业管理质量目标的重要保证。

（2）物业管理的安全目标。保证业主和使用人的生命及财产安全是物业管理的基本要求之一。物业管理的安全目标就是要求物业服务企业通过各种有效的制度和措施来确保所管物业区域内的人身不受伤害，财物不受损失，并防止其他意外事故的发生，维护正常的生活、工作秩序。物业管理的安全目标具体可以包括以下几个方面。

1）物业使用环境的安全：主要是防止使用环境方面的灾祸，特别是火灾、水景安全，以及其他意外事故。

2）物业的安全：主要是防盗、防火，以及其他意外损失。

3）物业使用人的安全：主要是保证业主或使用人的人身安全、财产安全。

（3）物业管理的费用目标。物业管理费用通常包括：一般公共设施的维护费、管理人员的薪金及福利、行政办公费用、公共用水用电费、其他日常管理费用等。物业服务企业应根据所管物业的具体情况，结合自身的特点，对物业管理费用的各项内容做出详细预算，作为物业管理的费用目标。依据这一费用目标，物业服务企业实施其对物业的正常保养和维护，使物业在任何时候都处于较好状态。在物业管理的各项管理费用实际发生时，应积极采取各项措施，使发生的费用不超过预算的费用目标，以达到控制费用的目的。

由于物业管理行业是一个微利行业，费用的预算和控制显得尤为重要。努力使物业管理的费用目标得以实现，是物业服务企业生存和发展的重要保证。

三、物业管理的发展趋势

随着我国物业管理事业的不断发展和完善，物业管理行业将逐步呈现出以下发展趋势。

1. 企业经营上的规模化和品牌化

目前，我国物业服务企业大部分存在着经营规模偏小的现象，这不仅影响企业的经济效益，同时也影响到其服务质量的提高。因此，对物业服务企业来说，追求规模经济应该成为一个发展方向。所谓规模经济就是要求企业在生产规模上要达到经济规模，此时产品的单位成本最低。物业服务企业作为服务性的企业，一定要考虑运用规模经济理论来推动企业的发展，从而使企业纳入良性循环的轨道，同时，通过服务质量的提高树立企业的品牌。

2. 管理服务上的个性化

物业管理是为业主或使用人提供全面服务的，所以必须注重以人为本，提供“个性化”的服务，这既是广大业主或使用人的期盼，也是市场竞争的要求。在每一个物业管理区域内，业主和使用人的数量有多有少，需求也各不相同。物业服务企业必须树立用户满意就是企业的追求的思想，根据不同业主或使用人的实际情况，尽可能地提供个性化服务，以确立物业服务企业的服务特色。

3. 管理手段上的智能化

物业的智能化和物业管理的智能化是物业管理的发展趋势。所谓智能化物业管理，是指随着物业智能化程度的不断提高，在物业管理中，运用现代控制技术、自动控制技术、通信技术等高新技术和相关的设备系统实现对物业及物业设施、设备、环境、消防、安保等的自动控制和集中管理，实现对业主和使用人信息、报修、收费、综合服务等的计算机网络化管理，以改善业主或使用人的生活、工作环境和条件，从而提高管理效率和服务水平。

4. 管理服务上的标准化

所谓管理服务上的标准化，就是要建立标准，明晰物业管理相关各方的责、权、利，并以合同的形式约定物业管理服务的内容和标准。有了内容和标准，物业管理服务的质量检验与收费核价才有基础。我国物业管理投诉率居高不下的一个重要原因，就是物业管理缺少管理服务上的标准。现在，许多城市已经或正在制定物业服务分等定级收费的指导标准，物业服务企业已在推行ISO系列质量管理体系，这是物业管理走向成熟的重要标志。

5. 物业服务管理与作业分离的运作模式将逐步形成

实行物业服务管理与作业分离的运作模式后，业主若有服务需要，只要向物业服务企业提出，物业服务企业就会负责协调联系，提供专业的服务。

另外，原来纯粹的物业管理行业管理，也将逐步转变成行业和基层政府的共同管理。行业管理主要从行政立法、规章条例的建立、行业检查等方面进行管理，基层政府主要从和谐社区的建设等方面进行管理。

本章小结

本章介绍了物业的概念和分类；物业的特点和物业的物权；物业管理的起源和基本概念；物业管理的性质和物业管理的社会化、专业化、规范化、经营化、契约化特点，以及物业管理的规模化、品牌化、个性化、智能化、标准化发展趋势；物业管理的三种模式：物业服务企业实行专业管理、业主实行自营管理和由“职业经理人”或“事务所”来组织实施物业管理。介绍了物业管理的九个基本环节：物业管理的提前介入、物业服务企业的落实、物业管理人员的培训、物业管理规章制度的制定、物业的验收和接管、进户管理、装修搬迁管理、建立物业管理档案和物业管理的日常服务。

本章还对物业管理的原则、物业管理的服务内容、物业管理的总目标和物业管理的具体目标以及物业管理的发展趋势等相关内容分别做了阐述。

复习思考题

1. 什么是物业？物业具有哪些特点？

2. 物业和房地产在概念上有什么区别？

3. 什么是物业管理？物业管理具有哪些特点？

4. 物业管理的基本环节主要有哪些？

5. 物业管理的总目标和具体目标分别是什么？

6. 物业管理的模式主要有哪几种？

7. 物业管理服务的基本内容主要有哪些？

8. 物业管理档案资料的建立必须抓住哪几个基本环节？

模拟测试题

一、填空题（请将正确的答案填在横线空白处）

1. 物业的含义应该包含三项内容：（1）已建成并具有________和________的各类________；（2）与这些房屋相配套的________、________；（3）相关的________。

2.《物业管理条例》所称的物业管理，是指________通过选聘________，由业主和物业服务企业按照________约定，对房屋及配套的设施、设备和相关场地进行________、________、________，维护相关区域内的________的活动。

3. 物业管理的本质是服务。物业管理是寓________、________于服务之中的第三产业。

4. 物业管理档案资料的建立必须紧紧抓住________、________、________、________四个环节。

5. 物业管理的模式主要有三种：第一种模式是由业主________实行专业管理；第二种

模式是由业主________；第三种模式是由________组织实施物业管理。

6. 物业管理行业将逐步呈现出以下发展趋势：企业经营上的________、管理服务上的________、管理手段上的________、管理服务上的________、物业服务管理与作业________的运作模式将逐步形成。

二、判断题（下列判断正确的请打“√”，错误的打“×”）

1. 物业管理首先提供的是服务，其服务对象是物业。（ ）

2. 物业管理行业是一个具有高额资金回报的行业，其经费的使用总体比较宽裕。（ ）

3. 物业服务企业按照物业服务合同的约定，为业主和使用人提供服务，内容涉及合同约定的物业管理事项、服务质量、服务费用等。（ ）

三、单项选择题（下列每题有四个选项，其中只有一个是正确的，请将其代号填在括号内）

1. 根据使用功能的不同，物业一般可分为居住物业、（ ）、工业物业和其他用途物业四类。

A. 商业物业 B. 商场物业 C. 公寓物业 D. 工厂物业

2. 由业主选聘物业服务企业实行专业管理的模式，这是我国目前（ ）采用的一种管理模式。

A. 较少 B. 基本不 C. 广泛 D. 非主要

3. 物业管理是为业主或使用人提供全面服务的，所以必须注重（ ），提供“个性化”的服务。

A. 以人为本 B. 以物业为本 C. 以企业为本 D. 以利益为本

4. 物业管理的质量目标包括硬件目标和软件目标。软件目标包括服务的完备性和及时性、（ ）等。

A. 整体性 B. 用户的满意度 C. 充分性 D. 有效性

四、多项选择题（下列每题中的多个选项中，至少有两个是正确的，请将其代号填在括号内）

1. 我国土地使用权出让最高年限规定为：工业用地为50年、（ ）。

A. 居住用地为70年

B. 教育、科技、文化、卫生、体育用地为50年

C. 商业、旅游、娱乐用地为40年

D. 综合或者其他用地为50年

2. 物业管理一般具有（ ）、契约化等特点。

A. 社会化　　B. 专业化　　C. 规范化　　D. 经营化

3. 物业管理费用通常应该包括：（　　）和其他日常管理费用等。

A. 一般公共设施的维护费　　B. 管理人员的薪金及福利

C. 行政办公费用　　D. 公共用水用电费

4. 以下服务属于物业管理服务基本内容的有（　　）。

A. 公共区域秩序的维护　　B. 保洁、绿化管理

C. 车辆的停放管理　　D. 物业私有部位的管理

五、简答题

1. 由“职业经理人”或“事务所”来组织实施物业管理的含义是什么？

2. 物业管理的基本环节主要有哪些？

3. 物业管理服务的基本内容主要包括哪些？

4. 物业管理的总目标和具体目标分别是什么？

5. 什么叫管理服务上的标准化？

模拟测试题参考答案

一、填空题

1. 使用功能　经济效用　房屋　设备　设施　场地

2. 业主　物业服务企业　物业服务合同　维修　养护　管理　环境卫生和秩序

3. 管理　经营

4. 收集　整理　归档　利用

5. 选聘物业服务企业　实行自营管理　“职业经理人”或“事务所”

6. 规模化和品牌化　个性化　智能化　标准化　分离

二、判断题

1. ×　2. ×　3. √

三、单项选择题

1. A　2. C　3. A　4. B

四、多项选择题

1. ABCD　2. ABCD　3. ABCD　4. ABC

五、简答题

1. 所谓由“职业经理人”或“事务所”来组织实施物业管理，是指由业主通过聘用“职业经理人”，由其来组织实施物业管理。物业区域的重大事务由全体业主共同商定，并

由全体业主选出的管理小组来组织落实。日常事务则由聘请的“物业管理职业经理人”进行统筹规划和实施。

2. 物业管理的基本环节主要包括：

（1）物业管理的提前介入。

（2）物业服务企业的落实。

（3）物业管理人员的培训。

（4）物业管理规章制度的制定。

（5）物业的验收和接管。

（6）进户管理。

（7）装修及搬迁管理。

（8）建立物业管理档案。

（9）物业管理的日常服务。

3. 物业管理服务的基本内容主要包括：

（1）对房屋及其附属设备、设施的维修、养护、管理。

（2）公共区域秩序的维护。

（3）保洁、绿化管理。

（4）车辆的停放管理。

（5）物业共有部位的管理。

（6）物业档案资料的保管。

（7）物业维修、更新改造和养护费用的财务管理。

（8）物业使用中对禁止性行为的管理。

（9）物业服务合同约定的其他服务项目。

4. 物业管理的总目标包括：（1）创造一个文明和谐的物业管理区域；（2）延长物业的使用年限，确保其功能的正常发挥；（3）实现物业管理经费的良性运作。物业管理的具体目标包括质量目标、安全目标、费用目标。

5. 所谓管理服务上的标准化，就是要建立标准，明晰物业管理相关各方的责、权、利，并以合同的形式约定物业管理服务的内容和标准。

第 2 章

物业管理人员基本从业要求

第 1 节　物业管理人员的基本素质

物业管理要实现对社区服务的社会化、专业化、市场化，建立高效、周全、便利的服务体系，使业主和使用人获得优美居住环境的同时，也能享受到优质服务，这需要从业人员具备良好的综合素质。由于物业管理所提供的服务涉及面广，其专业性、社会性、政策性、群众性较强，因此，对物业管理人员的素质有着特殊的要求。从业人员的素质直接关系到物业管理服务质量，关系到企业在广大业主心中的形象。物业管理从业人员一般应擅长沟通技巧，善于化解矛盾，这就要求从业人员应该具备一定的基本素质，包括政治和品德素质、业务素质、文化素质、身心素质、公关素质和管理素质。

一、政治和品德素质

物业管理人员要有良好的政治素质和思想品德，有正确的经营思想、高度的责任感和强烈的事业心，能全心全意为业主服务，能为企业的发展着想，具有很强的法制观念。

物业管理人员要有良好的思想品德，能做到自信、自律、自强、自励。特别是要有较高的职业道德修养，也就是要有爱岗敬业、诚实守信、办事公道、服务群众和奉献社会的精神。

二、业务素质

一名合格的物业管理人员必须具备所从事岗位必备的专业知识和相应的工作能力。物业管理人员一般应具备以下一些基本知识及技能：

1. 能看懂房屋平面图，会丈量面积，会计算房屋、建筑的使用面积和居住面积。

2. 懂房屋结构，掌握住房验收方法和质量标准。

3. 会编制单位维修计划，能进行维修、保养工程量计算。

4. 懂房产档案资料的整理、归类、编目、存档以及档案资料保管常识和变更修改技术。

5. 会起草房产方面的相关合同，包括物业服务合同、租赁合同、买卖合同、清洁合同、园林保养合同、维修及养护合同、装修合同等，要熟悉经济和行政法律制度。

6. 能解决电路及给水、排水管道的一般故障。

7. 懂园林绿化的基本知识，会美化环境，懂得树木、花草养护知识。

8. 掌握发生火警、台风、盗窃等紧急事故时的应急措施。

9. 会处理来信、来访，能撰写工作总结。

10. 能进行调查研究，会拟调查、访问提纲，会写调查访问笔记，会写简单的调查报告。

11. 具有一定的组织能力，会宣传、发动、组织业主参与社区内各项公益活动。

三、文化素质

物业管理人员应接受过比较良好的教育，知识面要宽，要了解一定的经济学、心理学、管理学、社会学、法学等学科的知识。接受信息的能力要强，这样在工作中才能与业主很好地沟通思想、交流感情、相互理解、相互尊重。

四、身心素质

身心素质包括身体素质与心理素质。良好的身心素质具体表现为物业管理人员应有健康的身体、旺盛的精力，应该仪表端正、热情大方、知难而进、不怕挫折。具有较强的适应社会的能力。

五、公关素质

物业管理人员应当具有一定的公共关系能力，如人际交往能力、语言表达能力、会务（或活动）的组织能力、协调沟通能力等。克服腼腆害羞、孤僻封闭、恐慌急躁、狂妄自大、自卑、虚荣等一些心理障碍。要树立全员公关的思想，努力通过自己的辛勤工作提升物业服务企业的形象。

六、管理素质

管理能力是物业管理人员应当具备的最基本的能力。只有掌握现代管理知识，具备较高的管理素质，才能科学有效地完成物业管理的各项工作。坚持运用科学的手段从事管理工作，并在工作中勇于实践，不断创新，才能逐步降低成本，提高效益，把物业管理提高到一个新的水平。科学在创新，管理也在创新，物业管理人员必须努力学习，并把学到的东西付诸实践。

随着社会进入数字化信息时代，计算机已成为人们在工作和生活中不可缺少的一部分。因此，计算机应用能力是物业管理人员应当具备的最基本能力。

第 2 节　物业管理人员的职业道德

一、职业与职业道德的基本含义

所谓职业，就是指一定社会时期的人们，为了满足社会生产和生活的需要，所从事的具有一定社会职责的专门业务。从现象上看，是个人谋生的手段；从本质上看，是社会分工的产物，是以社会分工为纽带的社会关系，表现为对社会承担一定的责任、使命或职责。

所谓道德，一般是指合理的行为，利于人的行为。道德是做人的规矩，可以促进人的发展达到人格完善。那种同人们的职业生活和职业交往相联系的、在职业范围内形成的比较稳定的道德观念、行为规范和习俗就是职业道德。所以，有时职业道德也可称为行业道德。

二、物业管理人员的职业道德规范

物业管理人员应该遵循以下职业道德规范。

1. 爱岗敬业

爱岗就是热爱本职工作，敬业是爱岗的升华。有的学者曾提出“五爱”思想：爱行业——热爱物业管理行业；爱业主——对业主和物业使用人充满爱心；爱岗位——岗位只有分工的不同，没有贵贱之分；爱服务——热心为用户排忧解难；爱信誉——爱护物业管理行业和本企业的声誉，在用户中树立起良好的企业形象。也有的学者提出所谓的“五业”精神：责业——对其所从事的物业管理职业有较强的责任心，工作认真负责；廉业——为保证本职业的根本利益，做到廉洁自律，杜绝不正之风和腐败活动；勤业——勤奋努力地工作；敬业——对自身职业的崇敬，即将自己的人生价值、名誉与职业的价值、名誉结合在一起；爱业——对物业管理职业有深厚的热爱之情。

当然，人们的素质各不相同，所处的层次、境界也不会相同。目前，对一般的物业管理人员要求做到“责业”“廉业”“爱岗位”和“爱服务”，对部门经理以上的管理人员则倡导在此基础上还要做到“勤业”“敬业”和“爱业”。

2. 诚实守信

诚实即态度诚恳，不说假话；守信就是有信用。具体来说包括三个方面：第一，要实事求是。在参与物业管理投标时，对自己企业的实际情况要实事求是，不能为了中标夸大事实，弄虚作假。第二，要坚守承诺。有些物业服务企业投标时做出很多承诺，可到中标后在实际管理过程中就把这些承诺抛之脑后；有的物业管理人员把承诺当做缓兵之计。如房屋维修，该今天做的事，说明天一定做，可到了明天，又说后天一定做，结果在业主的心目中丧失了信誉，也丧失了信任。所以，物业管理人员一定要“言必信，行必果”。一旦承诺，就一定要坚守承诺。第三，要恪守合同。物业服务企业中标获取物业管理业务后，要与招标单位签订物业管理服务合同。物业管理人员要严格按照合同向业主或使用人提供质价相符的管理服务，根据委托合同处理一切物业管理纠纷。

3. 办事公道

公道即公平合理，合理就是既坚持原则又考虑到他人利益。物业管理人员是物业管理工作的执行者，代表物业管理公司同业主、用户及各单位接触与联系。要做到办事公道，首先，必须记住自己的职责范围，不能超越本人的职责范围滥用职权，一切都要根据相关的物业管理法律、法规、政策、制度办事。同时，管理人员还必须坚持原则，客观地处理各项工作，包括用户和用户之间的纠纷及需求，不能因为个人关系或私人利益而厚此薄彼，产生偏差。

4. 真诚服务

物业管理行业本质上就是服务性行业，物业服务企业也就是服务性的企业。所以，物业管理人员必须牢记“100％业主第一”，牢记服务群众、服务业主和使用人这个宗旨。始终不要忘记自己是服务者的角色，要淡化或消除管理者的角色和意识。服务业主和使用人，尊重业主和使用人。要按照物业管理的相关程序，按规定的时间完成物业管理服务工作。

5. 奉献社会

社区是社会的细胞，建设和谐社会，首先要建设和谐社区。物业服务企业作为社区硬件的管理者以及住宅业主和使用人的服务者，在构建社会主义和谐社会中，如何做到奉献社会，积极发挥作用，正确把握社区建设与物业管理的唇齿关系，推动及形成良好的社区建设和物业管理服务秩序，营造温馨和睦的社区氛围，其中十分关键的一点，就是物业服务人员在工作过程中要把社会效益放在经济效益、企业利益以及个人利益之上，把奉献社会作为一种荣耀。只有具备了奉献社会的思想，才能在形成和谐社区的基础上实现企业的经济效益，从而推动企业的良性发展。

第 3 节　物业管理人员的礼貌礼仪

一、礼貌礼仪概述

在我国的汉字中，“礼”的本意是“敬神”，到后来才演变成人们的一种行为规范。在现实生活中，与“礼”有关的内容一般表现为三个方面，即礼貌、礼节、礼仪。虽然在很多情况下三者是融为一体、混合使用的。其实，三者有其各自不同的内涵。

1. 礼貌

礼貌一般是指在人际交往中，通过言语、动作向交往对象表示谦虚、恭敬和友好的行为。它侧重于表现人的品质与素养，是规范对他人态度和行为的礼。一个人傲气十足、出言不雅、动作粗俗、衣冠不整，就是对他人没有礼貌。有礼貌的人往往恭敬待人、热情大方、行为举止显得很有教养。

2. 礼节

礼节通常是指人们在日常生活中，特别是在交际场合，相互问候、致意、祝愿、慰问以及给予必要的协助与照料的惯用形式，体现了人们相互之间的尊重与友好。它实际上是礼貌的具体表现形式，如作揖、跪拜、点头、握手、拥抱、双手合十等各种形式。

3. 礼仪

礼仪是对礼貌、仪式的统称。它是指在人际交往中，自始至终地以一定的、约定俗成的程序、方式来表现的律己、敬人的完整行为。

由此可知，礼貌是礼仪的基础，礼节是礼仪的基本组成部分，礼仪在层次上要高于礼貌、礼节，其内涵更深、更广。

二、礼貌礼仪在物业管理中的重要意义和注意点

1. 礼貌礼仪的意义

讲究礼貌、礼节是社会文明的一种体现，它不仅有助于促进整个社会的安定和谐，而且有利于社会的健康发展。在我国的社会主义制度下，讲究礼貌、礼节不仅是社会对每个公民的基本要求，而且也逐步成为文明公民衡量自己行为的规范。物业管理行业是一个服务性行业，提供服务是其生产活动的主要形式，因此，在与服务对象打交道的过程中，讲究礼貌、礼节就显得十分重要，它是做好物业服务工作的先决条件。

物业服务工作的宗旨是“业主至上，服务第一”。“业主至上”的核心是要把以礼相待作为服务工作的先决条件，通过在物业服务中讲究礼貌、礼节，使业主感到亲切、满意，从而取得最佳的服务效果。

物业管理人员讲究礼貌、礼节还可以为创建文明社区和优秀管理小区打下坚实的基础。如果大家一起讲究礼貌、礼节，讲究文明，那么社区自然就是一个名副其实的文明社区，社区的精神文明建设好了，必然会促进社区的物业管理工作，最终能够实现社区精神文明和物业管理工作的双先进。

2. 礼貌礼仪的注意事项

（1）注意礼节，讲究原则。物业服务礼节接待要讲究礼貌，但并不是阿谀奉承，言辞、行为不可给人一种低声下气、人格低下的感觉，要纠正服务工作低人一等的思想，要认识到尊重客人就是尊重自己。虽然物业服务接待工作有其特殊性，往往要与各种层次、各种文化背景的人打交道，但只要做到既注意礼貌、礼节，又注意坚持原则，就一定能把工作做好。

（2）一视同仁，举止得当。物业服务礼仪接待的对象繁多，有普通业主，也有外籍人员、侨胞、领导等。但不管是什么对象，都是宾客，都要满腔热情地对待他们，绝不能有任何看客施礼的意识，更不能有以貌取人的错误态度。当然在接待规格、档次安排上有所不同，这是可以的，但不等于服务态度可以变化，礼仪、礼节可以有所区别，都必须以优秀接待服务来取得宾客对服务工作的信任，使他们乘兴而来，满意而归。

（3）严于律己，宽以待人。在物业管理接待服务工作中，业主有时会提出一些无理甚至是过分的要求，这就需要接待人员耐心地加以解释，做到得理也得让人。要学会宽容别人，给来客下台阶的机会。

物业管理人员应当牢记：礼貌是行动的黄金准则，礼貌是良好人际关系的黏合剂。礼貌待人给人们带来了文明、温暖和成功。

三、礼貌礼仪在物业管理中的应用

礼貌礼仪在物业管理活动中的应用主要涉及公关接待和日常服务两个方面。

1. 公关接待礼仪

（1）物业服务前台接待礼仪。前台接待礼仪具体体现在以下几个方面：

1）思想集中，精神饱满，真诚微笑，着装整齐，仪表、仪容端庄、整洁。

2）客人来到前台，应主动招呼、热情问候、一视同仁、依次接待，让人感到乐于助人的态度。

3）接受问询时，应双目平视对方脸部眼鼻三角区，倾听要专心，以示尊重和诚意。

4）对有急事而词不达意的客人，应先劝其安定情绪，然后再问，可说：“先生（女士），别着急，请慢慢讲，我正在听。”

5）对长话慢讲、细述详问的客人要有耐心，仔细听清要求后再作回答，绝不能敷衍了事或拒之门外。

6）答复问讯时，要做到百问不厌、有问必答、用词得当、简洁明了，不能说“也许”“大概”之类没有把握或含糊不清的话。

7）自己能回答的，要随问随答，绝不能推诿。

8）对不清楚的事，不能不懂装懂，随便回答，更不能轻率地说：“我不知道”，一推了事。经过努力，确实无法回答时，应表示歉意说：“对不起，这个问题现在我无法解答，让我了解清楚后再告诉您。”

9）在填写访客单前，应先问明对方的情况，待客人出示相关的证件（如介绍信、身份证、工作证等）后方可填写访客单。

10）接受客人出示的证件时，应双手接下并及时奉还，并致谢意。知道客人姓氏后，应尽早用尊称呼之。

（2）办公室接待礼仪。办公室接待礼仪具体体现在以下几个方面：

1）办公室布置要整齐、美观、清洁，让别人看着舒服，产生亲切感和信任感。

2）要准备好充分的资料或宣传品，以便客人随时拿取。

3）对来访者的谈话要专心地听，不要东张西望、心不在焉，重点地方要记录。对来访者要先采取一定技巧解决相互称谓的问题，并弄清楚来访者的身份和意图。

4）接待结束时应送出办公室，说一些“谢谢”或“再见”等礼貌用语。

（3）电话接待礼仪。注意语气和称呼。如来电话，拿起话筒即说：“您好！这里是××公司”，语气要亲柔、清晰，但不可矫揉造作。倾听电话要有耐心，根据内容发出“是”“对”等应答声音，结束时要用一些“谢谢”或“再见”等礼貌用语。

2. 日常服务礼仪

日常服务礼仪是指物业管理人员在直接为业主或使用人服务的过程中应当遵守的礼仪。具体包括以下几类：

（1）称呼礼节。称呼礼节是指物业管理人员在为客人服务前或与客人沟通信息时应恰当使用的称呼。具体包括：

1）最为普通的称呼是“先生”“女士”。在得悉客人的姓名之后，“先生”“女士”的称呼就可以与其姓氏或姓名搭配使用，如“王先生”“张女士”等，这能表现出对对方的熟悉和重视。

2）遇到有职位或职称的客人，可在“先生”“女士”等词前冠以职位或职称，如“经理先生”“教授女士”等。

（2）应答礼节。应答礼节是指服务过程中在回答客人问话时的礼节，具体包括：

1）应答客人的询问时要站立说话，不能坐着回答；要思想集中，全神贯注地去聆听，不能侧身目视他处、心不在焉；交谈过程中要始终保持精神振作，不能垂头丧气、有气无力；说话时应面带笑容、亲切热情，不能表情冷漠、反应迟钝，必要时还须借助表情和手势沟通以加深理解。

2）如果客人的语速过快或含糊不清，可以亲切地说："对不起，请您说慢一点""对不起，请您再说一遍好吗"，而不能说："我听不懂，你找别人去"，也不能表现出不耐烦、急躁或恐慌的神色，以免造成不必要的误会。对客人提出的问题要真正明白后再作适当的回答，绝不可不懂装懂、答非所问。

3）对于一时回答不了或回答不清楚的问题，可先向客人致歉，待查询或请示后再向问询者作答。凡是答应客人随后再做答复的事，届时一定要守信，绝不可不负责任地置之脑后。

4）回答客人的问题时还要做到语气婉转、口齿清晰、语调柔和、声音大小适中。同时，还要注意在对话时自动地停下手中的其他工作。

5）对客人的合理要求要尽量迅速做出答复；对个别客人的过分或无理的要求要能沉住气，婉言拒绝，如可以说："恐怕不行吧""很抱歉，我无法满足您的这种要求""这件事我需要同主管商量一下"等，要时时表现出热情、有教养、有风度。

6）如果自己的良好服务得到客人称赞时，千万不要在众人面前流露出沾沾自喜的样子，而应保持头脑冷静，微笑、谦逊地回答："谢谢您的夸奖""这是我应该做的"等。

（3）操作礼节。操作礼节是指服务人员在日常服务工作中的礼节。

1）礼貌引导。具体如下：

①为客人引路时，应走在客人的左前方，距离保持2～3步，随着客人的步伐轻松地前进。

②遇拐弯或台阶处，要回头向身边的客人示意说："请当心"。

③引领客人时，应用"请跟我来""这边请"等礼貌用语。

④为客人送行时，应在客人的后方，距离1步左右。

2）电梯手势。具体如下：

①电梯到达时，应站到梯门旁边，一只手斜挡在梯门侧边上，并面带微笑地说："电梯来了，请进。"

②等客人全部进电梯后才站进电梯，面向电梯门，一只手按按钮，另一只手的手心朝着电梯门，随着梯门的关闭而伸长。这样是为了防止梯门在关闭时夹到客人及其衣服、物品等。

③等梯门完全关闭，呈上升状态时，转过身，与梯门成45°角，面向客人，并用身体挡住按钮，使其呈隐蔽状态，以防止客人不小心碰到按钮而引起不必要的麻烦。

(4) 电梯即将停止时，站在梯门旁，待梯门打开，一只手斜挡在梯门侧边上，以免梯门突然关闭碰到宾客，并面带微笑地说："×××到了，请走好。"

3. 仪表、仪容和仪态的基本要求

(1) 仪表、仪容的基本要求

1) 上岗前应按规定着装，一般穿工作服，服装要干净、整洁，皮鞋要上油擦亮，布鞋要刷洗干净。通常男员工袜子的颜色要和谐，以黑色最为普通；女员工应穿与肤色相近的丝袜，袜口不要露在裤子或裙子外。

2) 自觉佩戴好工号牌或胸牌，工号牌应端正地佩戴在左胸上方。

3) 适当化妆、修饰，发型应统一、规范，经常修剪指甲；上班时一般不佩戴项链、戒指、耳环等饰物，若要佩戴，可以是简单的项链或戒指；男性发根不过衣领，不得留小胡子、大鬓角；女性不要浓妆艳抹。

(2) 仪态的基本要求

1) 站姿。站立是礼仪接待的基本功之一。基本要求是"站如松"，即站得要像松树一样挺拔。正确站姿的要领是：上身正直、头正目平、挺胸收腹、腰直肩平、两臂自然下垂、两腿相靠站直、肌肉略有收缩感。站姿大致有三种，即侧放式（双手放在腿部两侧，手指稍弯曲）、前腹式（双手相交放在小腹部）、后背式（双手轻握放在后腰处）。站立太累时，可变换姿势，将身体重心移到左脚或右脚上。但无论是哪一种站姿，切忌双手叉腰或将手抱在胸前，也不可将手插在衣袋或裤袋内，因为这些动作都是傲慢和懒散的表现。

2) 坐姿。正确的坐姿要求是"坐如钟"，即坐相要像钟那样端正。其基本要领是：上身正直、腰背稍靠椅背、两腿自然弯曲、两脚平落地面。坐姿中要根据椅面的高低及有无扶手，注意两手、两脚、两腿的正确摆法。

①两手摆法。有扶手时，双手轻搭或一搭一放。无扶手时，两手相交或轻握放于腹部；左手放左腿上，右手搭左手臂上；两手呈八字形放于腿上。

②两脚摆法。脚跟、脚尖全靠或一靠一分，也可一前一后或右脚放在左脚外侧。

③两腿摆法。椅高适中时，两腿相靠，两膝的距离，男性松开一拳为宜，女性不松开为好。椅面高时，一脚略搁于另一脚上，脚尖向下。

切忌下列几种坐姿：二郎腿坐势、搁摆坐势、分腿坐势、O形坐势。

3) 表情。面带微笑，真诚服务，这是服务接待工作者的基本要求。所以，在服务工作中要树立"笑迎天下客"的良好风气。微笑服务不仅是接待的需要，也是广交朋友的交际手段。作为接待者，应发自内心地微笑，轻松友善地微笑。这种笑一定会得到双向的感情交流，能把工作做得更好。微笑的要求是：

①微笑时，应保持额头平滑，眉头舒展，不应皱眉和抬眉。

②双眼微微眯起，目光坦诚，直视对方，笑时应微微颔首。

③嘴角上扬，双唇间微微露齿。

四、物业管理公司文明礼貌用语及各专业服务语言流程规范

1. 员工日常用语

（1）问候语：您好！早晨（早上）好！

（2）祝贺语：节日好！节日快乐！恭喜发财！祝您好运！万事胜意！一路顺风！

（3）欢迎语：欢迎！欢迎光临！欢迎指导！

（4）见面语：请进！请坐！请用茶！

（5）致歉语：对不起！请原谅！请谅解！

（6）祈请语：请关照！请指正！请稍候！请稍等！请留步！

（7）致谢语：谢谢！多谢关照！多谢指正！

（8）辞别语：再见！晚安！

2. 办公室（各部、处）接待来电、来访用语流程

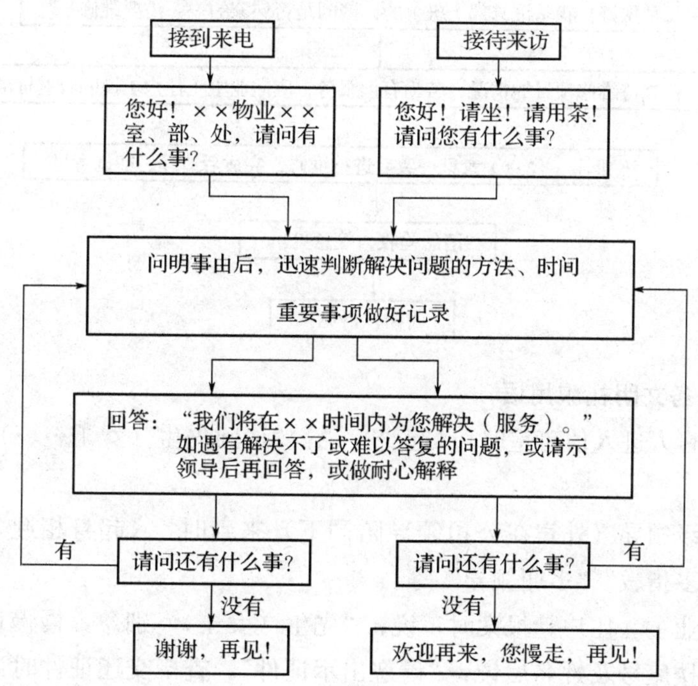

3. 维修服务语言流程

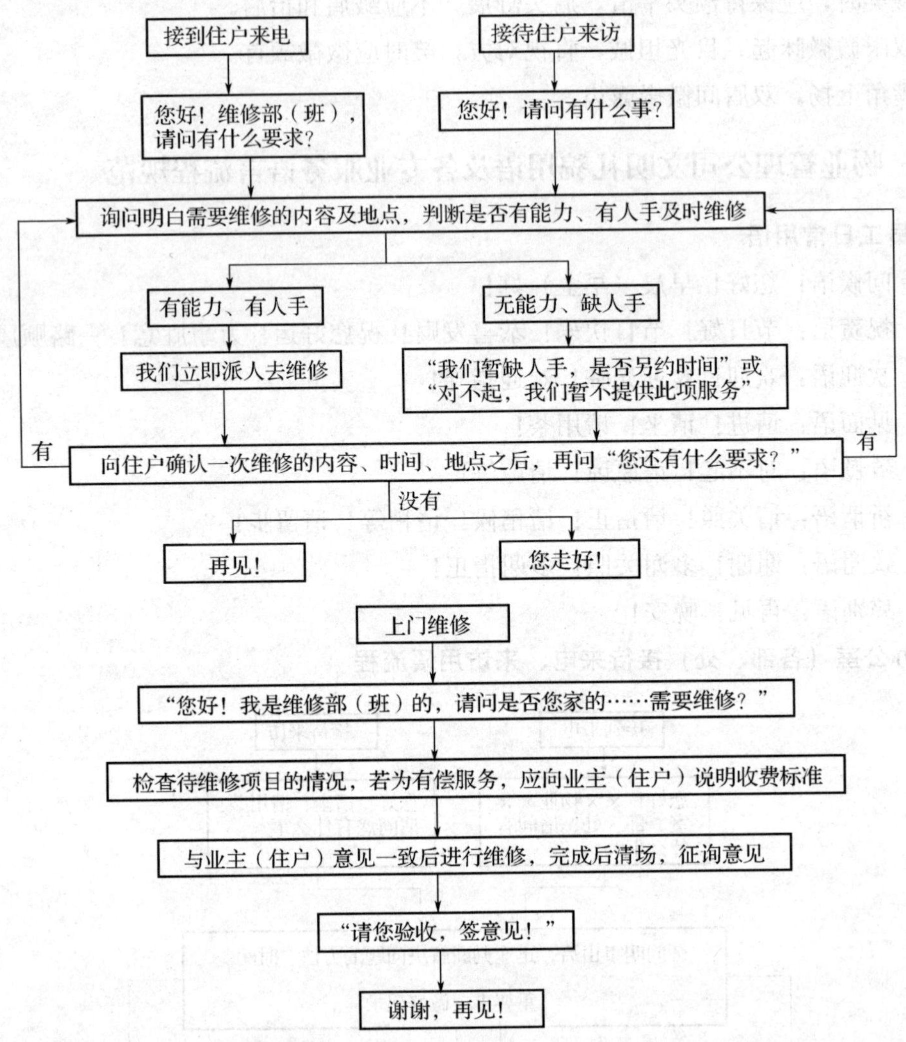

4. 保安员服务文明礼貌用语

（1）当来访客人进入值班室时，（起身）说：“请问先生（女士……）有什么事？（您找谁?）”。

（2）当有上级领导（外宾在公司领导陪同下）来到时，（起身相迎，立正敬礼）说：“欢迎光临”“请多指教”“多谢领导”等。

（3）在接待业主（住户）报案时，说：“先生（女士），别急，慢慢讲。”当报案人说准业主（住户）楼座号及姓名后说：“请您出示证件”，查毕交还证件时说：“谢谢合作”；在明确案情后说：“请稍候”，并立即向值班室报告，告知业主（住户）处理的办法、时间。

（4）在巡逻中，当发现有违反治安管理条例的人和事时，主动上前询问“请问先生（女士），发生了什么事?”需要向当事人做调查时说：“对不起，请到值班室协助我们调查。”

（5）当发现业主（住户）家中有异常情况时，先按门铃，待主人开门后说：“请问您有什么需要帮忙?”“对不起，打扰了。”

（6）在巡逻中发现违章时应予以制止，并遵守“车辆管理服务文明礼貌用语”“清洁员服务文明礼貌用语”“绿化工服务文明礼貌用语”的相应规定，制止违章时均要敬举手礼（限十岁以上人员违章须敬礼）。

5. 车辆管理服务文明礼貌用语

（1）当车辆停在道口挡车器前时，上前立正敬礼，说：“请先生（女士）用行驶证（或其他有效证件）换取车位牌（卡）”，当从司机手中接过证件时，说：“谢谢合作”；当后面有车辆在排队等候时，说：“对不起，久等了!”

（2）当发现有车辆违章停泊时，说：“先生（女士）对不起，请您按位泊车”（或“请不要停在人行道上”“请不要停在绿化地”“请不要停在路口”）。

（3）当发现有车辆未关好门、窗（自行车、摩托车未上锁）时，说：“先生（女士）请关好车门、窗（请锁好车）。”

（4）当出场车辆有可疑之处，需询问时，说：“请问，先生（女士）贵姓？住哪栋哪座？属何单位?”“请出示证件”，并及时向队长或值班室报告，请示处理办法，退还证件时，说：“对不起，谢谢!”

（5）当司机（或车主）对停车、放行、收费等问题有疑问时，应耐心解释：“对不起，我们按……规定办事（收费），请谅解!”

6. 清洁员服务文明礼貌用语

（1）当正在进行清洁工作或实施卫生检查时，对过往行人说：“先生（女士），请让一下，谢谢!”

（2）当发现有影响整洁、妨碍观瞻的现象时，主动上前说：“对不起，请爱护公共卫生!”“请不要随地吐痰!”“先生（女士）请不要随手扔垃圾!”“请将××扔到垃圾池、果皮箱内!”对乱扔垃圾的行为有所改正时，应说：“多谢合作!”“对不起，谢谢!”

（3）当有人对影响环境整洁的行为不改正，反而刁难时，应耐心解释：“请别生气，请支持我们的工作，请谅解!”

（4）当发现小朋友乱涂乱画时，说：“小朋友，听话，不要乱涂、乱画。”

（5）当发现有人在电梯内吸烟时，说：“先生，请不要吸烟，请将烟熄灭。”

（6）当发现业主（住户）未按规定清运装修垃圾或杂物时，说：“请不要在××地上堆放垃圾，请马上运走，请打扫干净。”并与管理人员联系。当发现高空抛物时，应及时予以制止，说：“请不要高空抛物。”

7. 绿化工服务文明礼貌用语

（1）当正在进行绿化、美化工作时，对过往行人说：“先生（女士），请让一下，多谢!”对正在进行绿化改造的现场，应树标志牌，书写“施工场地，请绕道行，多谢合作”。

（2）当发现有人损坏绿化地时，说：“先生（女士、小朋友），请爱护树木（草地）!”“请不要在草地上运动!”“请不要在绿化地上（搭线）晾衣物!”

（3）当发现有人在（往）草地行走时，说：“请不要践踏，请走人行道!”当发现小朋友在草地上玩耍时，说：“请不要在草地上玩耍!”

（4）当发现有人爬树折枝时，应予以制止，说：“请不要损坏树木!”当有人在绿地堆放物品时，应予以制止，说：“先生（女士），对不起，请不要在此堆放物品，请马上搬走!”并报告管理处。

本章小结

本章介绍了物业管理人员岗位素质和礼貌礼仪，包括物业管理人员应该具备的政治和品德素质、业务素质、文化素质、身心素质、公关素质、管理素质等基本素质；物业管理人员应该遵循的爱岗敬业、诚实守信、办事公道、真诚服务和奉献社会的职业道德规范；介绍了礼貌、礼节和礼仪的基本概念，物业服务礼仪接待工作必须注意的几个方面；礼貌礼仪在物业管理公关接待、日常服务中的应用等内容。

另外，本章还介绍了物业管理人员在仪表、仪容方面的基本要求，仪态的基本要求，以及物业服务企业文明礼貌用语及各专业服务语言流程规范。

复习思考题

1. 物业管理人员应该具备的基本素质包括哪些方面？
2. 物业管理人员应该具备哪些职业道德修养？
3. 物业管理人员的身心素质具体指什么？
4. 什么是职业道德？
5. 诚实守信的具体含义包括哪些？
6. 什么是礼节？

7. 物业服务工作的宗旨是什么？

8. 物业微笑服务有哪些基本要求？

模拟测试题

一、填空题（请将正确的答案填在横线空白处）

1. 物业管理人员要时刻把业主和使用人的“急、难、愁”的问题放在心上，坚持________业主第一。

2. 物业管理人员应具有良好的思想品德，能做到________、________、________、________。

3. 那种同人们的职业生活和职业交往相联系的、在职业范围内形成的比较稳定的道德观念、行为规范和习俗就是________。

4. 在现实生活中，与“礼”有关的内容一般表现为三个方面，即礼貌、________、礼仪。

二、判断题（下列判断正确的请打“√”，错误的打“×”）

1. 物业服务工作的宗旨是“企业至上，管理第一”。 （　）

2. 物业管理从业人员一般应擅长沟通技巧，善于化解矛盾，这就要求从业人员应该具备一定的政治和品德素质、业务素质、文化素质、身心素质、公关素质和管理素质。 （　）

3. 为客人引路时，应走在客人的左后方，距离保持2～3步，随着客人的步伐轻松地前进。 （　）

三、单项选择题（下列每题有四个选项，其中只有一个是正确的，请将其代号填在括号内）

1. 如遇张先生的夫人，年龄50出头，她本人姓王，则以下称呼正确的是（　）。

A. 王女士　B. 张女士　C. 王小姐　D. 王太太

2. 应答客人询问时（　）的做法是不正确的。

A. 站立说话　B. 借助手势

C. 目视他处　D. 面带笑容

3. 在物业服务前台接待中，物业管理人员应做到思想集中、精神饱满、真诚微笑、（　）。

A. 着装整齐　B. 着装随便　C. 一心二用　D. 表情严肃

四、多项选择题（下列每题中的多个选项中，至少有两个是正确的，请将其代号填在括号内）

1. 物业管理人员应具备的素质包括（　　）。

A. 政治和品德素质　　B. 管理素质

C. 公关素质　　D. 文化素质

2. 物业管理人员应具备的职业道德规范包括（　　）。

A. 办事公道　B. 奉献社会　C. 真诚服务　D. 诚实守信

3. 物业服务礼仪接待中应做到的是（　　）。

A. 注意礼节，讲究原则　　B. 一视同仁，举止得当

C. 严于律己，宽以待人　　D. 严格要求，严格执法

五、简答题

1. 物业管理人员的身心素质包括哪些方面？

2. 简述物业服务工作的宗旨。

3. 物业管理人员诚实守信包括哪三个方面？

4. 物业管理电话接待礼仪主要有哪些？

模拟测试题参考答案

一、填空题

1. 100%

2. 自信　自律　自强　自励

3. 职业道德

4. 礼节

二、判断题

1. ×　2. √　3. ×

三、单项选择题

1. A　2. C　3. A

四、多项选择题

1. ABCD　2. ABCD　3. ABC

五、简答题

1. 身心素质包括身体素质与心理素质。良好的身心素质，具体表现为物业管理人员应有健康的身体、旺盛的精力、仪表端正、热情大方、知难而进、不怕挫折，具有较强的

适应社会的能力。

2. 物业服务工作的宗旨是“业主至上，服务第一”。

3. 实事求是，坚守承诺，恪守合同。

4. 电话接待必须注意语气和称呼。如来电话，拿起话筒即说：“您好！这里是××公司”，语气要轻柔、清晰，但不可矫揉造作。倾听电话要耐心，根据内容发出“是”“对”等应答语，结束时要说“谢谢”或“再见”等礼貌用语。

第3章

前期物业管理及物业管理的招投标

第 1 节　物业管理的早期介入及前期物业管理

一、物业管理的早期介入

1. 早期介入的含义

所谓物业管理早期介入，是指物业服务企业在接管物业之前，受房地产开发商的邀请或委托，从物业管理服务的角度，在物业的规划、设计、施工建设等阶段对物业的环境布局、功能规划、楼宇设计、材料选用、设备选型、配套设施、管线布置、房屋租赁经营、施工质量、竣工验收等多方面提供有益的建设性意见，协助开发商把好规划设计关、建设配套关、工程质量关和使用功能关，以确保物业的设计和建造质量，为物业投入使用后业主的使用创造条件、规避服务风险的全过程。

2. 早期介入的时间

长期以来，物业管理一直滞后于房地产的规划设计和施工建设。在规划设计中，设计人员尽管考虑了房屋和配套设施的技术标准、建设成本以及方便等问题，却往往忽略了从日后使用管理的角度来进行统一规划，不利于业主的使用和物业长远的发展。如现在常见的车位不够、物业管理办公用房较少、住房使用功能设计不合理，部分设备、设施落后于现代科技发展速度，以及水、电、煤气、通风、交通等配套设施方面存在的问题。这种整体布局上的“先天不足”不仅会引起业主的抱怨，同时又阻碍了物业管理工作的顺利进行，给日后的管理增加了很大的难度，甚至是无法弥补的遗憾。因此，必须十分重视物业管理的早期介入。根据物业发展的顺序，人们把物业管理早期介入的时间划分为六个阶段，即项目立项、规划设计、施工建设、设备安装、竣工验收和预销售。而最佳介入的时间是规划设计阶段。

当然，对于物业管理早期介入的人员并不是越多越好。实践证明：早期介入并不需要物业服务企业的整体介入，而只是要求物业服务企业的相关主要负责人、主要技术人员的参与即可，或者邀请社会上物业管理专家参加，倾听他们的意见。

3. 早期介入的作用

早期介入是保证物业管理顺利起步与开展的重要条件，是实施物业管理的首要环节。根据介入阶段的不同，物业管理早期介入又可以分为初期介入、中期介入、晚期介入三个阶段。其作用也随着各阶段内容的不同而不同，具体体现在以下几个方面：

(1) 初期介入阶段。是指在物业的项目立项阶段、规划设计阶段的介入。它的主要功能是当好参谋、顾问，从而有利于优化设计，完善细节，减少使用中的后遗症，提高房屋的建造品质。

(2) 中期介入阶段。是指在物业的施工建设阶段或设备安装阶段的介入。它主要是对隐蔽工程的督导和掌握设备、设施的使用功能，有利于物业服务企业对所管物业的全面了解。

(3) 晚期介入阶段。是指在物业的竣工验收阶段或预销售阶段的介入。它的主要功能是起到一个“管家”的作用，并为物业服务企业承接物业做好准备，有利于后期的管理与服务。

4. 早期介入的工作内容与实施

物业管理早期介入的工作内容及其实施是根据介入阶段的不同来确定的。

(1) 项目立项阶段。房地产开发的第一阶段是项目立项阶段。在此期间，主要解决的问题是“开发什么？能否开发?”而这个问题的关键首先离不开的就是对市场进行调查与分析。因而在此期间，物业管理人员所提供的关于该项目的市场定位，潜在业主的构成、需求以及消费水平，周边物业管理概况及日后的物业管理内容、管理标准及成本、利润预算等方面的意见有着极为重要的参考价值，对正确进行项目的可行性分析、降低决策的风险起着关键的作用。

(2) 规划设计阶段。一个产品要有竞争力，必须全面满足各种需求，对于房地产来说，不仅要重视房屋本身的质量问题，更应该考虑房屋的使用功能、小区的合理布局、建筑的造型、建材的选用、室外的环境、居住的安全舒适、生活的方便等。这就要求在规划设计阶段，物业服务企业根据以往的管理经验和日后实施物业管理的需要，针对规划设计中的种种问题和缺陷提出自己的看法及建议。主要包括以下五个方面：

1) 配套设施。目前，对于现代房地产而言，它具备了统一规划、综合开发、规模大、功能全、结构整体化、配套设施系统化、产权多元化、管理复杂化的多样性特点，故要求对现代物业进行综合性开发。因此，在开发期间，光满足住的需求是不够的，还需要充分考虑享受和发展的需求。然而能否充分发挥其整体功能，关键是要看各类配套设施是否完善。那么，如何完善？怎样配置？在规划设计中都必须予以充分的考虑。例如，对于大多数住宅小区，小区内外道路交通的布置，环境的和谐与美化，尤其是人们休息、交往、运动的场所与场地的布置等，都应该予以充分的考虑。但这些设施的规模和档次如何设置，以及是否需要幼儿园、学校等公益设施，是否需要各类商业服务网点、娱乐健身设备等都需要根据不同的物业、不同的业主区别对待。

另外，垃圾处理是物业每天都要面对的问题，处理不好将直接影响小区的环境卫生和业主的日常生活。因此，开发商应在方便业主的前提下，合理地设置垃圾房的位置及垃圾的处理方式，保持小区公共区域的环境卫生。

2）水、电、气等的供应容量。水、电、气的供应容量是项目规划设计时的基本参数，设计人员在设计时，通常参照国家标准进行设计，而国家标准仅规定了最低限额，只要高于此限额就算达到设计要求。但在实际生活中，南北气候的差异必然会造成实际用量的差异，并且随着人们生活水平的不断提高，对能源的需求也会不断增大。因此，在规划设计时要有一定的超前性或留有余地。

3）安全保卫系统。大部分业主在购买物业时都把小区的安全摆在首位。因此，做好小区的安全保卫工作，给业主创造一个安全的居家环境，是规划设计的又一个重要环节。目前，大部分小区都是采用现代化的自动报警系统，如消防联动控制柜、远红外自动报警系统、高压脉冲电子围墙等。但采用的设备越多、越先进，物业的建造成本就会越高，所以，这就要求在规划设计时除充分考虑实用、科学、便利以外，还应考虑节约成本，尽可能设计经济有效的报警系统。

4）建筑材料的选择。建筑材料的选择直接影响着工程的质量、造价，在这个阶段介入的物业服务企业应根据自己以往的管理经验，提供一份常用建材使用情况的资料，以便设计单位择优选择，便于日后的维修管理工作，同时也能帮助开发商更好地控制物业的建造成本。

5）其他。在规划设计时，还有一些细节问题容易被设计人员忽略。例如，室内各种管线的布局、位置是否适用，电路接口的数量、位置是否方便日后检修，插座开关的高度、数目及具体的位置是否适当、是否方便使用等。这些问题一旦出现，会给日后的业主使用和提供服务带来极大的不便，早期介入中应及时提出，尽量减少类似的缺陷。

总之，物业管理的工作特点造成了从业人员对物业在使用和管理工作中细节问题的敏感性，物业管理人员的改进意见或建议更贴近业主的实际需要，并为以后的物业管理工作打好基础。由此可见，在此阶段介入是必不可少的。

（3）施工建设阶段。施工建设阶段的施工环节多，施工单位水平参差不齐，尽管建设项目都有监理公司监理，但监理公司与开发商往往只注重结构安全等大的质量问题，对物业使用过程中经常会碰到的渗漏、裂缝以及一些细微的质量问题却经常忽视，而这些却是物业服务企业在日后的维修、养护中必须面对的。通过物业服务企业的前期介入，为以后的维修、养护工作省去很多麻烦。物业服务企业在施工建设阶段积极参与工程监理工作，从物业管理的角度对工程施工的质量进行全面监控，及早发现并解决问题，避免物业建成后给使用和管理服务带来缺憾。

（4）设备安装阶段。物业管理行为的实质是服务。要想服务得好，使业主满意，就必须对物业有全面的了解。如果物业服务企业在物业交付使用时才介入管理，就无法对诸如管线走向、隐蔽工程建设、设备安装等物业的情况了如指掌。所以在此阶段，物业管理人员需要熟悉机电设备的安装及调试，各类管道、线路的铺设及走向，尽可能全面收集物业的各种资料，熟悉各个部分，为日后的管理工作做好准备。

（5）竣工验收阶段。竣工验收是建筑产品生产的最后一个环节。一个建筑工程项目经过建筑施工和设备安装以后，达到该工程项目设计文件所规定的要求，具备了使用的条件，称为竣工。工程项目竣工后，建设单位会同设计单位、施工单位、设备供应单位及工程质量监督部门等，对该项目是否符合规划设计要求以及建筑施工质量、设备安装质量进行全面检查，并由施工单位向建设单位办理交付手续，把产品移交给建设单位。

此时，如物业管理人员能参与介入，就应该注意充分发挥自己的作用，协助进行全面验收，共同把好产品质量关。

（6）预销售阶段。在这个阶段，物业管理的介入主要是为前期物业管理做好管家准备，其主要工作有以下几点：

1）制定物业管理方案并公示物业服务内容、服务标准和收费标准。

2）为未来业主做物业管理咨询。

3）配合开发商将物业管理重要事项约定在售房合同中，或签订专门的物业管理前期合同。

4）配合开发商制定好《临时管理规约》和《房屋使用说明书》，以此作为房屋销售合同的附件。

二、前期物业管理

1. 前期物业管理的基本含义

建设部《前期物业管理招标投标管理暂行办法》（建住房〔2003〕130号）中第二条明确指出："前期物业管理"是指在业主、业主大会选聘物业服务企业之前，由建设单位选聘物业服务企业实施的物业管理。换句话说，也就是国家法律、法规已经把"谁"选聘物业服务企业作为前期和后期日常运作管理的划分界线。建设单位选聘物业服务企业从事物业管理活动的，划定为前期物业管理，双方因此而签订的合同称为前期物业服务合同；而把业主、业主大会选聘物业服务企业从事物业管理活动的，划定为后期日常运作物业管理，双方因此而签订的合同称为后期物业服务合同。

2. 前期物业管理的主要工作内容与流程

根据《物业管理条例》的规定：在业主、业主大会选聘物业服务企业之前，建设单位选聘物业服务企业的，应当签订书面的前期物业服务合同。因此，一旦进入前期管理阶段，建设单位应及时通过招投标形式选聘物业服务企业，并与其签订好书面的前期物业服务合同。前期物业服务合同可以约定期限，但是期限未满、业主委员会与物业服务企业签订的物业服务合同生效的，前期物业服务合同终止。另外要注意的是：建设单位与物业买受人签订的买卖合同应当包含前期物业服务合同约定的内容。

在此期间，建设单位还应当完成以下工作内容：

- 在销售物业之前制定临时管理规约。
- 在销售物业之前制定房屋使用说明书。
- 在物业管理区域内配置物业管理用房。
- 对物业管理区域内归全体业主所有的公共配套设施、设备办理登记申请。
- 与被聘的物业服务企业办理物业承接手续。
- 在保修范围内承担保修责任。

前期物业管理的主要工作流程如下：

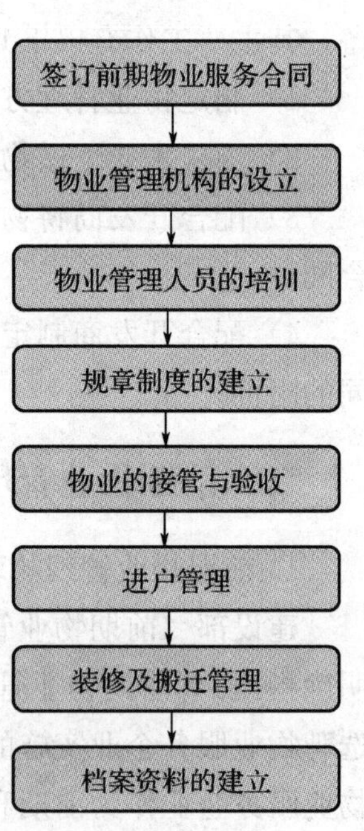

3. 前期物业管理与早期介入的区别

一般情况下，人们很容易把前期物业管理和早期介入这两个概念混淆起来，或者干脆把早期介入纳入前期物业管理的范畴。而事实上并非如此，前期物业管理与早期介入在本质上有着很大的区别，具体体现在以下四个方面：

(1) 身份不同。物业管理早期介入一般是指物业服务企业受房地产开发商的邀请或委托，以“咨询”或“顾问”的身份参与房地产开发过程，并提出相关意见和建议，完善整个物业开发。虽然说此阶段物业服务企业与房地产开发企业之间存在着邀请和被邀请、委托和被委托的关系，但彼此之间并没有建立真正的合同关系；而前期物业管理期间，物业服务企业必须通过参加招投标或者其他形式与房地产开发商确立正式的委托合同关系，此时双方的关系是合同关系。

(2) 作用不同。物业管理早期介入是物业服务企业站在日后使用和管理的立场上，对房地产的开发过程提出具体的意见和建议，至于这些意见和建议是否被接受并付诸实施，决定权在开发商，并且能否进行早期介入，介入的时间及程度如何也完全取决于开发商。早期介入起到的仅是一个辅助功能，不承担相应的法律责任，处于被动状态。而前期物业管理是物业服务企业被开发商正式通过合同形式全权委托，并按照合同的约定行使管理权，承担相应的民事法律责任，起到一个主导的作用。

（3）人员不同。在早期介入中，物业服务企业仅派几个专业技术人员或相关负责人参加即可；而前期物业管理是要求物业服务企业派出整套人员进行参与，各司其职，各尽所能。

（4）关系不同。早期介入期间一般还未确定物业与业主等具体的管理、服务对象，物业服务企业并未能为业主提供直接的服务；而前期物业管理期间已经有了明确的管理、服务对象，物业服务企业直接为业主提供服务。

第 2 节　物业的验收与接管

一、物业验收的基本含义

1. 物业的竣工验收

物业的竣工验收是指该物业所属的工程项目经过建筑施工和设备安装以后，达到该工程项目设计文件所规定的要求，具备了使用或投产的条件，然后由开发商提出，由建设行政主管部门负责对竣工项目进行查验，确认工程是否合格的法定程序。它是物业建筑生产的最后一个阶段，属于质量的验收。也是建筑商与开发商之间明确责任、履行义务的一个必需的法定手续。

2. 物业的接管验收

物业的接管验收也就是物业的承接验收。它是物业服务企业代表未来业主对将要承接的物业进行承接验收的过程。根据《物业管理条例》规定：物业服务企业承接物业时，应当对物业共用部位、共用设备和共用设施进行查验。

二、物业接管验收的内容及其实施

1. 物业接管验收的内容

（1）共用部位。一般包括建筑物的基础、承重墙体、柱、梁、楼板、屋顶以及外墙、门厅、楼梯间、走廊、楼道、扶手、护栏、电梯井道、架空层、设备间等。

（2）共用设备。一般包括电梯、水泵、水箱、避雷设施、消防设备、楼道灯、卫星天线、发电机、变配电设备、给排水管线、电线、供暖设备、空调设备等。

（3）共用设施。一般包括道路、绿地、人造景观、围墙、大门、信报箱、宣传栏、路灯、排水沟、渠、池、污水井、化粪池、垃圾容器、污水处理设施、机动车（非机动车）停车设施、休闲娱乐设施、消防设施、安防监控设施、人防设施、垃圾转运设施、物业服务用房等。

建设单位应当依法移交有关单位的供水、供电、供气、供热、通信、有线电视等共用设施、设备，但不作为物业服务企业现场检查和验收的内容。

2. 物业接管验收的实施

（1）验收的条件

1）建设工程全部施工完毕，并经有关部门验收，取得竣工验收合格报告。

2）供电、采暖、给排水、卫生、道路等设备和设施能正常使用。

3）房屋栋、户编号经有关部门确认。

（2）验收时应提供的资料

1）产权资料

①项目批准文件。

②用地批准文件。

③建筑执照。

④拆迁安置资料。

2）技术资料

①竣工图。包括总平面、单体建筑、结构、设备、附属工程及隐蔽管线的全套图样。

②地质勘察报告。

③工程合同及开工、竣工报告。

④工程预决算。

⑤图样会审记录。

⑥工程设计变更通知及技术核定单（包括质量事故处理记录）。

⑦隐蔽工程验收签证。

⑧沉降观察记录。

⑨竣工验收证明书。

⑩钢材、水泥等主要材料的质量保证书。

⑪新材料、构配件的鉴定合格证书。

⑫水、电、采暖、卫生器具、电梯等设备的检验合格证书。

⑬砂浆、混凝土试块试压报告。

⑭供水、供暖的试验报告。

3. 物业接管验收常用表格

（1）物业接管验收表

物业接管验收表见表 3—1。

表 3—1　　物业接管验收表

栋号：　　　　接管验收时间：

编号	存在问题简述					备注
	土建设施	照明	给排水	门窗	其他	

验收人：　　　　移交人：

（2）物业接管验收遗留问题统计表

物业接管验收遗留问题统计表见表 3—2。

表 3—2　　物业接管验收遗留问题统计表

遗留项目名称：　　　　统计人：　　　　日期：

栋号/序号	遗留问题简述	备注

（3）物业设备和设施接管验收表

物业设备和设施接管验收表见表 3—3。

表 3—3　　物业设备和设施接管验收表

接管验收时间：

设备、设施名称	存在问题简述	备注

验收人：　　　　移交人：

（4）物业设备和设施接管验收遗留问题统计表

物业设备和设施接管验收遗留问题统计表见表 3—4。

表 3—4　　物业设备和设施接管验收遗留问题统计表

遗留项目名称：　　　　统计人：　　　　日期：

设备、设施名称	遗留问题简述	备注

三、竣工验收与接管验收的区别

1. 验收目的不同

竣工验收是为了检验房屋工程是否达到设计文件所规定的要求，也是开发商为了使物业取得进入市场的资格，对物业是否合格所进行的质量验收；而接管验收是在竣工验收合格的基础上，以满足使用功能和物业现状条件为主要内容的再检验，是为了分清管理责任，对即将管理的物业质量和物业现状进行验收。

2. 验收条件不同

竣工验收的首要条件是工程按设计要求全部施工完毕，达到规定的质量标准，能满足住用功能等；而接管验收的首要条件是竣工验收合格，并且供电、采暖、给排水、卫生、道路等设备和设施能正常使用，房屋栋、户编号已经被有关部门确认。

3. 交接对象不同

竣工验收是指由开发商验收建筑商移交的物业，竣工验收合格后，标志着物业可以交付使用了；而接管验收是由物业服务企业承接开发商或业主委员会移交的物业，接管验收一旦完成，则标志着物业正式进入使用阶段或新的管理阶段。

4. 物业服务企业参与的职责不同

在竣工验收时，物业服务企业只是参与者，无直接的责任关系；而在接管验收中，物业服务企业与开发商是直接的责任关系。

四、接管验收的注意事项

1. 进行接管验收时，应严格按照验收条件进行验收，对在验收中发现的问题应明确记录在案，并会同建设单位共同商议处理办法，商定复验时间，督促施工单位限期改正。

2. 房屋承接交付使用后，如发生重大质量事故，应会同建设、设计、施工等单位共同分析研究，查明原因。

3. 接管验收时如有争议，交接双方应尽可能协商解决，如不能协商解决时，双方均应申请所在地房地产管理部门进行协调或解决。

第 3 节　物业的交付入住

一、物业交付入住的基本含义

物业的交付也就是通常说的“交房入住”，即物业服务企业在完成承接验收之后，从房地产开发企业手中接管了物业，然后按照程序将物业的产权及物业的实物交付给购房者的过程。所谓“入住”，就是业主和使用人在接收物业后进入实际使用状态。

二、物业交付入住的程序与工作内容

1. 物业交付前的环境整治与现场布置准备

(1) 环境整治。物业交付前，物业服务企业必须认真对待的一项工作就是“清洁卫生”。也就是物业服务企业在完成了对物业的承接验收之后，对物业内外进行一次全面、彻底的清洁。具体内容包括：建筑垃圾的清理；对玻璃、地面、墙面等处所有灰尘、污垢的清除；对各种设备的清洁等。做好清洁卫生，一方面可以为日后的日常保洁工作打下良

好的基础；另一方面可以使物业以崭新的面貌迎接业主的入住，同时也是物业服务企业树立其良好形象和信誉的开始。遇有二期工程施工或临时施工情况时，要进行必要的隔离，以防止安全事故的发生。

（2）现场布置准备

1）在办理入住手续的场地准备好彩旗、标语、业主休息等待区等。

2）在办理相关业务的场地准备好电信、邮政、有线电视、银行等相关单位业务开展摊位。

3）准备资料及预先填写有关表格，为方便业主、缩短工作流程，应对表格资料预先做出必要处理，如预先填上姓名、房号和基本资料等。

4）准备办公用品，如复印机、计算机、文具等。

5）制作标志牌、导视牌、流程图，如交通导向标志、办理入住手续流程图、有关文件明示等。各类标志牌、流程图要求标示清楚，一目了然。

6）制定紧急预案。针对入住过程中可能发生的紧急情况制定必要的预案，如交通堵塞、矛盾纠纷等。

7）安排一定数量的人员值班巡逻，加强安全防范。因为在办理入住手续时人员及车辆进出较多，须注意人身及财产安全，防止事故的发生。

2. 寄发入住手续文件

以开发商和物业服务企业的名义，将《入住通知书》《办理入住手续须知》《缴款项目一览表》等寄发给业主，以便业主及时顺利地办好入住手续。

在现场办理交房手续前，物业服务企业再把其他文件和表格交给业主，具体包括：

（1）《住户手册》。

（2）《临时管理规约》。

（3）《消防安全责任书》。

（4）《入住验房表》。

（5）《业主家庭情况登记表》。

（6）《住宅使用说明书》。

（7）《住宅质量保证书》。

3. 现场办理交付入住手续

（1）验证。客户服务专员在业主前来办理入住手续时，应首先对以下证件进行检查：

1）《购房合同》原件。

2）业主的身份证原件。

3）业主及家庭成员身份证复印件各一份、一寸彩色照片各一张。

4）单位购房的还须检查其单位营业执照副本。

5）委托他人办理的，还须检查业主的委托书。

6）《入住通知书》。

（2）相关文件存档。检查无误后，客户服务专员将《购房合同》原件、业主及家庭成员的身份证原件、《入住通知书》、单位营业执照副本返还业主。将证件复印件、业主委托书及贴有照片和身份证复印件的《业主家庭情况登记表》存入业主档案。

（3）缴纳各项费用。客户服务部指引业主到财务部缴纳入住费用，财务部根据收款项目开具收款收据。

一般情况下，物业服务企业应事先协调各相关部门前来办理煤气开户费、有线电视初装费、电信等相关收费。

（4）验房

1）客户服务专员在业主交完入住费用后带业主验房，并请业主将房屋存在的问题填入《业主入住验房表》中。

2）房屋验收合格的，客户服务专员应请业主在《业主入住验房表》中签字确认。

3）验收中发现问题的，客户服务部应通知开发商在一周内予以解决，并将整改结果通知业主；一周内未整改完毕的，应将整改情况反馈给业主，并告之具体再验收的时间。

4）整改完毕，由客户服务专员通知业主二次验收。二次验收不合格的，由客户服务主管进行跟进，并依据物业服务企业同开发商签订的《物业管理委托管理合同》中的保修条款要求开发商尽快解决。

（5）发放钥匙

1）业主房屋验收无问题或要求在搬入后再进行维修的，客户服务专员应将业主房屋钥匙全部交给业主。

2）业主房屋验收有问题，客户服务专员在将钥匙交给业主的同时，应留下一把大门钥匙以供维修时用。

3）业主在领取钥匙时，客户服务专员应要求业主在《钥匙领用表》内签字确认。

（6）签署《临时管理规约》和《消防安全责任书》。《临时管理规约》和《消防安全责任书》一式两份，其中一份存入业主档案。

（7）资料发放。客户服务专员将以下资料发给业主保存并要求业主在《资料领取清单》上签字：

1）《住户手册》。

2）签署后的《临时管理规约》。

3）签署后的《消防安全责任书》。

4）《住宅使用说明书》。

5）《住宅质量保证书》。

6）《住户装修管理规定》。

（8）正式记取水、电读数。客户服务专员应邀请业主一起将水表、电表读数抄录在《业主入住验房表》中，从此刻起，新的水表、电表读数将由业主支付。

（9）宣传《用户须知》《装修管理规定》等文件精神。办理入住手续时，物业服务企业必须将《用户须知》和《装修管理规定》的要点对业主进行讲解及宣传，以便业主及时了解文件的相关精神。

特别是装修，最容易产生各种问题，物业服务企业要将装修管理中须特别注意的事项，包括房屋装修的申报审批制度，将装修施工过程中的垃圾、噪声、用火及用电安全、人员出入等管理规定告知业主。

三、物业入住手续文件及常用表格（仅供参考）

1. 入住通知书

《入 住 通 知 书》

________女士/先生：

您好！欢迎您入住××花园！

您所认购的________区________栋________单元________室楼宇，经市有关部门验收，测量合格，现已交付使用，准予入住。

1. 请您按《入住通知书》及《办理入住手续须知》前来办理入住手续，办理地点在________楼________室。在规定的日期内，地产部、财务部、物业服务企业等有关部门和单位将到场集中办公。

2. 为了确保您在办理过程中能顺利而快捷地办理好入住手续，请以下表时间为准前来办理入住手续。

各楼、各层办理入住手续时间分配表（略）。

如您届时不能前来办理入住手续，请您及时与我公司联系，落实补办的办法，联系电话________。

特此通知

××房地产开发公司

××物业管理公司

________年____月____日

2. 办理入住手续须知

《办理入住手续须知》

________女士/先生：

欢迎您成为×× 花园的新业主!

我公司将为您提供良好的管理服务。兹先介绍有关办理入住手续事项和程序，供您参考，望您能认真阅读。

1. 您应按《入住通知书》所规定的时间来办理相关入住手续。在接到《入住通知书》之日（以邮戳为准）起3个月内不来办理产权登记和入住手续，每逾期一天应缴纳人民币×元的逾期金。超过半年不来办理的房产，将由本大楼物业管理公司代管，代管期间的管理费用仍由购楼业主承担。超过3年不来办理手续，视为无主房产，交由有关部门依法处理。

2. 您来办理入住手续时请带齐以下物件：

(1) 购房合同。

(2) 业主身份证或护照及图章。

(3) 公司购买的还应带公司法人证件和公章。

(4)《入住通知书》。

(5) 已缴款项的收据（调换正式发票）。

(6) 未缴的购房款和物业管理应缴的款项。

注意，如您委托他人前来办理，还应带上以下资料和证件：

(1) 您（业主）的委托书，应由律师签字。

(2) 您（业主）的身份证或护照的复印件。

(3) 代理人的身份证或护照。

3. 您在办理手续时请按以下程序进行（详见现场的流程表）：

(1) 验证。

(2) 缴付费用。

(3) 资料发放。

(4) 验房。

(5) 发放钥匙。

祝您顺利入住!

××房地产开发公司

××物业管理公司

________年____月____日

3. 入住验房表（见表 3—5）

表 3—5　　　　入住验房表

号　　室　　　　　　　　　　　　　　　　填表时间：　　年　月　日

业主姓名			联系电话				备 注					
验收项目	验收时详细内容											
	顶棚	墙面	地面	门	门锁	窗	天线插座	照明灯	开关	插座	防盗窗花	备 注
客厅												
餐厅												
卧 1												
卧 2												
卧 3												
卧 4												
厨房												
卫生间												
验收项目	地漏	排污管	给水管	给水闸阀	洗涤台	洗涤龙头	厕所坐便	坐便水箱	花洒	水龙头	煤气管道	煤气阀门
厨房												
卫生间												
验收项目												

室内配电箱		空气开关		门铃		电子对讲机		电表	
煤气表		水表		电表底数		煤气表底数		水表底数	

业主验收意见：

业主签字：

交回此表时间：　　　年　　月　　日

注：1. 以上项目合格的打“√”，不合格的用文字简要说明。

2. 此表必须在领钥匙之日起三天之内交回管理处。

3. 代表业主（住户）验房或代表单位集体验房的验收人必须在“备注栏”内填上验房代表姓名和联系电话。

4. 业主家庭情况登记表（见表 3—6）

表 3—6　　业主家庭情况登记表

号　室　　　　填表时间：　　年　　月　　日

称谓	姓 名	性别	出生年月	民族	籍贯	身份证（暂住证）号码	工作单位（学校）详细地址	职务（职称）	电话（手机）	备注

户主户口所在地派出所	户型	建筑面积	购房合同号码	房屋性质	房屋用途

注：1. 称谓是指与户主的关系。

2. 身份证复印件和照片贴在此卡背面。

第 4 节　前期物业管理的招标与投标

一、物业管理招标与投标的意义和特点

物业服务企业在实施管理和提供服务时必须遵循市场经济的规律，实行物业管理的招标与投标应该是今后物业管理市场的方向。从发展初期国家鼓励“谁开发，谁管理”的运作模式，到现在的逐步走向招标与投标的运作模式，说明了我国的物业管理事业正在不断地向前发展。当然，眼下国家仅规定住宅物业前期物业管理必须实行招投标，而其他物业前期物业管理则提倡实行招标与投标。对业主大会成立后的物业管理，业主大会选聘物业服务企业时可以通过招标与投标的方式，也可以通过协议的方式。从长远的发展角度来看，引入市场竞争机制，采用公开招标与投标的方式选择物业服务企业应该是物业管理市场发展的必然趋势。

1. 物业管理招标与投标的基本含义

物业管理招投标包括招标和投标两个部分，是指由招标人发出招标公告的通知，由若干个投标人同时投标，最后由招标人通过对各投标人所提交的价格、质量、交割期限以及投标人的技术水平、信誉程度、财务状况等因素进行综合比较，确定其中条件最佳的投标

人为中标人，并与之最终订立合同的全过程。

2. 物业管理招标与投标的意义

随着我国房地产改革的深化，大力推广及完善物业管理招投标制度已成为培育和发展我国物业管理市场的迫切需要，有着极为深远的意义，主要体现在以下几点：

（1）物业管理招投标是市场经济发展的需要。随着社会主义市场经济的发展，物业管理作为一种服务性商品，也应当进入市场进行等价交换。而通过物业管理招投标，评定其价值和价格在现行物业管理的市场价格水平下能否被接受，则是保证等价交换顺利进行的前提，从而也体现了价值规律的客观要求。

（2）物业管理招投标是房地产管理体制改革的需要。随着我国经济体制改革的不断深化，必须变原来的行政性管理终身制为企业经营型的聘用制。在这种新的体制下，开发商和业主大会都有权选择物业服务企业，此时，通过物业管理招投标可以解决开发商或业主与物业服务企业之间信息不相通的问题，使得开发商或业主可以自主选择符合自己管理服务要求和标准的物业服务企业。

（3）物业管理招投标是促进物业管理行业发展的需要。由于物业管理招投标导致物业服务企业与开发商或业主之间的双向选择，由此形成的竞争局面必将使物业服务企业为了在激烈的市场竞争中求得生存发展，必须努力提高自己的服务质量和服务水平，从而推动整个物业管理行业的健康发展。

3. 物业管理招标与投标的特点

与其他招标与投标相比，物业管理招标与投标有着自身的特点，概括起来可以归纳为超前性、长期性和阶段性、严肃性、法律约束性等。

（1）超前性。物业管理招标与投标的超前性是由物业服务企业早期介入的因素决定的。由于物业价值高昂和空间的不可移动性，决定了物业一经建成便很难改变。因此，物业的开发、设计和施工阶段都至关重要。物业管理提早介入房地产开发项目中去，可以从日后管理的角度提出合理化的建议；而物业管理早期介入以后，对施工、设备安装以及管道走向比较了解，便于日后管理和维护。

（2）长期性和阶段性。由于物业本身的使用年限较长，因而使物业管理工作具备了长期性和阶段性的特点，同时也决定了物业管理招投标的长期性和阶段性。

（3）严肃性。当物业服务企业获得招标信息或接到投标邀请书后，应慎重考虑是否参与投标。如果参与投标，就要对所投标的项目以及有关问题进行调查研究，并做可行性分析。一经做出参与投标的决定，就要掌握详尽的材料对投标的策略和技巧做科学的抉择。然后按照招标书的要求制作投标书并提交给招标人，一旦提交，不得随意更改；一旦中标，不得悔标，如要悔标，必定追究其相关的法律责任。所以说物业管理招投标具有很强的严肃性。

(4) 法律约束性。这种约束对招标与投标双方都一样。但作为投标方，已向招标方递交了标书和报价，标书和报价在法律上即视为有效。在国际惯例中，为保证投标报价的严肃性和招投标的顺利进行，投标者须在递交标书的同时缴纳一定数量的投标保证金。此外，如果一旦被确定为中标人，根据有关规定，招标人和中标人应当自中标通知书发出之日起30日内，按照招标文件、中标人的投标文件和现场答辩记录订立书面的物业服务合同。中标通知书对招标人和中标人具有法律效力。中标通知书发出后，招标人改变中标结果，或中标人放弃中标项目的，应承担赔偿责任。所以说招投标具有一定的法律约束性。

二、物业管理招标的方式和程序

1. 物业管理招标的方式

目前，国际市场上通用的物业管理招标方式可分为公开招标、邀请招标和协议招标三种。

(1) 公开招标。公开招标是指招标人通过新闻媒体向全社会公开发布招标通知，邀请所有愿意参加投标的物业服务企业参加投标的招标方式。这种招标方式最大限度地体现了招标的公开、公平和公正的原则，是我国极力提倡的一种招标形式。

(2) 邀请招标。邀请招标简称邀标，是指招标人不公开刊登招标公告，而是以投标邀请书的方式邀请三个以上具备相应物业管理资质的物业服务企业参与投标的一种招标方式。主要适用于标的规模较小（即工作量不大，总管理费报价不高）的物业管理项目。这种招标方式与公开招标相比，虽然有招标成本低和招标时间短的优势，但由于邀标是招标人预先选择了投标人，因此可选择的范围缩小，可能会遗漏一些合格的、有竞争力的物业服务企业，也可能会歧视某些投标人，还容易诱使投标人之间产生不合理竞争，造成招标人和投标人的作弊现象。

(3) 协议招标。协议招标简称议标，又称谈判招标。这种方式是指招标人直接选定几家物业服务企业，以书面或口头的方式同时邀请他们到现场考察，然后同时进行谈判协商，最终选定符合要求的物业服务企业的招标方式。议标的最大特点在于招标人与投标人之间可以相互协商，投标人通过不断地修改标价来与招标人取得一致。这种方式既节省了时间和招标成本，又可以获取有竞争力的标价。然而，议标也有一定的局限性，其透明度相对差些，而且对投标人的要求更高，且在选择采用这种方式前，一定要先经过相关行政机关的批准，否则视为无效。

但在我国，根据建设部《前期物业管理招标投标管理暂行办法》(建住房〔2003〕130

号）中的规定，前期物业管理招标只分为两种，即公开招标和邀请招标。

2. 物业管理招标的程序

物业管理招标程序分为三个阶段，即制定招标文件；发出招标邀请书或通知书，出售招标文件；召开标前会议。

（1）制定招标文件。物业开发建设单位按程序编制开发规划和项目建设书，报送有关部门批准后，确定开发项目，提出用地申请，得到有关部门批准后，即可进行物业管理招标工作，制定招标文件，以便在项目设计阶段物业管理就能早期介入，从后天管理维护角度评判设计方案是否合理。

招标文件一般包括投标须知、物业管理招标书和部分物业的设计图样。

1）投标须知。投标须知应包括投标单位须知，关于投标的主要要求、合同形式、合同条件等主要内容。

①投标单位须知的基本内容

a. 出具投标保证书，用于保证投标后不中途退标，否则投标保证金将予以没收。保证金约占投标物业年度管理费总额的 5%，保证期限到定标时为止，一般为 3～6 个月，不中标者予以退回。办理保证书的具体手续是经由银行出具的担保书。

b. 明确保密要求。投标文件具有保密性质，不得泄密，以避免竞投标企业之间互相串通而提高投标价格。

c. 要有“不选择最低标价”的申明。按国际惯例，均有一条“业主不约束自己接受最低标价”的规定。

d. 明示递送投标书的程序。如投标书所用的文字、份数、地址、截止时间、递送方式、有关证件等。

e. 明文规定开标与评定时间，尤其要明确评定投标的标准，其标准尽可能量化，如采用“优点计分制”则在文件中应详细注明其内容。

②关于投标的主要要求

a. 对投标的物业服务企业，在中标以后签订合同以前，必须先缴纳履约保证书，用以确保合同的履行。保证书中有一项为保证金，保证金额可具体规定一定额度。

b. 对开发商或业主不采用最低价的承认，以免除投标的物业服务企业对选标权的争议。

③关于合同格式和条件。在“须知”中要说明签约的合同格式和条件，以便投标的企业明确中标后的权利和将要承担的责任、义务。

2）物业管理招标书。在招标书中，应具体而详尽地说明本次招标所要求管理的物业的基本情况，通常是列出物业的地理位置、占地面积、建筑面积、楼宇类型、户型、住房套数、拟入住人数以及各个组成部分，如建筑物的结构、建筑材料的选用、设备与设施的配套安装、内外环境、共用设施等情况均要作精确描述，不能使用含糊不清的文字，以便投标单位核算各项成本和确定管理模式。在招标书中可用附件详细列出物业管理内容及要求，大致包括如下项目：

①竞标单位拟采用何种管理方式并拟出物质装备设计。管理方式包括内部管理架构、工作流程、激励机制、信息反馈渠道；物质装备设计包括管理人员住房、管理用房、器械工具以及有关通信、治安等用品。

②管理人员配备。包括人数、文化程度、任用方式、岗位配置等。

③管理人员的培训。包括计划、方式、目标等。

④档案的建立与管理。包括竣工验收资料、房屋单体竣工图、住户档案、装修管理、维修档案、投诉与回访记录等。

⑤管理规章制度。包括公众制度、单位内部岗位责任制、管理运作、人员考核制度等。

⑥各项指标的承诺。主要包括各项建筑物和各种设施的完好率、治安消防事故发生率、管理费用收缴率、违章发生与处理率、维修回访率、住户满意率等近 20 项。

⑦社区文化。包括场地、设施、活动计划等。

⑧便民服务。按有偿服务与无偿服务逐项分列。

⑨经费收支预算。主要列明收入及支出项目的预算，按文件规定测定或按市场价测定，其次要列出收入盈亏情况预算，增收节支措施。

⑩管理新构想。一般针对物业实际情况，提出一些如何提高管理服务水平的设想，既要务实，又力求创新。

以上项目应逐一列举，体现出合理、先进、完备、可行，招标领导机构将以此评标。

3）提供计算方案和设计图样。若是新建物业，则要在招标文件中提供规划设计和设计意向方案；若是已建成物业，则要提供设计图样，以便投标者做详细了解而正确、合理计算出管理费标价。

（2）发出招标邀请书或通知书，出售招标文件。若是采用邀请招标方式，则要向选定的若干家物业服务企业发出邀请书，出售招标文件；若采用公开招标方式，则要对报名投标单位逐一进行经营资质预审，经审查合格的方能发给招标文件。资质预审包括企业的名称、性质、注册资金、管理经营绩效、技术力量等情况。

（3）召开标前会议。招标机构在开标前召集一次会议，主要是汇集研究投标单位提出的各类问题，做出统一解答。

三、物业管理投标的方式和程序

1. 物业管理投标的方式

投标的方式通俗地说就是投标人把编制好的投标书递送给招标人的一种方式。目前，市面上流行的方式主要有三种，即专人送达、邮递、电子网络传递。

2. 物业管理投标的程序

物业管理投标程序分为三个阶段，即投标的前期阶段、投标的实施阶段和投标的结束阶段。

（1）投标的前期阶段。投标的前期阶段包括取得投标资格、筹措资金、收集招标物业相关资料、进行投标可行性分析和申请资格预审五方面的工作。

1）取得投标资格。物业服务企业在国内从事投标业务，必须取得《企业法人营业执照》和政府有关部门颁发的《物业服务企业资质证书》。

2）筹措资金。投标企业应根据自身财务状况及招标物业管理所需资金，做好资金筹措准备，以使自己有足够资金通过投标资格预审。

3）收集招标物业相关资料。招标物业的相关资料是物业服务企业进行投标可行性研究必不可少的重要因素。因此，物业服务企业在投标前应多渠道、多方位地全面搜寻包括招标人和招标物业的具体情况以及投标竞争对手的情况等资料。

4）进行投标可行性分析。一项物业管理投标从购买招标文件到送出投标书，涉及大量的人力物力支出，一旦投标失败，所有的前期投入都将付之东流。因此，投标公司在提出投标申请前一定要做好投标可行性分析。具体包括招标物业条件分析、本公司投标条件分析、竞争者分析和风险分析。

5）申请资格预审。在考察了以上条件后，可初步确定是否参与投标。若决定参与投标，则可提请资格预审。企业在申请进行资格预审时，要按要求提交相应的申请文件。

（2）投标的实施阶段。通过资格预审之后，物业服务企业便可按以下步骤实施投标：取得并熟悉招标文件、考察物业现场并参加标前会议、制定管理服务方法和工作量、制订资金计划、标价试算、标价评估与调整、办理投标保函、编制标书、封送标书与保函等。

1）取得并熟悉招标文件。获得招标广告通知信息并通过经营资质预审的物业服务企业必须按规定程序购买招标文件；收到投标邀请书的物业服务企业，可直接到发出邀请信的开发商或业主委员会处去购买招标文件。

取得招标文件后，应仔细阅读，吃透招标文件的精神，并尽可能找出文件中前后不一致、内容不清晰等错误，再按重要性，将这些错误与遗漏划分为“招标前由业主明确答复”和“计入索赔项目”两类。此外，应仔细研究招标文件中的各项规定，如开标时间、定标时间、投标保证书等，尤其是图样、设计说明书和管理服务标准、要求和范围。

2）考察物业现场并参加标前会议。熟悉了招标文件后，投标物业服务企业要对物业现场进行实地考察。通常，招标人要组织参与投标的物业服务企业统一参观现场，并召开标前会议。标前会议的记录和各种问题的统一解释或答复，应被视为招标文件的组成部分，均应整理成书面文件分发给所有投标人。如与原招标文件不一致时，应以会议文件为准。但口头答疑并不具备法律效力。因此，考察现场与参加标前会议非常重要，一定要仔细了解。

3）制订管理服务方法和工作量。投标企业根据招标文件中的物业情况、管理服务范围与要求，制定管理服务内容与工作量。

4）制订资金计划。制订资金计划的目的主要有两个：一是复核投标可行性研究结果；二是做好议标阶段向招标人做承包答辩的准备。资金计划应以资金流量为根据进行测算，应保证资金流入大于流出。

5）标价试算。试算前，投标者应确保做到以下几点：明确领会招标文件中的各项服务要求、经济条件；计算或复核服务工作量；掌握物业现场基础信息；掌握标价试算所需要的各种单价、费率、费用；拥有分析所需的、适合当地条件的经验数据。通常可用服务单价乘以工作量，得出管理服务费用。但对于单价的确定，不可套用统一收费标准（国家规定了管理服务单价的除外），因为不同物业情况不同必须具体问题具体分析。同时，确定单价时还必须根据竞争对手的状况从战略战术上进行研究分析。

6）标价评估与调整。对于试算结果，投标者应该经过评估才能最后确定标价。现行标价的评估内容主要包括两方面：一是价格类比；二是竞争形势分析。分析之后便可以进行标价调整，确定最终标价。

7）办理投标保函。由于投标者一旦中标就必须履行受标的义务，为防止投标人违约给招标单位带来经济损失，在投递投标书时，招标单位通常要求投标单位出具一定金额和期限的保证文件，以确保在投标单位中标后不能履约时，招标单位可通过为投标单位出具保函的银行，用保证金额赔偿招标单位的经济损失。投标保函通常由投标单位银行或其主管部门出具。

投标保函所承担的主要担保责任有：投标人在投标有效期内不得撤回标书及投标保函；投标人被通知中标后必须按通知书规定的时间前往物业所在地签约；在签约后的一段时间内，投标人必须提供履约保函或履约保证金。

如果投标人违反上述任何一条，招标人就有权没收投标保函，并向银行索赔其担保金额。若投标人没有中标或没有任何违约行为，招标人就应在通知投标无效或未中标或投标单位履约之后，及时将投标保函退还给投标人，并相应解除银行的担保责任。

投标保函的主要内容包括担保人、被担保人、受益人、担保事宜、担保金额、担保货币、担保责任、索赔条件等。除办理投标保函外，投标单位还可以以保证金的形式提供违约担保。此时，投标方保证金将作为投标文件的组成部分之一。投标方应将保证金于投标截止之日前交至招标机构指定处。投标保证金可以以银行支票或现金形式提交。未按规定提交投标保证金的投标，将被视为无效投标。中标的投标方的保证金，在中标方签订合同并履约后 5 日内予以退还；未中标的投标方的保证金，在定标后 5 日内予以退还，均不用支付利息。

8）编制标书。投标人在做出投标报价决策之后，就应按照招标文件的要求正确编制标书，即“投标人须知”中规定的投标人必须提交的全部文件。

①编制标书时的注意事项

a. 投标文件中的每一空白都须填写，如有空缺，则可认为放弃意见；重要数据未填写，可能作为废标处理。

b. 递交的全部文件每页应签字，若填写中有错误不得不修改，则应在修改处签字。

c. 不得不改变标书的格式时（如原有格式不能表达投标意图），可另附补充说明。

d. 最好用打字方式填写标书，或用墨水笔正楷字填写。

e. 投标文件应字迹清楚、整洁，纸张统一，装帧美观大方。

f. 计算数字要准确无误，无论单价、合计、分部合计、总标价及其大写数字均应仔细核对。

②标书要求。一份好的投标书必须符合三个要求，即符合招标书的要求、符合本物业管理的实际需求、充分反映本企业的管理特点与长处。

③投标书中应包含的内容

a. 本企业情况介绍：目的是使招标方对本企业产生深刻印象，因此应该文字生动、事实过硬，一般包括企业管理理念、光荣历史、规模实力、取得的荣誉等。

b. 管理质量目标和承诺：即承接后能够达到的质量目标，一般表现在两个方面，一是总体达到的某种水平，一般指有关部门给予评定的优秀称号，如建设部门评定的示范小区（大厦）等；二是管理达到的具体质量指标，如设备完好率、保修回访率等。

c. 管理运作机构设置：可用图表说明的形式。

d. 人员配置和编制：强调编制的合理性，不要超出自己实力压低编制。因为过低的编制可能对今后的管理产生不利的影响。

e. 管理费用：最重要的内容就是提出合理的有依据的价格。

f. 管理规章制度：包括岗位职责、运行操作规定、管理制度等。

g. 中标后工作计划等。

9）封送标书与保函。全部投标文件编制好以后，投标人就可派专人或通过邮寄将标书投送给招标人。封送标书的一般惯例是，投标人将投标书按照招标文件的要求，准备正本和副本（通常正本一份，副本两份）。标书的正本和每一份副本应分别包装，而且都必须用内外两层封套分别包装与密封，密封后打上“正本”或“副本”的印记，两层封套上均应按投标邀请书的规定写明投递地址及收件人，并注明投标书的编号、物业名称、在某日某时（指开标日期）之前不要启封等。内层封套是用于原封退还投标文件的，因此应写明投标人的地址和名称。若是外层信封上未按上述规定密封及做标记，则招标方对于把投标文件放错地方或过早启封概不负责。由于上述原因被过早启封的标书，招标人将予以拒绝并直接退还给投标人。

10）现场答辩。现场答辩是投标实施阶段的最后环节，因此，必须高度重视。它分为公开招标现场答辩会和邀请招标答辩会两种。公开招标的现场答辩会一般来说比较隆重，先后通过评委现场提问，现场记分等当场确定中标单位。邀请招标的答辩会气氛就相对轻松一些，既有提问，也有讨论，可以相互交叉发言，答辩的结果往往在事后通知。答辩应注意的事项：

①组织好答辩班子。

②答辩人员应熟悉业务，口才好，善于临场应变。

③准备好答辩会上的企业介绍和应答准备。

④参加答辩人员应当服装统一，按照规则进行答辩，注意礼貌、礼仪，用词恰当，相互之间注意配合等。

（3）投标的结束阶段。投标的结束阶段工作也就是定标后的工作，主要包括中标后的合同签订与履行，或未中标的总结、资料整理与归档等工作。

1）中标后的合同签订与履行。经过评标与定标后，招标方将及时发函通知中标企业。中标企业则可自接到通知之时做好准备，进入合同的签订阶段。通常，物业管理服务合同的签订须经过签订前谈判、签订谅解备忘录、发送中标函、签订合同协议书几个步骤。

2）未中标的总结。未中标的企业在收到竞标失利的通知后应及时分析本次失利的原因，是准备工作不充分、估价不准，还是报价策略失误等，以免在以后的竞标中重蹈覆辙。

3）资料整理与归档。无论是否中标，在竞标结束后都应将投标过程中的一些重要文件进行分类归档保存，这样一是可以为中标企业在合同履行中解决争议提供原始依据；二是可为竞标失利的企业分析失败原因提供资料。通常这些文档资料主要有：招标文件、招标文件附件及相关图样、对招标文件进行澄清和修改的会议记录与书面文件、投标文件及标书、同招标方的来往信件、其他重要文件资料等。

四、物业管理的开标、评标和中标

1. 开标

（1）开标的含义。所谓开标，是指招标机构或招标代理机构在预先规定的时间将各投标人的投标文件正式启封揭晓。开标时，招标人应邀请所有的投标人参加。

（2）开标的时间。《中华人民共和国招标投标法》（简称《招标投标法》）规定：开标应当在招标文件确定的提交投标文件截止时间的同一时间公开进行。这里需要注意以下几点：

1）开标时间应当在提供给每一个投标人的招标文件中事先确定，以使每一投标人都能事先知道开标的准确时间，届时参加，确保开标过程的公开性和透明度。

2）开标时间应与投标文件的截止时间相一致。招标人应按规定时间开标，不得拖延。以免发生“暗箱操作”等不法行为。如遇特殊情况，必须以书面形式通知各投标单位。

3）开标应当公开进行。所谓公开进行，就是开标活动都应当向所有提交投标文件的投标人公开。招标人应当邀请所有提交投标文件的投标人到现场参加开标。开标时，投标方必须由其法人代表或委托代理人（具有授权书）参加，并签字以证明其出席过开标会议。

（3）开标地点。《招标投标法》规定，开标地点为招标文件中预先确定的地点。

《招标投标法》中关于开标地点的规定，是为了使所有投标人都能事先知道开标地点，事先为参加开标活动做好充分准备，如根据情况选择适当的交通工具，以便准时到达。一般来说，投标人送达标书的地点应与开标的地点一致。

（4）开标程序

1）开标会。按照《招标投标法》的要求，开标会应由招标人主持，并邀请所有投标人参加。如果招标人委托招标代理机构办理招标事宜，按照委托招标合同的约定，由招标方或代理机构代表招标方主持开标事宜。开标应当严格按照法定程序和招标文件约定的规定进行，包括按照规定的开标时间开标，以维护开标活动的公正性。因此，招标人应邀请所有投标人参加开标，以确保开标在所有投标人的参与、监督下，按照公开、透明的原则进行，避免在开标过程中可能发生的“暗箱操作”漏洞，有利于保障投标人的正当权益。参加开标是每一位投标人的法定权利，招标人不得以任何理由排斥、限制任何投标人参加开标。

2）开标过程

①招标人代表讲话，说明此次招投标情况。

②招标人宣布开标纪律、注意事项和评标原则。

③宣布因投标文件迟到或没有收到而被取消资格的投标单位名称，并将此情况记录在案，必要时由公证人签字。

④由投标人选派代表检查投标文件的密封情况，并确认。

⑤确认后，由工作人员当众拆封、宣读，也可由投标人自己宣读。宣读的主要内容为投标人名称、投标价格等。

⑥如果有公证机构参加开标，应宣读公证词，表明本次开标经公证有效。

⑦开标结束后，招标方应编写开标会议纪要。会议纪要的主要内容包括开标时间、地点、参加单位、人员、开标内容、是否经过公证等。该纪要应作为档案予以保存，以便查询。任何投标人要求查询时，均不应拒绝。

3）注意事项

①招标方应注意的问题

a. 招标方在招标文件要求提交投标文件的截止时间前收到的所有投标文件，开标时都应当众予以拆封，不能遗漏；否则，就是构成对投标人的不公正对待。

b. 招标方应根据以往经验和国际惯例制定严格的开标会场纪律，并对工作人员予以培训。

c. 招标方制定的开标程序和时间安排应尽可能合理，既能满足投标单位介绍投标价格和主要内容，又能控制时间，不至于冗长拖沓。

d. 不得徇私舞弊，严禁招标人员和评定人员与投标单位之间私下接触；严禁开标工作人员泄露有关信息。

e. 在公开开标情况下，必要时，招标方可将开标日期、时间、地点刊登在报刊上，并再次通知各投标单位。

②投标方应注意的问题

a. 遵守开标纪律，准时出席开标会议。投标方应按规定要求宣读投标内容。投标方在宣读标书时对于评标委员会委员的提问应及时说明，但对投标标价、期限等实质性内容不得改动，其他人员在投标单位宣读标书时不能提出任何疑问。

b. 严肃开标会场纪律，保证开标顺利进行。各投标单位旁听人员不得中途离开会场，所有人员（包括评委、列席嘉宾、旁听人员、工作人员、记者等）不许使用手机、对讲机等。工作人员有权制止影响开标会场纪律的行为。

c. 公开评标纪律，评标人员不得与投标单位私下接触。

d. 剔除无效投标书。

③视为无效投标书的情况

a. 未密封。

b. 未加盖法定代表人印章。

c. 未按招标文件进行编制。

d. 逾期送到。

2. 评标

所谓评标，是指按照规定的评标标准和方法，对各投标人的投标文件进行评价、比较和分析，从中选出最佳投标人的过程。

（1）评标原则。评标时，评标委员会应以“公开、公平、公正”为原则，对所有投标方的投标文件进行内部独立的评定。具体评标原则是：质量优良、报价合理、行为规范、信誉良好。

为了确保评标的公平性和公正性，《招标投标法》第四十四条规定：评标委员会成员应当客观、公正地履行职务，遵守职业道德，对所提出的评审意见承担个人责任。

评标委员会成员不得私下接触投标人，不得收受投标人的财物或者其他好处。

评标委员会成员和参与评标的有关工作人员不得透露对投标文件的评审和比较、中标候选人的推荐情况以及与评标有关的其他情况。

评标委员会应当在严格保密的情况下，结合投标文件，公开答辩。投标人企业实绩、企业综合情况等方面以百分制逐项计分，综合评定，设有标底的应当参考标底。评标结束后，应向招标人提交经密封的评标报告，并推荐经评审得分最高的中标候选人。此外，评标委员会成员及参与评标的有关工作人员不得透露投标文件的评审情况。

从实际情况看，招标人应当采取的必要保密措施通常有以下两个方面：

1）评标委员会成员名单。对评标委员会成员名单予以保密，可防止某些人采取不正当手段对评标委员会成员施加影响，以免造成评标结果的不公正。

2）在可能的情况下，为评标委员会进行评标工作提供比较安静、不易受外界干扰的评标地点，并对该评标地点保密。

（2）评标依据。评标委员会在严格保密的情况下，根据投标文件，组织公开答辩，并根据投标人的物业管理业务实绩及企业综合情况，对投标文件进行评审和比较，综合评定。招标文件规定以外的评标标准和方法不能作为评标的依据。

评标委员会对投标文件的审查，主要是对投标文件是否符合招标文件的要求进行审查。投标文件应在实质上响应招标文件的要求。

对投标文件的评估主要是指对投标报价、投标方案等方面进行评估。

对投标文件的比较是指评标委员会依据评标原则、评标方案，对投标人管理物业的业绩、企业综合情况等方面进行综合评价与比较。企业综合情况包括企业资质等级、经营状况、财务状况、经察看的物业管理现场情况等。

评标委员会在对投标文件进行评审和比较时，如果招标人设有标底的，应当参考标底。标底价格由成本、利润、税金等组成，一般应控制在批准的总概算及投资包干的限额内。对于超过标底过多的投标一般不应考虑。

评标委员会完成评标后，应向招标人提交经密封的评标报告。评标报告是指评审阶段的综合性结论报告。评标委员会经过认真的评选之后，应按照分数的高低依次推荐1～3个符合招标文件要求的中标候选人。

招标人根据评标委员会提出的书面报告和推荐的中标候选人确定中标人。也就是说，招标人应当以评标委员会提供的评标报告为依据，将得分最高的中标候选人确定为中标人。

3. 中标

招标人根据评标委员会提出的书面报告和推荐的中标候选人确定中标人。招标人也可以授权评标委员会直接确定中标人。根据《招标投标法》规定："中标人确定后，招标人应当向中标人发出中标通知书。"

（1）中标人的投标文件应当符合下列条件之一：

1）能够最大限度地满足招标文件中规定的各项要求。

2）经评审得分最高。

（2）中标通知书（仅供参考）

中标通知书

________公司：

按照国家招投标法和省（市）有关居住物业管理招投标相关法规的文件精神，你公司参加________住宅小区物业管理招投标，现经公正开标，评标委员会评审，确定你公司为中标单位。

特此通知

招标单位：________（盖章）

年　　月　　日

（3）备案。根据《招标投标法》的有关要求：招标人应当自确定中标人之后予以备案。招标人应当自确定中标人之日起的规定时间内，向物业所在地的区、县房地产管理部门备案。备案资料应当包括中标通知书、中标人的投标文件等资料。委托代理招标的，还应当附招标代理委托合同。

（4）合同签订。根据《招标投标法》和建设部关于《前期物业管理招标投标管理暂行办法》中的规定：招标人和中标人应当自中标通知书发出之日起15日内，按照招标文件、中标人的投标文件和现场答辩记录订立书面的物业服务合同。

（5）悔标的责任。所谓“悔标”，是指中标通知书发出后，招标人改变中标结果，或中标人放弃中标项目。

对于“悔标”的处理，建设部关于《前期物业管理招标投标管理暂行办法》中明确指出：“中标通知书对招标人和中标人具有法律效力。中标通知书发出后，招标人改变中标结果，或中标人放弃中标项目的，应承担赔偿责任。”

第 5 节　物业的装饰装修管理

一、物业装饰与装修的概念及管理内容

1. 物业装饰与装修的概念

除全装修房外，一般业主在验房完毕均会根据自已的审美要求、生活情趣和经济实力，对所购物业进行一定的修饰和装扮，这就是物业的装饰与装修。

2. 物业装饰与装修管理的内容

根据国务院《物业管理条例》规定，业主需要装饰、装修房屋的，应当事先告知物业服务企业。业主在装修前必须向物业服务企业进行申请登记，包括填写业主装修申请表，领取《装修管理规定》，根据约定在申请表上签字，并且提供施工人员名单给物业服务企业予以登记，经批准后方可动工。业主在装修完成以后，物业服务企业应及时组织验收。

二、物业装饰与装修管理的相关规定

1. 业主或使用人应遵守的有关规定

（1）按书面告知物业服务企业的有关装修内容施工，做好房屋装修隐蔽工程记录，若需调整装修项目，应及时通知物业服务企业。

（2）严格执行住宅装修的有关施工规范和标准，遵守施工作业时限，晚间 18:00 至次日上午 8:00 和节假日不得从事敲、凿、钻、锯等产生严重噪声的施工活动。

（3）搬运装修建材时不得妨碍其他业主和使用人的正常通行，不得造成公共部位的损坏和污染，住宅装修施工的废弃物应装袋清运到指定的地点堆放，确保沿途清洁。

（4）装修施工时，应做到文明规范施工。装修现场应配备消防灭火设备，装修过程中

不得造成下水道堵塞或损坏，以及墙面、露面等渗漏水。

（5）施工人员在从事住宅装修施工期间应接受物业管理部门的检查和监督。

2. 物业服务企业应遵守的有关规定

（1）配备相关的专业人员加强规范装修行为的宣传和指导；并及时告知业主和使用人住宅装修的禁止行为、禁止敲凿的部位及相应的注意事项。

（2）及时对业主和使用人提供的住宅装修设计图、施工方案中违反住宅装修禁止的行为提出整改意见。

（3）配备专人负责装修活动的日常巡视和监督。

（4）发现违规行为，应当及时采取有效措施进行劝阻、制止并督促改正。

（5）对于拒不整改的违法装修行为，应当及时告知业主委员会并报告给相关行政管理部门依法处理。同时，物业服务企业应当责成违规装修的施工人员停止施工。

（6）在住宅装修施工完毕，应当及时收回小区临时出入证；对造成房屋和设施、设备损坏的，物业服务企业应当责成责任人及时进行修理和赔偿。

3. 装饰装修报批及过程管理

（1）装修申请。根据国家住房和城乡建设部发布的《建筑装饰装修管理规定》和物业服务企业制定的《住户装修管理规定》，业主在装修前必须向物业服务企业进行申请登记，领取并填写业主装修申请表，并且提供施工人员名单，经批准后方可动工。

业主提出装修申请时，物业服务企业应要求业主如实填写《装修申请表》各款内容，并提供装修施工设计图（指平面设计图、单元立面图、空调安装图、电力照明设计及用量图、给排水设计图等）和相关技术资料，以及装修施工单位营业执照、资质证书复印件（须加盖公章）各一份、进场人数，业主、施工队及物业服务企业三方应在申请书上签字盖章。

装修施工队应到管理处签订《装修工程队治安责任书》及《装修施工保证书》。

表3—7所列为装修申请表的常用格式，仅供参考。

（2）装修报批。为加强物业辖区管理，保证物业的完好和安全，保持物业辖区的整洁、美观，维护全体业主的合法权益，物业服务企业应按以下程序进行装修审批：

1）审核业主填写的《装修申请表》。

2）告知（或强调）业主在住宅装修中的禁止行为和注意事项。

3）在《装修申请表》上签署意见。

4）收取相关费用。

5）与装修施工队签订《装修施工队治安责任书》及《装修施工保证书》。

6）装修施工队领取装修许可证、办理装修工人临时出入证。

表 3—7　　装修申请表

<table>
<tr><td>业主名称</td><td></td><td>住址</td><td></td><td>联系电话</td><td></td></tr>
<tr><td>施工单位</td><td></td><td>负责人</td><td></td><td>联系电话</td><td></td></tr>
<tr><td>开工时间</td><td></td><td>完工时间</td><td></td><td>装修人数</td><td></td></tr>
<tr><td>装修内容</td><td colspan="5"></td></tr>
<tr><td>装修承诺</td><td colspan="5">我们将严格遵守住房和城乡建设部《建筑装饰装修管理规定》和物业服务企业制定的《住户装修管理规定》的规定，按期完工
业主签字：　　　　施工单位负责人签字：
年　月　日　　　　年　月　日</td></tr>
<tr><td rowspan="3">收费</td><td>出入证工本费</td><td colspan="4"></td></tr>
<tr><td>装修垃圾清运费</td><td colspan="4"></td></tr>
<tr><td>装修保证金</td><td colspan="4"></td></tr>
<tr><td>管理处意见</td><td colspan="5">审核人签字：
年　月　日</td></tr>
<tr><td>说明</td><td colspan="5">1. 凡申请装修的项目要有图样说明
2. 本申请表超过申请装修完成日期后自动失效，若需要继续装修要重新申请
3. 本表一式两份，业主和物业服务企业各执一份</td></tr>
</table>

（3）施工过程监督及管理

1）巡查。装修施工期间，管理处须派专人每日至少巡查一次装修施工情况，并将检查情况记录于《装修巡视检查记录表》。同时，保安人员严格按人员进出小区有关管理规定对施工人员进行管理。

2）督促装修人员按章操作，不损害其他业主的利益，不违反装修管理规定。

3）若发现违章装修应立即制止，并按规定进行处理。

（4）装修完工验收。装修工程完工后，业主持装修申请表原件、押金收据单原件到管理处申请装修验收，填写验收单。管理处接到申请后，应及时派人进行验收。通过验收的，签署验收合格意见；若验收未合格，则要求业主整改后再申报验收。

（5）退还押金，收回装修许可证和装修工人临时出入证。

4. 建筑垃圾清运的有关规定

小区内建筑垃圾清运费应按物业所在区县物价部门核定的建筑垃圾清运费标准，向准备装修居室的业主和使用人收取。业主和使用人表示不装修并做出书面承诺的，物业或环卫部门不得收取该项费用。

本章小结

本章主要介绍了前期物业管理及物业管理招投标的内容。

前期物业管理是指业主、业主大会选聘物业服务企业之前，由开发商选聘的物业服务企业来实施的物业管理，它在整个物业管理中起着十分重要的作用。它涉及的工作面很广，包括物业管理的提前介入、物业的验收和接管、进户管理、装修及搬迁管理、物业的日常管理和服务等。良好的前期物业管理将为进入正常运作期的物业管理打下扎实的基础。

实行物业管理的招投标应该是今后物业管理市场的方向，尽管目前我国仅规定住宅物业前期物业管理必须实行招投标，而其他物业前期物业管理仅提倡实行招投标。对业主大会成立后的物业管理，国家没有强制规定必须通过招投标，但从长远的发展角度来看，引入市场竞争机制，采用公开招投标的方式选择物业服务企业将是必然的趋势。为此，本章对物业管理招投标基本概念的含义、物业管理招投标的意义、物业管理招投标的特点以及物业管理招投标的方式和程序均做了大致的介绍。

复习思考题

1. 简述物业管理早期介入的含义。
2. 物业管理早期介入有哪些作用？
3. 物业管理早期介入可分为哪几个阶段？其主要工作内容有哪些？
4. 简述前期物业管理的基本含义。
5. 前期物业管理的主要工作流程大致有哪些？
6. 建设单位在前期物业管理期间的工作内容有哪些？
7. 简单概括前期物业管理与早期介入的区别。
8. 物业入住的程序和工作内容分为哪几个方面？

9. 为什么国家规定住宅物业前期物业管理必须实行招投标?

10. 简述投标人在编制标书时的注意事项。

模拟测试题

一、填空题(请将正确的答案填在横线空白处)

1. 目前,国际市场上通用的物业管理招标方式可分为________、________和________三种。

2. 评标的具体原则是:________、________、________、________。

3. 物业交付前,物业服务企业必须认真对待的一项工作就是________。

4. 中标通知书发出后,招标人改变中标结果,或中标人放弃中标项目,均视为________。

5. 物业管理早期介入的时间划分为六个阶段,即项目立项、规划设计、施工建设、设备安装、竣工验收和预销售,而最佳介入的时间是________。

二、判断题(下列判断正确的请打"√",错误的打"×")

1. 物业管理早期介入阶段需要物业服务企业的整体介入。 ( )

2. 业主、业主大会选聘物业服务企业从事物业管理活动的,称为前期物业管理。 ( )

3.《临时管理规约》是由建设单位负责制定的。 ( )

4. 物业服务企业承接物业时,应当对物业共用部位、共用设备、共用设施进行查验。 ( )

5. 按照物业装饰装修管理的相关规定,晚间19:00至次日上午9:00和节假日不得从事敲、凿、钻、锯等产生严重噪声的施工活动。 ( )

三、单项选择题(下列每题有四个选项,其中只有一个是正确的,请将其代号填在括号内)

1. 物业管理早期介入是指物业服务企业在( ),受房地产开发商的邀请或委托,从物业管理服务的角度,为物业建造的全过程提供咨询。

A. 接管物业之后　B. 接管物业之前　C. 业主入住后　D. 业主入住前

2. 根据《物业管理条例》的规定:在业主、业主大会选聘物业服务企业之前,建设单位选聘物业服务企业的,应当签订书面的( )合同。

A. 物业交接　B. 物业移交　C. 前期物业服务　D. 物业服务

3. 前期物业管理是指由( )选聘物业服务企业从事的物业管理活动。

A. 业主、业主大会　　B. 业主委员会
C. 建设单位　　D. 行政管理部门

4.（　　）验收是物业建筑生产的最后阶段，它属于质量的验收。

A. 接管　　B. 竣工　　C. 入住　　D. 隐蔽工程

5. 物业的交付也就是物业服务企业按照程序将物业的（　　）交付给购房者的过程。

A. 产权　　B. 实物　　C. 产权及实物　　D. 图样

四、多项选择题（下列每题中的多个选项中，至少有两个是正确的，请将其代号填在括号内）

1. 物业服务企业具有（　　）和自我发展的特点。

A. 自主经营　　B. 自负盈亏　　C. 自我约束　　D. 自产自销

2. 物业的共用部位一般包括（　　）。

A. 楼梯间　　B. 电梯井道　　C. 外墙　　D. 屋顶

3. 物业的共用设备一般包括（　　）。

A. 电梯　　B. 消防设备　　C. 变配电设备　　D. 水泵

4. 在物业装修期间，物业服务企业应做到（　　）。

A. 配备专人负责日常巡视和监督　　B. 发现违规行为及时进行劝阻
C. 装修完毕及时收回临时出入证　　D. 发现违法装修行为及时依法处理

五、简答题

1. 前期物业管理与物业管理早期介入的作用有哪些不同?
2. 按照顺序，前期物业管理的主要工作流程大致有哪些?
3. 物业管理招标与投标具有哪些特点?
4. 接管验收的注意事项有哪些?
5. 物业管理招标的程序分为哪几个阶段?

模拟测试题参考答案

一、填空题

1. 公开招标　邀请招标　协议招标
2. 质量优良　报价合理　行为规范　信誉良好
3. 清洁卫生
4. 悔标
5. 规划设计阶段

二、判断题

1. × 2. × 3. √ 4. √ 5. ×

三、单项选择题

1. B 2. C 3. C 4. B 5. C

四、多项选择题

1. ABC 2. ABCD 3. ABCD 4. ABC

五、简答题

1. 物业管理早期介入是物业服务企业站在日后使用和管理的立场上，对房地产的开发过程提出具体的意见和建议，起到一个辅助的作用。而前期物业管理是物业服务企业通过合同形式行使管理权，承担相应的民事法律责任，起到一个主导的作用。

2. （1）签订前期物业服务合同；（2）物业管理机构的设立；（3）物业管理人员的培训；（4）规章制度的建立；（5）物业的接管与验收；（6）进户管理；（7）装修及搬迁管理；（8）档案资料的建立。

3. 与其他招标与投标相比，物业管理招标与投标具有超前性、长期性和阶段性、严肃性、法律约束性等特点。

4. 接管验收的注意事项包括以下几点：

（1）进行接管验收时，应严格按照验收条件进行验收，对在验收中发现的问题应明确记录在案，并会同建设单位共同商议处理办法，商定复验时间，督促施工单位限期改正。

（2）房屋承接交付使用后，如发生重大质量事故，应会同建设、设计、施工等单位共同分析研究，查明原因。

（3）接管验收时如有争议，交接双方应尽可能协商解决，如不能协商解决时，双方均应申请所在地房地产管理部门进行协调或解决。

5. （1）制定招标文件；（2）发出投标邀请书或通知书，出售招标文件；（3）召开标前会议。

第4章

物业管理的运作主体

第 1 节　物业服务企业的设立

一、物业服务企业的概念及性质

1. 物业服务企业的概念

物业服务企业是指依法设立、具有独立法人资格，从事物业管理服务活动的企业。物业服务企业的概念包括以下五层含义：

（1）按合法程序成立。即物业服务企业必须按照《公司法》等有关法律所规定的程序和要求，经工商行政管理部门批准而获得营业执照。

（2）具有行业资质。根据物业管理行业管理的要求，从事物业管理经营业务的专营公司，必须获得物业管理行政管理部门确认的资质。

（3）物业服务企业是独立法人。物业服务企业是具有民事权利能力和民事行为能力、依法独立享有民事权利和承担民事义务的组织。

（4）物业服务企业是以盈利为目的的经济组织。物业服务企业按自主经营、自负盈亏、自我约束、自我发展的机制运营，是独立核算的经济实体。其经营的目的是为了获取经济效益，并保持经营的连续性。

（5）物业服务企业是从事物业管理服务活动的企业。物业服务企业的经营内容就是提供物业管理服务，即要对房屋及配套的设施、设备和相关场地进行维修、养护、管理，维护相关区域内的环境卫生和秩序。

2. 物业服务企业的性质

物业服务企业的性质是由物业管理服务行业的性质决定的。物业服务企业作为直接从事地上建筑物、基础设施及周围环境管理的经济组织，属于第三产业中的服务性行业，它的管理特点是寓经营和管理于服务之中。具体说物业服务企业的性质体现在服务性、专业性、平等性、经营性等方面。

（1）服务性。服务性是指物业服务企业所从事的经营和管理活动具有明显的服务特点。它与物业的业主和使用人之间的关系是在商品经济条件下的服务与被服务、委托与被委托的关系。

（2）专业性。专业性是指物业服务企业以自己的经营管理能力和专业技术水平，对各种物业及其附属设施和周围环境进行妥善、科学的管理，为业主、住户提供舒适的生活、工作环境。

（3）平等性。平等性是指物业服务企业与业主的法律地位是平等的，双方是平等的民事主体，双方的关系是等价交换关系。双方对是否建立服务契约关系均具有自主选择权。这区别于传统的以行政区域划分管理范围，以管理者与被管理者来确定隶属关系的依附性、不可替代性和不平等性。

（4）经营性。我国物业服务企业的经营性从本质上讲是由商品经济决定的。这种经营性主要体现在物业服务企业的经营管理所需资源的取得、所提供的服务等都必须通过等价交换来实现，物业服务企业用自己的经营和管理活动所取得的收入来补偿自己的支出，并取得一定的盈利，而不是无偿地取得或付出。

二、物业服务企业的设立条件和设立登记

1. 物业服务企业的设立条件

（1）预先审核企业名称。企业名称是企业的标志，有利于企业以自己特定的名义去从事经营活动，并享有相应的权利及承担相应的义务。物业服务企业可结合行业特点，并考虑所管理物业的名称、地域、公司发起人等起名。

但在起名时必须符合《公司法》的有关规定。例如，设立有限责任公司时，必须在名称中标明“有限责任”的字样；不得使用外国国家或地区以及国际性组织的名称；除全国性公司外，不得冠以“中国”“中华”等字样。

根据公司登记管理的有关规定，应当由全体股东或发起人指定的代表或委托的代理人申请企业名称的预先核准。在办理申请时，应提交以下文件：

- 全体股东或发起人签署的申请书。
- 股东或发起人的法人资格证明或自然人的身份证明。
- 代理人的委托证明等。

工商行政管理部门应当在收到上述申请文件的 10 日内做出批准或驳回的决定。决定批准时，还应发给《企业名称预先核准通知书》。

（2）公司住所。物业服务企业应以其主要办事机构的所在地作为公司住所。进而确定该公司的诉讼管辖地、公告送达地、债务履行地以及公司的登记机关。

（3）注册资本金额。注册资本是物业服务企业从事经营活动，享受权利、承担义务的物质基础。它的金额决定着企业的经营能力和偿还债务能力。按照《公司法》的规定，科技开发、咨询、服务性有限责任公司最低限额的注册资本为人民币 10 万元。同时，根据《物业服务企业资质管理办法》，最低资质的物业服务企业的注册资本为 50 万元。因此，设立物业管理公司的注册资本至少应达 50 万元以上。物业管理股份有限责任公司的最低

注册资本为人民币1 000万元。

物业服务企业的股东或发起人可以用货币出资，也可以用实物、工业产权、非专利技术、土地使用权等出资。但股东或发起人以非货币形式出资时，必须进行价格评估，并且一般不得超过该公司注册资本的20%。

(4) 股东的人数和法定代表人。设立物业服务企业时，其股东人数必须符合法定条件。《公司法》规定，有限责任公司由2人以上、50人以下的股东出资设立。国家授权投资的机构或者国家授权的部门可以单独设立国有独资的有限责任公司。股份有限责任公司至少有5人为发起人，其中过半数发起人在我国境内有住所。国有企业改建为股份有限公司的，发起人可以少于5人，但应采取募集设立方式。外商投资的有限责任公司还应该遵守有关外资企业立法的特殊要求。

物业服务企业属于企业法人，法定代表人是代表企业行使职权的主要负责人。因此，法定代表人必须符合下列条件：

- 具有完全民事行为能力。
- 有所在地正式户口或临时户口。
- 具有管理企业的能力及相关专业知识。
- 产生的程序符合国家法律和企业章程的规定。
- 符合其他有关规定的条件。

(5) 公司人员。根据企业法人登记管理的有关规定，申请各类企业，必须有与其生产经营规模及业务相适应的从业人员，其中专职人员不得少于8人。物业服务企业一般应具有10名以上的专业技术管理人员，其中中级职称以上的专业人员必须达到5人以上。物业管理专业人员按照国家有关规定应取得职业资格证书。

(6) 公司章程和组织机构。物业服务企业应制定公司章程并建立相应的组织机构。

2. 物业服务企业的设立登记

物业服务企业须向工商行政管理部门申请注册登记，领取营业执照后方可开业。全体股东或发起人指定的代表或委托的代理人在办理企业的设立登记时，应提交由具有法定资质的验资机构出具的验资证明以及必要的审批文件。物业服务企业如果符合规定的条件，登记机关发给营业执照后，公司即告成立。

设立登记应根据设立登记管辖范围来进行。

(1) 国家工商行政管理总局负责下列公司的登记：

1) 国务院国有资产监督管理机构履行出资人职责的公司以及该公司投资设立并持有50%以上股份的公司。

2) 外商投资的公司。

3）依照法律、行政法规或者国务院决定的规定，应当由国家工商行政管理总局登记的公司。

4）国家工商行政管理总局规定应当由其登记的其他公司。

（2）省、自治区、直辖市工商行政管理局负责本辖区内下列公司的登记：

1）省、自治区、直辖市人民政府国有资产监督管理机构履行出资人职责的公司以及该公司投资设立并持有50%以上股份的公司。

2）省、自治区、直辖市工商行政管理局规定由其登记的自然人投资设立的公司。

3）依照法律、行政法规或者国务院决定的规定，应当由省、自治区、直辖市工商行政管理局登记的公司。

4）国家工商行政管理总局授权登记的其他公司。

（3）设区的市（地区）工商行政管理局、县工商行政管理局，以及直辖市的工商行政管理分局、设区的市工商行政管理局的区分局，负责本辖区内下列公司的登记：

1）以上（1）（2）条中所列公司以外的其他公司。

2）国家工商行政管理总局和省、自治区、直辖市工商行政管理局授权登记的公司。

前款规定的具体登记管辖由省、自治区、直辖市工商行政管理局规定。但是，其中的股份有限公司由设区的市（地区）工商行政管理局负责登记。

三、物业服务企业的组建过程

物业服务企业的组建过程主要包括可行性研究、人才储备、起草企业章程、注册登记等几个方面。

1. 可行性研究

物业服务企业是一个经营性的组织，能否盈利是其生存和发展的关键。因此，在设立物业服务企业之前，必须进行充分、合理的论证和可行性研究，只有当设立物业服务企业具有现实的必要性、财务上的可行性、法律上又允许的情况下，才能着手建立物业服务企业；否则，就会造成社会的人力、物力和财力资源的浪费。

（1）市场调查。市场调查的内容主要有三个方面：一是需求情况。建立一个物业服务企业首先就要了解物业管理市场的需求。包括现有物业的总量、每年增加的量以及今后增加的趋势。这种物业需求量的调查，还要根据投资者本身擅长或意欲涉及的物业类型进行针对性的调查。二是供给情况。调查物业管理的供给情况，包括现有物业服务企业的数量、规模和经营状况。同样，调查也要有针对性。三是相关的政策、法规。必须了解国家特别是当地政府设立物业服务企业具有哪些法律、法规及政策，这是必不可少的步骤；否则，投资者花了很多时间和精力，却因不符合国家或地区政府的要求而前功尽弃。

（2）综合分析。综合分析就是将市场调查得到的材料进行加工、分析并得出相应的结论。综合分析一般包括三个方面：一是市场分析。市场分析主要看供需状况，是供大于求还是供不应求。在这方面要对供需状况进行细分，要了解投资者所关心的特定物业市场。只有供不应求，或能提供合格服务的有效供应不足（例如，有些物业服务企业不是市场所选定的，而是由开发商或政府的关系所指定的，而其服务能力和水平达不到客户的要求），物业服务企业的设立从市场的角度才是可行的。二是自身条件分析。自身条件是指投资者对自身是否具有国家规定的注册条件以及自身优势的分析。注册条件是必须符合的，这是基本的要求。真正确定企业应否成立的是投资者自身的条件能否在市场竞争中占有优势地位。三是经济分析。经济分析是综合分析中最重要的内容，市场的可行性和企业自身的可行性最终还是集中反映在其经济的可行性上。

（3）编写可行性研究报告。可行性研究报告是可行性研究的过程和结果的文字描述，是决定是否建立物业服务企业的主要依据。其主要包括市场调查情况分析，自身所具备的资质条件分析，建立物业服务企业的前景预测，未来物业管理经济效益的分析及结论等。

2. 人才储备

按照有关规定，物业服务企业的成立需要一定数量的具备相应专业管理技术的人员。例如，住房和城乡建设部《物业管理企业资质管理办法》规定，物业管理专业人员必须按照国家有关规定取得职业资格证书。上海市对从事物业管理的小区经理做出规定：从事物业管理的小区经理必须通过培训和考核，取得上海市物业管理的小区经理上岗证书，才能从事物业管理的小区经理工作。所以，在物业服务企业筹备期间，可通过人才招聘或现有人员的培训，做好人才的储备工作。一旦公司开始运作，各类人员，特别是骨干力量应能够迅速到位。

3. 起草企业章程

按照企业登记的有关规定，在登记时必须提交有关文件，如公司章程、登记申请书、股东委托代理人证明等，其中公司章程是最重要的文件。《公司法》第十一条中规定："设立公司必须依法制定公司章程。公司章程对公司、股东、董事、监事、高级管理人员具有约束力。"公司章程一旦经有关部门批准，即产生法律效力。公司章程的基本内容（一般工商行政管理部门有统一规范的章程示范文本）包括以下几点：

（1）总则。主要包括企业的名称（全称）、地址等。

（2）企业的经营宗旨。突出物业管理为业主服务及契约关系。

（3）企业的经营范围。从管理、服务、多种经营三方面确定。

（4）企业的经济性质及组织形式。

（5）注册资金。多方设立的要明确各方投资比例、投资形式（实物还是现金），并在此基础上明确各方的权利、义务、责任。

(6) 机构。指企业内部的组织机构。

(7) 财务会计制度。如果是合资企业应将采用的货币种类注明。

(8) 利润分配方式。

(9) 职工录用方式、待遇、管理方法。

(10) 企业的各种规章制度。

4. 注册登记

根据《公司法》的要求，成立公司必须向当地的工商行政管理部门申请注册登记。组建物业服务企业的类型不同，接受公司登记的相关级别及所要求递交的文件也不同。设立有限责任公司所须提交的主要文件有以下几种：

(1) 登记申请书。

(2) 董事会委托代理的证明。

(3) 公司章程。

(4) 验资证明。

(5) 股东的法人资格或自然人身份证明。

(6) 董事、监事、经理名单及相关证明。

(7) 公司法定代表人任职文件和身份证明。

(8) 企业名称预核通知书。

(9) 公司住所证明。

(10) 国家工商行政管理总局规定要求提交的其他文件。

公司登记机关收到申请人提交的符合规定的文件后，发给《登记受理通知书》，并于30日内做出核准登记或者不予登记的决定。对于核准登记的，自核准登记之日起15日内通知申请人，并发给《企业法人营业执照》。

四、物业服务企业的权利和义务

物业服务企业从事物业管理和服务，必须履行一定的职责，而履行职责就要享有一定的权利，并承担一定的义务。

1. 物业服务企业的权利

(1) 根据有关法规和业主大会的授权，并结合实际情况制定管理办法。迄今为止，各地方政府根据国务院《物业管理条例》已制定了一系列物业管理的规定和政策。所有这些文件均是物业管理的依据，但由于国家和省、市人民政府从事宏观控制，而各物业管理管辖小区各有其特性，物业服务企业可以根据物业管理委托合同中的明确规定，制定出切实可行的各项相关办法和实施细则，如《小区环境卫生管理规定》《小区装修管理规定》《小区机动车和非机动车停放管理规定》《小区会所管理规定》等，这些规定一经业主大会通过，就具有一定的约束性。

（2）依照物业服务合同，实施物业管理和服务。物业服务企业依照物业服务合同约定提供相应服务。物业服务合同应当对物业管理事项、服务质量、服务费用、双方的权利和义务、专项维修资金的管理与使用、物业管理用房、合同期限、违约责任等内容进行约定。物业服务合同一经签订，受国家法律保护。合同中明确物业服务企业的义务，物业服务企业应全面履行。在合同执行过程中，物业服务企业必须信守合同，不得擅自变更或单方解除物业服务合同。如果发生新的情况，要经双方协议重新达成新的合同。

物业服务企业未能履行物业服务合同的约定，导致业主人身、财产安全受到损害的，应当依法承担相应的法律责任。

（3）依照物业服务合同和有关规定收取物业服务费用。为了促进物业管理行业的健康发展，建立合理、公开、质价相符的物业服务收费机制，提高业主和使用人的居住质量，根据国务院《物业管理条例》，国家发改委、住房和城乡建设部印发的《物业服务收费管理办法》，各省市也根据有关法律、法规和实际情况制定了物业收费实施办法。物业服务企业可以按照地方政府的相关规定，依照物业服务合同的约定向全体业主收取物业服务费用。

（4）对违法、违规的行为进行劝阻和制止。物业服务企业不是执法机构。但为了维护相关区域内的环境卫生和生活秩序，为了维护广大业主和使用人的切身利益及合法权益，根据国务院《物业管理条例》和有关法律、法规，以及业主大会通过的《管理规约》和《物业服务合同》，物业服务企业有权对业主和使用人违法、违规的行为进行劝阻和制止，并及时向有关行政管理部门报告。

（5）要求业主委员会协助管理。小区是社会的细胞，是构建社会主义和谐社会的前沿阵地。建设和谐社会，首先要建设和谐小区，而物业服务企业在社区建设中有其独特的作用。但在具体的实践中，单靠物业服务企业是很难形成良好的社区建设和物业管理秩序的，必须与辖区内业主委员会、居委会、派出所四位一体联手行动。第一，物业管理是社区建设的重要组成部分，物业管理所从事的保安、保洁、绿化、房屋以及设施和设备的维修与养护等工作，也是社区建设中卫生、治安、环境等最基本的职能范畴。第二，物业服务企业在社区中组织或参与开展的形式多样、健康有益的社区文化活动不仅有利于丰富业主和使用人的精神文化生活，而且有助于促进邻里和睦，增强业主的认同感和归属感。第三，社区建设得好，社区精神文明氛围增强，功能完善，在这个环境下业主和使用人的素质也会不断提高，这有助于物业管理制度的有效遵守和执行，有助于业主和使用人自律机制的建立，有助于邻里矛盾和纠纷的减少。第四，在流动人口管理、计划生育、劳动就业等方面，虽不属于物业管理服务的范畴，但物业服务企业可以利用自己一年 365 天，一天 24 小时，全天候在小区管理服务的优势，协助政府有关部门做一些辅助性的工作，这在客观上也推动了社区建设工作。因此，只要业主委员会、居委会、派出所和物业服务企业各司其职、四位一体、相互依存、相互促进，形成强大的合力，就一定能营造出社区稳定、安全、舒适、健康的宜居环境，促进社会和谐发展。

(6) 根据物业服务合同约定，选聘专业公司承担专项管理业务。在物业管理过程中，物业服务企业对一些专项管理和服务（如保安、保洁、绿化、维修等），可以自己设置部门从事这方面的工作，也可以选聘专业公司负责。但不得将整体管理责任及利益转让给其他人或单位。

(7) 参与和资质要求相对应的物业管理招投标。物业服务企业参与市场竞争，通过业主和物业服务企业之间的双向选择，实行优胜劣汰，自我发展。

(8) 对承接的物业进行查验。承接物业时，对物业共用部位、共用设备、共用设施进行查验，并按规定接管相关资料。物业服务企业只有做好物业及相关资料的接管验收工作，才能切实开展物业管理。

(9) 有权采用新技术、新方法，依靠科技进步，提高管理和服务水平。在物业管理实践中，物业服务企业在物业管理工作中已经引入不少全新理念与运作模式，取得了良好的经济效益和社会效益。如通过防护系统、闭路监控系统、网络信息系统等逐步提高管理服务水平，大大提高了业主的满意率。

(10) 法律、法规规定的或物业服务合同约定的其他权利。如经业主、业主大会同意，可以利用物业共用部位、共用设备、共用设施进行经营。

2. 物业服务企业的义务

(1) 遵守国家和地方有关物业管理的法律、法规和政策。物业服务企业制定的相关管理制度和办法不得与国家和地方有关物业管理的法律、法规和政策相抵触。

(2) 依照物业服务合同约定，提供相应服务。物业管理服务合同一经签订，受国家法律保护。合同中明确物业服务企业的义务，物业服务企业应全面履行。在合同执行过程中，物业服务企业必须信守合同，不得擅自变更或单方解除物业管理服务合同。如果发生新的情况，要经双方协商，然后重新达成新的合同。

(3) 接受业主和业主委员会的监督。业主委员会是业主大会的执行机构，具有代表业主和业主大会与选聘的物业服务企业签订物业服务合同、监督和协助物业服务企业履行物业服务合同、监督业主公约的实施等职责。

(4) 物业管理重大的措施应提交业主大会审议。物业管理的重大措施如涉及业主切身利益，物业服务企业无权自行决定。因此，物业服务企业在出台重大的管理措施前应提交业主大会审议，得到批准或获得认可后方可实施。

（5）接受房地产行政主管部门、有关行政主管部门及物业所在地人民政府的监督和指导。房地产行政主管部门、有关行政主管部门及物业所在地人民政府是行政管理的主体，要在各自行政范围内实施行业管理和属地管理。物业服务企业必须自觉接受行政主管部门和地方政府的监督和指导，也只有在其监督、指导、协调下，才能有效地开展物业管理服务。

（6）至少每 6 个月应向全体业主公布一次管理费用收支账目。

（7）提供优良生活、工作环境，搞好社区文化。对于商贸楼主要应提供良好的工作环境；而对于居住区则应提供良好的生活环境，搞好生活服务，致力于开展社区文化生活。《全国优秀管理住宅小区标准》中对社区文化生活所达到的标准有明确的规定。其中包括了精神文明建设公约的制定、睦邻活动、文化活动等。

（8）发现违法行为要及时向有关行政管理机关或业主委员会报告。物业服务企业不是国家执法机关，它只能约束业主和使用人因居住活动而引发的一些行为。物业服务企业无权干涉业主和使用人的其他人身权利。但是，如物业服务企业发现业主和使用人的违法行为而又无法追究，则有义务向有关行政管理机关报告，并协助采取相应措施。

（9）物业服务合同终止时，必须向业主委员会移交相关财产和资料。如移交属于全体业主的全部房屋、物业管理档案、财务等资料和本物业的公共财产，包括管理费、公共收入积累形成的资产。同时，接受业主委员会指定的专业审计机构对物业管理财务状况进行审计，做好与业主大会选聘的新的物业服务企业的交接工作。

（10）协助做好物业管理区域的安全防范工作。发生安全事故时，在采取应急措施的同时，应及时向有关行政管理部门报告，协助做好救助工作。

（11）将房屋装饰、装修中的禁止行为和注意事项告知业主。

（12）法律、法规规定的或物业服务合同约定的其他义务。

第 2 节　物业服务企业的机构设置

一、物业服务企业机构设置一般原则

物业服务企业组织机构的设置是组建企业的一项重要工作，一般应遵循以下原则：

1. 目标原则

物业服务企业有着自己的经营目标，而经营目标的实现又是靠企业的组织机构来完成的。故机构设置得是否合理，将直接影响到各方面工作的开展，影响到目标的实现。因此，为保证既定经营目标的实现，在企业设立之初就应该以企业的总体目标为依据，因事设岗，因岗设人，以保证组织机构的合理、有效，保证经营管理的高效运作。

2. 统一指挥、分级管理原则

企业的机构设置要遵循统一指挥、分级管理原则，物业服务企业也是如此。统一指挥是要求物业服务企业最高领导人（总经理）全权负责企业事务，重大决策最后要由总经理做出。分级管理是要求各级负责人在接受上级领导和指挥的前提下，对本部门范围内的工作做出决策。一个下级只接受一个上级的指挥，不能多头领导，也不能越级指挥。如果两个或两个以上领导人同时对一个下级或一件工作进行指挥、做出指令，就会使下级无所适从。如果越级指挥，就剥夺了下级应有的在其职责范围内的指挥权，下级也就不能承担其职责范围内的责任，这既违背了统一指挥、分级管理原则，也违背了权责对等原则。

3. 合理分工与密切协作相统一的原则

所谓分工，就是把公司的目标任务进行层层分解，落实到每个部门和员工。分工要做到合理，既不能造成劳闲不均，又不能造成工作重叠或无人负责的现象。在分工的同时必须强调协作，要求各部门必须有公司一盘棋的思想，对任何其他部门的工作要视同本部门的工作一样，要密切配合。分工是协作的基础，合理的分工有利于明确职责，提高管理的专业程度。协作是分工后的相互支持和帮助，只有密切地协调配合，才能充分发挥分工的优势，达到提高工作效率的目的。

4. 人事相宜与责权统一原则

在人事配置与职权划分的过程中，因事设职、因职选人、人事相宜是十分重要的。对于一定的责任赋予相应的权力，使得人人明确自己的责权，能负责、敢负责，充分发挥每一名员工的主观能动性，提高工作效率。人事相宜与责权统一原则的基本要求是设职合理、职责对称、责权一致。要求某人完成某项任务，委以一定的责任，就必须赋予其完成该项任务、履行该项职责的相应权力。因为权力是完成任务的必要条件，没有一定的权力，是很难顺利完成任务、履行其职责的。所以，在进行专业分工时，委以责任必须同时委以自主完成任务所需的权力。委以重任者，必须授予重权，不负责任者应减少其权力。否则，有责无权，不仅不能调动管理人员的积极性，而且使责任制形同虚设；有权无责，必定会助长瞎指挥和官僚主义，整个企业管理水平和服务质量也很难提高。

5. 精干高效原则

精干高效是企业设置机构应遵循的原则。精干高效是在精干的基础上达到高效。精干首先应做到机构要精简，管理层次要少。其次要做到队伍精干，管理人员和服务人员要具有良好的职业素养，要有比较饱满的工作量。精干可以减少矛盾，提高工作效率，同时节约成本，减少开支，降低物业管理费用，提高经济效益。而机构臃肿，管理层次多，人员多，费用增加，人浮于事，增加矛盾，必然降低工作效率。但管理机构、管理层次和管理人员并不是越少越好，而是要合理设置，要以较高地效率来保证物业管理任务的完成和物业管理目标的实现。

二、物业服务企业的主要职能机构及职责

物业服务企业按照其业务和职能划分，其内部机构的一般设置见表 4—1。

表 4—1　　物业服务企业的内部机构

机构名称	主要职能
总经理室	总经理室是物业服务企业的最高决策机构，一般设总经理 1 名，副总经理若干名。总经理对企业负全面责任，对重大问题做出最后决策，副总经理负责布置和协调各部门工作
办公室	办公室是总经理室领导下的综合管理部门，主要负责企业内部日常行政事务，包括人事、后勤、档案等，同时还负责招聘和培训员工等工作
管理部	管理部是行使物业管理职能的核心部门，一般负责对各管理处实施全面的指导、协调和管理。其职责范围主要包括：企业的对外联系及形象宣传，房屋、设备急修以及一般报修受理和作业，负责保安、消防、车辆交通等处理工作，辖区内的环境保护和日常清扫，绿化设施的管理，协调企业与业主的关系等
财务部	财务部是企业实施财务管理的职能部门，主要负责企业的资金运作，审核企业的各项开支，负责服务费的收缴，进行会计核算，合理安排各种经费，做好财务账册、报表，缴纳税金，保障企业各种资金正常流通。财务部要注意会计、出纳分开，要经常向经理报告企业财务情况
工程部	工程部是负责物业维修及设备运行的技术管理部门，一般由房屋工程、电气工程、给排水等方面的中、高级技术人员组成。包括对房屋的检验、维修工程安排，对业主装修的指导、监督等
经营发展部	经营发展部是物业服务企业开展多种经营的职能管理部门，负责各种文化、娱乐、生活、商业等经营活动。通过企业的经营活动，为业主提供各种便利的服务，同时也补充企业财务收入

物业服务企业的机构设置如图 4—1 所示。

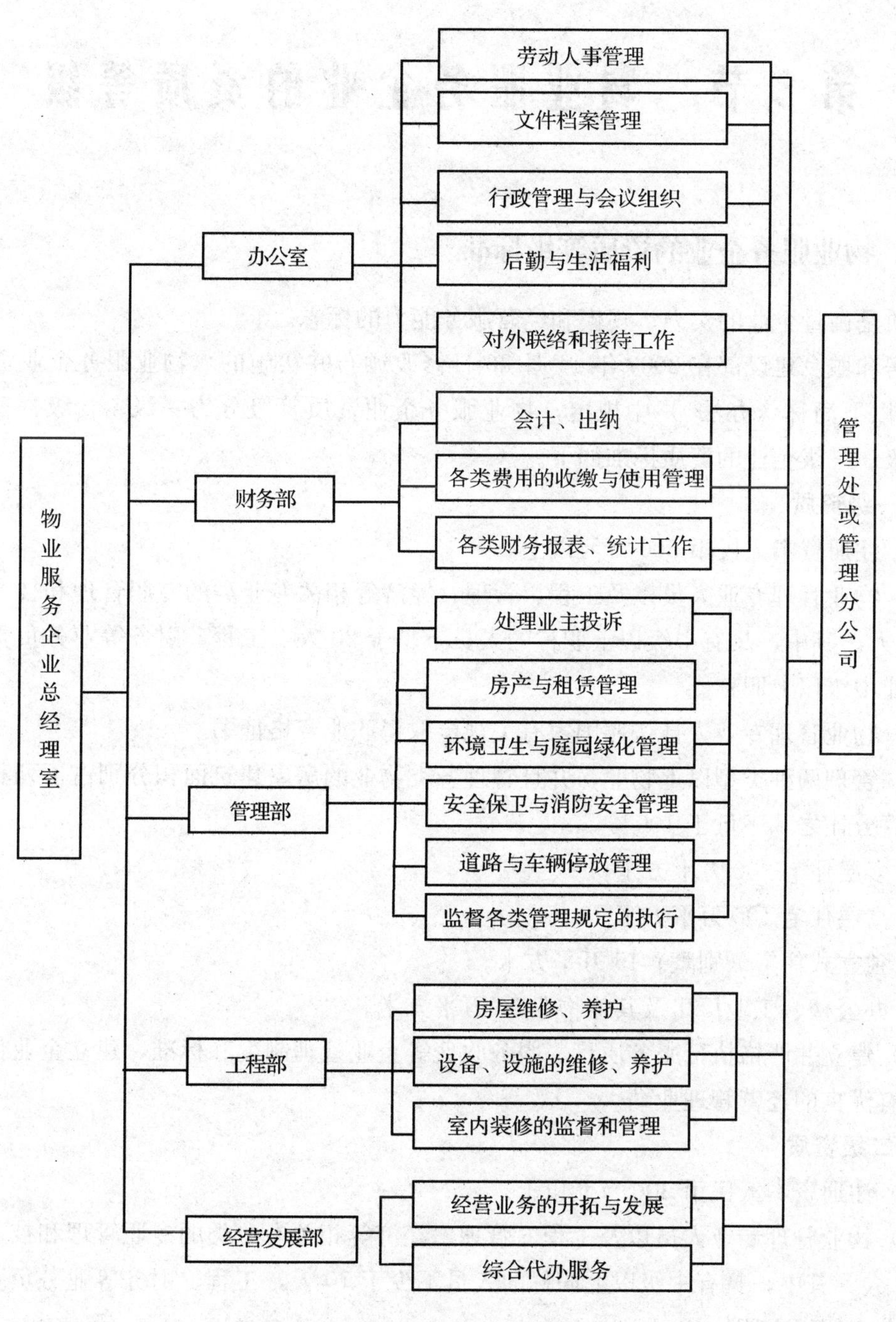

图 4—1　物业服务企业的机构设置

第 3 节　物业服务企业的资质等级

一、物业服务企业的资质等级标准

资质是衡量企业的实力、规模和经营服务能力的标志。

住房和城乡建设部在 2007 年 11 月 26 日修改颁布并实施的《物业服务企业资质管理办法》（以下简称《办法》）中规定，物业服务企业资质等级分为一级、二级、三级。一级、二级、三级企业的资质标准如下。

1. 一级资质

（1）注册资本人民币 500 万元以上。

（2）物业管理专业人员以及工程、管理、经济等相关专业类的专职管理和技术人员不少于 30 人。其中，具有中级以上职称的人员不少于 20 人，工程、财务等业务负责人具有相应专业中级以上职称。

（3）物业管理专业人员按照国家有关规定取得职业资格证书。

（4）管理两种类型以上物业，并且管理各类物业的房屋建筑面积分别占下列相应计算基数的百分比之和不低于 100%。

1）多层住宅 200 万平方米。

2）高层住宅 100 万平方米。

3）独立式住宅（别墅）15 万平方米。

4）办公楼、工业厂房及其他物业 50 万平方米。

（5）建立并严格执行服务质量、服务收费等企业管理制度和标准，建立企业信用档案系统，有优良的经营管理业绩。

2. 二级资质

（1）注册资本人民币 300 万元以上。

（2）物业管理专业人员以及工程、管理、经济等相关专业类的专职管理和技术人员不少于 20 人。其中，具有中级以上职称的人员不少于 10 人，工程、财务等业务负责人具有相应专业中级以上职称。

（3）物业管理专业人员按照国家有关规定取得职业资格证书。

（4）管理两种类型以上物业，并且管理各类物业的房屋建筑面积分别占下列相应计算基数的百分比之和不低于100%。

1）多层住宅100万平方米。

2）高层住宅50万平方米。

3）独立式住宅（别墅）8万平方米。

4）办公楼、工业厂房及其他物业20万平方米。

(5) 建立并严格执行服务质量、服务收费等企业管理制度和标准，建立企业信用档案系统，有良好的经营管理业绩。

3. 三级资质

(1) 注册资本人民币50万元以上。

(2) 物业管理专业人员以及工程、管理、经济等相关专业类的专职管理和技术人员不少于10人。其中，具有中级以上职称的人员不少于5人，工程、财务等业务负责人具有相应专业中级以上职称。

(3) 物业管理专业人员按照国家有关规定取得职业资格证书。

(4) 有委托的物业管理项目。

(5) 建立并严格执行服务质量、服务收费等企业管理制度和标准，建立企业信用档案系统。

由于新设立的企业尚未从事物业管理业务，没有物业管理业绩，不能满足物业服务企业的资质条件，《办法》规定其资质等级按照最低等级核定，并设一年的暂定期。暂定期内，如果企业未能承接到物业管理项目，则其资质失效；如果企业承接了物业管理项目，则可以按照《办法》的规定申请核定三级及三级以上资质。

二、物业服务企业的资质等级管理

资质等级管理是指政府对认为有必要加强监控行业的某类企业的经营服务能力的认定管理。物业管理行业由于其特殊性，是属于实施资质等级管理的行业。物业服务企业的资质等级管理是指政府主管部门根据物业服务企业的技术、规模和业绩，将物业服务企业划分为一级、二级、三级等若干不同的级别，规定物业服务企业的资质标准必须与所管理的物业档次相符合，并对物业服务企业的资质等级进行评审、年检、监督及检查等活动。

1. 资质等级管理部门

根据《办法》规定，国务院建设主管部门负责一级物业服务企业资质证书的颁发和管理；省、自治区人民政府建设主管部门负责二级物业服务企业资质证书的颁发和管理，直辖市人民政府房地产主管部门负责二级和三级物业服务企业资质证书的颁发和管理，并接受国务院建设主管部门的指导和监督；设区的市级人民政府房地产主管部门负责三级物业服务企业资质证书的颁发和管理，并接受省、自治区人民政府建设主管部门的指导和监督。

2. 资质等级申请时须提供的材料

（1）新设立的物业服务企业申请资质时须提供的材料

根据《办法》规定，物业服务企业应当自领取营业执照之日起 30 日内，持下列文件向工商注册所在地直辖市、设区的市级人民政府房地产主管部门申请资质：

1）营业执照。

2）企业章程。

3）验资证明。

4）企业法定代表人的身份证明。

5）物业管理专业人员的职业资格证书和劳动合同，管理和技术人员的职称证书和劳动合同。

（2）物业服务企业申请核定资质等级时须提供的材料。根据《办法》规定，申请资质等级应采用书面形式，须提交机构设置、人员编制、专业人员情况、资金证明、经营场地、管理制度等有关材料，填写《物业服务企业审批申请表》，并提供以下材料：

1）企业资质等级申请表。

2）营业执照。

3）企业资质证书正本和副本。

4）物业管理人员的职业资格证书和劳动合同，管理和技术人员的职称证书和劳动合同，工程、财务负责人的职称证书和劳动合同。

5）物业服务合同复印件。

6）物业管理业绩材料。

（3）上海市对物业服务企业申请经营资质审批的规定。上海市规定，物业服务企业申报经营资质审批时，内资物业服务企业、外商投资企业和民营企业（私营企业）必须提供下列材料：

1）内资物业服务企业（含国有、集体、股份合作）

①主管单位提请对物业服务企业经营资质进行审批的报告。

②设立物业服务企业的可行性报告和上级主管单位的批准文件。

③管理章程。

④公司法定代表人任命书或聘任书。

⑤验资证明。

⑥注册及经营地点证明。

⑦拥有或受托管理物业的证明材料。

⑧具有专业技术职称的管理人员的资格证书或证明文件。

⑨其他有关资料。

2）外商投资企业（含中外合资、中外合作及外商独资）。除须提供合资企业申报审批所需的有关资料外，还须提供合资或合作项目议定书、合同等文件的副本及中方投资审批机关的批准文件。

外商独资企业须委托本市具有对外咨询代理资质的机构办理申请报批事项。

3）民营企业（私营企业）

①经营者身份证明（复印件）、简历、有关证明。

②申请对物业服务企业经营资质进行审批的报告。

③管理章程。

④验资证明。

⑤注册及经营地点证明。

⑥拥有或受托管理物业证明材料。

⑦员工名册。

⑧具有专业技术职称的管理人员的资格证书或证明文件。

3. 资质等级管理的审批

（1）资质等级管理的审批制度。物业服务企业的资质管理实行分级审批制度。资质审批部门收到申请审批物业服务企业资质报告和准备齐全的资料后，应当自受理申请之日起20个工作日内，对符合相应资质等级条件的企业核发资质证书；一级资质审批前，应当由省、自治区人民政府建设主管部门或者直辖市人民政府房地产主管部门审查，审查期限为20个工作日。

资质证书分为正本和副本，由国务院建设主管部门统一印制。正、副本具有同等法律效力。

一级资质物业服务企业可以承接各种物业管理项目；二级资质物业服务企业可以承接30万平方米以下的住宅项目和8万平方米以下非住宅项目的物业管理业务；三级资质物业服务企业可以承接20万平方米以下住宅项目和5万平方米以下非住宅项目的物业管理业务。

（2）不予资质审批的情况。物业服务企业申请核定资质等级，在申请之日前一年内有下列行为之一的，资质审批部门不予批准。

1）聘用未取得物业管理职业资格证书的人员从事物业管理活动的。

2）将一个物业管理区域内的全部物业管理业务一并委托给他人的。

3）挪用专项维修资金的。

4）擅自改变物业管理用房用途的。

5）擅自改变物业管理区域内按照规划建设的公共建筑和共用设施用途的。

6）擅自占用、挖掘物业管理区域内道路、场地，损害业主共同利益的。

7）擅自利用物业共用部位、共用设备、共用设施进行经营的。

8）物业服务合同终止时，不按规定移交物业管理用房和有关资料的。

9）与物业管理招标人或者其他物业管理投标人相互串通，以不正当手段谋取中标的。

10）不履行物业服务合同，业主投诉较多，经查证属实的。

11）超越资质等级承接物业管理业务的。

12）出租、出借、转让资质证书的。

13）发生重大责任事故的。

4. 资质等级的年检

物业服务企业资质实行年检制度。各资质等级物业服务企业的年检由相应资质审批部门负责。符合原定资质等级条件的，物业服务企业的资质年检结论为合格；不符合原定资质等级条件的，物业服务企业的资质年检结论为不合格，原资质审批部门应当注销其资质证书，由相应资质审批部门重新核定其资质等级。资质审批部门应当将物业服务企业资质年检结果向社会公布。

物业服务企业超越资质等级承接物业管理业务的，由县级以上地方人民政府房地产主管部门予以警告，责令限期改正，并处 1 万元以上 3 万元以下的罚款。

物业服务企业无正当理由不参加资质年检的，由资质审批部门责令其限期改正，可处 1 万元以上 3 万元以下的罚款。

物业服务企业出租、出借、转让资质证书的，由县级以上地方人民政府房地产主管部门予以警告，责令限期改正，并处 1 万元以上 3 万元以下的罚款。

物业服务企业不按照《办法》的规定及时办理资质变更手续的，由县级以上地方人民政府房地产主管部门责令限期改正，可处 2 万元以下的罚款。

5. 资质证书的补领、重新核定、变更和注销

物业服务企业遗失资质证书，应先在新闻媒体上声明后，方可申请补领。

企业发生分立、合并的，应当向工商行政管理部门办理变更手续后 30 日内，到原资质审批部门申请办理资质证书注销手续，并重新核定资质等级。

企业的名称、法定代表人等事项发生变更的，应当在办理变更手续后 30 日内，到原资质审批部门办理资质证书变更手续，并重新核定资质等级。

企业破产、歇业或者因其他原因终止业务活动的，应当在办理营业执照注销手续后 15

日内，到原资质审批部门办理资质证书注销手续。

三、物业服务企业资质等级管理的意义

对物业服务企业实行资质等级管理，其目的就是通过对这类企业的资金数量、专业人员素质以及经营规模的查验，确定该企业的综合实力，从而加强对不同规模、不同经营能力的物业服务企业的管理，促进物业管理有序发展，提高物业管理的整体水平。

加强对物业服务企业资质的等级管理具有以下意义。

1. 有利于提高物业管理水平，促进我国物业管理行业的健康发展

目前，我国物业管理行业存在众多不同规模、不同经营能力、不同性质、不同隶属关系、不同所有制形式的物业服务企业，为了加强对它们的管理，促进物业管理行业健康有序发展，提高物业管理的整体水平，需要对这些物业服务企业进行资质管理。

2. 有利于规范我国的物业管理市场秩序

众多的物业服务企业在市场中竞争，如果没有资质管理，就容易造成鱼龙混杂的局面，影响物业管理市场的正常秩序。因此，严格进行物业服务企业的资质认定和管理，对规范我国的物业管理市场秩序极为重要。同时，这也有利于物业服务企业自身的发展。

3. 能够更好地保护业主和使用人的合法权益

主管部门对物业服务企业进行分等定级，可以最大限度地减少物业服务企业与业主和使用人之间的信息不对称，为业主大会根据自身物业和业主的情况，选聘不同资质的物业服务企业提供了方便，有利于业主和使用人权益的保护。

4. 有利于开拓市场

我国已成为世界贸易组织（WTO）成员，资质等级管理既有利于我国物业管理行业与世界接轨，也有利于我国物业服务企业走向世界物业管理市场。

第 4 节 业主、业主大会、业主委员会和业主委员会联席会议

一、业主

1. 业主的基本含义

根据国务院《物业管理条例》的规定，房屋的所有权人为业主。

因为我国实行的是房屋所有权与土地使用权归属同一主体的原则，拥有了房屋的所有权在事实上就拥有了与房屋相配套的设备、设施和相关场地的相关权利。

2. 业主的权利和义务

在物业管理活动中，业主基于对房屋的所有权享有对物业和相关共同事务进行管理的权利。这些权利有些由单个业主享有和行使，有些只能通过业主大会来实现。

（1）业主的权利

1）按照物业服务合同的约定，接受物业服务企业提供的服务。物业服务合同是业主与物业服务企业之间约定双方权利与义务的协议。物业服务合同签订后，物业服务企业负有向业主提供合同所约定服务的义务，业主在支付了合同所约定的物业服务费用后，享有接受物业服务企业提供服务的权利。

2）提议召开业主大会会议，并就物业管理的有关事项提出建议。业主大会会议是业主大会开展工作的基本形式。业主大会由物业管理区域内的全体业主组成。作为业主大会的成员，业主享有提议召开业主大会的权利。《物业管理条例》第十三条规定：经20%以上的业主提议，业主委员会应当组织召开业主大会临时会议。业主有对物业管理相关事项提出建议的权利，促使物业管理活动能及时、有效地以符合广大业主利益的方式进行。

3）提出制定和修改管理规约、业主大会议事规则的建议。管理规约、业主大会议事规则是规范业主之间权利与义务关系和业主大会内部运作机制的基础性规约。这些规约在生效后对物业管理区域内全体业主都有约束力，而且这些规约的规定事关全体业主的共同利益。因此，每一位业主都有参与制定和修改这些规约的权利。当业主认为有必要制定管理规约、业主大会议事规则，或者认为现有管理规约、业主大会议事规则有不完善的地方，可以提出自己有关制定和修改管理规约、业主大会议事规则的建议。

4）参加业主大会会议，行使投票权。业主对物业管理区域内重大事项的决定权，是通过参加业主大会会议，在会议上行使投票权的方式来行使的。只要具有业主身份，就具有参加业主大会会议的权利。在业主大会会议上，业主按照省、自治区、直辖市制定的确定业主在首次业主大会会议上投票权的具体办法，或者业主大会议事规则约定的业主投票权确定办法，对列入会议议程的各项物业管理事项进行投票。

5）选举业主委员会，并享有被选举权。业主委员会是业主大会的执行机构，具体执行业主大会决定的事项，并就物业管理区域内的一般性日常事务作出决定，它由一定数量的业主代表，即业主委员会委员组成。业主委员会委员从业主中选举产生，作为业主的代言人履行具体职责，为全体业主服务。每一位业主都有选举符合自己意愿的业主委员会委员的权利，同时，业主作为业主大会的成员也享有被选举为业主委员会委员的权利。

6）监督业主委员会的工作。业主委员会是业主大会的执行机构，它的工作直接关系到每一位业主的切身利益。由于业主委员会委员也具有个人利益，可能会怠于行使业主大会赋予的职责，有些素质不高的业主委员会委员甚至可能会做出损害业主利益的行为。为了防止这种情况的发生，督促业主委员会委员更好地履行职责，保护业主的合法权益，应当保证业主对业主委员会的工作享有监督权。如业主有权对业主委员会的工作提出批评和建议；有权知晓业主委员会的运作情况；有权了解业主委员会所作出的各项决定的理由；有权查询业主委员会保存的各项档案文件；有权制止并要求业主委员会纠正不符合法律或者规约的行为等。业主对业主委员会的工作行使监督权有利于业主委员会规范、健康地运作。

7）监督物业服务企业履行物业服务合同。物业服务企业是基于和业主之间的物业服务合同，为业主提供服务的经营主体，与业主处于物业管理法律关系的相对方。业主有权对物业服务企业履行物业服务合同的情况进行监督。如业主有权对物业服务企业履行合同的情况提出批评与建议；有权查询物业服务企业在履行合同中保存的有关物业管理事项的各项档案材料；有权监督物业服务企业的收费情况；有权要求物业服务企业对违反合同的行为进行改正等。业主对物业服务企业的监督权有利于物业服务企业更好地履行物业管理服务。

8）对物业共用部位、共用设备、共用设施和相关场地的使用情况享有知情权和监督权。物业共用部位、共用设备、共用设施和相关场地与业主所拥有的物业不可分割，业主对拥有的物业进行占有、使用、收益和处分，不可避免地要牵涉到对物业共用部位、共用设备、共用设施的使用。业主和物业服务企业可以在不损害业主共同利益的情况下，依法对物业共用部位、共用设备、共用设施和相关场地进行使用。但这种使用不能侵害全体业主的合法权益，因此，每一个业主对物业共用部位、共用设备、共用设施和相关场地使用的情况享有知情与监督的权利。

9）监督物业共用部位、共用设备、共用设施专项维修资金的管理和使用。物业共用部位、共用设备、共用设施专项维修资金是在物业产权多元化的情况下，为了保证房屋的维修和正常使用，依照国家规定建立的专门性资金。专项维修资金属于业主所有，它运行是否正常，不仅关系到相邻物业、整幢楼，甚至还关系到整个物业管理区域物业的正常维护和使用，涉及全体业主的共同利益。因此，专项维修资金的使用和管理，必须受到业主严格的监督，以防止专项维修资金被挪用。业主在专项维修资金的收取、使用、续筹、代管等各个环节都享有监督权。

10）法律、法规规定的其他权利。除以上权利外，业主还享有法律、法规规定的其他方面权利。如在物业受到侵害时，有请求停止侵害、排除妨碍、消除危险、赔偿损失的权利；有对物业维护、使用等方面的规章制度、各项报告、提案进行审议的权利；有维护业主合法权益进行投诉或控告的权利等。

（2）业主的义务。业主在享有一定权利的同时，也必须履行应尽的义务。

1）遵守管理规约、业主大会议事规则。管理规约是指业主依法订立的，对有关物业的使用、维护、管理，业主的共同利益，业主应当履行的义务，违反规约应当承担的责任等事项依法做出的约定。每一位业主都应当依照管理规约的规定行使权利、履行义务。业主大会议事规则是业主大会运行应当遵循的原则，就业主大会的议事方式、表决程序、业主投票权确定办法、业主委员会的组成和委员任期等事项做出约定。业主通过缔结管理规约和业主大会议事规则来进行自我管理和自我约束，有利于形成良好的物业管理秩序。管理规约、业主大会议事规则对全体业主具有约束力，每位业主都要自觉遵守。

2）遵守物业管理区域内物业共用部位和共用设备、共用设施的使用、公共秩序和环境卫生的维护等方面的规章制度。物业共用部位和共用设备、共用设施的使用、公共秩序和环境卫生的维护等事项事关物业管理区域内全体业主的共同利益。为了维护这种共同利益，业主大会可以制定或者授权物业服务企业制定一系列的规章制度，要求全体业主共同遵守。每一位业主都有遵守这些规章制度的义务。

3）执行业主大会的决定和业主大会授权业主委员会做出的决定。业主大会的决定是全体业主共同做出的，代表了全体业主的共同意志，符合业主的共同利益，理应得到全体业主的共同遵守。业主委员会是业主大会的执行机构，具体实施业主大会所做出的决定，同时，经业主大会的授权也可以自行做出对一些物业管理事项的决定，它所做出的决定业主同样应该执行。

4）按照国家有关规定缴纳专项维修资金。专项维修资金是保障物业得以正常维修和改造的必要条件，业主应承担缴纳专项维修资金的义务。

5）按时缴纳物业服务费用。物业服务费用是物业服务合同约定的重要内容之一，它是确保物业管理活动正常运行的必要前提。物业管理服务行为是一种市场行为，应当遵循等价有偿的市场原则，业主在享受物业服务企业提供服务的同时，必须按照合同的约定按时缴纳物业服务费，不得无故拖延或拒交。

6）法律、法规规定的其他义务。除以上义务外，业主还应承担法律、法规规定的其他义务。如有配合物业服务企业开展服务的义务；有在装饰、装修房屋前向物业服务企业告知的义务；有按照物业本来的用途和目的使用物业的义务；有维护物业的使用安全和美观的义务；有遵守物业管理区域内公共秩序、维护物业管理区域内环境整洁的义务等。

3. 业主在业主大会会议上投票

按照《物业管理条例》规定，业主在业主大会会议上投票，是根据业主专有部分占建筑物总面积的比例和业主总人数的比例等因素来确定的。业主在首次业主会议召开以后的业主大会会议上的投票权，应当按照首次业主大会会议上通过的业主大会议事规则中的约定来确定，以保证业主拥有充分的自主权。而具体办法由省、自治区、直辖市制定。

《上海市住宅物业管理规定》对业主在首次业主大会会议上的投票权，按其拥有的住宅套数计算，每套计一票。住宅区内的非住宅物业业主在首次业主大会会议上的投票权，按其拥有的物业建筑面积计算，每满 100 m^2 计一票；不足 100 m^2 有单独房地产权证书的，可与其他业主合并计算，每满 100 m^2 计一票。单个业主在首次业主大会会议上所持的投票权最高不超过全部投票权的 30%。上海市在“关于实施《上海市住宅物业管理规定》的若干意见”中还特别指出：单个业主在首次业主大会会议上的投票权超过全部投票权 30%的部分，应分摊给其他业主。停车场（库）以及依法归全体业主所有的物业不计投票权。

4. 产权的界定

在物业管理活动中，产权主要是指房屋产权的界定。

（1）首先，要对该房屋的范围加以确定，不管该房屋财产是谁的，该房屋的四至范围和上下空间以及它的衍生部分要确定下来。其次，要明确房屋的范围是立体的而不是平面的。不能只注意房屋的建筑面积、使用面积、共用部位等，而忽视房屋的上与下，把房屋产权理解为平面的东西，这是误解，也是现实生活中围绕房屋而引起诸多产权纠纷的原因。最后，房屋归谁所有，谁就拥有房屋财产的所有权，谁就可以在确定的范围内行使他的所有权。

（2）房屋产权的界定。房屋除单体别墅之外，是按“套”或“单元”建筑面积出售的。以上海为例，根据上海市房屋建筑面积计算及共用建筑面积分摊规则，其中房屋套（单元）内建筑面积由套（单元）内的使用面积、套（单元）内墙体面积、阳台建筑面积三部分组成。

其中套（单元）内墙体面积计算规定：住宅各套（单元）之间的分隔墙、套（单元）与公用建筑空间之间的分隔墙以及外墙（包括山墙）均为共用墙体，共用墙墙体按水平投影面积的一半计入套内墙体面积；而非共用墙墙体水平投影面积则全部计入套内墙体面积。阳台建筑面积，如原设计的封闭式阳台，按其外围水平投影面积计算建筑面积；如挑阳台（底阳台）则按其底板水平投影面积的一半计算建筑面积；如凹阳台按其净面积（含女儿墙墙体面积）的一半计算建筑面积；如半挑半凹阳台，挑出部分按其底板水平投影面积的一半计算建筑面积，凹进部分按其净面积的一半计算建筑面积。由此可见，房屋套（单元）内产权的界定，应该是套（单元）内建筑面积以及空间上下共用的楼板产权权限；从物质形态来看，应该包括计入套（单元）内的墙体本身与共用的上下楼板。

（3）房屋共用部分产权的界定。假如一个物业管理区域内的建筑物都是由全体业主买下来的话，其共用部分可以由下列三部分组成：

• 共用部位，包括房屋主体结构承重部位，如基础、内外承重墙体、柱、梁、楼板、屋顶等，户外墙面、楼梯间、走廊等。

• 共用设施，包括上下水管道、落水管、水箱、加压水泵、电梯、天线、供电线路、照明、锅炉、暖气线路、煤气线路、消防设施、绿地、道路、路灯、非营业性车场车库、公益性文体设施、共用设备和共用设施使用的房屋等。

• 共用基地，即房屋共用的土地。按照我国的规定，此土地的权限为使用权。

对上述三部分建筑物的所有权，一般认为权利主体对同一财产的所有权属于按份共有而不能单独占有。由于是“共有”，在使用上只能是共同使用而不能单独使用。也只有在这个意义上才能说权利主体对上述共用部分的财产具有共有权。

产权的界定并不是对产权性质的判定。一个物业管理区域的全体业主共同买下来的房屋，就其所有制性质来说是私有财产。但是产权的界定并不是对产权性质的判定，而是对产权限隔的确定。

二、业主大会

1. 业主大会的组成与宗旨

业主大会由一个物业管理区域内的全体业主组成。一个物业管理区域，如新建住宅区，包括分期建设或者两个以上单位开发建设的且配套设施、设备共用的住宅区，称为“一个物业管理区域”。但如果该住宅区已经分割成多个自然街坊或者是封闭小区的，可以分别划分为独立的物业管理区域。对于尚未划分或者需要调整物业管理区域的，区、县房地产管理部门应会同街道办事处（乡人民政府），按照上述划分方法，结合当地居（村）民委员会的布局划分物业管理区域。业主大会是基于物业管理区域内物业在构成、权利归属及使用上不可分离的共同关系而产生的。只要是物业管理区域内的合法的物业所有人均享有参加业主大会，对物业共同事项进行管理的权利。因此，业主大会应由物业管理区域内的全体业主组成。业主大会成立后入住的业主将自动成为业主大会的成员。

“业主大会应当代表和维护物业管理区域内全体业主在物业管理活动中的合法权益。”这是业主大会的宗旨。业主大会是业主为实现对物业的自我管理、对物业管理区域内的共同事项做出决定而组成的。业主大会成立后，业主将主要通过业主大会这一机制实现对涉及全体业主共同利益的事项做出决定和管理。业主通过一定程序成立业主大会，其目的就是要通过它代表自己行使有关共有和共同管理物业的权利，维护自己在物业管理活动中的合法权益。广大业主通过业主大会的集体决策，以主人公的身份参加管理，集中全体业主的智慧，共同创造整洁优美、安全舒适、文明健康的物业环境。另外，业主大会只能代表本物业管理区域内的全体业主，而不能代表该物业管理区域以外的业主，将业主大会的活动范围限定在其所属的物业管理区域内，可以防止业主大会从事与本物业管理区域无关的物业管理事项，有利于保障全体业主的合法权益。

2. 业主大会成立的条件

《上海市住宅物业管理规定》中明确规定："一个物业管理区域内，房屋出售并交付使用的建筑面积达到百分之五十以上，或者首套房屋出售并交付使用已满两年的，应当召开首次业主大会会议，成立业主大会。"

符合业主大会成立条件的物业管理区域，建设单位应当书面报告区、县房地产管理部门，并提供业主清册、物业建筑面积、物业出售并交付使用时间、已筹集的专项维修资金清册等文件资料，要求成立业主大会；如果建设单位未及时书面报告区、县房地产管理部门，业主可以向区、县房地产管理部门提出成立业主大会的书面要求。对于建设单位违反上述规定，未将物业区域符合业主大会成立条件的情况书面报告区、县房地产管理部门，或者未按照规定提供有关资料的，由区、县房地产管理部门责令限期改正，可处一万元以上十万元以下的罚款。

但是，成立业主大会也并非业主唯一可选择的自我管理形式，在只有一个业主，或者业主人数较少的情况下，业主完全可以自行或者通过全体协商的方式对共同事项做出决定，没有必要成立业主大会。《物业管理条例》允许业主根据自身的实际情况决定是否采用业主大会这种管理形式。

3. 业主大会筹备组建

在区、县房地产管理部门接到建设单位或者业主关于召开业主大会的书面报告后，应当和街道办事处（乡镇人民政府）组织业主推荐产生业主大会筹备组成员。根据建设部《业主大会规程》的规定，业主大会筹备组成员由业主代表、建设单位（包括公有住房出售单位）代表组成，具体负责业主大会的筹备工作。

筹备组成员名单应当自成立之日起 7 日内在物业管理区域内书面公告。

筹备组自成立之日起 30 日内，在区、县房地产管理部门和街道办事处（乡镇人民政府）指导下，应当召开首次业主大会会议，并选举产生业主委员会。为此，筹备组应当做好下列筹备工作：

（1）确定首次业主大会会议召开的时间、地点、形式和内容。

（2）参照政府主管部门制定的示范文本，拟定《业主大会议事规则》（草案）和《管理规约》（草案）。

（3）确认业主身份，确定业主在首次业主大会会议上的投票权数。

（4）确定业主委员会候选人产生办法及名单。

（5）做好召开首次业主大会会议的其他准备工作。

上述前四项工作的内容应当在首次业主大会会议召开前 15 日以书面形式在物业管理区域内公告。

4. 业主大会的形式

召开业主大会一般采用召集全体业主开会集体讨论的形式。但是，在业主人数较多的情况下，受时间、场地等因素的限制，全体业主亲自参加会议缺乏现实的可操作性。这时业主大会可考虑其他的召开形式，如发放会议材料和选票等书面征求意见的形式，不一定是开会集体讨论，这样会更有利于保障业主行使参加业主大会会议的权利。

业主大会做出的决定要代表全体业主的共同利益，如果参加业主大会会议的业主所代表的物权份额太少，就体现不出广大业主的意志，达不到召开业主大会会议的效果。因此要求，不管业主大会会议采取何种形式召开，应当有物业管理区域内专有部分占建筑物总面积过半数且占总人数过半数的业主参加，业主大会才可召开。

5. 业主大会的职责

业主大会的职责是对其所管辖的物业管理区域内物业管理事项行使权利和承担义务的范围。除了业主能够单独享有的权利之外，多数业主的权利只有通过业主大会的形式才能实现。明确业主大会的职责有利于业主大会在其权限范围内规范、健康地从事活动。业主大会在物业管理活动中应履行下列职责：

（1）制定和修改业主大会议事规则。业主大会议事规则是业主大会组织、运作的规程，是对业主大会宗旨、组织体制、活动方式、成员的权利和义务等内容进行记载的业主自律性文件。涉及每一个业主在物业管理中的利益，理应由全体业主共同制定和修改。业主大会议事规则由业主在首次业主大会上制定通过，议事规则应当就业主大会的议事方式、表决程序、业主委员会的组成和成员任期等事项做出明确约定，规范业主大会和业主委员会的运作。业主大会在不违反法律、法规的前提下，有权根据本物业管理区域内的实际情况对业主大会议事规则进行修改和补充，使得业主大会议事规则的内容能够真正体现广大业主的利益。

（2）制定和修改管理规约。管理规约是业主自我约束的最基础的规约。它应当对有关物业的使用、维护、管理，业主的共同利益、业主应当履行的义务、违反管理规约应当承担的责任等事项依法做出约定。在召开首次业主大会会议以前，规范业主在物业管理中权利和义务的是建设单位制定的临时管理规约。首次业主大会会议召开，业主大会成立之后，通过业主大会制定正式的管理规约。

（3）选举业主委员会或者更换业主委员会成员。业主委员会作为业主大会的执行机构，由业主大会选举产生，对业主大会负责。业主委员会委员思想道德素质和管理水平的高低直接关系到业主委员会能否顺利且优质地完成业主大会交办的各项任务，应当在业主委员会委员的任职资格上做一定的要求，因此，规定业主委员会委员由物业管理区域内热心公益事业、责任心强、具备一定组织能力的业主担任。业主通过业主大会会议选举能代表和维护自己利益的业主担任业主委员会委员。对不符合法规和业主公约规定条件的业主委员会委员，业主大会可以更换，重新选举出符合条件的业主委员会委员。对于业主委员会的工作，业主大会有权代表业主实施监督，保证其以符合广大业主利益的方式运行，这种监督一般采取听取业主委员会工作报告的方式进行。作为业主大会成员的业主，在平时也可以监督业主委员会的工作，在业主大会中提出自己对业主委员会工作的监督意见。

（4）选聘、解聘物业服务企业。物业服务企业按照与业主签订的物业服务合同的约定为业主提供服务。由于物业管理涉及物业共用部位、共用设备、共用设施的使用，公共秩序和环境卫生的维护等方面的事务，单个业主无法选聘、解聘物业服务企业。业主只有通过业主大会集体决策，才能做出选聘、解聘物业服务企业的决定。这种聘用制有助于建立良好的物业管理市场机制。物业服务企业必须依靠良好的经营、优质的服务、合理的收费才能挤进并占领市场，从根本上促进其服务态度的改变、服务水平的提高。

（5）筹集和使用专项维修资金。专项维修资金专项用于物业共用部位、共用设备、共用设施保修期满后的维修、更新、改造，其所有权属于业主。由于物业共用部位、共用设备、共用设施的使用和维护涉及业主的共同利益，因此，专项维修资金的续筹与使用方案要经过业主大会的同意。至于首次住房专项维修资金的缴存，将在有关规章制度中做详细的规定，业主大会主要是对住房专项维修资金的使用和续筹方案做出决定。资金的续筹是专项维修资金制度长期运行的必要保障。当住房的共用部位或共用设备、共用设施老化、陈旧、损坏，为了保障住房正常的使用功能需要动用专项维修资金来进行修缮时，有关业主、业主委员会或者物业服务企业可以提出专项维修资金使用方案，经过业主大会审议同意之后可以支取专项维修资金进行相关修缮活动。为了保证专项维修资金的使用安全，业主大会应当对专项维修资金使用、续筹方案的实施情况予以监督。

（6）改建、重建建筑物及其附属设施。

（7）有关共有和共同管理权利的其他重大事项。除了以上职责外，业主大会还应当履行法律、法规或者业主大会议事规则规定的其他有关物业管理的职责。如监督共用设备、共用设施、公共场地的使用和维护；对业主、物业使用人违反管理规约的行为，依照规约的规定进行处理；听取和审议业主委员会和物业服务企业的工作报告，并监督其实施；配合公安机关，与居委会相互协作，共同做好维护物业管理区域内的社会治安等相关工作。

6. 业主大会的决定

为了保障业主大会有关决定能够真正地代表全体业主的整体利益，避免少数业主滥用权利侵犯多数业主利益的情况发生，《物业管理条例》对业主大会决定的通过做出了最低投票权数的限制。根据业主大会做出决定的事项性质的不同，表现为两种不同的做出决定的方式：第一种是普通多数决定方式，即业主大会做出的决定应当经物业管理区域内专有部分占建筑物总面积过半数且占总人数过半数的业主同意。对于一般常规性的物业管理事项决定的通过可以采取此方法。第二种是特别多数决定方式，即业主大会做出筹集和使用专项维修资金，改建、重建建筑物及其附属设施的决定，应当经物业管理区域内专有部分占建筑物总面积 2/3 以上且占总人数 2/3 以上的业主同意。因为以上决定关系到全体业主重大的共同利益，为了保证决策的慎重性及决策的执行能获得绝大多数业主的支持，会议的决定应当采取第二种方式。

“业主大会的决定对物业管理区域内的全体业主具有约束力。”这就规定了业主大会决定的法律效力。业主大会代表和维护物业管理区域内全体业主在物业管理活动中的合法权益，它通过合法程序做出的决定全体业主都应当遵守。

《上海市住宅物业管理规定》还规定：业主大会可以决定业主委员会的工作经费和撤销业主小组不适当的决定。

7. 业主大会与物业服务企业的关系

（1）业主大会与物业服务企业是选聘与受聘的关系。也可以说是委托与受委托的关系，其法律地位是平等的。业主大会有选聘和解聘物业服务企业的权利，物业服务企业也有受聘和拒聘的权利。

（2）业主大会与物业服务企业是物业服务合同关系。国务院《物业管理条例》规定：业主委员会应当与业主大会选聘的物业服务企业订立书面的物业服务合同。物业服务合同应当对物业管理事项、服务质量、服务费用、双方的权利和义务、专项维修资金的管理与使用、物业管理用房、合同期限、违约责任等内容进行约定。物业服务合同是以书面形式明确双方权利和义务关系的协议。

（3）目标一致，确保物业管理区域和谐的合作关系。业主大会和物业服务企业虽然各司其职，然而目标是一致的。业主大会除了自身的组织建设之外，还要听取和审议物业服务企业的工作报告，决定物业管理的重大事项，并通过业主委员会对物业服务企业的经营活动进行监督、检查、协助等；物业服务企业是具体作业单位，要实施好日常的管理工作，为业主和使用人提供全天候、全方位的优质服务，并及时通报有关情况，定期向业主大会报告物业管理工作。目标一致，确保物业管理区域内物业（包括共用设备和设施）的完好、安全，环境的安谧、整洁和优美，创造一个和谐的物业小区。

8. 管理规约

管理规约是指物业管理区域内全体业主就物业的管理、使用、维护，业主的共同利益，履行义务，违约责任等事项，对全体业主和使用人具有普遍约束力的自律性规范，以书面形式订立，作为业主对物业管理区域内一些重大事务的共同性约定和允诺，实现业主自我管理的一种重要形式和手段，要求全体业主共同遵守。管理规约也是物业管理法律、法规和政策的一种有益补充，是有效调整业主之间权利与义务关系的基础性文件，要形成和谐有序的物业管理秩序，必须充分认识到管理规约的重要作用。

管理规约的内容一般包括以下几点：

（1）物业管理区域的名称、地点、面积、户数等基本情况。

（2）共用部分的持份比例、全体共用部分和局部共用部分的范围等共用部分的分摊和使用情况。

（3）业主大会及其管理机构的设置、人数、权限、运作方式，业主投票权的计算，管理人员的选举、任期、解任及职责，业主会议和管理人员会议的召开，管理费用的缴纳等业主共同事务的管理情况。

（4）不得改变物业的使用目的，禁止堆放危险物品及影响环境卫生的物品，禁止饲养妨碍他人的动物等住宅专有部分使用的限制情况。

（5）规定共用部分设施、设备及其他附属设施的使用方法等共有共用部分的使用情况。

（6）规定业主违反管理规约的责任等。

按照《业主大会规程》规定，管理规约由业主大会筹备组拟订草案，由业主大会制定和修改，应当经物业管理区域内专有部分占建筑物总面积过半数且占总人数过半数的业主通过。

对于违反管理规约的，有损坏房屋承重结构、擅自改变物业使用性质等行为，损害其他业主和使用人合法权益的，业主委员会应当予以劝阻、制止；相关业主和使用人也可以依法向人民法院提起民事诉讼。

9. 业主大会议事规则

业主大会议事规则是业主大会组织、运作的规程，是对业主大会宗旨、组织体制、活动方式、成员的权利和义务等内容进行记载的业主自律性文件。业主大会通过业主大会议事规则建立大会内正常工作秩序，保证大会内业主集体意志和行动的统一。业主大会议事规则是全体业主意志的集中体现，是业主大会运作的基本的准则和依据。业主大会、业主委员会及其成员都必须严格遵守。《物业管理条例》对业主大会议事规则的内容做了以下相关规定：

（1）业主大会的议事方式。包括业主大会会议是采用集体讨论还是书面征求意见的形式。

（2）业主大会的表决程序。包括业主大会会议的基本议程、业主大会的表决形式等。

（3）业主投票权确定办法。如何确定业主在业主大会会议上的投票权。

（4）业主委员会的组成和成员任期。包括业主委员会委员的资格、人数、任期以及正、副主任的配置等。

业主大会议事规则还可以对其他有关业主大会活动的事项做出规定，如业主大会的宗旨、权利与义务、活动范围、经费来源、业主委员会的权利和义务。《上海市住宅物业管理规定》中的业主大会议事规则还包括对业主小组设立做出约定等。

10. 业主小组

《上海市住宅物业管理规定》对于业主小组做了以下规定：同一物业管理区域内有两幢以上房屋的，可以以幢、单元、楼层为单位成立业主小组。业主小组由该幢、单元、楼层的全体业主组成。业主小组要履行下列职责：讨论业主大会拟讨论的事项，推选业主代表出席业主大会会议，表达本小组业主的意愿。

业主小组会议可以采用集体讨论的形式，也可以采用书面征求意见的形式。业主小组会议所做出的决定必须符合《物业管理条例》和地方性的物业管理规定，如《上海市住宅物业管理规定》的规定，业主大会有权决定撤销业主小组不适当的决定。

三、业主委员会

1. 业主委员会的组成

业主委员会在首次业主大会会议中选举产生，自选举产生之日起3日内召开首次业主委员会会议，推选产生业主委员会主任1人，副主任1～2人。

业主委员会委员任期为3～5年，委员可以连选连任。业主委员会任期届满的两个月前，应当书面报告区、县房地产管理部门。区、县房地产管理部门和街道办事处（乡镇人民政府）应当按照有关规定成立换届改选小组，指导召开业主大会会议，选举产生新一届业主委员会。逾期未换届的，房地产行政主管部门可以指派工作人员指导其换届工作。

业主委员会委员应当在其任期届满之日起10日内，将其保管的档案、资料、印章及属于业主大会所有的财物移交新一届业主委员会委员，并做好交接手续。

业主委员会自选举产生之日起30日内，向所在地的区、县房地产管理部门办理备案。在办理备案时须提交下列文件：

• 业主大会会议记录和会议决定。

• 业主大会议事规则。

• 业主公约。

• 业主委员会成员的名单和基本情况。

区、县房地产管理部门对依法选举产生的业主委员会出具业主大会、业主委员会备案证明和印章刻制证明。业主委员会应当依法刻制和使用印章。

如果业主委员会备案的有关内容发生变更，应当重新备案。

2. 业主委员会的性质

业主委员会是业主大会的执行机构，由业主大会会议选举产生。它对业主大会负责，具体执行业主大会交办的各项物业管理事宜，并向业主大会报告工作，受业主、业主大会监督。它的权利基础是业主对物业的所有权，在物业管理区域内代表和维护全体业主的合法权益。

3. 业主委员会的职责

(1) 召集业主大会会议，报告物业管理的实施情况。除了首次业主大会会议外，业主委员会是业主大会会议的法定召集人。首次业主大会会议以后的定期会议和临时会议均由业主委员会负责筹备和召集。业主委员会作为业主大会的执行机构，具体负责物业管理区域内的各项物业管理事项的实施与管理，因此，业主委员会应当定期召集业主大会会议，将有关物业管理事项的实施情况向业主大会报告并接受业主大会的监督。

(2) 代表业主与业主大会选聘的物业服务企业签订物业服务合同。业主大会有选聘物业服务企业的权利，但业主大会的成员是全体业主，不可能由业主大会与物业服务企业签订物业服务合同。客观上，物业服务合同的签订只能由业主委员会来具体进行。业主大会通过会议决定的方式选聘某一物业服务企业后，应由业主委员会代表业主与业主大会选聘的物业服务企业正式签订物业服务合同。

(3) 及时了解业主和使用人的意见及建议，监督并协助物业服务企业履行物业服务合同。业主对业主委员会的工作享有监督权，并有就物业管理的有关事项提出意见和建议的权利。物业使用人是指物业的承租人和其他实际使用物业的非业主。物业使用人基于其对物业实际上的使用，不可避免地会参与到物业管理活动中来。业主委员会作为联系广大业主和物业服务企业的桥梁，应当及时了解并听取业主和使用人的意见与建议，并把业主的这些建议、意见反映给物业服务企业，以提高物业管理水平。业主委员会与物业服务企业签订了物业服务合同之后，作为合同一方当事人享有对物业服务企业履行物业服务合同的情况进行监督的权利，如监督物业服务企业是否严格履行物业服务合同的职责等。在履行职责的同时，业主委员会有义务协助物业服务企业的工作，尽可能为其工作提供方便，协调物业服务企业和业主之间的关系，帮助物业服务企业更好地履行物业服务合同。

（4）监督管理规约的实施。管理规约在管理区域内的实施是否到位直接影响物业品质、公共秩序和环境卫生状况的好坏。业主委员会有权对管理规约的实施情况进行监督，一旦有业主不遵守管理规约的规定，影响其他业主的合法权益或者物业管理区域内的公共利益时，业主委员会有权予以制止、批评教育、责令限期改正，并依照管理规约的规定进行处理。

（5）业主大会赋予的其他职责。除了以上法定职责外，业主委员会还应当履行业主大会赋予的其他职责。例如，业主委员会对各类物业管理档案资料、会议记录的保管；对管理规约、业主大会议事规则修订文本的起草；对有关印章、财产的保管；对业主之间和业主与物业服务企业之间纠纷的调解等。

4. 业主委员会的会议形式

业主委员会会议由主任定期召开，经1/3以上业主委员会委员提议或者业主委员会主任认为有必要的，应当及时召开业主委员会会议。

业主委员会会议应当有过半数委员出席，所做出的决定必须经全体委员人数半数以上同意。业主委员会的决定应当以书面形式在物业管理区域内及时公告。

业主委员会会议应当做好书面记录，由出席会议的委员签字后存档。

5. 业主委员会的自身建设

业主委员会是业主大会的常设性执行机构，它在物业管理过程中发挥应有作用的同时，也要加强自身建设。

（1）树立为业主服务的思想。业主委员会工作要贯彻“以人为本，为业主服务的思想”，业主委员会受全体业主的委托行使职权，所以必须做到少私心，多付出，公开、公平、公正地对待每一件事，以维护全体业主的利益。

（2）加强国家法律和有关政策、法规的学习。物业管理是个政策性很强的工作，业主委员会要把自己的工作做好，必须以国家和地方政府的法律、法规为依据。因此，加强法律、法规的学习，提高政策水平，增强法制观念，是搞好工作的前提。

（3）组织业务学习，提高实际工作和解决问题的能力。物业管理工作纷繁复杂，业主委员会除了要掌握一定的法律、法规之外，还要掌握基本的业务知识，这样，在遇到实际问题要进行处理时，不至于再说外行话，做外行事。要知道，公正、合理地解决物业管理中发生的各种矛盾是以扎实的业务功底为基础的。

四、业主委员会联席会议

1. 业主委员会联席会议的基本含义

业主委员会联席会议是由两个或者两个以上物业管理区域共用非市政道路或者其他配套设施、设备，为沟通需要而建立的制度。两个或两个以上物业管理区域一般是相邻很近的住宅区，各物业管理区域的居民经常会因为使用、维修、管理共用的非市政道路或共用的或部分共用的设施、设备而发生矛盾。联席会议制度的建立将为上述矛盾的解决提供方便。业主委员会把各自区域内的意见和建议带到联席会议上，在街道办事处、房地产管理部门等有关方面指导和监督下进行沟通、协商，取得共识，形成决议，然后去化解矛盾，共创和谐。

2. 业主委员会联席会议的性质及人员组成

业主委员会联席会议是具有议事、协调、指导性质的制度，它是解决矛盾、共建文明的平台，在物业管理实践中，可以逐步形成定期议事制度，并使之经常化、制度化。

业主委员会联席会议由以下几个方面派人员组成：

（1）街道办事处（乡镇人民政府）。

（2）区、县房地产管理部门。

（3）相关物业管理区域的业主委员会。

（4）居（村）民委员会。

（5）物业服务企业。

业主委员会联席会议由街道办事处（乡镇人民政府）和区、县房地产管理部门组织召开。作为牵头人，街道办事处（乡镇人民政府）和区、县房地产管理部门应当及时有效地组织各方成员就物业管理活动中发生的跨域矛盾进行议事，并进行协调、指导和处理。

本章小结

本章着重介绍了物业服务企业的概念和性质，物业服务企业的设立条件和设立登记，以及物业服务企业的内部机构设置和基本职能。介绍了物业服务企业的制度建设和队伍建设，物业管理人员的知识能力和职业道德规范，物业服务企业的一级、二级、三级资质等级分类及其管理。

本章还对业主、业主大会及业主大会与物业服务企业的关系、业主委员会及业主委员会联席会议制度等内容做了介绍。

复习思考题

1. 物业服务企业的概念包括哪些含义?
2. 物业服务企业的权利主要有哪些?
3. 物业服务企业的义务主要有哪些?
4. 物业服务企业机构设置的一般原则是什么?
5. 物业服务企业一般设置哪些内部机构?
6. 加强对物业服务企业的资质等级管理具有哪些意义?
7. 什么是业主?业主有哪些权利和义务?
8. 上海市规定业主大会成立必须具备哪些条件?
9. 业主大会的职责有哪些?
10. 简述业主委员会的性质。
11. 业主委员会的职责主要包括哪些?

模拟测试题

一、填空题(请将正确的答案填在横线空白处)

1. 物业服务企业是指________、具有________资格,从事________服务活动的企业。

2. 物业服务企业的经营内容就是提供物业管理服务,即要对房屋及配套的设施、设备和相关场地进行________、________、________,维护相关区域内的环境卫生和秩序。

3. 物业服务企业从事物业管理和服务,必须履行一定的职责,而履行职责就要享有一定的________,并承担一定的________。

4. 在物业管理过程中,物业服务企业对一些专项管理和服务可以选聘专业公司负责,但不得将________责任及________转让给其他人或单位。

5. 物业服务合同终止时,物业服务企业必须及时向业主委员会移交________和________。

二、判断题(下列判断正确的请打"√",错误的打"×")

1. 物业服务企业是不以盈利为目的的经济组织。 ( )

2. 物业服务企业的资质等级分为一级、二级、三级三种。 ( )

3. 根据《物业服务企业资质管理办法》,国务院建设主管部门负责三级物业服务企业资质证书的颁发和管理。 ( )

4. 房屋的所有权人和使用权人均称为业主。 （　　）

5. 业主大会是由一个物业管理区域内的业主代表组成的。 （　　）

三、单项选择题（下列每题有四个选项，其中只有一个是正确的，请将其代号填在括号内）

1. 物业服务企业的性质是由物业管理服务行业的性质决定的，它属于（　　）产业中的服务性行业。

A. 第一　　B. 第二　　C. 第三　　D. 加工

2. 设立物业管理公司的注册资本至少应达到（　　）万元以上。

A. 30　　B. 50　　C. 60　　D. 80

3. 业主委员会是业主大会的（　　）机构。

A. 执法　　B. 领导　　C. 执行　　D. 协调

4. 根据《物业服务企业资质管理办法》，（　　）建设主管部门负责一级物业服务企业资质证书的颁发和管理。

A. 县级人民政府　　B. 地级人民政府

C. 省级人民政府　　D. 国务院

5. 上海市规定，住宅区内的非住宅物业业主在首次业主大会会议上的投票权，按其拥有的物业建筑面积计算，每满（　　）m^2 计一票。

A. 90　　B. 80　　C. 100　　D. 150

四、多项选择题（下列每题中的多个选项中，至少有两个是正确的，请将其代号填在括号内）

1. 物业服务企业是从事物业管理服务活动的企业，其概念所包括的含义有（　　）。

A. 按合法程序成立　　B. 具有行业资质

C. 是独立法人　　D. 是以盈利为目的的经济组织

2. 物业服务企业的组建过程主要包括（　　）等几个方面。

A. 可行性研究　　B. 人才储备

C. 起草企业章程　　D. 注册登记

3. 业主在享有一定权利的同时，也必须履行应尽的义务。下列属于业主义务的是（　　）。

A. 按时缴纳物业服务费用

B. 监督业主委员会的工作

C. 遵守管理规约、业主大会议事规则

D. 执行业主大会的决定和业主大会授权业主委员会做出的决定

4. 业主委员会依法履行职责，以下属于业主委员会职责的是（　　）。

A. 召集业主大会会议，报告物业管理的实施情况

B. 代表业主与业主大会选聘的物业服务企业签订物业服务合同

C. 及时了解业主和使用人的意见及建议，监督并协助物业服务企业履行物业服务合同

D. 监督管理规约的实施

五、简答题

1. 简述业主委员会联席会议的基本含义。

2. 业主大会做出哪些决定应当经物业管理区域内专有部分占建筑物总面积 2/3 以上且占总人数 2/3 以上的业主同意？

3. 召开业主大会一般有哪几种形式？

4. 上海市规定，业主大会成立的条件是什么？

5. 物业服务企业组织机构的设置一般应遵循哪些原则？

模拟测试题参考答案

一、填空题

1. 依法设立　独立法人　物业管理

2. 维修　养护　管理

3. 权利　义务

4. 整体管理　利益

5. 相关财产　资料

二、判断题

1. ×　2. √　3. ×　4. ×　5. ×

三、单项选择题

1. C　2. B　3. C　4. D　5. C

四、多项选择题

1. ABCD　2. ABCD　3. ACD　4. ABCD

五、简答题

1. 业主委员会联席会议是由两个或者两个以上物业管理区域共用非市政道路或者其他配套设施、设备，为沟通需要而建立的制度。为解决因使用、维修、管理共用的非市政道路或共用的或部分共用的设施、设备而发生的矛盾提供方便。

2. 业主大会做出筹集和使用专项维修资金，改建、重建建筑物及其附属设施的决定，应当经物业管理区域内专有部分占建筑物总面积 2/3 以上且占总人数 2/3 以上的业主同意。

3. 召开业主大会的形式一般有两种，一种是召集全体业主开会集体讨论的形式；另一种是发放会议材料和选票等书面征求意见的形式。

4.《上海市住宅物业管理规定》中明确规定："一个物业管理区域内，房屋出售并交付使用的建筑面积达到百分之五十以上，或者首套房屋出售并交付使用已满两年的，应当召开首次业主大会会议，成立业主大会。"

5. 物业服务企业组织机构的设置一般应遵循以下几个原则：

(1) 目标原则。

(2) 统一指挥、分级管理原则。

(3) 合理分工与密切协作相统一的原则。

(4) 人事相宜与责权统一原则。

(5) 精干高效原则。

第 5 章

房屋的养护与维修管理

第 1 节　房屋养护管理

一、房屋养护的概念及原则

1. 房屋养护的基本含义

房屋养护是指物业服务企业为保证物业处于良好的使用状态，对房屋结构、装修及设备部分实施的综合养护工作，是物业管理中的一项经常性、基础性工作，在整个物业管理工作中具有重要的地位和作用。

2. 房屋养护的原则

房屋养护应该遵循的原则是：因地制宜，合理修缮。对不同类型的房屋要制定不同的养护标准；定期检查，及时维护；加强对二次装修的管理，确保安全，保证正常使用；有效、合理地使用维修基金；最大限度地发挥房屋的有效使用功能。

二、房屋养护的内容

房屋日常养护可分为零星养护、计划养护两种情况。零星养护是指对房屋的日常保养和护理，对轻微损坏现象的修复活动，维修项目主要通过维修管理人员的巡视检查和业主的日常报修两个渠道来收集，其特点是修理范围广、时间紧迫、作业零星分散，属于经常性的服务项目；计划养护是物业服务企业凭借经验和平时掌握的检查资料，从物业管理角度提出来的养护工作计划安排。

日常养护的主要内容为：

1. 基础的养护

基础属于隐蔽工程，同时又是建筑物最重要的承重构件，承受竖向及水平荷载，并把承受的荷载传递给下部的土壤层。基础的稳定与否直接影响到建筑物主体结构是否稳定，并且基础出现问题初期发现比较困难，一旦发现往往会产生严重的后果，因此要特别注意做好以下几个方面的工作：

（1）杜绝不合理的荷载产生。从建筑物本身和外部状况两个方面加强对日常使用情况的监督，防止上部结构使用荷载超设计或分布不合理，防止建筑物受到巨大的震动干扰，避免基础附近的地表因堆放而形成较大的堆积荷载；此外相邻建筑物施工时，特别是采用预置桩基础，在打桩时会对原有建筑物产生严重影响。所以，从房屋安全的层面来考虑，要特别注意基础受力问题。

（2）防止基础冻害。为了防止基础在地基土冻融时发生破坏，在结构设计时，应该合理确定基础的埋置深度，特别是在我国北方地区，冻土较深时，更应该注意基础的埋置深度，根据结构设计规范的规定，基础的埋置深度应该大于当地冻土深度。

2. 墙面及吊顶工程的养护

墙面及吊顶工程的种类繁多、施工复杂，通常涵盖抹灰工程、油漆工程、刷浆工程、裱糊工程、块料饰面工程、饰面板及龙骨安装工程等。其养护一般应注意以下几个方面：

（1）定期检查，及时处理。一般每年不少于一次，对于踢脚、护壁、细木制品等使用磨损频率较高的部位，还应缩短检查周期。

（2）加强保护并与其他工程相衔接。在水管穿墙等与其他工程交叉处，特别是暖气管道穿墙处等关键部位，要注意采用防水、防腐、防裂、防胀等保护性措施以及科学的施工手段。

（3）注意清洁。根据不同的材料性能，经常采取适当的清洁方法，保证材料处于良好的状态。

（4）注意日常防护工作。在进行各种操作时，应注意防止擦、划、刮伤。遇到有可能损伤墙面时，要采取预防措施。

（5）注意材料的工作环境。材料要尽可能地避免潮湿、油烟、高温、低温等不利工作环境。如无法避免，应采取有效的防护措施或在保证可复原的前提下更换材料。

（6）定期更换部件，保证整体协调性。鉴于各个工件、部件的使用寿命不同，应根据实际工作状况，及时进行更换，以保证整体的使用效益。

3. 门窗工程的养护

门、窗是建筑物重要的围护构件，具有采光、通风、交通等方面的作用，门窗围护构件的设置，为人们日常工作、学习、生活提供了适宜的环境。因此应根据不同类型门窗的特点，对其加强养护。

（1）严格遵守使用常识与操作规程。门窗是房屋使用频率较高的部分，在启闭、风雨天等情况下更要注意保护。

（2）经常清洁检查，发现问题及时处理。发现并处理门窗变形、构件短缺或失效，防止造成更大的损害。

（3）定期更换易损部件，保持整体状况良好。对于门窗的铰链和摩擦部位，须经常采取润滑措施，及时清除残垢。

（4）寒冷地区应加强冬季的外门窗使用管理。在气温低、风力大、沙尘多的条件下，外门窗更容易受到损坏，应有效地采取封闭、收藏等措施加以保护。

（5）加强窗台与暖气的使用管理。禁止放置有害物品，注意控制室内的温度与湿度等。

4. 屋面工程的养护

屋面具有承重、围护、防水、保温（隔热）等方面的作用。屋面隔热层、保温层、防水层的设置，可以为人们提供舒适的环境。同时，屋面防水又是建筑物防水的薄弱环节，因此，应加强屋面工程的养护。

（1）定期清扫，保证各种设施处于有效状态。一般的非上人屋面每季度清扫一次，有积水、大雪时，应及时清除。上人屋面要经常清扫，并注意保护好有关的设施与部位。特别注意保护好屋面泛水、屋面变形缝和分仓缝、屋面烟筒、屋面檐口等防水的关键部位。对于上人屋面而言，要经常检查屋面防护栏杆的状态，以保证人员的安全。

（2）定期检查、记录，并对发现的各种问题及时处理。对于非正常损坏，要查找原因，防止产生隐患。

（3）建立大、中、小修制度。在定期检查、养护的同时，实施全面的大、中、小修管理制度，以发挥房屋的最大综合效能。

（4）加强屋面使用管理。防止污染、腐蚀，禁止产生不合理荷载以及施工维修作业的破坏性操作。

三、房屋日常养护的考核指标

1. 定额指标

定额指标包括人工定额、材料消耗定额等。它要求：

（1）小修养护工人的劳动效率要100%达到或超过人工定额。

（2）材料消耗要不超过或低于材料消耗定额。

2. 经费指标

按规定提取的修理费是房屋日常维护的资金来源。对房屋日常小修养护的经费应实行包干使用、亏损不补、节余留用的办法。

3. 服务指标

服务指标可以通过以下三个指标来评价：

（1）走访查房率，是指按月（季）走访查房户数与辖区内住户总数之比。一般要求物业管理人员每月或每季度对辖区内住户，逐户走访查房50%以上。在计算时，若同一住户被走访一次或多次均按一次计算。

（2）养护计划率，是指当月完成属于计划内项目户次数与当月养护计划安排的户次数之比，一般要求达到80%以上。

(3) 养护及时率，是指当月完成的小修养护次数与当月全部报修中应修的户次数之比，一般要求达到99%以上。

4. 安全指标

安全指标是房屋维修养护工作的首要指标，为了确保住户和生产的安全，建设部（现住房和城乡建设部）已规定年职工负伤事故频率必须小于0.3%。

第2节　房屋维修管理

一、房屋维修的概念及原则

1. 房屋维修的基本含义

房屋维修有广义与狭义之分。狭义的房屋维修仅指房屋的养护与修缮；广义的房屋维修则包括对房屋的养护、修缮、改建等。房屋竣工使用后，由于受到自然、使用、生物、灾害等各种因素的影响而造成不断损坏，为了保持房屋良好的物理状态和经营状态，保持并延长其使用寿命，保持建筑物原有的功能，防止并降低其损坏的程度，就必须适时地、有效地对房屋进行维护、修缮、改建等。

2. 房屋维修的原则

(1)"安全、合理、经济、实用"的原则。通过维修，保证房屋主体结构安全。严格按照国家规范和行业标准，制订出合理的维修计划与方案。在维修过程中，注意节约和合理使用资源，实现经济效益与社会效益的统一。

(2)"区别对待"的原则。对不同房屋结构、不同等级标准、不同建筑风格及不同建造时期的房屋，制订不同的维修技术方案、确定不同的经济指标，在降低维修成本的前提下，高质量地完成修缮工作。

(3) 为用户服务的原则。房屋维修的目的是为了不断满足社会生产和人民居住生活的需求。因此，在房屋维修运作中，必须维护用户的合法使用权，切实做到为用户服务，建立科学合理的房屋维修制度；树立为用户服务的思想，改善服务态度，提高服务质量，认真解决修缮问题。

(4) 修缮资金投资效益最大化的原则。房屋修缮资金的管理应遵循投资效益最大化的原则。采取"换位思考"的理念，少花钱，增大修缮面，提高修缮质量。在长期维修经验总结的基础上，确定合理的修缮收费标准，节约修缮费用。

二、房屋维修的特点

1. 经营和服务的双重性

物业管理是一种经营性的管理服务。房屋维修管理是物业管理的主要内容，是其重要的经营活动之一。房屋维修过程是严格按市场经济和价值规律运行的，房屋维修所取得的收入或利润也是在经营管理中得到的，因此，它具有经营性，是经营性维修管理。同时，房屋维修的对象是已经投入使用的房屋，它的功能恢复及改善和房屋使用者的切身利益及安全保障密切相关，是人类自身再生产的重要条件，所以它具有直接为社会大众的生产和生活服务的性质。

2. 技术规定性

房屋维修活动与新建房屋施工过程不同，要搞好房屋维修工作，不仅需要建筑工程专业和其他相关专业的知识，有时还需要独特的设计和施工操作技能，如房屋结构部分受损后的加固补强、屋面的防水堵漏、固定设备的维修等工作均体现出这一点。

3. 广泛性与分散性

在各种因素的作用下，随着时间的推移，房屋的主要部分与附属部分，如主体结构、内外装修、建筑设备、屋面防水、地下室防水等都会有不同程度的损坏，需要根据损坏的程度经常性地对房屋进行修缮，这是所有的建筑物面临的共性问题，所以房屋维修活动涉及面广。同时，由于房屋损坏的部分往往是局部，因此，维修规模相对而言较小，维修工作具有分散、零星的特点。

4. 经常性

房屋使用寿命长，在其寿命期内受多种因素的影响，如房屋所处的环境、用途及预防保养的不同等，导致房屋使用功能减弱的速度和损坏的程度也不均衡，所以房屋维修是一项经常性的工作。

5. 限制性

由于房屋维修是在原有房屋基础上进行的，因此受到原有建筑物诸多条件的制约，如受到原有建筑结构、建筑风格、设备安装、室内外装修的限制。特别是对于一些具有历史保护性的建筑，在维修中还要考虑原有建筑材料、建筑设备、建筑施工技术的运用。因此，维修设计与施工只能在一定范围内进行，难以超越客观环境进行创新。

三、房屋维修的内容及维修标准

1. 房屋维修的内容

房屋修缮有时也称为房屋维修，主要是指物业管理人员为保持物业的正常使用状态，对房屋的结构、内外装修、设备等磨损所实施的修复性工作。房屋修缮按照物业完损程度及修缮规模不同可分为房屋小修、中修、大修、翻修、综合维修等，如下所示：

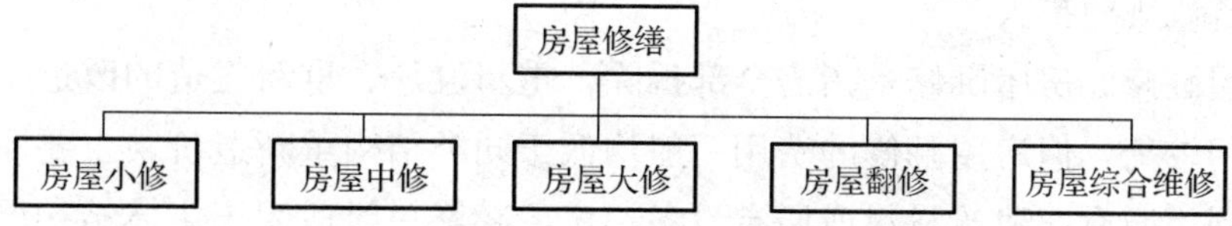

(1) 房屋小修。房屋维修工作中，凡是为修复房屋的小损小坏，以维持房屋原来的使用状态及完损等级为目的所进行的零星养护项目均称为房屋小修项目。房屋小修工作的特点是面广量小，工作时间短及人力、物力消耗少。小修项目的综合年均费用为房屋造价的1%以下。房屋小修的范围包括建筑物及设备两个方面。建筑物部分主要包括建筑物的结构及装修；而设备部分则包括电梯、空调、消防、监控、共用天线等设备或设施。房屋小修工作一般时间较短，通常在15天以内能够完成。

(2) 房屋中修。房屋的中修是指需要更换少量主体构件，但仍保持原房屋的规模和结构的维修项目。房屋的中修主要适用于一般损坏房屋，中修的一次费用一般占该房屋同类结构新建造价的25%以下。房屋中修的范围同样涵盖房屋的建筑物及设备两个部分，涉及房屋的结构、装修及设备三个方面的破损修复。主要包括：

1) 整幢房屋的给排水管道、通风采暖设备管道、电器照明等的全面修复或者局部更换、更新，供配电系统的整修或者局部更换、改装。

2) 对房屋结构某个单项的修复或者改善。

3) 整幢房屋卫生洁具的整修及局部更换、更新，整幢房屋所有阀门、水箱等零部件的更换、更新。

4) 整幢房屋的门窗整修，楼地面、楼梯维修及油漆，墙面的重新装饰等。

在实际维修工作中，房屋小修、中修难以清楚地进行界定。通常情况下，以维修工程量的大小及维修费用的多少来区分，房屋中修实际上包括许多类型的小修项目。

(3) 房屋大修。房屋大修是指需牵动或拆换部分主体构件，但不需要全部拆除的维修工作。房屋的大修主要适用于严重损坏的房屋。这类工程地点集中、项目齐全、具有整体性。大修的一次费用占同类结构房屋新建造价的25%以上。经过大修的房屋一般都应达到完好房的标准。

房屋大修的范围同样涉及房屋的结构、装修、设备三个方面的全面修复。主要涵盖：

1) 整幢房屋的全部装修，包括门窗围护构件、内外墙、楼地面、楼梯的重新装饰等。

2) 整幢房屋的水电、通风采暖、电梯及其他共有设施的全部或者局部更换、改装。

3) 房屋主体结构的加固修复，如抗震加固、基础加固、框架梁加固等。

4）其他大修项目。

房屋大修、中修的区分是相对的，实际房屋大修过程中包括了中修、小修工作，甚至是它们的组合或规模扩大。

（4）房屋翻修。房屋翻修是指需全部拆除，重新设计、重新建造的改造工程。其工程量及所需费用较高，但房屋翻修的费用一般均低于同类结构重新造价，主要原因在于房屋翻建可充分利用原有旧建筑材料或原有设备。房屋翻修一般适用于主体结构严重破坏、丧失正常使用功能、有倒塌危险且不能通过一般维修恢复或无维修价值的房屋。

房屋翻修一般要拆除建筑物。属于房屋翻修的情况有：

1）对检测评定为危险房屋实行的全面重建。

2）对房屋功能丧失、没有利用价值，并且不能通过维修恢复的房屋进行拆除然后重建。

3）无维修价值的简易房屋拆除、重建。

4）其他情况。

（5）房屋综合维修。房屋的综合维修是指需对成片多幢房屋同时进行大、中、小维修的工作。其工作面广量大，一次费用一般为同类结构的该片房屋新建造价的20％以上。

2. 房屋维修的标准

修缮标准是按不同的结构、装修、设备条件，将房屋分为“一等”“二等以下”两类分别制定的。一等房屋指钢筋混凝土结构、混合结构和砖木结构中的一等房屋；二等以下房屋指钢筋混凝土结构、混合结构中的二等房屋和砖木结构中的二、三等房屋，以及简易结构房屋。划分两类房屋的目的在于对原结构、装修、设备较好的一类房屋，加强维修养护，使其保持较高的使用价值；对二等以下的房屋，主要是通过维修，保证住用安全，适当改善住用条件。

修缮标准按主体工程，木门窗及装修工程，楼地面工程，屋面工程，抹灰工程，油漆粉饰工程，水、电、卫、暖等设备工程，金属构件及其他工程九个分项工程进行确定。

（1）主体工程。主要指对屋架、梁、柱、墙、楼面、屋面、基础等主要承重部件的维修。当主体结构损坏严重时，不论修缮哪一类房屋，均应要求牢固、安全、不留隐患。

（2）木门窗及装修工程。木门窗应开启灵活，不松动、不透风；木装修应牢固、平整、美观，接缝严密。一等房屋的木装修应尽量做到原样修复。

（3）楼地面工程。楼地面工程的维修应牢固、安全、平整，不起砂，拼缝严密不闪动，不空鼓开裂，地坪无倒泛水现象。如房间长期处于潮湿环境，可增设防潮层，木基层或夹砂楼面损坏严重时，应改做钢筋混凝土楼面。

(4) 屋面工程。必须确保安全，不渗漏，排水畅通。

(5) 抹灰工程。应接缝平整，不开裂，不起壳，不起泡，不松动，不剥落。

(6) 油漆粉饰工程。要求不起壳、不剥落、色泽均匀，尽可能保持与原色一致。对木构件和铁构件应进行周期性油漆保养，各种油漆和内、外墙涂料，以及地面涂料，均属保养性质，应制订养护周期，达到延长房屋使用寿命的目的。

(7) 水、电、卫、暖等设备工程。房屋的附属设备均应保持完好，保证运行安全，正常使用。电气线路、电梯、熔断器、锅炉等应定期检查，严格按照有关安全规程定期保养。对房屋内部电气线路破损老化严重、绝缘性能降低的，应及时更换线路。当线路发生漏电现象时，应及时查清漏电部位及原因，进行修复或更换线路。对供水、供暖管线应做保温处理，并定期进行检查维修。

(8) 金属构件。应保持牢固、安全，不锈蚀，损坏严重的应更换，无保留价值的应拆除。

(9) 其他工程。对属房地产管理部门管理的庭院原有院墙、院墙大门、院落内道路、沟渠下水道、窨井损坏或堵塞的，应修复或疏通。

第 3 节　房屋完损等级评定

一、房屋完损等级的含义、分类及标准

1. 房屋完损等级的基本含义

房屋的完损等级是指对现有房屋的完好或损坏程度划分等级，即现有房屋的质量等级。

2. 房屋完损等级的分类及标准

房屋完损等级评定是按照统一标准、统一项目、统一评定方法，对现有整幢房屋进行综合性的完好或损坏的等级评定。房屋完损等级以城乡建设环境保护部（现住房和城乡建设部）1984 年批准的《房屋完损等级评定标准（试行）》作为依据，按房屋的结构、装修、设备三个组成部分各个项目的完好或损坏程度来划分，分为完好房、基本完好房、一般损坏房、严重损坏房、危险房屋五类。

二、房屋完损等级的评定方法

房屋按常用结构分成下列各类：

钢筋混凝土结构——承重的主要结构是用钢筋混凝土建造的（钢或钢筋混凝土结构参照列入）。

混合结构——承重的主要结构是用钢筋混凝土和砖木建造的。

砖木结构——承重的主要结构是用砖木建造的。

其他结构——承重的主要结构是用竹木、砖石、土建造的简易房屋。

房屋完损状况是根据各类房屋的结构、装修、设备等组成部分的完好或损坏程度进行分类的。

1. 钢筋混凝土结构、混合结构、砖木结构的评定方法

（1）凡符合下列条件之一者可评为完好房

1）结构、装修、设备部分各项完损程度符合完好标准。

2）在装修、设备部分中有一、两项完损程度符合基本完好的标准，其余符合完好标准。

（2）凡符合下列条件之一者可评为基本完好房

1）结构、装修、设备部分各项完损程度符合基本完好标准。

2）在装修、设备部分中有一、两项完损程度符合一般损坏的标准，其余符合基本完好以上的标准。

3）结构部分除基础、承重构件、屋面外，可有一项和装修或设备部分中的一项完损程度符合一般损坏标准，其余符合基本完好以上标准。

（3）凡符合下列条件之一者可评为一般损坏房

1）结构、装修、设备部分各项完损程度符合一般损坏的标准。

2）在装修、设备部分中有一、两项完损程度符合严重损坏标准，其余符合一般损坏以上标准。

3）结构部分除基础、承重构件、屋面外，可有一项和装修或设备部分中的一项完损程度符合严重损坏的标准，其余符合一般损坏以上的标准。

（4）凡符合下列条件之一者可评为严重损坏房

1）结构、装修、设备部分各项完损程度符合严重损坏标准。

2）在结构、装修、设备部分中有少数项目完损程度符合一般损坏标准，其余符合严重损坏的标准。

2. 其他结构的评定方法

（1）结构、装修、设备部分各项完损程度符合完好标准的，可评为完好房。

（2）结构、装修、设备部分各项完损程度符合基本完好标准，或者有少量项目完损程度符合完好标准的，可评为基本完好房。

（3）结构、装修、设备部分各项完损程度符合一般损坏标准，或者有少量项目完损程度符合基本完好标准的，可评为一般损坏房。

（4）结构、装修、设备部分各项完损程度符合严重损坏标准，或者有少量项目完损程度符合一般损坏标准的，可评为严重损坏房。

危险房屋是指承重的主要结构严重损坏，影响正常使用，不能确保住用安全的房屋。危险房屋的评定详见建设部颁布的《危险房屋鉴定标准》（JGJ 125—99）。

房屋完损标准详细规定请参阅城乡建设环境保护部（现住房和城乡建设部）1984 年批准的《房屋完损等级评定标准（试行）》。

三、房屋完损等级评定中的注意事项

1. 评定房屋完损等级是在评定出房屋的结构、装修、设备等组成部分各项完损程度的基础上，对整幢房屋的完损程度进行综合评定。

2. 在评定房屋完损等级时，要以房屋的实际完损程度为依据，严格按部颁《房屋完损等级评定标准（试行）》中规定的方法进行，不能以建筑年代来代替、划分评定，也不能以房屋的原设计标准的高低来代替评定房屋完损等级。

3. 评定房屋完损等级时，特别要认真对待结构部分完损程度的评定，这是因为其中地基基础、承重构件、屋面三项的完损程度，是决定该房屋完损等级的主要条件。若地基、承重构件、屋面三项的完损程度不在同一个完损标准时，则以最低的完损标准来评定。

4. 评定房屋完损等级时，若超过规定允许的下降分项的范围，则整幢房屋完损等级可下降一个等级，但不能下降到危险房屋的等级。

5. 评定严重损坏房屋时，结构、装修、设备等各分项的完损程度，不能下降到危险房屋的标准。

6. 在评定房屋完损等级时，对于重要房屋或断面明显不足的构件，必要时要经过复核或测试才能确定完损程度。

四、危险房屋的鉴定程序和处理方法

为了加强对城市危险房屋的管理和鉴定，建设部先后颁布了《城市危险房屋管理规定》和《危险房屋鉴定标准》（JGJ 125—99）。这是加强房屋管理和进行危险房屋鉴定的重要法规。

1. 危险构件、危险房屋的定义

危险构件是指其承载能力、裂缝或变形不能满足正常使用要求的结构构件。

危险房屋（简称危房）为结构已严重损坏，或承重构件已属危险构件，随时可能丧失稳定和承载能力，不能保证居住和使用安全的房屋。

房屋部分承重结构承载力不能满足正常使用要求，局部出现险情，构成局部危房。房屋承重结构承载力已不能满足正常使用要求，房屋整体出现险情，构成整幢危房。

危房以幢为鉴定单位，按建筑面积进行计量。

2. 危险房屋鉴定程序

房屋危险性鉴定应依次按下列程序进行：

（1）受理委托。根据委托人要求，确定房屋危险性鉴定内容和范围。

（2）初始调查。收集、调查和分析房屋原始资料，并进行现场查勘。

（3）检测验算。对房屋现状进行现场检测，必要时，采用仪器测试和结构验算。

（4）鉴定评级。对调查、查勘、检测、验算的数据资料进行全面分析，综合评定，确定其危险等级。

（5）处理建议。对被鉴定的房屋，应提出原则性的处理建议。

（6）出具报告。表 5—1 为报告式样，供参考。

表 5—1　　房屋安全鉴定报告

报告编号（　　）

一、委托单位/个人概况			
单位名称		电话	
房屋地址		委托日期	
二、房屋概况			
房屋用途		建造年份	
结构类别		建筑面积	
平面形式		层数	
产权性质		产权证编号	
备注			

续表

三、房屋安全鉴定目的	
四、鉴定情况	
五、损坏原因分析	
六、鉴定结论	
七、处理建议	
八、检测鉴定人员	
九、鉴定单位技术负责人签章 鉴定人： 审核人： 审定人：	鉴定单位 （公章） 鉴定日期　　年　月　日

3. 危险房屋的处理

对被鉴定为危险房屋的，一般可以分为以下四类进行处理：

（1）观察使用。适用于采取适当安全技术措施后，尚能短期使用，但需继续观察的房屋。

（2）处理使用。适用于采取适当技术措施后，可解除危险的房屋。

（3）停止使用。适用于已无维修价值，暂时不便拆除，又不危及相邻建筑、不影响他人安全的房屋。

（4）整体拆除。适用于整幢危险且已无维修价值、须立即拆除的房屋。

第 4 节　房屋维修技能

一、墙体裂缝与维修

房屋在使用中，墙体因自然原因或人为原因，会产生各种形态的裂缝，因而正确地判别各种裂缝，知道其产生的原因，并能给予修复，是物业管理员应该掌握的知识与技能。

1. 沉降裂缝的影响、分析与维修

（1）沉降裂缝的影响。地基变形、基础不均匀沉降引起的墙体裂缝不同程度地影响到结构的整体性。如果沉降裂缝数量少，缝宽细微，且裂缝长期无发展变化，则对房屋结构的安全基本不产生影响。如果墙体沉降裂缝突发性地产生，而且裂缝的宽度和长度在不断增加就必须充分重视，因为沉降裂缝可能降低墙体的承载力，引起楼盖、屋盖结构的损坏，严重时甚至导致房屋结构出现垮塌。

（2）沉降裂缝的分析与维修。对于出现沉降裂缝的墙体维修比较复杂。对于裂缝开裂较小、且长期静止的裂缝，可采用强度较高的水泥砂浆压力灌缝的方法对裂缝进行修补。如果裂缝开裂明显，则应作沉降观察，并分析查找基础不均匀沉降的原因。若基础连续 2 个月内的月沉降量大于 2 mm，则应先处理地基或加固基础，待基础沉降终止后再进行墙体的维修。对墙体裂缝可采取以下方法修补加固。

1）抽砖镶砌混凝土块。混凝土强度等级不低于 C15，砂浆不低于 M10。也可凿砖现浇混凝土，如图 5—1a 所示。

2）抽砖重砌配筋砌体。砖不低于 MU7.5，砂浆不低于 M5，如图 5—1b 和图 5—1c 所示。

对于方法 1），2）中未抽砖部位的裂缝，应作水泥砂浆压力灌缝。

3）墙面配筋抹水泥砂浆或喷射混凝土加固。当裂缝开展严重，墙面应配置 ϕ4@100～ϕ6@200 mm 的钢筋网，用拉结钢筋固定于墙两侧，抹 20～25 mm 厚 1∶2 的水泥砂浆。当裂缝左右的砌体错位超过 30 mm 时，应喷射 50 mm 厚 C20 的混凝土，如图 5—1d 所示。

2. 温度裂缝、收缩裂缝的影响、分析与维修

温度裂缝、收缩裂缝一般不影响房屋结构安全，但裂缝的出现会造成居住、使用房屋人的不安全感。外墙的温度裂缝会导致外墙的渗漏，裂缝开裂严重时将削弱墙体的整体性，影响房屋的抗震性能。

墙体的温度裂缝主要与屋面的保温隔热性能及顶层砖砌体强度有关。如果屋面的保温隔热层损坏、失效，则应先维修屋面的保温隔热层，然后再处理墙体裂缝。对于轻微的墙体温度裂缝，可暂不作处理；对于较严重的墙体温度裂缝，可采用钢丝网或钢筋网水泥砂浆夹板墙加固修缮。

对于墙体的收缩裂缝，可采用水泥浆压力灌缝的方法处理。

3. 受力裂缝的影响、分析与维修

因砖砌体承载力不足而产生的裂缝比较少见，但这种裂缝是承重墙（柱）构件已接近

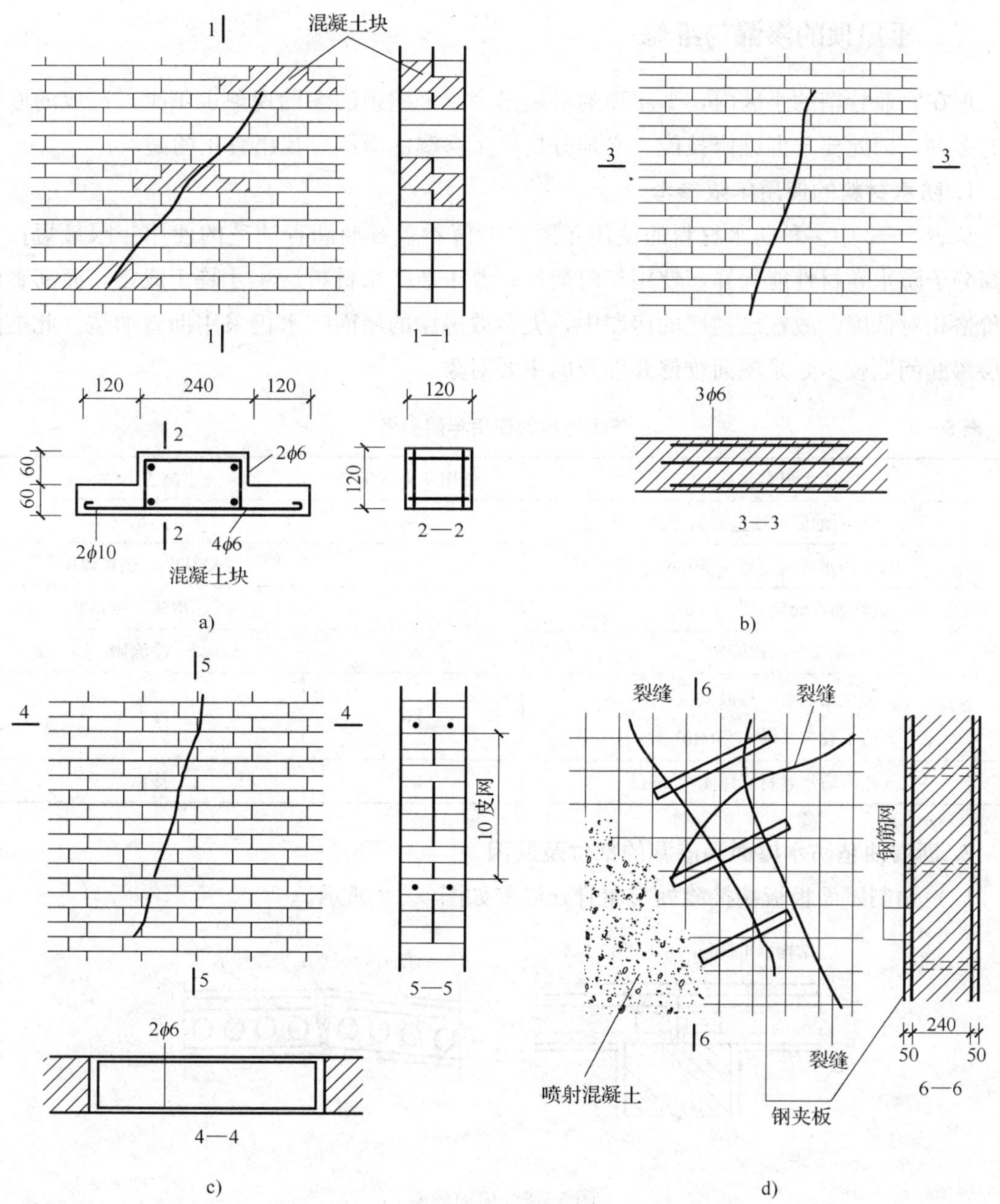

图 5—1　裂缝修补

临界承载力的先兆，很可能导致坍塌事故，所以必须引起充分的注意。如出现此类情况，必须对墙（柱）所支撑的楼盖、屋盖构件做应急支顶。然后委托原设计单位或房屋鉴定机构做检测鉴定。在对原结构分析、验算的基础上，对墙体进行加固。

二、平屋顶的渗漏与维修

现在物业管辖的小区内，平屋顶的房屋很多，平屋顶的渗漏现象也不少，造成的原因也有多种，因此要掌握维修技能，必须分析产生渗漏的原因寻找出真正的漏点。

1. 防水材料的使用年限参考

从表 5—2 中多种防水材料的使用年限参考值看，石油沥青油毡的使用年限最短；合成高分子防水卷材性能优异，使用年限最长。鉴于新防水材料近年才趋于成熟，而沥青油毡价格相对低廉，故在已建成的房屋中，大多数房屋的屋面防水仍采用沥青油毡。此类防水层渗漏问题较多，是屋面维修要涉及的主要对象。

表 5—2 防水材料的使用年限参考

防水材料名称	使用年限（年）	施工方法
350 号石油沥青油毡二毡三油	3～5	热粘贴
PVC 防水卷材（厚 1.5 mm）	10	冷粘贴、热风焊接
改性沥青油毡（厚 4 mm）	15	热熔法、冷粘贴
聚氯酯防水涂膜	20	冷涂刷
氯化聚乙烯—橡胶共混防水卷材（厚 1.5 mm）	25	冷粘贴
三元乙丙防水卷材（厚 1.5 mm）	30	冷粘贴

2. 沥青油毡防水屋面易渗漏的部位及原因

（1）预制屋面板板端接缝处与屋脊处渗漏如图 5—2 所示。

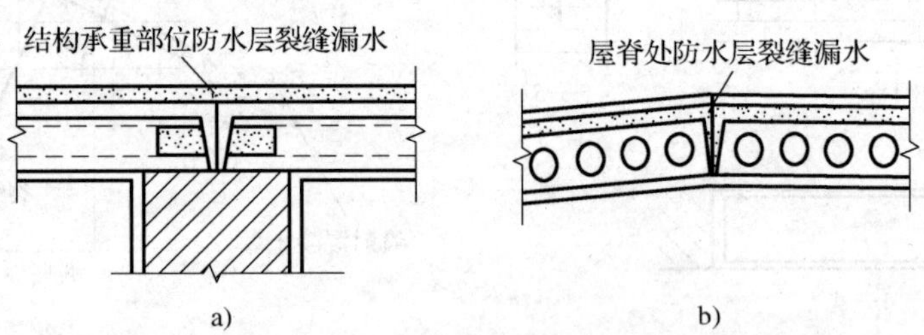

图 5—2　屋面渗漏

a）屋面板板端防水层开裂　b）屋脊处防水层开裂

渗漏原因：屋面板在荷载作用下或由于温度变化影响而产生变形使防水层受拉开裂。

（2）屋面与山墙、女儿墙的交接处渗漏如图 5—3 所示。

渗漏原因：泛水处细部构造施工质量不符合要求或墙压顶水泥砂浆滴水线破损，造成雨水从油毡上口渗入。

（3）伸出屋面的管道根部渗漏如图 5—4 所示。

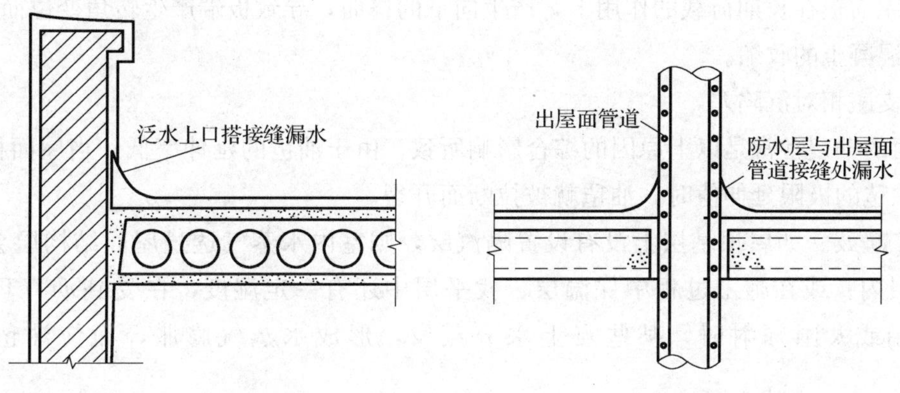

图 5—3 女儿墙渗漏　　图 5—4 伸出屋面的管道根部渗漏

渗漏原因：防水层在屋面板与伸出屋面的管道交接部位泛水构造损坏，雨水从防水层与管壁间缝隙渗入。

（4）雨水口处渗漏如图 5—5 所示。

渗漏原因：防水层未铺入雨水口内，雨水口钢板锈蚀、防水层老化开裂。

（5）屋面板与天沟交接处渗漏如图 5—6 所示。

渗漏原因：檐沟圈梁与屋面板之间灌缝不实，未增设空铺附加层。

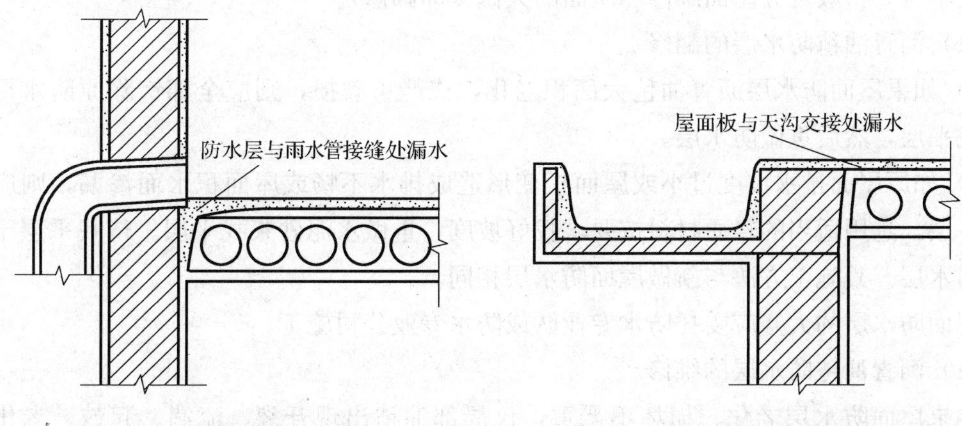

图 5—5 横式雨水口处渗漏　　图 5—6 屋面板与天沟交接处渗漏

3. 沥青油毡防水层的损坏现象

（1）开裂。沥青油毡防水层开裂是卷材屋面常见的损坏之一。屋面上出现裂缝可分为轴裂和不规则裂缝。轴裂多发生在房屋的轴线位置，集中出现在板的支撑端接缝处，无保温层的装配式钢筋混凝土屋盖尤为显著。轴裂产生的原因主要有：

1）钢筋混凝土预制板在温差作用下由于热胀冷缩引起板端接缝的扩大。

2）屋面板在长期荷载的作用下，产生向下的挠曲，导致板端产生转角变位而开裂。

3）混凝土的收缩。

4）支座相对沉陷差。

屋面的轴裂常常是以上原因的综合影响所致。由于油毡的延伸率低，当屋面板的变形值超过油毡的极限延伸值时，油毡就被拉断而开裂。

（2）起鼓。如屋顶基层上没有设置隔汽层，则室内水蒸气透过屋面结构层会渗入油毡防水层内；或在施工过程中保温层、找平层中还有一定湿度，在受到沥青玛碲脂的高湿作用或太阳辐射时，某些点上水分蒸发，形成水蒸气膨胀，而使油毡防水层起鼓。

（3）流淌。流淌是指油毡防水层沿屋面坡度方向向下滑移。如果沥青胶结材料耐热度偏低，或黏结层过厚，就容易发生流淌现象。流淌时表层油毡会出现褶皱，檐沟处更为明显。油毡的滑动位移会使油毡失去水平接头或减小水平接头的搭接长度。

（4）老化。在阳光、氧气等的长期作用下，沥青和油毡均逐渐由软变硬、发脆、皲裂，即所谓老化。

4. 沥青油毡防水屋面的维修与保养

由于屋面防水层构造设计、施工操作、养护管理、使用年数各不相同，所以屋面的损坏程度不等。一般可分屋面维修和屋面的大修（即翻修）。

（1）沥青油毡防水层的翻修

1）如果屋面防水层沥青油毡大面积老化，或严重破损，则应全部铲除原防水层，修理原找平层，然后重做防水层。

2）如原屋面排水坡度过小或屋面板变形造成排水不畅或屋面积水而渗漏，则应凿除原找平层，选用适当的轻质材料按要求找好坡度，重做水泥砂浆找平层。待找平层干燥后重做防水层。其施工方法与新做屋面防水层相同。

屋面防水层的大修应委托防水专业队或防水专业公司施工。

（2）沥青油毡防水层的维修

如果屋面防水层老化、损坏不严重，仅局部油毡出现开裂、流淌、起鼓、老化现象（几种现象往往同时存在）；或仅屋面防水层细部构造损坏，则可做局部维修。

1）油毡防水层断裂的修补

①表层裂缝的修补。对于因油毡搭接长度不够、外伤、皲裂等引起的表面裂缝（基层

并无开裂），修补时将裂缝处豆石、尘土扫净，补贴“一毡二油”防水层，上铺豆石保护层即可。

②横向裂缝的修补。如图 5—7 所示，裂缝多在预制屋面板板端接缝处出现。修补时可将裂缝两侧 50 cm范围内的面层清理干净，缝内灌沥青胶结材料，缝上单边点贴干铺油毡一层，宽度 20 cm。

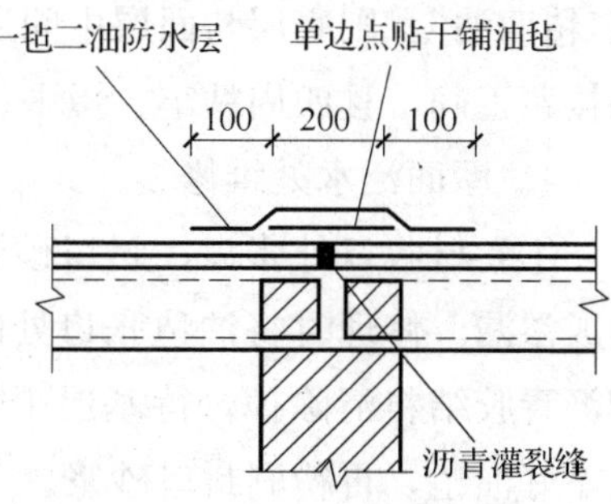

图 5—7　横向裂缝的修补

其上做“一毡二油”防水层，上铺豆石保护层。干铺一层油毡可改善油毡受拉延伸条件，使新补做的防水层表面不易再开裂。

2）油毡防水层流淌的修补

如图 5—8 所示，施工时将流淌脱空部位的豆石和油毡清扫干净，切开油毡。待内部冷凝水干后，将脱开的油毡整平，用沥青胶贴好，并加铺“一毡一油”防水层。加铺油毡与原油毡层上、下搭接长度应不小于 100 mm。

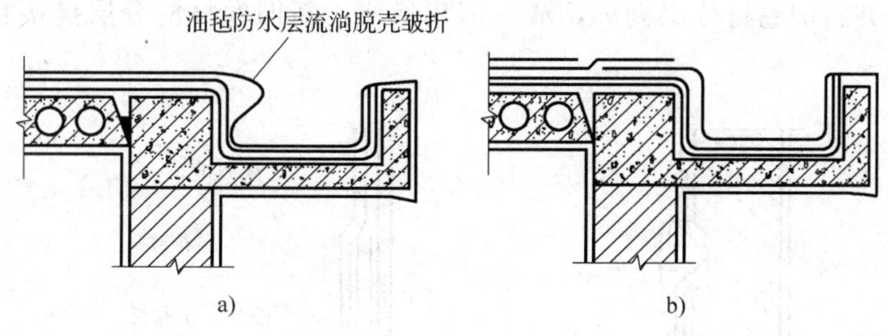

图 5—8　油毡防水层流淌的修补

如果油毡褶皱严重或已成团，难以整平，可将其切除，清扫干净，加新油毡补贴。新旧油毡搭接长度及接茬顺序和方向都必须满足要求。

3）油毡起鼓的修理

①排气法。当起鼓气泡直径小于 100 mm 时，可将起泡周围 100 mm 范围内面层清理干净，用小刀将鼓泡处割破约 10 mm 的洞口并用手赶出洞内水汽，使油毡平复，再剪一块四周各大于洞口约 100 mm 的油毡，贴在洞口处。应在上、左、右三个方向胶结，下方不完全封闭，使泡内气体自由排出。

②切除更换法。对于大面积鼓泡，可采取局部切除或更换防水层的方法修理。即在鼓泡周围约 100 mm 范围内清理面层，将鼓泡油毡切除成正方形或长方形。清理切口内基层胶结材料，使其干燥，刷冷底子油一道，铺贴新油毡。底层新贴油毡与切除油毡大小一致，面层油毡与清理面层范围大小一致（即各边比切除油毡大 100 mm）。如原防水层为

“三毡四油”，则底层与面层中间还须加铺一层，比底层每边大 50 mm。切除更换法必须确保接茬正确，且四周粘牢、烫平、压实，如图 5—9 所示。

4）屋面泛水处维修

①卷材收口处张口、封口砂浆开裂剥落造成渗漏。修理时将油毡张口处的封口砂浆和沥青胶结料清除掉，待基层干燥后，重新粘贴好油毡，再粉刷封口砂浆。

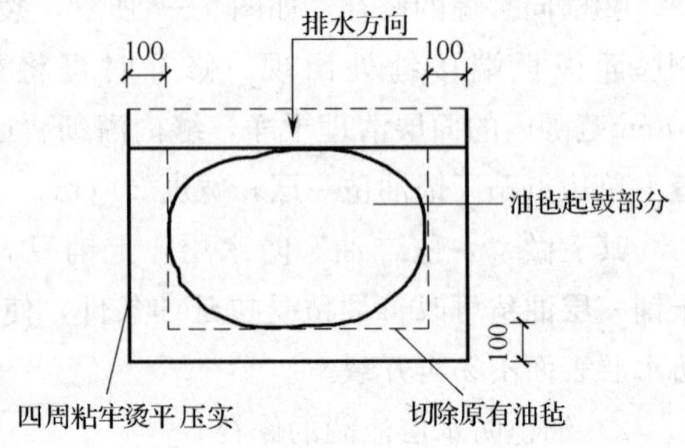

图 5—9　油毡的切除更换

②1/4 挑砖水泥砂浆开裂、剥落，雨水沿墙进入油毡底层造成渗漏。修补时凿除开裂、剥落的砂浆，重粉刷 1∶2 水泥砂浆，并做好滴水线。也可考虑增加白铁皮泛水，如图 5—10a 所示。

③山墙、女儿墙、突出屋面的烟囱与屋面交接处油毡开裂渗漏。修补时可将转角渗漏处卷材割开，并将旧卷材分层剥离，清除旧玛瑀脂。新旧卷材应分层搭接粘贴好，如图 5—10b 所示。

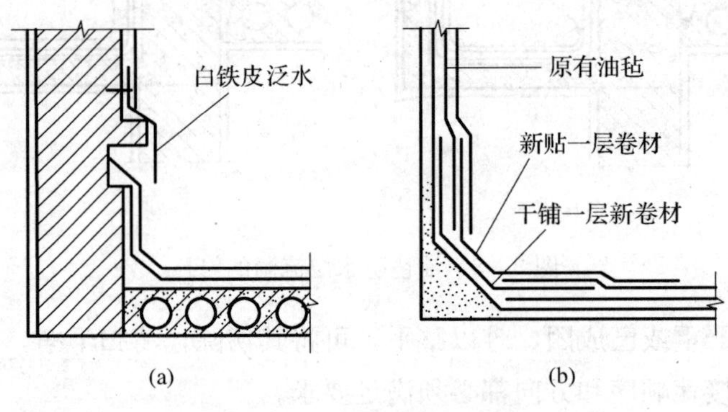

图 5—10　女儿墙泛水修补

a）滴水线修补　b）泛水转角处油毡修补

5）出屋面管道处渗漏维修

检查油毡收头有无张口、管壁与屋面交接处的圆台形水泥砂浆粉层有无开裂。如砂浆粉层开裂破碎，则凿除原有砂浆重做粉层。水泥砂浆圆台与管壁之间应预留 20 mm×20 mm的凹槽，并用密封材料嵌填严密。管道根部四周增设附加层，宽度不小于 300 mm。防水层贴在管道上的高度不小于 250 mm。管道上的防水层上口应用金属箍紧固，管道壁与防水层上口之间应用密封材料封口，如图 5—11 所示。

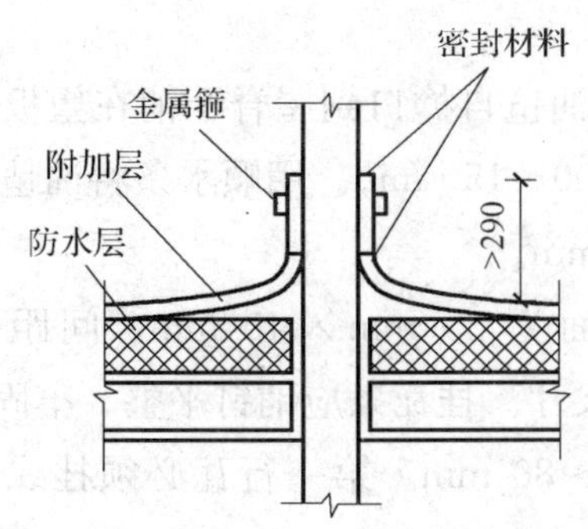

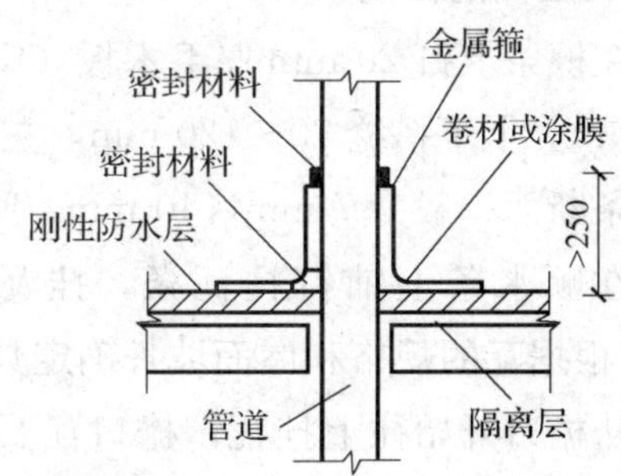

图 5—11　出屋面管道渗漏维修

5. 细石混凝土刚性防水屋面的维修

（1）细石混凝土刚性防水屋面渗漏的原因

1）细石混凝土水灰比未严格控制，混凝土密实性差。由于混凝土的收缩而造成细石混凝土防水层的开裂。

2）屋盖结构层的热胀冷缩造成防水层开裂。

3）屋面板受力挠曲变形及基础差异沉降造成防水层开裂。

4）细石混凝土碳化，防水层内配筋锈胀造成防水层开裂。

5）分仓缝的盖缝油毡脱落，缝内油膏老化，导致分仓缝成为渗水通道。

6）泛水、檐沟、变形缝等细部防水构造损坏，如嵌缝油膏的老化、镀锌盖缝铁皮的损坏、女儿墙或山墙上 1/4 挑砖的破损等。

（2）细石混凝土刚性防水屋面的维修

1）如果细石混凝土刚性防水层经多年使用，混凝土碳化剥蚀、开裂较严重，且防水层与结构层间有隔离层，则宜全部铲除原有细石混凝土层，重做防水层，可选择卷材防水层、涂膜防水层或刚性防水层。

2）如果屋面渗漏点多，可考虑在原有刚性防水层的基础上加做卷材防水层或涂膜防水层，形成刚性＋卷材（涂膜）的复合防水层。在加做卷材防水层、涂膜防水层前应凿除原防水层表面已劣化的混凝土，重做水泥砂浆找平层。

3）对于细石混凝土局部开裂造成渗漏，可采用“一布二涂”或“二布三涂”的涂膜防水做法补漏。

三、坡屋顶的维修

在物业管理中，坡屋顶的房屋也不少，由于在结构上与平屋顶不一样，因此维修的要求也不一样。

1. 平瓦屋面的做法

(1) 在檩条上钉 20 mm 厚毛木板(望板)。将油毡自檐口到屋脊干铺在望板上(油毡平行于檐口),上下搭缝 70～120 mm,左右搭缝 100～150 mm。用顺水条将油毡钉在望板上,顺水条断面一般为 7 mm×40 mm,间距 500 mm。

(2) 在顺水条上铺钉挂瓦条,挂瓦条的断面为 25 mm×40 mm,间距为 280～310 mm,根据瓦的规格和屋面坡长确定具体间距尺寸。挂瓦条应铺钉平整、牢固、顺直。

(3) 从檐口开始往上挂瓦,檐口瓦要出檐 60～80 mm。第一行瓦必须挂线找直、挂牢。上瓦时要两坡同时进行。上、下瓦搭接长度不应小于 50 mm。

(4) 挂完平瓦后再扣脊瓦,脊瓦与平瓦的搭接长度不应小于 40 mm。搭接缝处及脊瓦接头处用混合灰(麻刀灰中加水泥)勾缝,缝口要平整、严密。在山墙处用水泥砂浆抹好泛水。抹灰面要平整、顺直、赶光、压实。

2. 平瓦屋面的损坏与修补

(1) 局部瓦件破碎、挂瓦条因腐朽或人为踩断引起层面渗漏。修补时先抽出碎瓦,揭开左右邻接瓦件,更换挂瓦条,将新瓦扣在挂瓦条上。将揭开的邻接瓦件重新盖在新瓦上。

(2) 局部油毡老化破损引起屋面渗漏。修补时找到漏雨部位,将瓦件揭开,拆掉挂瓦条、顺水条、破损油毡。用热沥青重新铺贴好新油毡,并与旧油毡黏结牢固,再恢复顺水条、挂瓦条和瓦件。

(3) 如果平瓦屋面的望板、油毡防水层、挂瓦条大面积损坏,甚至由于檩条的下挠变形已导致屋面塌陷不平,严重渗漏,局部修补已不能解决问题时,应对屋面做翻修。施工程序如下:

1) 拆除屋脊、泛水。

2) 翻卸瓦片,适当堆放,剔除风化、破损瓦片。斜沟瓦片应编号后集中堆放,便于利用。

3) 检修加固或更换屋架、檩条,重新铺钉屋面板。

4) 按上述平瓦屋面的做法重做平瓦屋面。

四、楼面、地面的维修

楼面、地面往往因使用年代久或人为的因素造成损坏,这项维修工作也是物业管理中的一个部分。

1. 水泥楼面、地面的损坏与维修

(1) 水泥楼面、地面的损坏。水泥楼面、地面的损坏主要是起砂、空鼓和开裂,原因如下:

1）水泥砂浆的水泥与砂的配合比不对、砂中含泥量较大、砂浆的水灰比不当、表面压光不适时、面层抹好后未妥善养护等情况都会造成地面的起砂。

2）砂浆水灰比过小、基层未润湿或者混凝土基层垃圾清除不干净，使水泥砂浆不能与基层有效黏结，造成面层的空鼓。

3）砂浆水灰比过大、地坪素土或碎砖垫层未夯实、混凝土垫层过薄、空心楼板未做有效灌缝，会造成水泥砂浆面层的开裂。

（2）水泥地面起砂的维修。起砂的水泥地面可采用107胶（聚乙烯醇缩甲醛）水泥浆嵌补或涂刷。如果在107胶普通水泥或白水泥浆中掺入铁系颜料（如氧化铁红、氧化铁黄等），即为“777彩色地面涂层”。用该涂层涂布于地面，既可解决起砂问题，又可在原水泥地面上形成装饰涂层。涂层干燥快，施工方便，不起砂，美观，耐磨。

1）777涂层的配比（重量比）：水泥∶107胶∶颜料∶减水剂（木质素黄酸钙）∶水＝100∶50∶10∶2∶5～10。

2）施工操作

①基层处理。清除浮灰、油渍。用水泥掺入少量107胶制成腻子嵌平凹洞或裂缝。用107胶加1倍水将基层均匀涂刷一遍，待稍干后即可涂刷施工。

②涂刷面层。把配制好的色浆倒于待施工的地面上，用刮板将色浆均匀涂布开，刮三到四遍，每遍厚度0.5 mm。应在前一遍涂层稍干燥后再涂刮第二遍，间隔时间一般为2 h，前后两遍应纵横交错涂刮。涂布施工后7天内洒水养护。

③面层表面处理。地面面层施工后，隔天可用0#铁砂纸打磨。在磨平的地面上，涂一层耐磨性能较好的水性地面涂料，较广泛采用的是氯乙烯—偏氯乙烯共聚乳液加入少量颜料及分散剂组成的薄涂料。然后在涂层上涂以少量地板蜡，使其十分光洁，装饰效果良好。

（3）水泥地面局部空鼓开裂的修补。首先把空鼓、开裂部位剔除掉。在剔除空鼓、开裂部位时要用锋利的凿子把四周旧抹灰层剔成坡茬，并凿平混凝土基层。刷一道水泥浆，抹1∶2水泥砂浆（宜掺107胶）。如抹灰厚度超过15 mm，应分层补抹。表面用铁抹子压平抹光。待面层终凝后覆盖润湿养护。

2. 卫生间地面的渗漏维修

（1）卫生间内易发生渗漏的部位。卫生间用水频繁，施工时如果防水处理不好很容易出现楼板和墙面的渗水。住宅内某一户卫生间渗水常常会殃及相邻住户，引发邻里纠纷。卫生间内易发生渗漏的部位如下：

1）地面积水沿地漏周边渗漏到下层的顶棚。

2）地面积水沿立管（上、下水管）根部周边渗漏到下层的顶棚。

3）地面积水沿卫生间地面、墙面交接处渗漏到下层墙体，甚至渗漏到相邻住户楼板层的顶棚。

（2）渗漏维修

1）地漏周边渗漏及维修。地漏周边渗漏原因一般是地漏周边堵洞的细石混凝土不密实或地漏上口排水构造未做好。如果发现地漏周边孔洞填堵的混凝土疏松，并混有砖块、碎混凝土等垃圾，则应全部凿除，重新支模并用 C20 细石混凝土灌严实。如果地漏上口排水不畅，可将地漏周边地面凿除，重新找坡做地漏。地漏上口应做成“八”字口，低于地面 30 mm。地面砂浆覆盖地漏周边与堵洞混凝土的缝隙，如图 5—12a 所示。

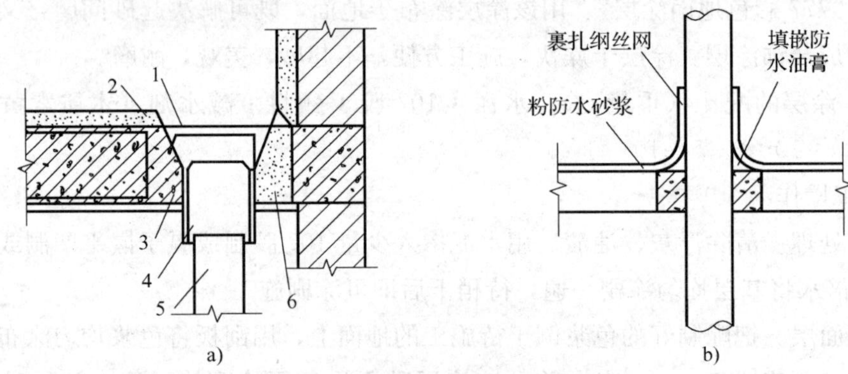

图 5—12　地漏做法与立根管根部维修

a）地漏做法　b）立管根部维修

1—地漏　2—面层　3—水泥熟石膏氯化钙抹口（或水泥抹口）

4—油麻丝　5—铸铁管　6—C20 号细石混凝土

2）立管根部渗漏及维修。立管根部渗漏原因一般是穿楼板立管未预埋套管，且堵洞混凝土与立管管壁交接处不严密。维修时应凿除管根周围地面，如果发现堵洞混凝土低劣，同上述地漏维修一样，重新堵洞。用防水油膏堵嵌管根与楼板间的缝隙，管壁裹扎钢丝网一层，抹防水砂浆，如图 5—12b 所示。

3）地面、墙面交接处渗漏及维修。地面、墙面交接处渗漏的原因一般是地面与墙面踢脚未同时抹灰，形成渗水通道。维修时应凿除地面及踢脚处面层，墙根剔出水平槽，槽高 60 mm（一块砖），槽深 40 mm 左右。槽内先用防水油膏填嵌密实，再用防水砂浆同时粉刷好地面与踢脚，如图 5—13 所示。

五、顶棚的维修

顶棚的种类很多，在这里我们主要以直接抹灰顶棚为分析的对象。

1. 直接抹灰顶棚的损坏

直接抹灰顶棚的损坏主要是抹灰层的空鼓、开裂，甚至脱落。造成抹灰层空鼓有以下原因：

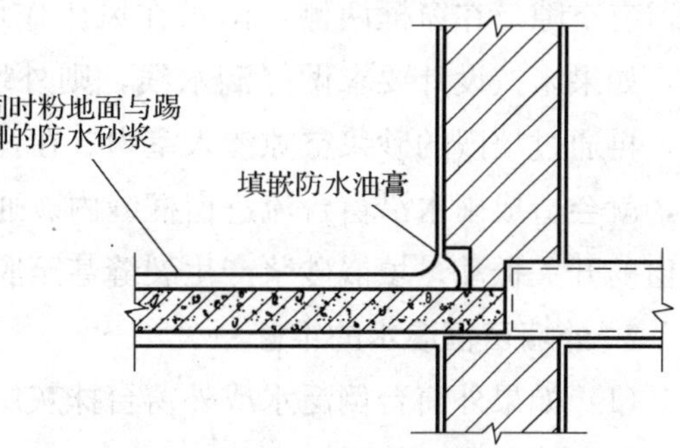

图 5—13　踢脚线处渗漏维修

（1）无论是现浇还是预制钢筋混凝土楼板都大量采用钢模板，板底表面比较光滑，甚至有油垢，容易造成砂浆与混凝土板黏结不牢。

（2）钢筋混凝土空心楼板安装时，墙顶面未用砂浆找平，板底不平整，用抹灰层找平导致局部粉层过厚。

2. 顶棚抹灰层空鼓、脱落的维修

凿去局部空鼓抹灰层，如有油垢予以清除，必要时将板底凿毛，重做抹灰层。为了使抹灰层与混凝土基层黏结牢固，底层抹灰是关键工序。方法是用水灰比为 0.37～0.40 的水泥素浆涂刷板底后紧跟着抹底层砂浆。底层砂浆一般采用配合比为水泥：石灰膏：砂＝1：0.5：1 的水泥混合砂浆，底层抹灰厚度为 2 mm。底层抹完紧跟着就抹中层砂浆，中层可用相同配合比砂浆（如果大面积抹灰可改用水泥：石灰膏：砂＝1：3：9 的水泥混合砂浆），抹灰厚度为 6 mm 左右。待中层抹灰达六至七成干，即用手按不软但有指印时，再抹纸筋石灰或麻刀石灰面层。各抹灰层受冻或急剧干燥都会引起脱落；如遇强烈穿堂风，易产生裂纹，因此要加强养护。

顶棚抹灰应分层成活，无论分层还是总厚，应薄而不能厚。如果局部因找平一定要抹得较厚时，可考虑在板底固定一层钢丝网，然后在钢丝网上抹灰。

3. 吊平顶的维修

轻钢龙骨石膏板、纤维水泥加压板等罩面板吊平顶的工作性能稳定，维修工作量小。可能出现罩面板的局部破损或板缝处的开裂。维修时应根据各种罩面板的安装要求做局部更换或修补。

六、外墙钢窗框周边渗水的维修

外墙钢窗框周边的渗水是业主反映较多的问题，因此查明渗水的原因和掌握维修技能是十分必要的。

1. 外墙窗框渗水的原因

钢窗框与窗洞口墙体间的缝隙一般都用水泥砂浆填嵌。如果窗的洞口尺寸施工误差较大，窗洞口墙体与窗框间的空隙过大或过小，则会造成窗框与墙体之间填嵌的砂浆不密实并留有空隙。在窗框两侧，雨水在风压作用下直接通过填嵌砂浆的空隙渗入室内。在窗顶，如果未按设计要求做好滴水线，则外墙面流下的雨水会顺窗顶水平墙面流进窗框缝内，再通过填嵌的砂浆空隙渗入室内。在窗台处，如果外窗台倒泛水或外窗台抹灰层咬窗框，就会造成雨水沿窗台流进窗框缝内。通过填嵌砂浆的窗框与墙体之间填嵌的砂浆干缩和窗的开关振动，填嵌砂浆产生裂缝甚至脱落而形成渗水通道。

2. 外墙窗框渗水的维修

（1）如果外窗台倒泛水或外窗台抹灰层咬窗框，应重做窗台抹灰层，以满足排水的坡度。窗台抹灰层必须低于窗框。

（2）如果窗顶抹灰层或墙面砖未做滴水线，应补做滴水线。

（3）修补嵌实窗框与墙之间填嵌的砂浆，并可考虑在窗框四周采用防水密封材料做防水处理，如图 5—14 所示。

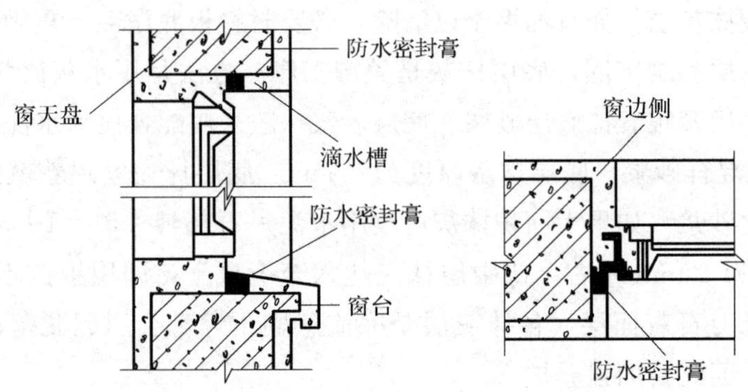

图 5—14　外墙窗框防水处理

七、墙面装饰的保养与维修

墙面的损坏现象时常在物业房屋维修项目中产生，原因有多种。

1. 墙面装饰的损坏

（1）常见损坏现象

1）开裂。抹灰层或贴面材料表面出现水平、竖向、斜向裂缝及不规则皲裂。

2）起壳。抹灰层或贴面材料与基层分离、空鼓。

3）剥蚀。抹灰层或贴面材料酥松、剥落。

（2）损坏的主要原因

1）自然因素的影响

①结构变形。由于地基的不均匀沉降及温差产生的温度应力引起墙体的变形、开裂而

导致墙体装饰面层随之开裂。

②热胀冷缩。因冬夏变换形成热胀冷缩，装饰面层与基层所用材料的胀缩率差异导致装饰面层出现裂缝。

③渗水及冻融。雨水从抹灰层裂缝或墙面砖勾缝中渗入基层或刮糙层。经反复冻融，抹灰层、墙面砖起壳甚至脱落。

④潮湿。因墙面长期受地下水或雨水的侵蚀而风化、析白、酥松、剥落。

⑤大气中有害气体的腐蚀。城市上空，特别是重化工工业区大气中的二氧化硫、二氧化碳、二氧化氮等各种有害气体遇水形成硫酸、碳酸或硝酸，对碱性无机饰面材料产生腐蚀作用。

2）施工质量影响

①施工所用材料差。如砂子含泥量大、水泥过期结块、饰面砖为劣质产品等。

②抹灰及贴饰墙面砖（板）不按操作规程和要求进行。如基层未做仔细清理、浇水不足、墙面砖未充分浸水后阴干、砂浆水灰比不当等。

③使用不当，人为的碰撞。

2. 墙面装饰层的修补

（1）抹灰层的修补

1）抹灰层修补范围的确定。对严重剥蚀的抹灰层，可直接划定范围。对怀疑空鼓起壳的抹灰层，可用小铁锤在可疑的地方轻轻敲击。根据空壳声，确定起壳损坏的范围。然后用泥刀斩出界线。对于水磨石、水刷石粉层的修补范围，要尽量做到方正有规则。对于无空鼓、起壳、剥蚀而仅表面存在不规则皲裂的抹灰层，不必斩除重补，用相应腻子做批嵌即可。

2）新旧抹灰层的接缝处理。新旧抹灰层的接缝处，由于新抹砂浆的干缩，极易开裂，故必须使新旧抹灰层紧密结合。在操作时应首先将原抹灰层斩成倒斜口，用刷帚蘸水润湿，然后用水灰比小的干硬砂浆在接缝处嵌密压实，再进行抹灰修补，每层抹灰操作时都要注意在接缝处用力压实。

3）修补抹灰的操作。修补抹灰应根据原抹灰种类，并注意以下问题。

①掌握各层抹灰的最大厚度。如旧抹灰层的底层较厚，而须按厚状修复时，应按规定分多层完成，不可一次抹灰过厚。

②掌握每层抹灰的间隔时间。

③确保底层、中层的平整。如果修补面积较大（一般 2 m×2 m 以上）时，应做标志块（灰饼）和标筋（冲筋、出柱头），以保证新抹灰层与原抹灰层平整一致，如图 5—15 所示。

其做法为：首先在上、下、左、右离开原粉层 100～120 mm 处用底层抹灰砂浆各做

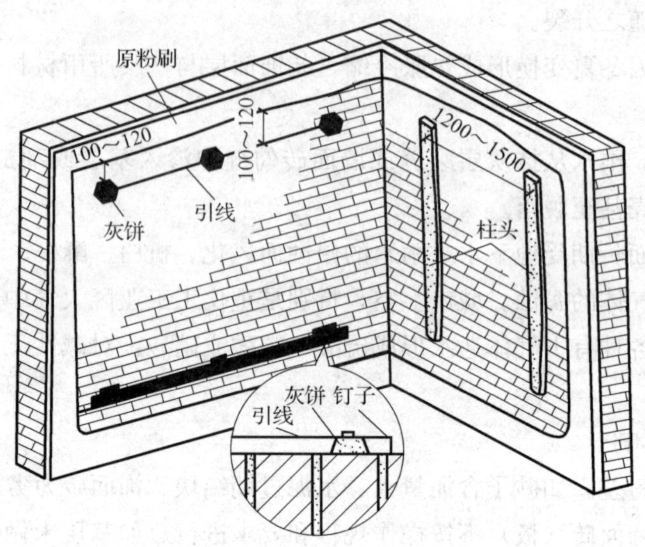

图 5—15 抹灰标志块和标筋示意图

一个灰饼，大小为 50 mm 见方，厚度根据原粉层确定。再在灰饼侧边钉钉子拉引线做中间灰饼，间距为 1.2～1.5 m。然后在上下两个灰饼之间粉出一条梯形断面的长灰埂，宽度为 100 mm 左右，厚度与灰饼相平，作为刮糙的依据。底层抹灰要低于标筋，中层抹灰依标筋刮平。

④做好面层。水泥混合砂浆面层抹灰须待刮糙适当干燥后进行，用刮尺摔平。待砂浆收水后，用木抹子打磨。如果打磨时面层太干，应边洒水边打磨，不得干磨。水泥砂浆面层应用木抹子磨平，并用钢皮抹子压光成活，洒水养护 3 天。纸筋灰（麻刀灰）罩面应在糙面六至七成干时进行（手捺不软，但有指印），一般使用钢皮抹子竖向、横向两遍成活，压平溜光，面层厚度不大于 2 mm。

（2）饰面板的修理

1）大理石、花岗石板破裂的修补。如果大理石、花岗石饰面板破裂，可用环氧树脂胶黏剂粘结。环氧树脂胶黏剂的配比（质量比）为 6101 环氧树脂：乙二胺：邻苯二甲酸二丁酯＝100：6：20～100：8：20，并掺适量颜料，颜色与大理石或花岗石颜色相同。粘结时清除粘结面上的灰尘，并使之干燥，然后在两个粘结面上涂胶厚 0.5 mm 左右，应在 15℃以上环境下粘贴。

2）大理石、花岗石板缺损的修补。如果大理石、光面花岗石板镶贴后有轻微缺损，可用环氧树脂腻子修补。腻子配比（质量比）为 6101 环氧树脂：乙二胺：邻苯二甲酸二丁酯：水泥＝100：10：100～100：10：200，并掺适量与大理石或花岗石颜色相同的颜料。所嵌腻子比原平面略高一点，以便打磨平整。待环氧树脂腻子结硬后用粗、细磨石把修补表面研磨平整。

3）大理石饰面板的树脂螺栓铆固法。如果大理石板与刮糙层之间起壳，重新铺贴有困难，可采用树脂螺栓铆固法加固，如图 5—16 所示。

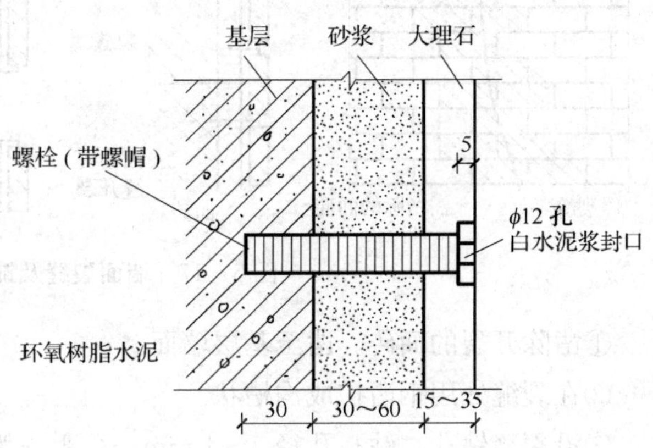

图 5—16　树脂螺栓加固大理石

施工操作如下：

①每平方米布点 8～14 个。每块大于 300 mm×300 mm 的大理石不少于 2 点，每块大于 600 mm×600 mm 的大理石不少于 4 点。

②钻孔直径比螺栓直径大 4 mm。大理石表面应钻扩孔，大小以能放入螺帽为宜。钻孔的位置距大理石边不小于 50 mm，否则易爆裂。

③螺栓直径一般选用 6 mm。长度根据大理石板厚、砂浆层厚度及在基层的铆固深度确定。

④钻孔后用压力 6～7 kg 的压缩空气清除孔洞内的粉尘。

⑤调制环氧树脂浆液。其配比（质量比）为：6101 环氧树脂∶邻苯二甲酸二丁酯∶590 固化剂∶水泥＝100∶20∶20∶80～100∶20∶20∶100。如果室温低于 20℃，可将环氧树脂隔水加热，以调匀浆液。

⑥采用空压树脂注入枪灌浆，枪头应深入孔底，慢慢向外退出，使孔内树脂饱满。

⑦放入螺栓前，须清涂铁锈、擦净油脂。放入前将螺栓表面先涂抹环氧树脂浆液，然后慢慢旋入孔内，用布擦净溢出浆液。

⑧2～3 天后，用 107 胶白水泥色浆填平孔洞，色浆应尽可能与原大理石色彩一致，也可用上述环氧树脂腻子填孔后抹平。

（3）饰面砖的修理

1）饰面砖的主要损坏情况

①因墙体变形、开裂而使饰面砖开裂。

②因冻胀，饰面砖与糙面之间脱离起壳（称面壳）。

③因盐析，刮糙面与基体脱离起壳（称底壳）。

④饰面砖表面受大气中酸性气体的腐蚀。

2）墙面及饰面砖开裂的修补。这类裂缝产生的原因主要是墙体的开裂，所以首先应修补墙体裂缝，然后再拆换损坏的面砖，如图 5—17 所示。

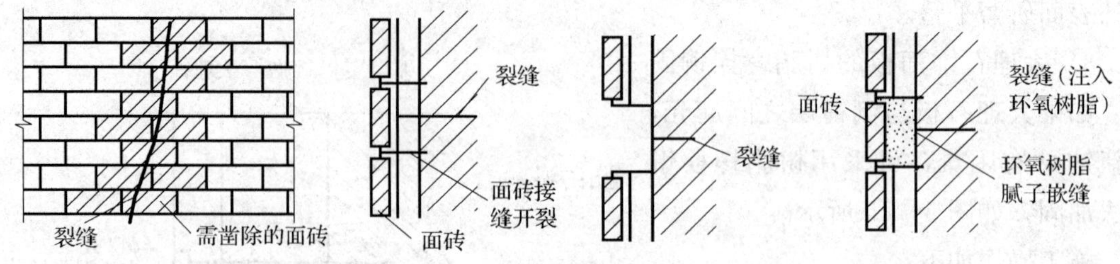

图 5—17　墙面裂缝及饰面砖的修补

①凿除开裂的面砖。凿至基层墙面。

②在裂缝处用钢凿扩成沟槽状。

③沿裂缝钻孔，钻孔孔径 3～4 mm，孔距一般 5～10 cm。

④用气泵清除修理面上的浮尘。

⑤用环氧树脂腻子配比（见表 5—3）。嵌沟槽，留出钻孔点。

⑥在钻孔点注入环氧树脂浆液（配比见表 5—4），由下而上进行。注入的树脂浆配合比可视裂缝宽度而定。

表 5—3　　环氧树脂腻子配比（质量比）

名称	6101 环氧树脂	乙二胺	二甲苯	邻苯二甲酸二丁酯	滑石粉
用量	100	8～10	20～25	10	70～100

表 5—4　　环氧树脂浆液参考配比（质量比）

组分 序号	6101 环氧树脂	乙二胺	丙酮	二甲苯	690 溶剂	304 聚酯树脂	裂缝宽度（mm）
1	100	8	30				0.3～0.4
2	100			30			0.5
3	100	8			30		0.6～1.0
4	100	10		15		5～10	1.0～1.5

⑦重新铺贴面砖。

3）局部面壳及局部饰面砖损坏的修理。如果局部饰面砖与刮糙层脱离，且饰面砖表面亦有损坏，可划定修补范围后重贴饰面砖。操作时凿除已空鼓损坏面砖，凿清粘结层砂浆，凿毛刮糙面，洒水润湿，按操作要求重新铺饰面砖。

4）面壳的灌浆修理法如图 5—18 所示。饰面砖与刮糙层已脱离，但表面完好，可不重贴饰面砖而采用灌浆法修理，其施工工序如下：

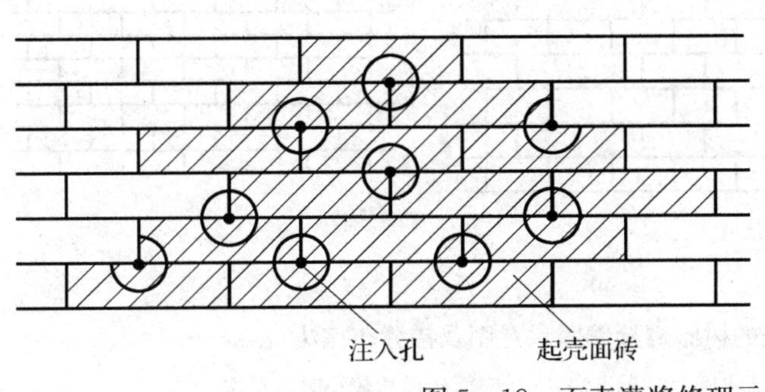

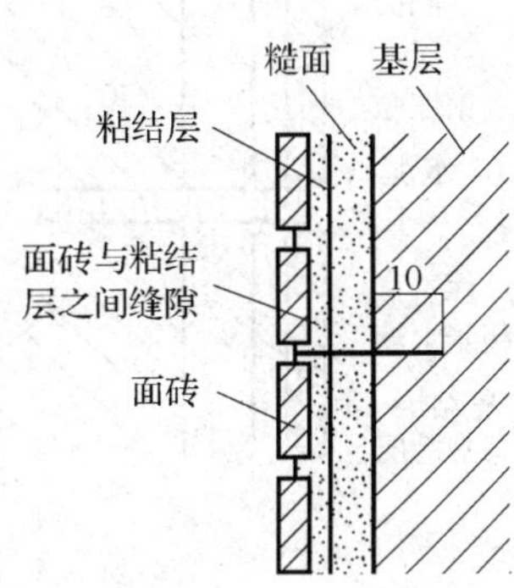

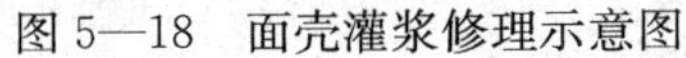
图 5—18　面壳灌浆修理示意图

①用小锤轻轻敲击饰面砖，确定起壳范围。

②确定钻孔位置，一般每平方米 16 个孔。

③钻孔孔径 8 mm，深度只要钻进基体 10 mm 即可。

④用环氧树脂灌浆，起壳的面砖与刮糙层之间的缝隙一般在 0.5～1.0 mm，其配比可参照表 5—4 选用。

⑤适当加压顶紧，用布擦净溢出的浆液。

⑥待浆液凝固后用 1∶1 水泥砂浆封闭注入口。

5）刮糙面与基体脱离（底壳）的修理。在饰面砖修理中，如果大部分饰面砖表面完好无损，饰面砖与刮糙层黏结也良好，但刮糙层与基层已起壳，凿除重新铺贴就会费工、费料，且修理后新旧面砖色泽难以一致。这时可采用树脂螺栓铆固法加固。树脂螺栓铆固法就是把起壳部分产生的向下切力由钢螺栓承受，并依靠环氧树脂的粘结强度把饰面砖装饰层与基体铆固，其施工工序如下：

①用小铁锤确定修理范围（一般底壳比面壳的空壳声低沉），修理范围可由底壳边缘再向外延伸 20～30 cm。

②在墙上定出钻孔的位置，一般每平方米 8～16 个为宜。

③其余操作与大理石“树脂螺栓铆固法”相同。区别是此处的螺栓用普通螺栓锯掉螺帽改制，也可用钢筋在工地上现铰螺纹，如图 5—19 所示。

八、外墙面析白的处理

混凝土、砂浆和砖砌体的外墙面使用久了往往会产生一层白白的物质，严重影响房屋的美观。

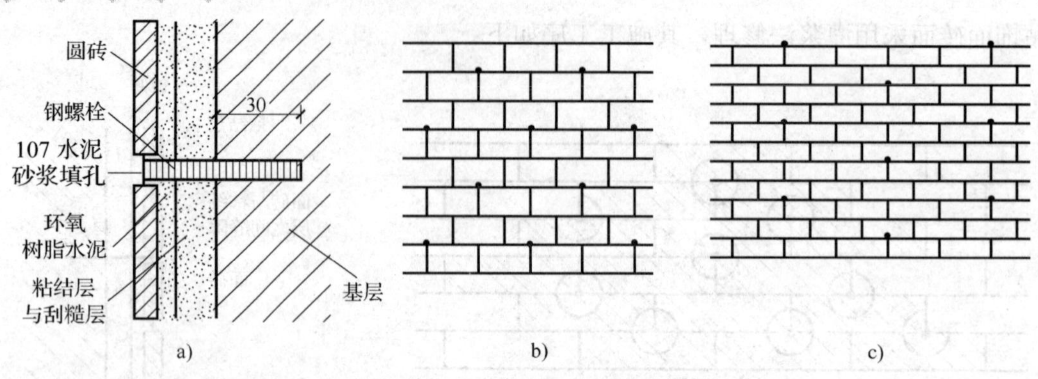

图 5—19　底壳的树脂螺栓铆固示意图及错缝布点法

a）示意图　b）饰面砖尺寸较大时布点法　c）饰面砖尺寸较小时布点法

1. 析白现象产生的原因

析白即房屋表面产生一种白色物质，也称盐析、泛碱或起霜，是混凝土、砂浆和砖砌体表面经常发生的现象。析白出现的白霜主要是水泥、砂、石子、砖、外加剂等原材料中的可溶性无机盐被水溶解后，随着混凝土、砂浆和砖砌体的水分蒸发而析出的结晶。墙面出现白霜，影响房屋的美观。白霜还会造成装饰层与基层粘结不良，白霜产生的结晶膨胀压力甚至会导致装饰层与基层的脱离。

施工用搅拌水中含有的可溶性盐类，或原材料中的可溶性盐类溶解于搅拌水（一次水）中，随着混凝土、砂浆的干燥硬化而产生的析白现象，称为一次析白。材料干燥硬化后，由于雨水、地下水等（二次水）的侵入，使材料中的可溶性成分再次溶解，而后再次干燥析出，称为二次析白。实际常见的析白现象往往是两者混合的结果。潮湿的环境、阳光照不到的背阴位置以及在低气温条件下，容易产生析白现象。

2. 对墙面的防护

对于墙面析白的防护，在设计和施工阶段通过把住原材料选用关，把好施工操作关并改善施工环境，可减少一次析白的产生。对已建成的房屋，应注重改善阴湿环境。对于阳光经常照射不到的背阴位置以及易引起积水、积雪的湿度大的部位，应经常派人及时清扫干净，保持干燥清洁。对破损的雨水管应及时修复。防止雨水、地下水、地面水等二次水对房屋墙面的浸渍，从而减少墙面二次析白的产生。

对易产生析白现象的部位，可用有机硅憎水剂等涂覆混凝土或砂浆表面，以防止二次水的侵入。例如可在墙体的玻璃锦砖饰面层（干燥后）上涂刷 191 丙烯酸清漆：香蕉水＝1∶2 的防水罩面剂，可避免墙面析白，使墙面保持洁净美观。

3. 对墙面析白的处理

对于墙面已产生的析白，如果为可溶性盐类，Na_2SO_4（硫酸钠）、K_2SO_4（硫酸钾）、

K_2CO_3（碳酸钾）、Na_2CO_3（碳酸钠）等组成的白霜，可直接用水冲刷除去。由 $CaCO_3$（碳酸钙）形成的白霜则无法用水冲洗掉。小面积可用细砂纸磨去，大面积析白可用喷砂法，即用喷砂机向析白表面喷射干燥细砂。如上述方法无效，可采取酸洗法，但应慎用，因为酸洗法会腐蚀房屋表面。一般用草酸或稀盐酸。清洗前，先将墙面用水润湿，然后用稀酸清洗。除去白霜后，立即用清水彻底冲洗墙面，防止酸液留在表面孔中。处理后最好再用有机硅对墙面做憎水处理。

九、外墙面渗水的维修

在多雨地区，外墙的渗水致使室内潮湿，内墙面装饰发生霉变。这是仅次于屋面渗漏的一个较为普遍的问题。

1. 墙面渗水的原因

（1）由于温度应力造成墙体（主要发生在顶层）的斜裂缝及屋顶圈梁与墙体间的水平裂缝，形成渗水通道。

（2）钢筋混凝土框架梁柱与填充的砖砌体因温度线膨胀系数不同而导致梁柱与砖墙连接部位产生裂缝，雨水在风压作用下沿裂缝渗入室内。

（3）框架填充墙一般采用多孔砖或空心砖。由于砖块未预先充分润湿，使砂浆干缩开裂，且水平灰缝因砂浆流入砖孔而不密实，使雨水沿砖缝空隙渗入室内。

（4）对于抹灰层外做涂料及砂浆刮糙后外贴饰面砖的外墙，由于砂子含泥量高、水灰比过大造成砂浆空隙率高，干缩裂缝多，饰面砖嵌缝不密实而形成渗水。

（5）预制装配式大板的垂直、水平拼缝渗水。

2. 墙面渗水的维修

（1）外墙体饰面砖装饰层渗水。可采用有机乳液建筑憎水剂，如“凡柯特”（万可涂）涂覆外墙面层。操作前将万可涂原液加 10 倍水稀释，用喷涂和刷涂方法在墙面上纵横连续两遍，用量掌握在每千克刷涂 40～45 m^2（两遍）。

（2）钢筋混凝土框架梁柱子与填充墙连接部位裂缝渗水的维修。钢筋混凝土框架梁柱填充墙连接部位裂缝主要是由于混凝土和砖砌体两种材料的温度线膨胀系数相差过大而形成的。这些部位的裂缝属于不稳定裂缝，随温度的变化而活动。可采用凿缝法进行维修，即在墙面抹灰层凿缝，缝内填嵌粘结强度和延伸率等技术性能较好的密封材料，既防水又能适应接缝处的温度变形，如图 5—20 所示。

1）嵌缝材料。聚氨酯密封膏、硅酮密封膏。

2）操作

①以裂缝为中线，在墙面上弹出宽度不小于 25 mm 与裂缝平行的凿缝边线。

②用小型手持圆锯沿边线锯出两条深度与外墙粉层相同的边缝，用钢凿凿缝至墙体结构层。

③将缝清理干净。

④分两次嵌密封膏，将缝密封严实。

⑤修复外墙装饰层。

⑥外墙淋水检验合格后，外墙面喷涂 TF 防水剂两度。

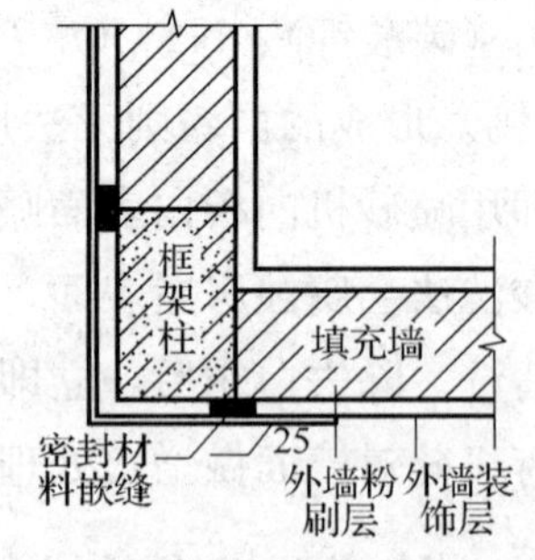

图 5—20　框架梁柱与填充墙连接部位渗水的维修

（3）外墙抹灰层裂缝渗水的维修。外墙抹灰层裂缝属于基本稳定裂缝，主要是由于外墙抹灰砂浆的配置、抹灰操作和砖墙砌筑施工质量方面的原因造成。对于不同缝宽的裂缝，可采取不同的处理方法。

1）当缝宽<0.5 mm 时，不需要进行凿缝嵌缝处理，直接在外墙面喷淋 TF 防水剂。

操作：

①按 TF 浓缩液：水＝1：7 比例稀释（体积比）。

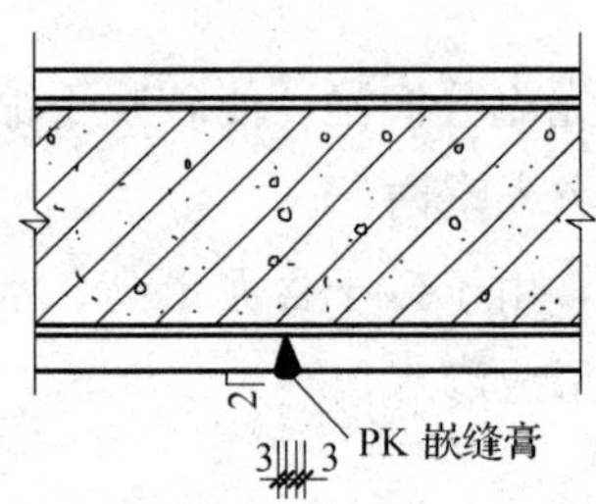

图 5—21　外墙粉层裂缝的填嵌（粉层缝宽小于 3 mm 的处理）

②待外墙面干燥后，用农用喷雾器从上至下进行喷淋，喷淋量以喷至能自然流淌为止。

③外墙共喷淋两度，喷淋完成后 1 h 内勿使墙面淋雨。

④外墙淋水以检验修缮质量。

2）当缝宽为 0.5～3 mm 时，也不需要进行凿缝，用吹尘器吹净缝内浮灰，直接用嵌缝枪灌注 PK 嵌缝膏（无色透明的丙烯酸防水密封膏）。完成嵌缝后，喷涂两度 TF 防水剂，如图 5—21 所示。

3）当缝宽大于 3 mm 时，须进行凿缝嵌缝处理，方法同钢筋混凝土框架梁柱与填充墙连接部位裂缝渗水修缮。

第 5 节　白蚁的防治

一、白蚁对现代建筑的危害

随着社会发展，现代建筑像雨后春笋般地矗立在上海，但是这些现代建筑有许多都发现了白蚁危害的踪迹，成了现代白蚁新的滋生地，而这些白蚁滋生地主要都在建筑地坪下和建筑内装潢木构件中。

上海一些宾馆、交易场所、医院、银行也同样遭受白蚁危害。

1995年第二军医大学肝胆病区新建一年的大楼就发现白蚁从电梯间大理石缝道中钻出，危害到底屋实验室，其主要原因是地坪下滋生白蚁。

1999年国际医疗保健中心，新建大楼白蚁到处乱飞，危害到药品仓库，注射用针头水成箱被白蚁蛀蚀，白蚁从大理石缝道和包装柱头中飞出，白蚁巢均在地坪下。

1998年上海证券交易所外宾接待室发现白蚁危害，危害部位主要是装潢地板和顶板，主要由装潢木构件引起。

虹口商厦新建高层建筑，底层专营珠宝柜台被白蚁侵袭，店内到处都是白蚁，影响了正常经营。

近几年有许多居民新装潢中发现白蚁，其主要现象为新铺地板、装饰柱和立杆被白蚁侵袭。

综观以上事例，只要人类建筑存在，就有可能出现白蚁踪迹，它们会慢慢地扩散，蔓延到各处。

现代建筑木构件处理后无白蚁侵袭效果也很明显。如1985年上海海军基地大礼堂，以前该礼堂白蚁危害严重，造成尾架大料被白蚁蛀空，原石下沉，形成危害，后进行大修。在大修中配合进行了木构件全面施药预防，取得了显著效果，之后一直没有受到白蚁危害。

在八运会期间，对虹口区体育馆和训练馆进行了地板梁栅构件预防工作，一直无白蚁危害。

全国重点文物保护单位——鲁迅纪念馆，由于以前白蚁危害相当严重，所以1999年在拆旧建新前期，在建馆装饰中采取了木构件预防白蚁施药措施，尔后纪念馆无反映有白蚁侵袭。

2001年2月，上海苏州河综合整治建设有限公司，针对自用大楼内部装修采用的都是木料，块样板、门套、窗套、立柱、踢脚线、楼梁栅、角线条等，易滋生白蚁，请有关单位对该公司整幢大楼进行查勘白蚁危害程度，并写出书面危害报告和施工方案。

对白蚁的危害应防在先。防是控制、改变或消灭害虫危害的必需条件，而治则是直接用人力或物力歼灭害虫。防应用药剂处理木材，增强木材本身抗白蚁能力，增加木材防虫防腐性能，显著延长木材使用年限，再经过白蚁药剂处理，大大降低白蚁生存的可能。

我国南方城市深圳，在1993—1994年，据深圳白蚁防治管理中心抽样调查数据表明，全市受白蚁侵害的家庭比例高达34%；而一座座漂亮挺拔的办公大楼受到白蚁侵害的比例高达 74%。某电子公司电缆被咬破，被迫停产一周。深圳图书馆 1～6 楼所有门窗全被白蚁蛀空，部分藏书被白蚁蛀得千疮百孔，计算机房内的护墙板无一完好。深圳某银行金库存入的人民币成箱成箱被白蚁啃噬，更令人忧虑的是大亚湾核电站、深圳水库也均发现了白蚁踪迹。据有关部门称：白蚁在广东地区的危害程度已达 90%，无法统计带来多少损失。

二、堵塞白蚁入侵建筑物的途径

白蚁的扩散传播主要通过“飞”“爬”“带”三种形式。在考虑预防的时候，一方面要堵塞白蚁入侵建筑物的途径，另一方面从生态学角度出发，变适宜白蚁生存的环境条件为不利于白蚁生存的环境条件，这里也包括用药剂处理木材、塑料、土壤等。

1. 消灭有翅繁殖蚁，预防新群体的产生

每年分飞季节，蚁巢中会飞出大量有翅繁殖蚁，它们是新群体的创建者，传播开来，后患极大。在分飞季节，必须广泛宣传发动群众，说明消灭有翅繁殖蚁的重要意义，采取消灭有翅繁殖蚁的各种措施。

（1）灯光诱杀有翅繁殖蚁。从巢中飞出的有翅繁殖蚁具有强烈的趋光性，利用各种光源将有翅繁殖蚁诱集而歼之，是消灭大量有翅繁殖蚁简易而有效的办法。根据实验，黑光灯、日光灯的诱虫力比白炽灯强；光源的功率越大，诱虫力也越强。操作时，在灯光下放一盆水，光源距盆不要太远，有翅繁殖蚁先是围灯飞舞，继而纷纷跌落盆中淹死。

（2）保护天敌。天敌捕食有翅繁殖蚁的数量相当大，对抑制白蚁群体发展可起到重要作用。

（3）喷洒杀虫药剂。有翅繁殖蚁脱翅后，多爬向室内外墙边、墙角、门框脚、窗框、树基、木电线杆基部等处筑巢。在分飞季节，用毒死蜱、溴氰菊酯等杀虫药剂喷洒上述各处，使脱翅繁殖蚁中毒死亡，从而防止钻地筑巢的可能性。

2. 防止白蚁从室外蔓延入侵

白蚁因寻找食料，可能到离巢 100 m 以外的地方去活动取食，不少为害房屋的白蚁是从附近的大树中爬进来的。由室外入侵的白蚁，多数由地下通过墙边缝隙、混凝土裂缝、砖间灰砂缝、木门框入地部分等处，钻到室内。为了杜绝白蚁由室外入侵，应对上述部位采取预防措施。根据调查，白蚁较难穿过厚 10 cm 以上的坚实混凝土层，对于墙边、混凝土和阶砖的缝隙可用含防蚁药剂的沥青填补。门框和木柱的入地部分，必须进行防蚁处理或在木构件的埋土部位做土壤消毒处理。

3. 加强检疫，防止白蚁携带传播

在我国，家白蚁、散白蚁和堆砂白蚁都是比较容易携带传播的白蚁种类。在白蚁危害严重地区运出的木材或木制品，必须进行严格的检查，经检查人员确认无白蚁的，发放行条，方准运出。维修房屋中使用的旧木料，必须严格检查，绝对禁止使用有白蚁的木料。运进仓库的包装木箱，应进行蚁患检查，以免白蚁被携带入仓，蛀蚀货物。冬季从北方运往南方放蜂的蜂箱，待天暖运返北方时，应对蜂箱进行蚁害检查，防止将白蚁携带到北方传播。沿海地区的港口、海关，要进行白蚁检疫，防止国外种类传播到我国造成损失。

三、常用灭白蚁工具及施药技术

1. 常用灭蚁工具

喷泉粉球——喷射药粉的工具，由胶囊、喷嘴和喷管三部分组成。喷管的一端接喷嘴，另一端接胶囊。胶囊是盛药粉和使用时施加压力的地方，囊内盛药不可太满，约占1/3的容积即可。

旋具——用于检查时敲击辨音、打洞探明有无白蚁活动、撬开木材或蚁路的工具。此外在施药时也可用旋具插进巢壁打洞。旋具必须选用优质坚硬、长约 25 cm 的，但不宜过于粗大。

手电筒——照明的工具。因为白蚁的栖居地多系阴暗的地方，当寻找蚁路、蚁巢和施药时，都需要手电筒照明，一般以三节电池的手电筒较为适宜，它的射程长、光线强。如图 5—22 所示。

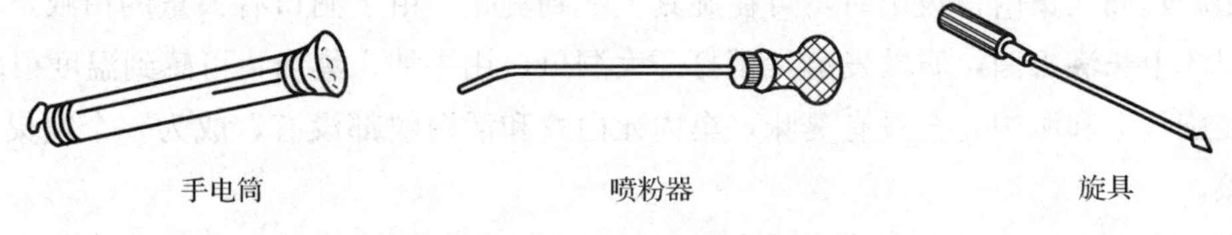

图 5—22　灭蚁部分工具

铁锤——敲击辨音和挖巢工具。

木钻——用于钻挖蚁巢部位。

手锯——用于锯断木构件。

凿子和夹柄旋具——用于挖取蚁巢。

除上述手工工具外，还有不少喷雾器。

2. 常用灭蚁施药技术

施药技术对药效影响很大，如果施药部位不当或药粉堵塞，就达不到预期的防治效果。

(1) 开洞。用旋具插到蚁巢的中心部位开洞，一般打 2～3 个洞，可能时打成“品”

字形状，杉头巢可在杉的两侧开洞，墙心巢可在墙的两面开洞。

（2）施药。施药必须在打洞后稍待片刻，见到兵蚁出来守卫时才进行。喷药前要清除洞内碎屑，以免把洞口堵塞。施药时必须将喷嘴对准蚁巢或蚁路，喷嘴要朝上，但须顺着洞口的方向，一般压球 10 余次，用药 5 g 左右即可。施药后要用废纸或棉花塞住洞口。

在巢中施药前后要用力敲击附近的木材，使白蚁受惊后频频走动，以增加白蚁接触药物的机会。

不论是否找到蚁巢，都要进行全面施药，凡是有白蚁的木构件和蚁路，都要用旋具轻轻揭开隧道或蚁路，然后进行喷药。喷药时不要堵塞蚁路，在横木内施药要按木纹方向进行，如木柱是直立的，则喷头应朝上。

3. 药效检查

由于巢间的白蚁来往频繁，所以无论在主巢或副巢施药，通常能使整个群体的白蚁死亡。从施药到全群白蚁死亡，在夏季需 3～4 天，在冬季约需一周。灭蚁灵药效缓慢，施药后一个月才能检查。

为了避免施药不当或其他原因造成的偏差，施药后应在上述时间内进行一次药效检查，若发现巢内仍有活蚁，就必须重新施药。检查时，在施药的洞口或巢的下部开一个小洞，观察有无兵蚁爬出来、有无白蚁尸体。

检查施药效果，通常可能遇到下列三种情况：

●用旋具插入巢内，拔出时，可在旋具上嗅到臭味。由于洞口有大量的白蚁尸体堆积成团，尸体上长满霉菌，腐败发酵，稍打开大洞口，用手伸入巢内，可感到温度很高。

●在旋具上和洞中完全没有臭味，巢内死白蚁和活白蚁都没有，成为一个空巢，也无发霉现象。

●在旋具上和洞中略有臭味，巢内只有少量尸体，但没有活蚁，发霉不严重。

在这三种情况下，第一种情况大多数是主巢，第二种情况是没有吸水线的副巢，第三种情况是具有吸水线的副巢。看来，家白蚁中毒后有返回主巢集中和需要吸水的习性。但现场情况十分复杂，有时也出现不返回主巢集中死亡的现象，其原因尚需进一步研究。

如果在白蚁死亡后很久才进行检查，那么即使在主巢中也可能找不到尸体（有时还可见到兵蚁残存的头壳）。这是因为尸体已经完全腐烂，臭味已经消失的缘故，蚁巢外的排泄物干枯开裂，这些都是施药成功的证据。

四、家白蚁的除治

家白蚁是我国南方危害建筑物的主要白蚁种类，由于它的群体庞大（可超过 100 万只），破坏迅速，在短时期内能造成巨大损失，这个属的白蚁在世界上有 48 种，其中 23

种在东洋区。我国目前记载的有 4 种，代表种为家白蚁。它分布于北界线的北纬 32°～33°，南界线直至西沙群岛。

目前我国采用最广的是粉剂毒杀法、诱杀法、挖巢法、灯光诱杀有翅繁殖蚁等。此外，还开展了利用微生物和物理方法治灭白蚁的研究。

1. 家白蚁巢位的外露特征

家白蚁的巢居为集中型千层巢，巢由许多含木质纤维为主的巢片构成。巢的直径一般约为 50 cm，大的可超过 1 m。巢的形状大都为椭圆形，有时受环境基质的限制可能形成各种不规律形状。巢有主副之分，主副巢之间的白蚁经常来往联系。

实践证明，治灭家白蚁的关键问题是找巢，找到了蚁巢蚁害基本上就可以解决。对于找巢，应该确信“有蚁必有巢”的客观规律，这是由家白蚁的生活习性所决定的，不管现场多么复杂，都不能怀疑这条客观规律。不过还要看到问题的另一方面，即家白蚁可以到离巢超过 100 m 的地方活动，因此有白蚁的地方也不一定是巢位的所在地，这就要求人们必须认真负责和耐心细致地去寻找蚁巢。

家白蚁巢位外露的主要特征有如下几点：

（1）排积物（排泄物）。白蚁的排积物俗称“白蚁泥”，是灰褐色或棕色的疏松泥块，一般认为是白蚁筑巢时从巢内推出经过加工的物质。排积物通常堆积在蚁巢的外围，因此找到了排积物，就说明里面一定有蚁巢。巢位的这个外露特征，一般较为明显，但也有一些隐蔽的蚁巢（如某些天花板内的蚁巢、墙心巢等），这个特征就不一定显示出来，因此还要参照蚁巢的其他特征认真寻找。

（2）分飞孔（分群孔、移植孔、羽化孔）。分飞孔是有翅繁殖蚁分飞时飞出的孔口，多数为长条形（长 1～3 cm），分飞孔与蚁巢相通，除分飞外，平时孔口有泥块封住。分飞孔离巢很近，一般分布在蚁巢的上方或偏上方，有的甚至毗连蚁巢，远的离巢也能超过 10 m。如果发现了分飞孔，便可以断定附近必有蚁巢，应加倍细心地判定巢位。

（3）通气孔（透气孔、通风孔）。一般认为，通气孔是白蚁调节气体和温湿度的小孔，但也可能尚有其他作用。通气孔的直径不到 1 mm，细如针孔，非近看不易发现。通气孔数量从十余个至几十个，不规则地排列成团状或虚线状。通气孔贴近蚁巢表层或附近，因此找到了通气孔，大致可以肯定蚁巢就在其中，如图 5—23 所示。

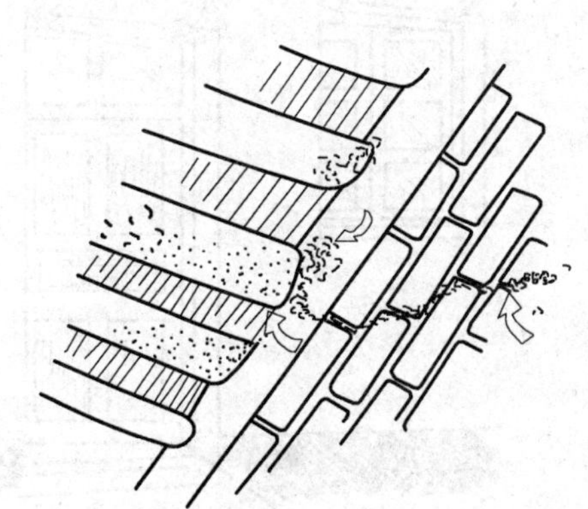

图 5—23　栋梁与墙交接处的白蚁巢示意图

以上三个蚁巢的外露特征，有时同时具备，

有时则具备其中的一两个。一般说，主巢多有通气孔，开始分飞后的成年巢才有分飞孔，蚁巢越大，排积物也就越多。

除上述三个特征外，蚁路和吸水线也是找巢的线索，可作为找巢的辅助依据。

蚁路是白蚁通向被害对象取得食料，主、副巢之间联系和通往分飞孔、通气孔等处的通路，也是白蚁活动时保护自己免受天敌侵袭的掩体。蚁路有的表露于外，有的隐蔽地筑在地下或木材中，后者又称为隧道。通常在蚁巢附近蚁路较多，从蚁路的粗细、破开蚁路后工蚁修补的快慢、兵蚁出现的方向和数量可以判断蚁巢的方向。一般工蚁修补快、兵蚁出现的一端是蚁巢的方向。凡是有白蚁通行的蚁路，外表都较潮湿，无裂缝；没有白蚁通行的蚁路则干燥、松散、容易掉落。

吸水线是家白蚁通往水源吸收水分的蚁路。外形上吸水线比一般蚁路宽，有 1～2 个手指的宽度。吸水线经常保持高度潮湿，白蚁活动频繁，成排地上下川流不息。一般主巢都有吸水线一条至若干条，因此发现了吸水线，便可大致断定主巢离此不远。但吸水线往往筑在夹墙内或在地下筑成隐蔽的隧道，不易被人发现。

2. 家白蚁巢的常见分布位置

在城市混凝土结构的建筑物中，蚁巢的分布较为复杂，多数分布在空心夹墙内，天花板、厨房、浴室水管附近的空心夹墙内，门楣角、电闸下方空隙部位、金字架两端等处。此外，地下巢也占有一定比率。在混凝土结构房屋中的蚁巢，有时外露特征往往不够明显，因此在找巢时要细心观察通气孔、水渍及批档有无变形等。房屋地上蚁巢最常见的位置是：

（1）正梁或横梁与墙的交接处。

（2）门框角、窗框角，如图 5—24 所示。

（3）楼梯与地相连的木柱，如图 5—25、图 5—26 所示。

图 5—24　门框角、窗框角白蚁巢示意图

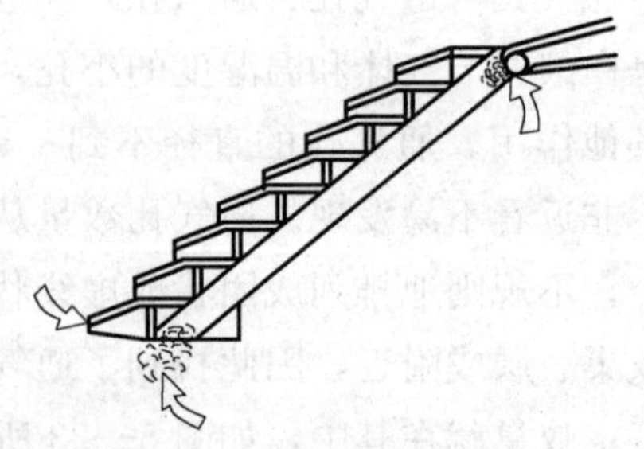

图 5—25　木楼梯白蚁巢示意图

（4）木板批档（天花板）的夹层内，如图 5—27 所示。

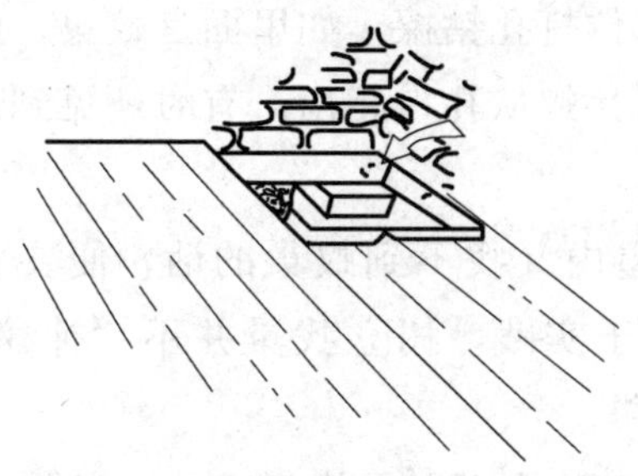

图 5—26　木地板白蚁巢示意图

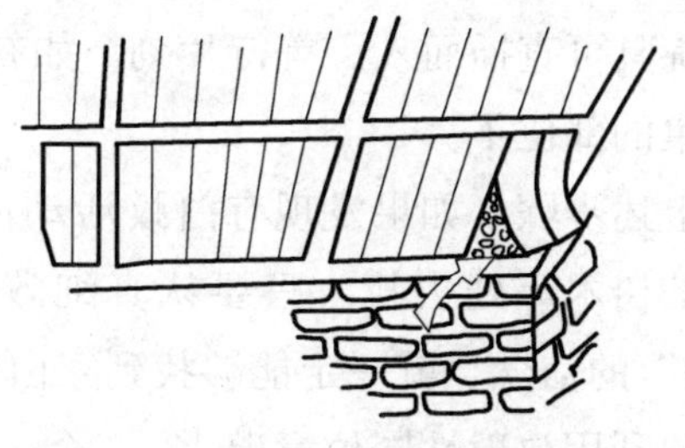

图 5—27　天花板夹层白蚁巢示意图

（5）地板下面横木与墙的交接处。

（6）骑楼下方的木柱内。

（7）与空心砖柱相连的横梁。

（8）舞台底下的横木。

（9）久未搬动的木箱、木柜内。

（10）金字架支架与墙的交接处，如图 5—28 所示。

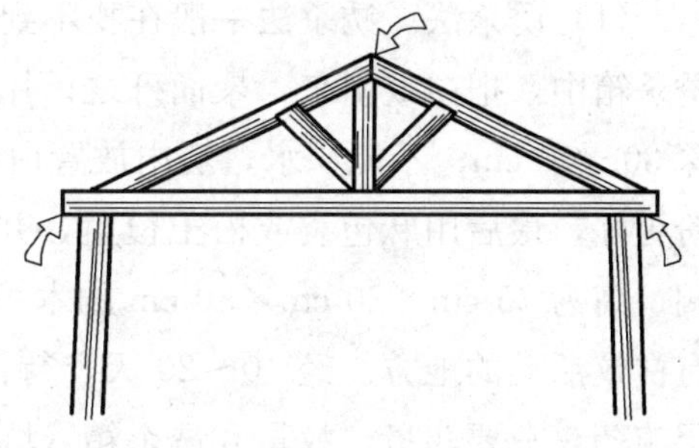

图 5—28　木金字架白蚁巢示意图

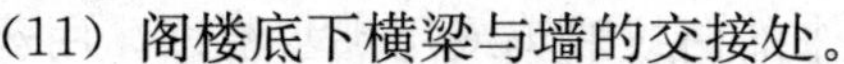

（11）阁楼底下横梁与墙的交接处。

（12）水管附近的空心墙内。

（13）壁内电闸板或消防箱的下方。

3. 找家白蚁巢的步骤

寻找蚁巢要过细，不能粗枝大叶。检查的次序一般是先室内，后室外；先下后上；先重点，后全面。凡有木材的地方都不能放过。

在寻找蚁巢的过程中必须依靠群众，向单位和住户询问白蚁的危害史和分飞情况，如群众反映曾有大量有翅繁殖蚁从室内飞出，则大致附近就有蚁巢。向群众作调查，群众能够提供许多宝贵的线索。

接着是开始检查，根据不同房屋结构检查白蚁经常筑巢的部位，观察有无蚁路，被害物内有无白蚁活动。对钢筋水泥的建筑物，要重点检查天花板、地窖、门框、窗框、墙的四角、墙壁的裂隙、墙内排水管附近等处。对砖木结构的房屋要了解墙内有无空位，着重检查正梁、横梁与墙交接的部位，天花板夹层、门楣、楼梯等处。对大部分是木材的房屋，要检查主梁、横梁和膨大呈鼓状的部分、木柱等。

检查时，主要是观察巢位外露的三大特征。但有时这些特征不明显，因此还要结合其他方法，如用锤敲打墙壁、地面、木材，听是否有空洞沉着的回声等。在墙壁透出水渍、膨胀鼓起或地面下沉的部位，都可能有蚁巢，应该细心检查。

当怀疑有可能是蚁巢时，用旋具在怀疑的部位打孔钻探，如里面是蚁巢，则打孔时阻力较小，旋具可直插而入。等待片刻，如有大量兵蚁从孔口爬出，有时还见到有巢片，那么就是蚁巢的部位了。

根据上述步骤，如果发现有白蚁活动而在屋内又找不到蚁巢的话，便要到相邻的房屋、附近的树木等处去找。只要认真细致，敢于实践，树立找巢并不“神秘”，更不是“高不可攀”的信念，就一定能够找到家白蚁蚁巢。

此外，利用放射性同位素碘 131、金 198 示踪法也可以寻找到家白蚁蚁巢。

4. 灭杀

（1）诱杀法。诱杀法一般在找不到蚁巢时使用。用白蚁喜爱的食料，埋于地下或放入诱杀箱中，把白蚁引来，聚而歼之。用土坑诱杀时，应选择在白蚁出没的地方掘一土坑，深 30～40 cm；不能积水，坑内放置白蚁喜食的松树枝、芒箕、甘蔗渣等，加入少量松花粉更好，最后用麻包袋或松土覆盖，并以米泔淋湿之。用木箱诱杀时，可用松木制成长、阔、高为 35 cm×30 cm×30 cm 的木箱，内放七八成薄松木条，然后将木箱放在蚁路旁或有白蚁活动的地方。经 10～20 天，待白蚁诱集较多时，就在诱杀箱或诱杀坑中轻轻地分层施药，只要药量、蚁量和诱杀箱（坑）与蚁巢的距离等因素配合得当，同样可以达到消灭整个群体的目的。在没有药物的情况下，可将引来的白蚁喂鸡或用沸水浇杀。用药物毒杀的白蚁，不能用来喂家禽，以免引起家禽中毒。

（2）挖巢法。挖巢法在我国民间沿用已久。它的优点是简便，不用药剂。但是由于家白蚁群体中能够产生补充型繁殖蚁，如果挖了主巢遗漏副巢，或相反情况，仍难达到全歼群体的目的，应当因地制宜地予以采用。冬季天气寒冷，白蚁很少外出活动（气温 10℃以下），大量集中在巢内，此时挖巢能收到较好的效果。

五、散白蚁的除治

散白蚁广布于温带及亚热带地区，我国南至海南岛尖峰岭（北纬 18.5°），北抵辽宁丹东（约北纬 40°）都有分布。到目前为止，我国境内已发现有 14 种。其种类不同，生活习性亦有差异。就江浙一带散白蚁危害房屋而言，一般在房屋近地面部分地板、搁栅、门槛柱基、墙基楼梯等部分为害较重，其活动规律由下而上，因而有“散白蚁不登楼”的说法。但这是指黄肢散白蚁（以前也称黄胸散白蚁）而言的。在北京通州区、天津和辽宁丹东的散白蚁为害情况就不同了，不但危害房屋下部，房屋上面直达屋顶亦能蛀蚀，这些地区一般是黑胸散白蚁危害，而丹东发生的则是黄胸散白蚁。由于成虫腹部较短，仅为翅长的 2/5，可与近缘种黄肢散白蚁腹端达翅长的 1/2 相区别。

1. 检查方法

散白蚁群体分散，为害隐蔽，因此要根据它的生活习性，由下而上，从内到外作详细检查，采用一问、二看、三听、四探、五撬开的方法。这是治灭白蚁的一个关键步骤。

(1) 问。就是向住户了解白蚁活动和危害情况。如了解散白蚁分飞的情况，建筑物结构、年代、什么时候什么部位发现过白蚁等。

(2) 看。认真细致地实地查看。特别是对适于散白蚁滋生的场所更应重点查看。

(3) 听。就是对有怀疑木材部位进行敲击，辨别声音。如敲击时发出空洞声，那里可能已被蛀空或有蚁巢。

(4) 探。就是试探地板是否松动，是否有弹性，是否有下沉等现象，如有上述情况就有被白蚁蛀蚀的可能。

(5) 撬开。就是撬开木结构，检查有无白蚁。

2. 除治散白蚁的药剂和方法

(1) 药剂

1) 液剂。常用的有5%～10%亚砷酸钠，3%～5%五氯酚钠，1%的毒死蜱，8%居宁丹乳剂等。喷药量，每平方米地板需用稀释后药水1～2 kg。

2) 粉剂。使用灭蚁粉在白蚁严重危害部分、分飞孔或主蚁道施药均可。

(2) 诱杀灭蚁

把白蚁喜食物质如松木块、杨木、高粱秆、甘蔗渣等放入土坑内，引诱白蚁，然后施放灭蚁粉等药剂进行毒杀。

六、堆砂白蚁的除治

堆砂白蚁蛀蚀干燥而坚硬的木材。由于穿筑隧道的形式不定、蚁道曲折、孔口极小、群体数量不多，施用粉剂一般效果不好。可采用下列三种方法除灭。

1. 注入药水法

参照除治散白蚁的液剂配方，在木材表面每隔60～100 cm（2～3尺）钻孔沟通隧道，灌入药水杀死白蚁。在木材表面涂5%五氯酚石油溶液、1%毒死蜱剂可杀死表层白蚁及预防繁殖蚁侵入。

2. 熏蒸法

常用的药剂是溴甲烷（CH_3Br）35～40 g/m^3；硫酰氟（SO_2F_2）30 g/m^3；磷化铝（AlP）8～12 g/m^3；敌敌畏（DDVP）35～40 g/m^3 等。硫酰氟是除治堆砂白蚁的良好药剂，它的特点是穿透力强、稳定、无臭。对于受堆砂白蚁蛀蚀的木质器具，可放在熏蒸箱或密闭良好的房屋进行熏蒸，也可用塑料薄膜封起来进行熏蒸。

3. 高温灭蚁法

凡家具被干木白蚁蛀蚀，可在65℃高温中处理1.5 h或在60℃高温中处理4 h，能有效地杀死白蚁。利用高频电流和微波产生的热能消灭堆砂白蚁效果更好。用高频电流（40 MHz，5 000 W）或微波（2 450 MHz，3 900 W）处理木构件，只需1 min就能使木材中的白蚁全部均匀死亡，它具有杀灭快和没有残毒的优点。

本章小结

本章着重介绍了房屋的养护管理，房屋的维修管理，房屋完损等级评定，房屋维修技能以及白蚁的防治。包括房屋养护的概念、内容和考核指标，房屋维修的内容及维修标准，房屋完损等级的分类、标准及评定方法，危险房屋的鉴定程序和处理方法，墙体、屋顶、楼面、地面等的维修方法和技能，以及白蚁对建筑物的危害、白蚁的防治、检查和除治等相关知识。

复习思考题

1. 房屋养护的基本含义是什么?
2. 房屋日常养护的主要内容有哪些?
3. 什么是房屋维修的原则?
4. 根据修缮规模的不同房屋修缮可分为哪几类?
5. 房屋的完损等级分为哪几类?
6. 什么是危险房屋?
7. 危险房屋的鉴定应该按什么程序进行?
8. 堵塞白蚁入侵建筑物的途径有哪些?

模拟测试题

一、填空题（请将正确的答案填在横线空白处）

1. 房屋养护是指物业服务企业为保证物业处于良好的使用状态，对________、________及________实施的综合养护工作。

2. 房屋养护应该遵循的原则是：________，________。

3. 房屋日常养护可分为________养护、________养护两种情况。

4. 房屋竣工使用后，由于受到________、________、________、________等各种因素的影响会造成不断损坏，必须适时地、有效地对房屋进行维护、修缮、改建等。

5. 房屋修缮按照物业完损程度及修缮规模不同可分为房屋________、________、________、________、________等。

二、判断题（下列判断正确的请打“√”，错误的打“×”）

1. 屋面防水是建筑物防水的薄弱环节，因此，应加强屋面工程的养护。（ ）

2. 计划养护是物业服务企业凭借经验和平时掌握的检查资料从物业管理角度提出来的养护工作计划安排。（ ）

3. 对被鉴定为危险房屋的，一般采用整体拆除的方式进行处理。（ ）

4. 只有房屋的结构、装修、设备部分各项均符合完好标准，其完损等级才可评为完好房。（ ）

5. 沉降裂缝是由于房屋地基变形、基础不均匀沉降引起的。（ ）

三、单项选择题（下列每题有四个选项，其中只有一个是正确的，请将其代号填在括号内）

1. 房屋维修工作中，凡是为修复房屋的小损小坏，以维持房屋原来的使用状态及完损等级为目的维修，称为房屋的（ ）。

A. 小修　B. 中修　C. 大修　D. 翻修

2. 从巢中飞出的有翅繁殖蚁具有强烈的趋光性，利用各种（ ）将有翅繁殖蚁诱集而歼之，是消灭大量有翅繁殖蚁简易而有效的办法。

A. 药水　B. 药粉　C. 声波　D. 光源

3. 家白蚁是我国（ ）地区危害建筑物的主要白蚁种类，由于它的群体庞大，破坏迅速，在短时期内能造成巨大损失。

A. 东部　B. 南方　C. 北方　D. 西部

4. 养护及时率，是指当月完成的小修养护次数与当月全部报修中应修的户次数之比，一般要求达到（ ）以上。

A. 96%　B. 97%　C. 98%　D. 99%

5. 房屋完损等级的评定是以（ ）为评定依据的。

A. 房屋建造年代　B. 房屋原始建造标准

C. 房屋实际完损标准　D. 房屋已使用年数

四、多项选择题（下列每题中的多个选项中，至少有两个是正确的，请将其代号填在括号内）

1. 房屋日常养护的考核指标主要包括（ ）。

A. 定额指标　　B. 经费指标　　C. 服务指标　　D. 安全指标

2. 房屋维修的原则包括（　　）。

A. “安全、合理、经济、实用”的原则

B. “区别对待”的原则

C. 为用户服务的原则

D. 修缮资金投资效益最大化的原则

3. 房屋完损等级按房屋的结构、装修、设备三个组成部分各个项目的完好或损坏程度来划分，分为（　　）和危险房屋。

A. 完好房　　B. 基本完好房

C. 一般损坏房　　D. 严重损坏房

4. 屋面具有承重、围护、防水、保温（隔热）等方面的作用，因此，应加强屋面工程的养护，做到（　　）。

A. 定期清扫，保证各种设施处于有效状态

B. 定期检查、记录，并对发现的各种问题及时处理

C. 建立大、中、小修制度

D. 加强屋面使用管理

5. 对于一些具有历史保护性的建筑，在房屋维修中还要充分考虑（　　）的运用，因此会受到诸多条件的制约。

A. 原有建筑材料　　B. 建筑设备　　C. 建筑施工技术　　D. 资金

五、简答题

1. 何为翻修工程？其适用范围有哪些？

2. 危险房屋的鉴定应按照哪些程序进行？

3. 房屋维修按修缮标准可分为哪几个分项工程进行确定？

4. 防止白蚁入侵建筑物的途径主要有哪些？

5. 符合什么条件的房屋可评为基本完好房？

模拟测试题参考答案

一、填空题

1. 房屋结构　装修　设备部分

2. 因地制宜　合理修缮

3. 零星　计划

4. 自然　使用　生物　灾害

5. 小修　中修　大修　翻修　综合维修

二、判断题

1. √　2. √　3. ×　4. ×　5. √

三、单项选择题

1. A　2. D　3. B　4. D　5. C

四、多项选择题

1. ABCD　2. ABCD　3. ABCD　4. ABCD　5. ABC

五、简答题

1. 房屋翻修是指需全部拆除，重新设计、重新建造的改造工程。房屋翻修一般适用于主体结构严重破坏、丧失正常使用功能、有倒塌危险且不能通过一般维修恢复或无维修价值的房屋。

2. 房屋危险性鉴定应依次按下列程序进行：

(1) 受理委托：根据委托人要求，确定房屋危险性鉴定内容和范围。

(2) 初始调查：收集、调查和分析房屋原始资料，并进行现场查勘。

(3) 检测验算：对房屋现状进行现场检测，必要时，采用仪器测试和结构验算。

(4) 鉴定评级：对调查、查勘、检测、验算的数据资料进行全面分析，综合评定，确定其危险等级。

(5) 处理建议：对被鉴定的房屋，应提出原则性的处理建议。

(6) 出具报告。

3. 修缮标准按主体工程，木门窗及装修工程，楼地面工程，屋面工程，抹灰工程，油漆粉饰工程，水、电、卫、暖等设备工程，金属构件及其他工程九个分项工程进行确定。

4. 防止白蚁入侵建筑物的途径主要有：

(1) 消灭有翅繁殖蚁，预防新群体的产生。包括采取消灭有翅繁殖蚁的各种措施。如：

1) 灯光诱杀有翅繁殖蚁。

2) 保护天敌。天敌捕食有翅繁殖蚁的数量相当大，对抑制白蚁群体发展起到重要作用。

3) 喷洒杀虫药剂。

(2) 防止白蚁从室外蔓延入侵。

(3) 加强检疫，防止白蚁被携带传播。

5. 凡符合下列条件之一者可评为基本完好房：

（1）结构、装修、设备部分各项完损程度符合基本完好标准。

（2）在装修、设备部分中有一、两项完损程度符合一般损坏的标准，其余符合基本完好以上的标准。

（3）结构部分除基础、承重构件、屋面外，可有一项和装修或设备部分中的一项完损程度符合一般损坏标准，其余符合基本完好以上标准。

第 6 章

房屋设备的维护与管理

第 1 节　给水排水系统的维护与管理

一、给水排水系统的组成

1. 房屋给水设备

（1）基本组成。建筑给水系统通常由以下几个部分组成，如图 6—1 所示。

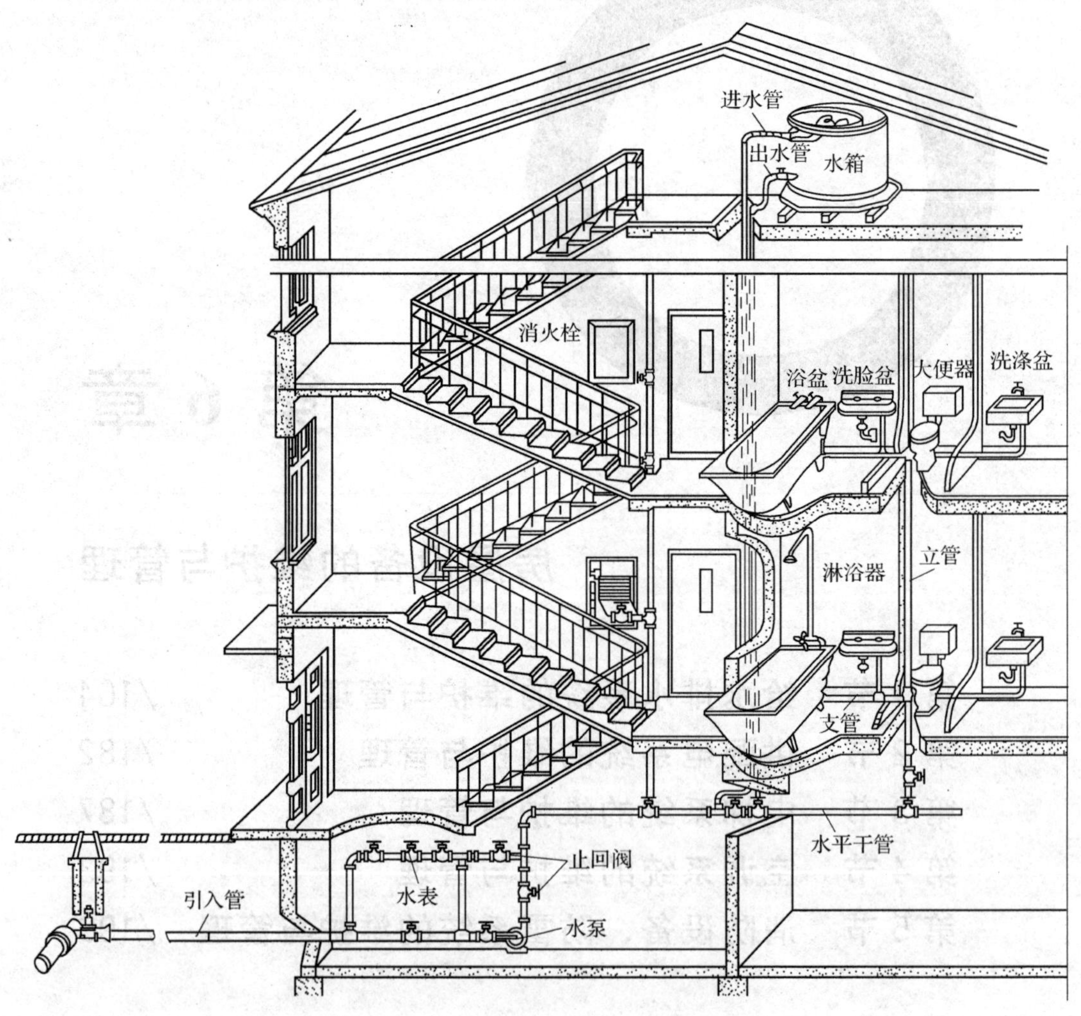

图 6—1　建筑给水系统的组成部分

1）引入管。引入管是由室外给水管引入建筑物的水平管段。

2）水表节点。水表节点是引入管上的水表及其前后设置的阀门、泄水装置的总称。

3）管道系统。管道系统是指由给水水平干管、立管、横管、支管组成的管路系统。

4）卫生器具和用水设备。卫生器具和用水设备是供水或接受、排出污水或污物的容器或装置。

5）给水附件。给水附件是指管路上的各种阀门。

6）升压和储水设备。在室外给水管网压力不足或室内对安全供水、水压稳定有要求时，需设置各种附属设备，如水箱、水泵、气压给水设备、储水池等。

7）室内消防设备。室内消防给水设备分为普通消防设备、自动喷洒设备及水幕消防设备。其中普通消防设备也称为消火栓给水系统，该设备通常由水枪、水带、消火栓、管网及水源等组成，一般建筑内室内消火栓给水管网常与生活、生产共用一个管网设备。自动喷洒消防设备是一种特殊的消防设备，通常由喷水头、管网、信号阀和火警信号器等组成。水幕消防设备主要用于公共建筑及人流量比较大的建筑物中。水幕消防设备通常由洒水头、管网和控制阀组成。

（2）分类。建筑给水系统按照供水对象的不同，可以分为三类：

1）生活给水系统。提供人们日常生活中所需用的水，如饮用、烹调、盥洗、洗涤、淋浴等用水的管道设施，称为生活给水系统。要求水质必须严格符合国家规定的生活饮用水水质标准。

2）生产给水系统。提供人们在生产工艺中的用水，如机器设备冷却、原料和产品的洗涤水、锅炉及生产过程用水的管道设施，称为生产给水系统。对水质的要求应根据生产性质和工艺要求而定。

3）消防给水系统。提供建筑物扑灭火灾所需要的水，其消防管道设施，称为消防给水系统。

消防给水设备主要用于房屋的消防灭火，物业消防给水设备的设置主要取决于城市消防队的灭火能力。低层建筑物由于消防车可以直接利用室外给水管网的压力，用于扑灭建筑物内任何地点的火灾，因而其消防给水设备比较简单；但是，对于高层建筑物而言，由于建筑物高度超过消防车及云梯的灭火高度，这时建筑物应设置室内消防给水设备，以增加建筑物的消防自救能力。

在一幢建筑物或建筑群中，实际上不一定需要单独设置以上三种给水系统，通常根据建筑物内用水设备对水质、水量、水压的要求，结合室外给水管网情况，并考虑经济、技术和安全条件，组成不同的共用给水系统，如生活—生产给水系统，生活—消防给水系统等。

2. 房屋排水设备

（1）基本组成。排水系统一般由以下几个部分组成，如图 6—2 所示。

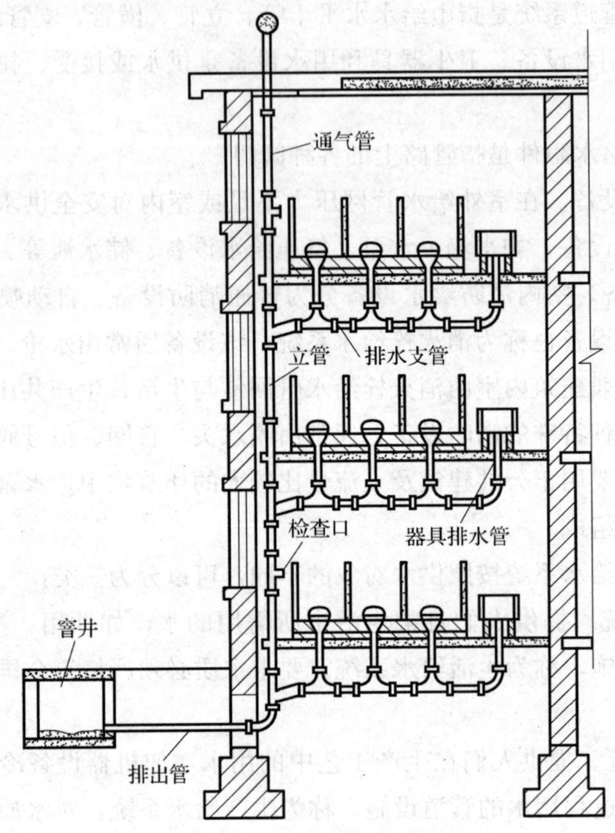

图 6—2　建筑排水系统的组成

1）污（废）水收集器。指各种产生和收集污水的卫生器具、排放工业废水的设备及雨水斗等。

2）排水支管。是连接卫生器具和排水横管之间的短管。

3）排水横管。是连接两个或两个以上卫生器具排水支管的水平排水管。

4）排水立管。是连接排水横管的垂直排水管。

5）排出管。是室内排水系统和室外排水系统的连接管段。

6）通气管。为使排水系统内空气流通，压力稳定，防水封被破坏而设置的与大气相通的管道。

7）清通设备。为了清通建筑物内排水管道，在排水管道的适当部位设置清扫口、检查口和检查井等。

（2）分类。建筑排水系统按照所排除污（废）水的性质，可以分为三类：

1）生活污水排水系统。排除人们日常生活中的生活废水和粪便污水。

2）工业废水排水系统。排除生产过程中产生的生产污水和工业废水。

3）雨水排水系统。接纳和排除屋面的雨水和融化的雪水。

二、给水排水系统的维修、保养与管理

1. 给水系统的维修与管理

（1）室内给水设备损坏的检修

1）常用阀门的检修。阀门在安装和使用中，由于制造质量和磨损，容易产生泄漏和关闭不严等现象，为此，需要对阀门进行检查与修理。

2）压盖泄漏检修。填料函中的填料受压盖的压力起密封作用，运行一定时间后填料老化变硬，易造成压盖漏气、漏水，为此必须更换填料。

①小型阀门压盖泄漏检修的步骤如图6—3所示。

将盖螺母卸下。

用螺钉旋具将填料环撬下，将旧填料清理干净。

将细石棉绳按顺时针方向围绕阀杆缠上3～4圈，装入填料函，放上填料环，旋紧盖螺母。

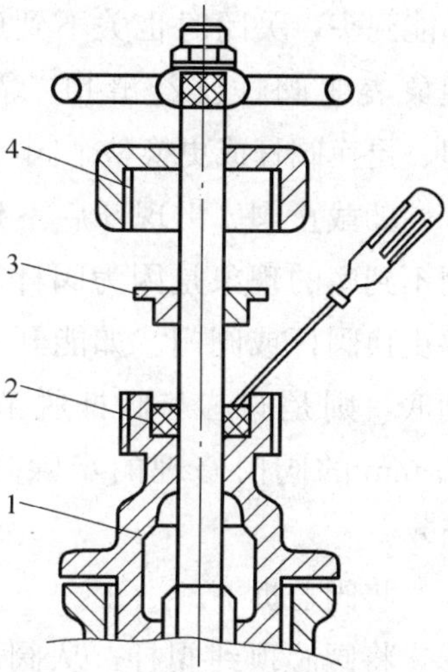

图6—3　小型阀门更换填料操作

1—阀盖　2—填料　3—填料物

4—填料压盖

②较大阀门压盖泄漏的检修如图6—4所示。

拆卸螺栓，卸下填料盖，取出填料函中的旧填料，并清洗干净。

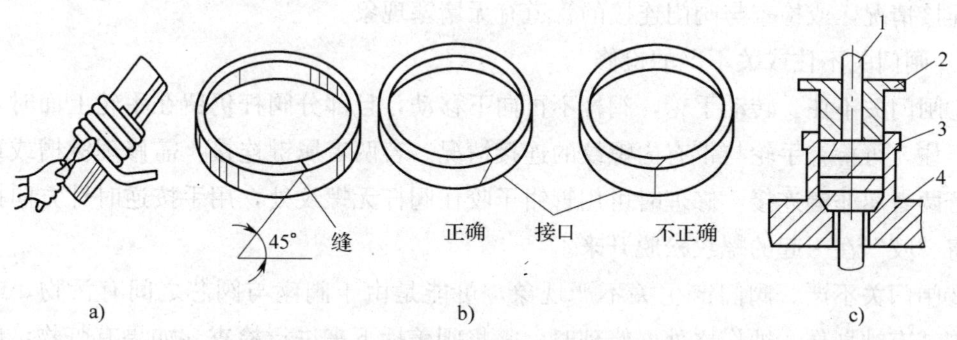

图6—4　制备填料圈及装填排列法

a）在木棍上缠绕填料圈　b）填料圈接口位置　c）装好的填料

1—阀杆　2—填料压盖　3—填料圈　4—填料函套

按照图示，用成型的石墨石棉绳做填料圈。

在填料函套内放入填料圈，各层填料要错开 180°。

安装填料压盖，拧紧螺栓。

3）不能开启或开启后不通水的检修。阀门长期关闭，会因锈蚀而不能开启。可采用振打方法使阀杆与盖螺母（或法兰压盖）之间产生微量的间隙。

①闸阀。感观检查发现阀门开启不能到头，关闭时也关不到底。这种现象表明阀杆已经滑扣，需拆卸阀门、更换阀杆或更换整个阀门。

②截止阀。出现开启不到头或关闭不到底的现象是因为阀杆滑扣，需要更换阀杆或阀门。如能开到头或关到底，则是阀芯与阀杆脱节。DN<50 mm 的阀门修理的步骤如图 6—5 所示。

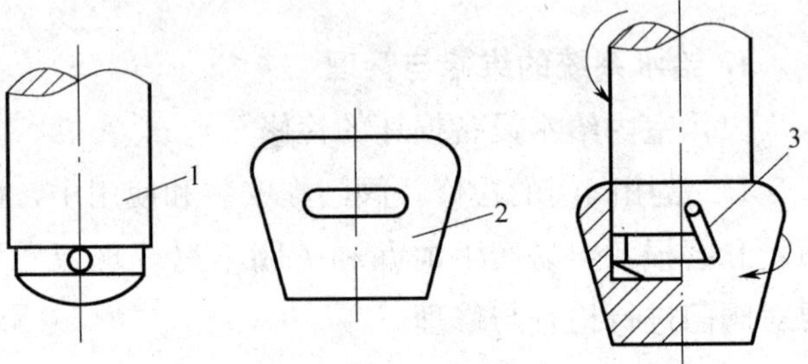

图 6—5　DN<50 mm 阀门阀杆与阀芯的连接

1—阀杆　2—阀芯　3—铜丝

将阀盖拆下。

将阀芯顶到阀杆，从阀芯明槽处，将与阀芯环形槽直径相同的铜丝插入阀杆上的小孔。

用手使阀杆与阀芯做相对转动，铜丝卷入阀芯，直至阀芯被连到阀杆上。

DN≥50 mm 的阀门，需在阀门拆开后根据其结构形式和特点进行修理。

③阀门或管道堵塞。若阀门既能开启到头，又能关闭到底，则拆开阀门检查阀门与阀芯间连接情况，或检查与阀门连接的管道有无堵塞现象。

4）闸门关不住或关不严的检修

①闸门关不住。转动手轮，阀杆不再向下移动，且部分阀杆仍留在手轮上面时，属阀门关不住，可检查手轮与带有内螺纹的连接情况。若两者属键连接，需修理键槽或重新配键。若两者属非键连接，修理时可用管钳子咬住阀杆无螺纹处，用手按逆时针方向扳动手轮，将“咬”在一起的螺纹松脱开来。

②闸门关不严。阀门产生关不严现象，可能是由于阀座与阀芯之间有污物，或是阀座、阀芯有被划伤、蚀伤之处。修理时，需将阀盖拆下来进行检查。如果有脏物，应清洗干净，如属划伤、蚀伤时，需用研磨方法进行修理。

研磨密封圈操作步骤：在生铁研磨器上涂以预先选定的润滑剂和调好的研磨剂，两手以轻微的压力按着研磨盘，然后沿着被研磨的密封圈的表面转动，正反转动 90°，6～7 次后将研磨器旋转180°，再同样正反转动6～9次，多次重复操作，直至看不到痕迹。

经常开启着的阀门，偶尔关闭时产生关不严的现象时，可将阀门关闭再打开、打开再关闭，如此反复多次后，即可将阀门关严。

对于少数垫有软垫圈的阀门，关不严多属于垫圈被磨损，应拆开阀盖更换软垫圈。

5）阀杆失灵。阀杆损伤、腐蚀时需更换阀杆；阀杆螺母倾斜时，需更换阀件或阀门；露天阀门锈死时，需更换露天阀门，并应加罩。要定期转动手轮。

6）水龙头的检修。水龙头的常见毛病有：螺盖漏水和关不严。多数情况是垫圈被磨损，少数情况是芯子折断或阀座被划伤及滑杆滑扣。修理时可根据具体情况换垫圈、芯子或滑杆。

（2）室内给水管道的检修

1）管道漏水点的判别。地面上裸露的给水管道渗漏时，何处形成"喷泉"，何处即为漏水点。

采取了防结露措施的给水管道，如图6—6所示，逆着管道坡度，在流出点A前试选一点B，将B点隔热层下部割开一条窄缝观察，如无水下流时，说明漏水点在AB段之间，若有水流出，则说明漏水点在B点前方，再试选C点，并割开C点隔热层下部观察，照此法直到找到漏水点。

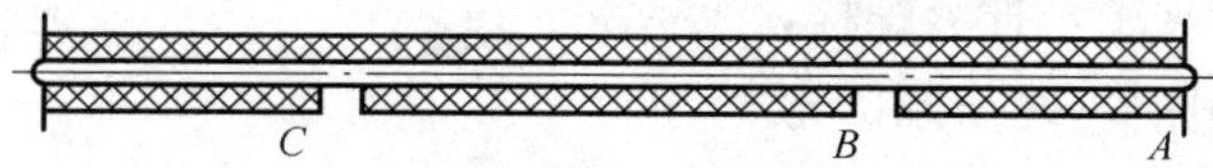

图6—6　防结露结水管道漏水点的查找

2）管螺纹漏水的修复。管螺纹漏水一般是指管箍、弯头、三通及阀门等螺纹连接处漏水。

检修时，用管钳子将漏水处一侧的管子或管件夹住，然后用另一把管钳子将漏水处另一侧的管子或管件上的螺纹拧紧，一般螺纹漏水即可修复。当拧紧螺纹后，螺纹处仍然漏水时，先关闭控制阀门，然后将漏水处的管子或连接管件从长螺纹（或活接或法兰）处拆卸下来，将螺纹上原有的填料用废钢锯条清除干净，再在螺纹上沿顺时针方向缠绕麻丝（或聚四氟乙烯生料带）等填料后，重新连接即可。

3）法兰盘漏水的修复。安装法兰盘时，若法兰盘垫片被管道中的介质腐蚀，在水压或其他外力的作用下易产生渗漏现象。检修时，一般只需用活扳子沿对称方向将螺栓拧紧即可。如拧紧螺栓后仍渗漏，说明垫片已被破坏，此时卸下螺栓后将法兰盘撬开，用废锯条将法兰盘面上的旧垫片清理干净，再将法兰盘重新对正，插入新垫片，依次对称地拧紧螺栓即可。

4）钢管管壁漏水的修复

①补焊法。当钢管上漏水点为一小孔或焊接钢管因质量较差而产生较小的裂缝时，首先在裂缝处作上标记，然后关闭控制阀门，排出管内水，用气焊补焊，焊好后将焊缝锉平。管子因受外力作用而产生的裂缝一般较宽，宜用电焊法补焊，补焊时选用细一点的电焊条，薄薄地焊一层即可。

②管夹法。在腐蚀性不严重的钢管上有小孔或较短的裂缝漏水时，如不能停水，可采用管夹法进行修复。

根据漏水孔的大小，先用硬质木材削制成尖头、锥度小的小木塞，将小木塞堵在漏水的小孔里，并用锤子将木塞轻轻地打实，直至小孔不再漏水为止，然后用钢锯条紧贴管壁，将木塞露在管子外面的部分沿根部锯掉，再在堵塞处或裂缝处垫上一块厚 2～3 mm，大小适宜的软胶皮，上、下两面扣合预先做好的管夹子，拧紧螺栓，将胶皮压紧即可，如图 6—7 所示。常见的管夹形式如图 6—8 所示。

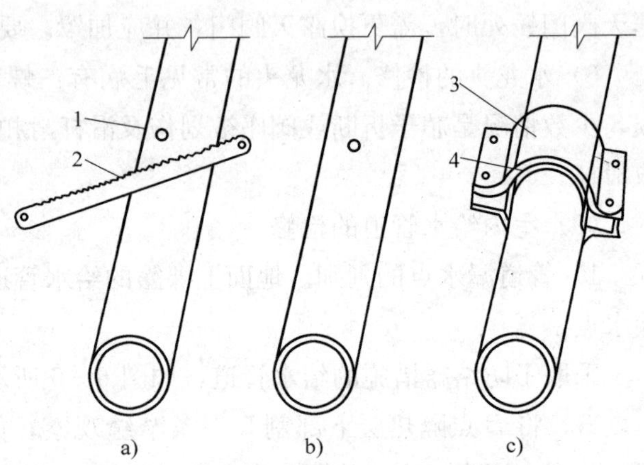

图 6—7 用管夹法修复漏水的管壁图

a）打进木塞 b）锯平木塞 c）用管夹夹住并固定

1—木塞 2—锯条 3—管夹 4—软胶皮

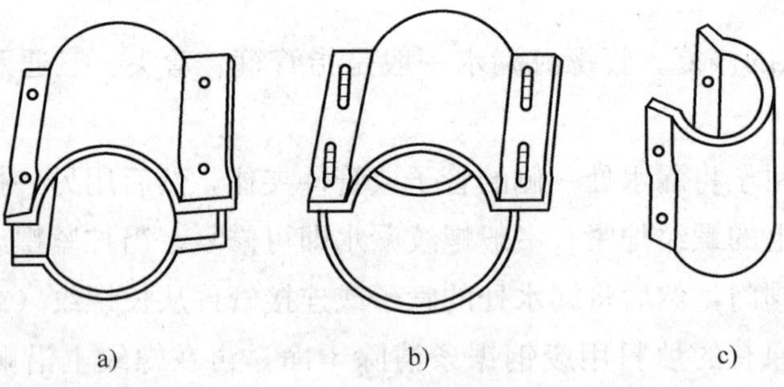

图 6—8 常用堵漏管夹

a）整管夹 b）半管夹 c）软金属夹

③换管法。对于腐蚀严重的或补焊难以修复的漏水钢管，宜采用换管法。

当管子一端有活接头时，可从活接头拆开，如管子两端都无活接头时，常从管子中间锯断，然后将管子或管件拆卸下来。

拆卸时，因管件与管子锈蚀在一起，宜用两把锤子相对地敲打，或用一把锤子垫在相对位置，用另一把锤子不断地振打接头，但不宜用力很猛，待螺纹略微松动后，再用管钳子拆卸。也可喷灯烤接头处，等螺纹间的厚漆、麻丝被烤焦及管子与管件因受热不均而产生微小间隙后，再用管钳拆卸。

将旧管及坏管件拆下来后，用活接头连接换上新管和管件。对于直径较大的钢管，采用焊接法换管。

2. 排水系统的维修与管理

（1）室内排水管道的维护项目。室内排水管道的维护工作对保证系统的正常运行、延长使用寿命等都是重要的技术环节。有关人员应对负责的室内排水管道系统有清楚的了解，如管道的走向、检查井室的位置等，做到勤检查、勤维护、勤修理，以防止和消除运行故障。日常维护包括以下几个方面：

1）各检查井室应封闭严实，防止异物落入。雨水口及其附近不能堆放石灰、碎砖、砂石、垃圾物等，防止被雨水冲入管道。

2）对管道埋设部位地面发现湿迹、地面下沉等现象，地上管道有因泄漏引起的墙面、地面、楼板浸湿，顶棚漏水等现象应及时查明漏点并修漏。泄漏的检查还可和夜间听漏、仪器检查等方法相结合，定期监测漏湿情况。

3）室内卫生间是用水设备集中、管道集中的重点维护部位，应每周检查一次，消除致漏和填塞隐患。

4）明装管道除定期检查维护外，应每隔两年涂刷防腐油漆一次，以延长管道使用寿命。

（2）室内排水管道的修理

1）室内排水管道的漏水修理。在室内排水管道的正常运行中，漏水是经常出现的一种现象。下面介绍常见管道的漏水和修理方法。

①钢管漏水的修理。对漏水的螺纹连接管段应重新添加填料拧紧螺纹。修理时打开附近管段上的活接头，管子即可转动。对腐蚀严重的管段，用切断螺纹部加活接头的方法，或用焊接方法换管修理。

②铸铁管漏水的修理。

承插接口漏水时，可用水泥砂浆将漏水接口糊死。

管子砂眼漏水时，可在砂眼处钻孔后，打入木塞子修理。

管子裂缝漏水时，可在裂纹处包上橡皮板，外用钢板夹子夹紧修理，无法修理的大裂缝漏水，可切去裂缝管段，加套袖，重新填料打口。

2）室内排水管道堵塞修理。首先要查明堵塞部位，根据具体情况选择清通措施。检查和清通方法如下：

①排出管堵塞时，底层卫生器具排水不畅，严重时在一层地漏、便器等处外流。修理时，可从室外检查井向室内清通。方法是用竹片、带钩的钢丝或橡胶管来回推拉清通，胶管内还可用有压力的水冲击清通。或从一层立管检查口、地面扫除口或地漏处向室外检查井清通。

②排水立管堵塞时，来自堵塞物上部管道的污水无法顺畅地向下排放，且常从最低用器里溢出。判断堵塞部位的方法是：若堵塞物处于一、二楼层间的立管中，则一楼污水可照常排出，而二楼以上各层污水均无法排放，且污物会从二楼的用器中溢出。如此可判定堵塞物大概位置，并采取如下措施：

堵塞物靠近检查口时，可打开检查口进行疏通，如图 6—9a 所示。

堵塞物靠近屋顶时，可在立管伸出屋面的通气孔中进行疏通，如图 6—9b 所示。

经上述方法处理仍无效时，堵塞物多停留在三通或弯头处。可打开与这类配件相应的排水管上的扫除口进行疏通。也可在三通或弯头上剔出一个洞，用钢丝或下水疏通机进行疏通，修好后用小木塞封闭，如图 6—9c 所示。在讲究外观的场合，宜用手电钻钻孔。

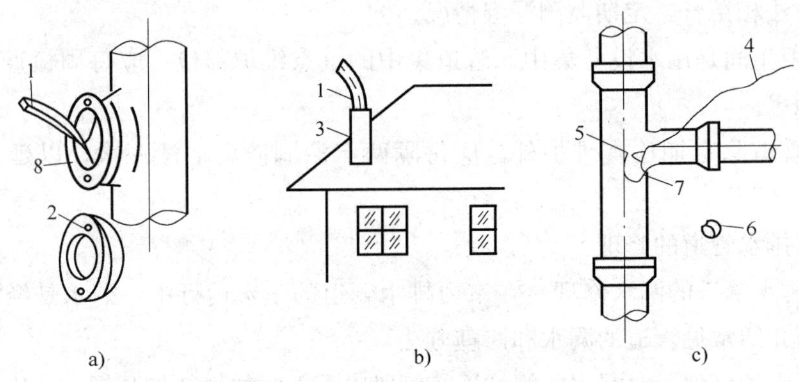

图 6—9　排水立管堵塞与疏通

a）从检查孔疏通　b）从通气孔疏通　c）从三通（或弯头）疏通

1—竹劈　2—检查孔孔盖　3—通气孔　4—钢丝

5—剔出的洞　6—木塞　7—堵塞物　8—检查孔

3）排水横管中部堵塞修理。堵塞物堵在排水横管中部，如图 6—10 所示，由此导致同一层部分器具不排水。判断被堵塞位置时，首先要查找两个相邻的器具，即其中一个应是排水的，而另一个则不排水。两者之间的管段即故障管段。

处理这种故障时，可将排水横管上的扫除口或管端上的堵盖卸开，插进竹劈或钢丝进行清通。对于平房中类似故障，需揭开室外排出检查井盖，从检查井中输进竹劈或钢丝进行清通。也可以直接使用下水疏通机排除上述故障。

4）排水横管末端堵塞修理。如图6—11所示，由于堵塞物在排水横管末端，致使排水横管上所连接的全部用器不排水。排除这种故障的方法与排除管道中部堵塞的方法相同。

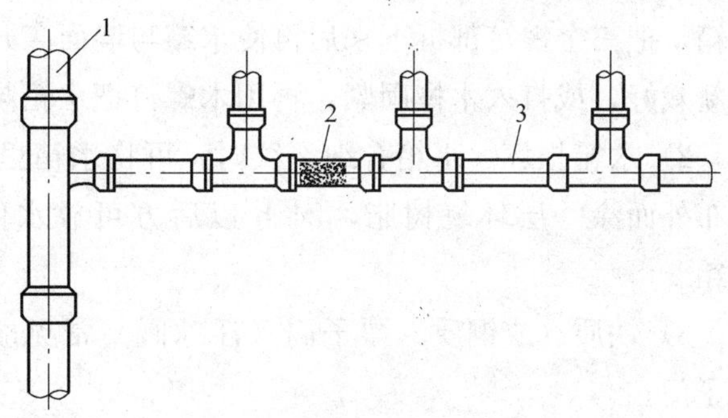

图6—10　排水横管中部被堵塞

1—排水立管　2—堵塞物　3—排水横管

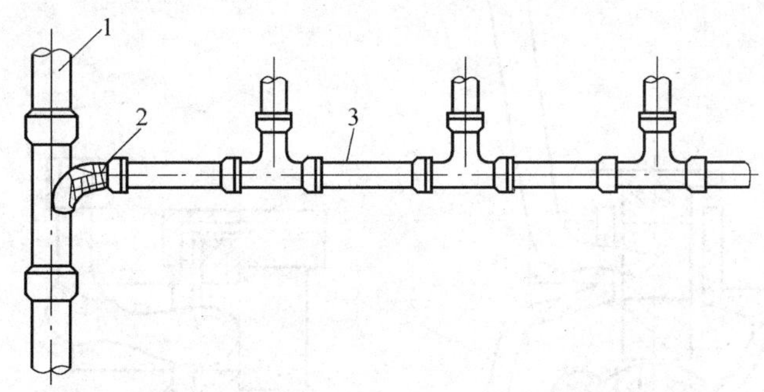

图6—11　排水横管末端被堵塞

1—排水立管　2—堵塞物　3—排水横管

5）卫生器具短管堵塞修理。可用橡皮碗抽吸清通。存水弯堵塞时，可打开底部管堵清通。目前使用较多的是管道疏通器，即一台电动机带动一根钢丝软轴旋转，软轴插入到淤塞管道中搅动。使淤泥松动，然后用水冲洗，逐步使管道疏通。使用较多的是GQ型管道疏通机，如GQ－75型可疏通DN20～75 mm的管道，GQ－200型可疏通DN38～200 mm的管道。

3. 常用卫生器具的维修

（1）水箱常见故障及维修方法

1）水箱不稳。水箱不稳的故障多发生于高位水箱、用木砖（或木塞）及木螺钉固定的水箱。水箱不稳大都是由于维修时间相隔过长、水箱发生故障以后得不到及时的维修、用户使用时拉拽水箱无水便反复用力拉而将木砖的木螺钉或木砖拉出来等原因。

如果是木螺钉被拔活动了，需把螺纹已不锋利的木螺钉换成新螺钉，并错开原来旧的螺纹孔，把螺钉拧紧（用木楔堵上原来的旧孔更好）。如果木砖已被拔出，应在下面托住水箱，把三个螺钉都拆下来后再使水箱与墙面离开一段距离，把拔出来的木砖用水泥砂浆重新栽好，或打入木楔固紧，再用木螺钉把水箱装好。

2）水箱损坏。水箱有细裂纹时，可将水箱里的水暂时放掉，然后用胶布粘住，再在胶布外面涂一层环氧树脂，24 h 以后方可放水使用。当水箱损坏严重时，就需要更换水箱。

3）铁质（或铜质）漂子门（浮球阀）常见故障。如图 6—12 所示是铁质（或铜质）漂子门。

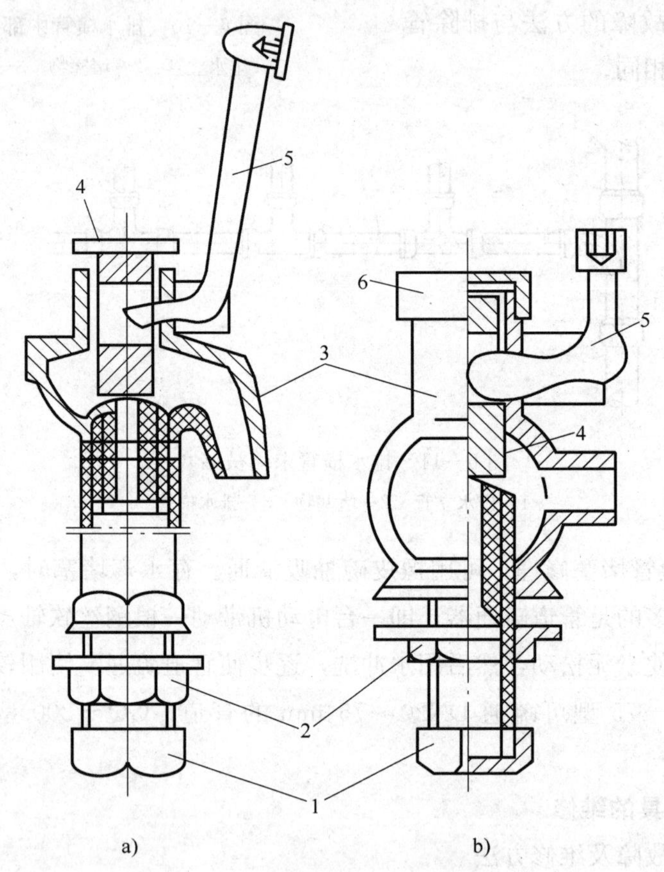

图 6—12 铁质（或铜质）漂子门

a）低箱漂子门 b）高箱漂子门

1—锁紧螺母 2—根螺母 3—闸体 4—闸心 5—弯脖 6—铜螺母

常见故障有以下几种：

①漂子失灵。漂子失灵后，漂子门始终向水箱中流水，对高水箱有可能产生自泄（不经拉拽自行向便池泄水）。

失灵的形式有以下几种：

• 弯脖与漂子门脱节：产生的原因是销子折断或窜出，应将销子安装好。

• 漂子杆断开：产生的原因是漂子杆泡在水中受到严重腐蚀。修理时需换漂子杆。

• 漂子球与漂子杆相连接的部位折断：产生的原因是由于漂子杆弯得不当，使水箱中零件经常发生碰撞。修理时除更换漂子球外，还应调整漂子杆的弯曲程度，避免用户在拉水箱时，使水箱中的零件与漂子相碰撞。

• 漂子球、漂子杆和弯脖间的连接丝扣有滑扣现象：产生的原因是连接时拧得不紧，对这一种情况应更换相应的零件。

• 漂子球被浸没在水箱的水中：产生的原因是弯脖与漂子门连接处抗劲。抗劲可能是后配上去的弯脖厚或漂子杆弯曲的形状不合适。属于前者时，应将弯脖减薄一些，属于后者则应将漂于杆的弯曲形状调整好。

②漂子杆定得不合适。当漂子杆定得过低，使水箱里的水量不足。若水箱装的是塑料虹吸管（指高箱），会产生水箱不下水的毛病。遇到这种情况时，应将漂子杆适当提高一点。

当漂子杆定得过高时，若是低水箱则会有水通过溢流管流入便池或从水箱上面溢水；若是高水箱则会有水通过虹吸管流入便池或从水箱上面溢水，甚至产生水箱自泄的问题。遇到上述情况时，应将漂子杆适当调低。

③漂子门不严。当漂子门不严时，虽然漂子球上升到最高点，但漂子门仍然往水箱中滴水或流水，会出现与漂子杆定得过高的相同问题。产生的原因是闸门芯胶皮被腐蚀变薄。修理时应将漂子门铜螺母拆下来，取出门芯，更换门芯上的胶皮。当遇到门芯上嵌胶皮的凹槽已被腐蚀坏时，应更换门芯。

④漂子门不出水。漂子门不出水，水箱里就无水。检查水箱时，若漂子球处在最高点，用手一触漂子球能下落并见水，这说明弯脖与漂子门之间抗劲，可按前面的方法进行修理。若漂子球处在最低点，用手能将漂子球提上来，门芯能在漂子门中自由活动，说明漂子门进水眼被堵住。此时要把控制阀门关住，用 25 mm 或 20 mm 小管钳子把铜螺母卸下来，取出门芯，用细铁丝疏通水眼，再用拇指代替铜螺母堵在漂子门上，试开控制阀门，如果仍未通开，将阀门调小后继续进行疏通，若已通畅，要将阀门关住，把门芯和其他零件都一一装好后，再打开阀门。

当用手触动漂子球时，漂子球不动或觉得不灵活，是门芯锈在漂子门里或门芯在漂子门中发涩。修理时需将铜螺母卸掉，用剪刀清理一下门芯在漂子门经常活动的部位，然后关住控制阀门，拆下销子和弯脖，用 2 mm 左右的铁丝弯出钩来，一点点地把门芯从漂子门中钩出，用砂布擦一擦门芯，然后再按相反的顺序将漂子门装好。

⑤漂子门锁紧螺母漏水。漂子门锁紧螺母漏水的原因有水箱不稳（严重的水箱张离墙面），撞击漂子门；锁紧螺母用的填料使用时间过长，失去了弹性。若属前种情况，应先将水箱固定好，再修锁紧螺母漏水的毛病，不然修好后，锁紧螺母仍要漏水。若属后种情况，将锁紧螺母用扳手拧开，除掉旧填料，缠以适量细石棉绳，再将锁紧螺母拧紧即可。对于填料为成型胶皮圈者，因为胶皮的弹性好，所以一般来说不进行更换。

⑥换漂子门。修理漂子门锁紧螺母时，易将插销的小爪碰折，使漂子门不能再用。另外当需换闸芯或弯脖等零件时，所备的零件不合适（经修整后也不合适），需换漂子门。换漂子门时需将旧漂子门拆下来，若有锁紧螺母和根螺母时，应先拆开锁紧螺母，然后松开螺母，将旧漂子门从水箱中抽出来。若不好拆时，为保护水箱不受损害，可从根螺母处将漂子门锯断取出。

换新漂子门时，最好用塑料漂子门。

4）塑料漂子门常见故障。如图 6—13 所示是两种不同形式的高箱漂子门。图 6—14 所示是两种不同形式的低箱漂子门。

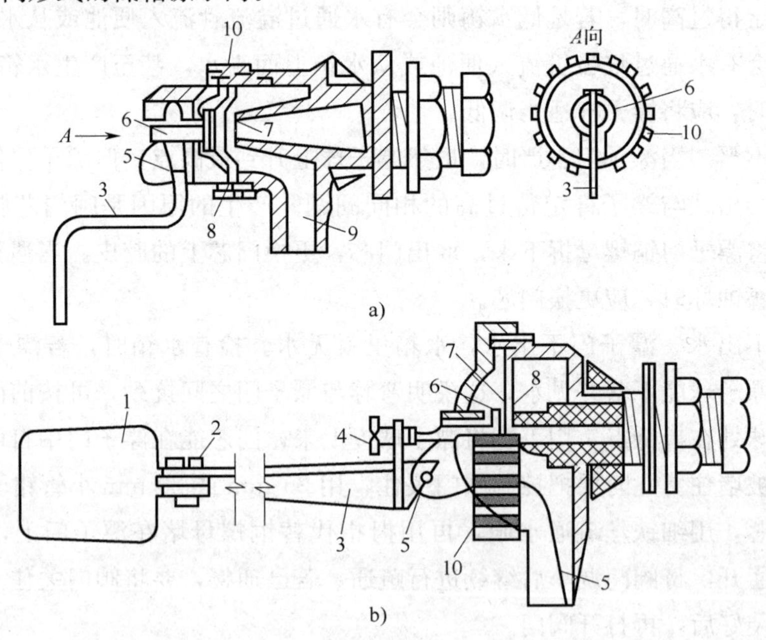

图 6—13　高箱漂子门

1—漂子　2—固定螺钉　3—漂子杆　4—调整螺钉　5—销子

6—平头钉　7—进水口　8—胶皮　9—出水口　10—盖螺母

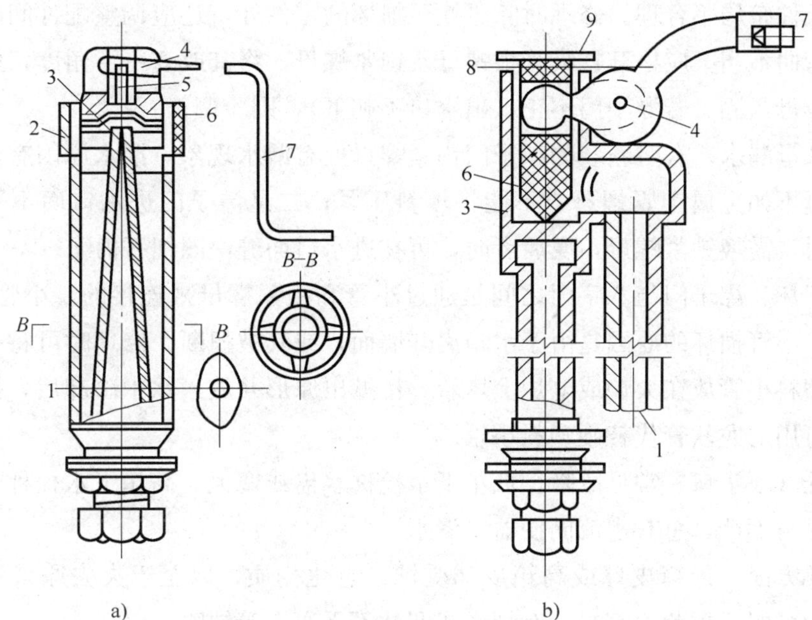

图 6—14 低箱漂子门

1—出水口 2—盖螺母 3—进水口 4—销子 5—平头钉

6—胶皮 7—漂子杆 8—弯脖 9—门芯

塑料漂子门常见故障有下述几种：

①漂子门不严。对于旧漂子门来说，出水口处的胶皮腐蚀或老化时都会引起漂子门不严，修理时购买成型胶皮备件更换。对新漂子门来说往往是由于出水口端头不平或有毛刺，可用细砂纸打一打出水口端头。

②漂子位置定得不合适。图 6—14 所示的漂子门和低箱铁质漂子门的结构形式差不多，且也是靠调整漂子门杆的弯曲程度来调整水箱的水位高低。

图 6—13 所示的漂子杆是硬塑料制成的，不能打弯，调整水箱水位高低靠旋转调整螺钉来实现。按顺时针方向旋转调整螺钉，使水箱水位降低；反之，则水箱水位升高。

图 6—13 和图 6—14 所示漂子门靠改变漂子（见图 6—15）在漂子杆上的位置来调整水箱的水位。把蝶形螺钉旋松即可使漂子在漂子杆上上下滑动，调好后旋紧蝶形螺钉即可。

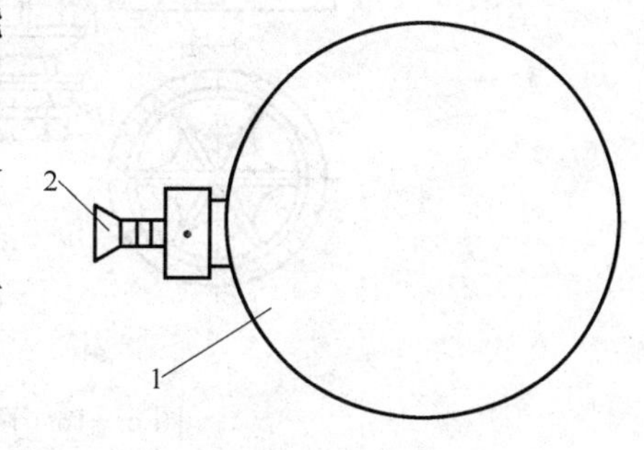

图 6—15 漂子

1—漂子 2—蝶形螺钉

③漂子或漂子门损坏。漂子或漂子门损坏原因

多属水箱中配件布局不合理。修理时除更换已损坏的零件外，还应调整配件间的布局。若属拉架铁丝弯曲不当，应松开虹吸管根螺母及锁紧螺母，将其改变一下角度，然后再用根螺母、锁紧螺母紧固。若漂子门不正（出水口不朝下），则应调正。

④锁紧螺母漏水。有时新装的漂子门锁紧螺母处有漏水现象，漏水原因有两点：一是塑料锁紧螺母不如金属锁紧螺母，不能将填料压紧；二是漂子门进水口面不平或者有毛刺。属前者时，需换锁紧螺母，属后者时，可在进水口面缠一圈细石棉绳。

⑤小管损坏。漂子门与八字门之间是通过小管和锁紧螺母来连接的。小管为塑料的，摵成灯叉弯。小管损坏的原因是由于水箱离开墙面，或其被扭断。修理时可将一根与旧管规格相同的塑料小管放在火炉或电炉上烤软，待摵出原形并放入水中冷却后，按原有的长度截断。也可用尼龙软管代替硬塑料小管。

⑥下水栓（下水口）常见故障。低箱下水栓称水盅或塞风。高箱下水栓称虹吸管。常见故障是：密封不严，总有水流向便器中淌水。

原因有几方面：低箱皮球或高箱皮球受蚀，老化变质，以至于失去原来的形状和弹性，弹簧弹力减弱或折断；密封面有划伤或凹凸不平斑点等缺陷。

处理方法：更换皮球，只将其从杆上拧下来，换个新的即可。对于有些折卸下来的虹吸管，可从水箱外拆开锁紧螺母、根螺母，把虹吸管从水箱中抽出来，再进行拆卸上盖的工作。对于锁紧螺母、根螺母拆卸不下来的，可将虹吸管锯断，换虹吸管。

5）塑料下水栓常见故障。图 6—16 所示是两种不同型的高箱塑料的虹吸管。塑料虹

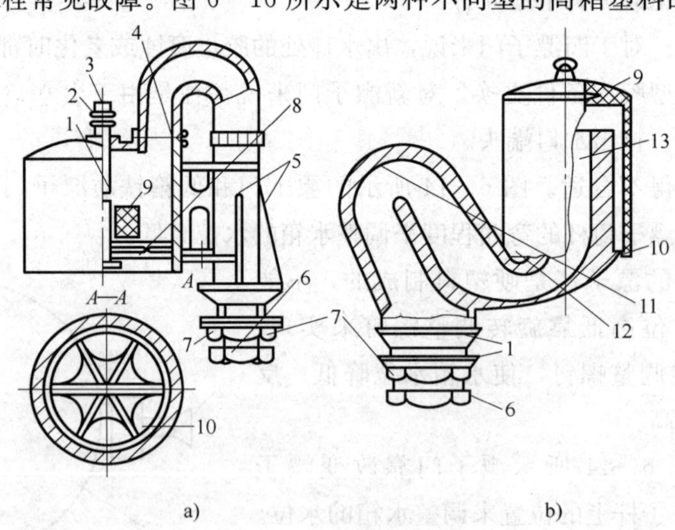

图 6—16　两种类型高箱塑料虹吸管结构

1—胶皮垫　2—塑料圈　3—拉杆　4—接口　5—立肋　6—锁紧螺母　7—根螺母
8—胶皮膜　9—金属框　10—横肋　11—弯管　12—扣盅　13—进水口

吸管常见故障是锁紧螺母或根螺母处漏水。其原因有：在安装虹吸管之前，未将水箱出水口处的污泥、灰砂清理干净，安装时胶皮垫与出水口接触不良、密封性差，锁紧螺母或根螺母滑扣，虹吸管出水口端面不够平。

a 型虹吸管易出现的故障有：因胶皮膜薄，虹吸管使用一段时间后，胶皮薄膜会老化而破裂，此时应更换。

b 型虹吸管易出现的故障有：

①不下水或下水不畅。不下水或下水不畅的故障多见于新安装的虹吸管，造成的原因是弯管中有杂物，遇此情况时应将虹吸管拆下来取出杂物。

②虹吸管安装角度不当。当虹吸管进水口与漂子安装在水箱中同一侧时，扣盅与漂子会相互干扰和碰撞，易使漂子甚至漂子门损坏。当进出口距漂子门过近时，扣盅与漂子门相撞，轻者易产生漂子门锁紧螺母漏水的现象，严重时会将塑料漂子门撞断。

虹吸管正确安装角度如图 6—17 所示。

(2) 大便器常见故障及维修方法

1) 大便器进水眼或冲洗管堵塞。当确认水箱无毛病后，可先用 8 号铅丝通一通便器后侧的进水眼，然后再拉拽水箱导向卡子或扳动扳把，若水箱水下泄，则找到毛病，若水箱仍然不泄水，则毛病应在冲洗管。

2) 大便器堵塞。大便器堵塞后，会产生粪便及污水流不走或渗得慢的毛病。当个别便器堵塞时间较长时，可用搋子把堵塞物抽出来。

3) 胶皮碗（皮碗）漏水。蹲式便器与地面相接的地方漏水或楼板有滴水、渗水现象时，常是因为胶皮碗漏水。其原因是皮碗被蚀烂或绑皮碗的铜丝被蚀烂。修理时，把旧皮碗拆下来，把换的新皮碗翻过来套在冲洗管端，再把皮碗翻过去，使皮碗恰好套在便器进水口外缘，并用铜丝将其绑牢在便器上。皮碗与冲洗管相接的另一端也用铜丝绑住，如图 6—18 所示。胶皮碗装好后，用砂土埋好，砂土上面抹一层水泥砂浆。

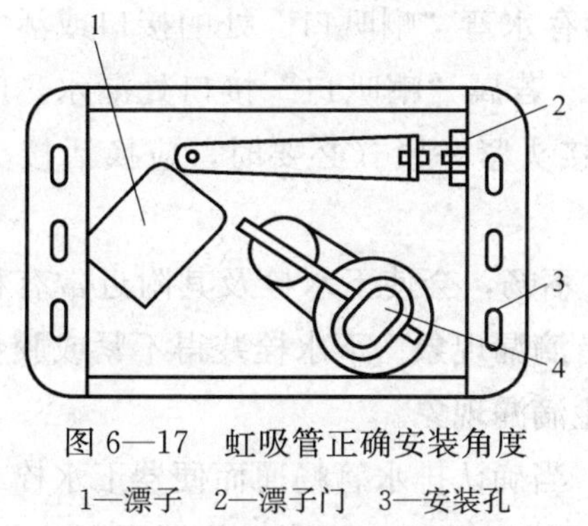

图 6—17　虹吸管正确安装角度

1—漂子　2—漂子门　3—安装孔

4—虹吸管进水口

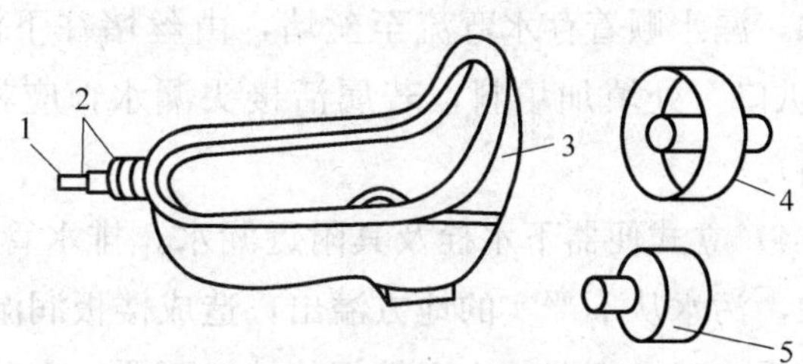

图 6—18　大便器结构图

1—冲洗管　2—铜丝　3—大便器

4—未翻过来的胶皮碗　5—翻过来的胶皮碗

（3）瓷脸盆常见故障及维修方法

1）脸盆下水口（下水栓）漏水。下水口漏水多是根螺母较松和脸盆托架不稳或脸盆在使用时晃动引起的。修理时，需将下水口拆下来重新安装，并将脸盆和托架固定。

对使用时间较长的下水口，需将脸盆取下来，锯断下水口。

装新下水口时，最好用塑料下水口，如图 6—19 所示。其上部的胶皮垫呈三角形。脸盆下部的胶皮可用普通平面胶皮剪制，下面需加铁皮或塑料垫圈，以免拧根螺母时，其产生转动，影响密封效果。

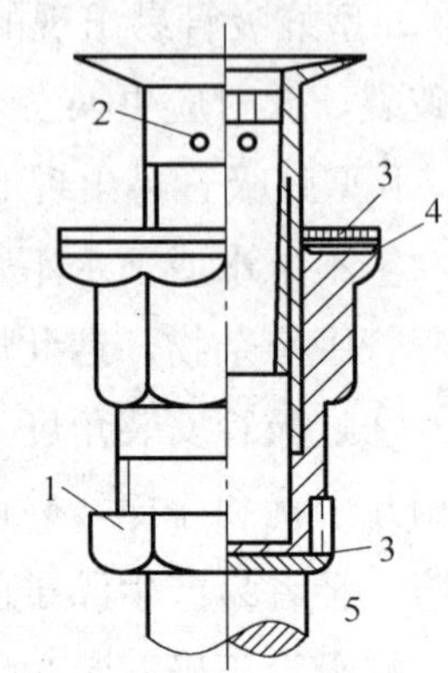

图 6—19 塑料下水口

1—锁紧螺母 2—溢流孔

3—胶皮垫 4—塑料垫圈

5—存水弯

2）脸盆损坏。对脸盆损坏较轻者，可用水泥砂浆或环氧树脂粘糊。对损伤严重者和要求外观的场合要进行更换。

3）脸盆不下水或底部冒水。脸盆不下水的原因是下水口落入异物。可采用搋子搋的方法修理。遇到搋不通的情况时，用扳手拆开存水弯下部的丝堵，用铁丝进行疏通。若还不行可拆开存水弯活接头进行修理。

脸盆底部冒水是指存水弯与下水管接口处冒水。原因在存水弯以下的弯道。若是下水支管堵塞，先用搋子搋脸盆的下水口处；若不行，将脸盆和存水弯从脸盆架上取下来，再用搋子搋下水管；若还不行，可用胶管接水源的方法，用水将异物冲入下水干管中，使下水道畅通。

（4）小便器常见故障及维修方法

1）阀门不严或滑扣。阀门不严或滑扣，需换阀门或阀门盖。

2）挂式便器存水弯堵塞。存水弯堵塞后，便器会不下水。若用搋子搋不通，需拆开存水弯或活接头，若还是堵塞则拆下整个存水弯用铁丝疏通。存水弯堵塞严重时，里面充满尿碱，将其放于水池旁，一边用铁丝或小木棍疏通，一边用水冲洗。

3）挂式便器存水弯漏水。存水弯漏水多是因为存水弯“喇叭口”处的接口或活接头漏水，漏水顺着存水弯流至丝堵，由丝堵往下滴水。若属“喇叭口”接口处漏水，应在“喇叭口”处填加填料，若属活接头漏水，应将活接头紧一紧（必要时，应换活接头的垫料）。

4）立式便器下水栓及其附近漏水。排水管泄水不畅，会使下水栓及其附近常有积水现象，污水从不严实的地方溢出，造成楼板润湿或有滴漏现象。下水栓装得不紧或胶垫老化变质，以及便器与支立管间的接口不严，也可产生滴漏现象。

修理时，可先打开排水管的扫除口疏通排水管。当确认排水管畅通而便器下水栓或其附近有滴漏现象时，应将便器移开。移便器前，先用锤子及平口錾剔开便器周围的灰缝，然后移动便器，检查下水栓胶垫有无老化现象（对使用多年的便器），根螺母是否装得不够紧（对新安装的便器），经检查采取相应修理措施之后，重新稳固便器，如图 6—20 所示。稳固便器前，需将支立管承口处的旧油灰用錾子清理干净，然后将新和好的麻刀灰（或油灰）均匀地抹于支立管承口的周边。支立管外侧周边平铺麻刀灰（或膏灰和少量水泥混合砂浆），将便器稳固在原来的位置。

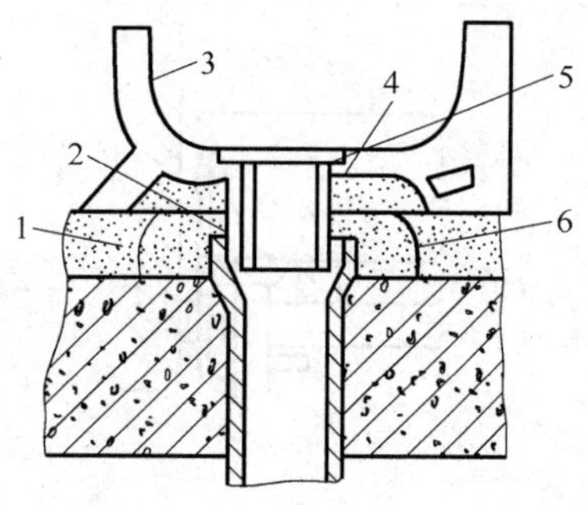

图 6—20　立式便器下水栓

1—灰膏、水泥混合砂浆　2—下水口　3—便器　4—胶垫　5—根螺母　6—油灰

5）槽式小便器故障及维修方法

喷管腐蚀，冲洗用的喷管因长期同水和空气接触，发生氧化作用，致使喷管腐蚀。腐蚀严重时，氧化铁呈蛇皮状布满于外管壁，甚至糊住喷嘴的小眼，使流水不畅，或是喷管于管壁最薄的地方破裂。

换喷嘴时，宜用耐腐蚀的镀锌管或塑料管，喷管的一侧需封死，另一侧需套 15 mm 长螺纹。喷嘴上的孔眼可基本在一条直线上，且要错开管子的焊缝（指镀锌管），孔眼直径为 2 mm，孔与孔的间距为 30 mm 左右。

安装喷管时，应使孔眼中心线与墙壁成 45°夹角，以使冲洗便器，且不妨碍使用。

（5）浴盆常见故障及维修方法

浴盆较常见的故障是下水堵塞。堵塞物一般是长发团、丝瓜瓤、肥皂头等异物。修理时先用搋子抽搋下水口（堵住浴盆溢流孔可加强抽搋效果）。用搋子搋不通时，需打开存水柜检查。打开存水柜后，如存水柜无积水，堵塞物应在存水柜进水口至浴盆下水口之间的管段中，可用细钢丝疏通存水柜进水口。不奏效时，需打开浴盆检查口，拆开活接头疏通弯头、三通的拐弯部位，若打开存水柜堵头时有污水上冒，便可知原因在存水柜出水口一侧。此时应暂停浴盆污水下排，用细钢丝疏通存水柜出水口一侧，直到污水可以下排为止。

浴盆的安装如图 6—21 所示。

（6）淋浴器常见故障及维修方法

1）阀门不严或滑扣及维修。阀门不严时，应换阀门盖或阀门。阀门滑扣后，使阀门无法关闭，须换阀杆或阀门。

2）水垢堵塞及维修。淋浴器堵塞后，可打开平向供水干管尽头的丝堵（或球形阀），以压力水冲洗水垢，也可用稀酸（稀硫酸或稀盐酸）进行清洗。

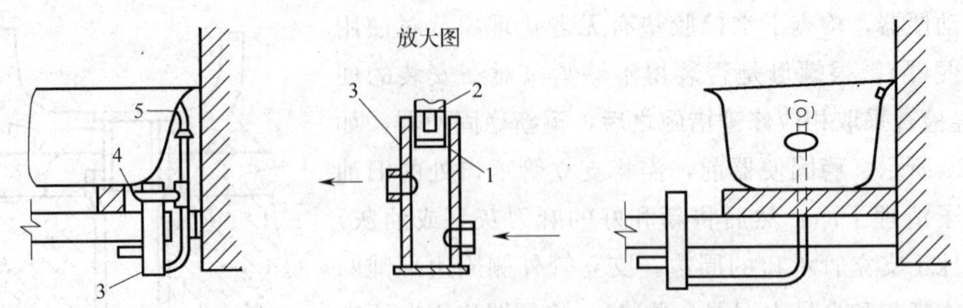

图 6—21　浴盆的安装

1—钢肋托　2—清扫口盖　3—存水柜　4—排水孔　5—溢流孔

第 2 节　供配电系统的维护与管理

一、供配电系统的组成

1. 建筑的供配电系统

电源将高压 10 kV 或低压 380/220 V 送入建筑物内称为供电。送入建筑物的电能经配电装置分配给各个用电设备称为配电。选用相应的电气设备（导线、开关等）将电源与用电设备联系在一起即组成建筑供配电系统。

一般的住宅建筑、办公楼宇多直接采用低压供电（380/220V），而对于大、中型物业管理区或高层建筑物通常经过 6 kV、10 kV 或者 35 kV 的变配电所降压后再向用户供电。

（1）负荷分类和供电系统的方案

1）供电负荷的等级。根据建筑物本身的重要性和对其短时中断供电在政治上和经济上所造成的影响和损失，供电负荷可分为三级。

一级负荷：中断供电将造成用电户人身伤亡，或将在政治上、经济上造成重大损失。

二级负荷：中断供电将造成用电户政治上和经济上较大损失。

三级负荷：凡不属于一、二级的负荷。

一般的物业管理区域中以三级负荷居多，它们无须保证在任何情况下都能满足供电要求，这种负荷也称为非保证负荷。但在一类建筑中的消防水泵、消防电梯、排烟设施、自动报警和自动灭火等消防用电则为一级负荷。这样的一级负荷以及一些特殊需要保证供电的负荷，如高层建筑中的高层电梯用电都是保证负荷。

2）供电系统的方案。用电负荷配电方案就是按其不同等级，按保证或非保证负荷来进行分组配电。常用的方案有：

①负荷不分组配电。负荷不按种类分组，保证负荷和非保证负荷不分组，备用电源也接至同一条母线，在不能满足全面供电的情况下非保证负荷采用失压脱扣方式断电，剩下保证负荷由备用电源供电。

②保证负荷单独分组配电。这是把保证负荷单独分出，集中一段母线供电，备用电源仅对此段线路实行临时供电。

③负荷分三类分组配电。把负荷分为一级负荷、非一级负荷中的保证负荷以及一般负荷三大类来组织母线供电。

（2）供配电系统

1）系统中的主要设备。除了根据供电电压与用电电压是否一致确定是否需要选用变压器外，根据供配电过程中输送电能、操作控制、检查计量、故障保护等不同要求，在系统中一般还有如下设备：

①输送电能设备，如母线、导线和绝缘子，三者是输送电能必不可少的设备。

②通断电路设备，高电压、大功率采用断路器，低电压、中小功率采用自动空气开关或刀闸等。

③检修指示设备，如高压隔离开关。

④满足高电压、大电流电路检查计量和继电保护需要的电压互感器和电流互感器。

⑤故障保护设备，如熔断器等。

⑥雷电保护设备，如避雷器等。

⑦功率因数改善设备，如电容器等。

⑧限制短路电流设备，如电抗器等。

从开关设备到电抗器的全部设备，都是为方便于和有利于系统的运行而加入的，统称为电器。全部电气装置和电器，即供配电系统中的全部设备，统称为电气设备。

2）配电柜。用于安装电气设备的柜状成套电气装置称为配电柜。用于安装高压电气设备的称为高压配电柜，安装布置高压配电柜的房间称为高压配电室。用于安装低压电气设备的称为低压配电柜，安装布置低压配电柜的房间称为低压配电室。变配电所（室）由高压配电室、变压器室和低压配电室三个基本部分组成。

2. 建筑电气照明系统

将电能转换为光能的电光源进行采光，以保证人们在建筑物内正常从事生产和生活活动，以及满足其他特殊需要的照明设施，称为建筑电气照明系统。

（1）基本组成。电气照明系统由电气和照明两套系统组成。

电气系统是指电能的产生、输送、分配和消耗使用的系统，由电源、导线、控制和保护设备（开关和熔断器等）以及用电设备（各种照明灯具）组成。

照明系统是指光能的产生、传播、分配和消耗吸收的系统，由光源、控制器、室内空间、建筑内表面、建筑形状和工作面等组成。

两套系统是相互独立的，它们的职能不同，在设计中遵循的基本理论、依据的基本参数、所采用的基本运算方法都不相同；两套系统又是紧密相关的，连接点就是灯具，灯具是电气系统的末端，又是照明系统的始端。

（2）分类。按照在建筑中所起作用的不同，可将建筑照明系统分为视觉照明和气氛照明两大类。由于这里是针对物业管理而言，因此只介绍视觉照明。

视觉照明是指在自然采光不足之处或夜间，提供必要的照度，满足人们的视觉要求，保证所从事的生产生活活动正常进行。根据具体工作条件，又可分为三种。

1）工作照明。工作照明是保证人们的工作和生活正常进行所采用的照明。工作照明是电气照明中的基本类型。

2）事故照明。事故照明是当工作照明因事故而中断时，供维持工作或保证人员安全疏散所采用的照明。又称备用照明或事故应急照明。

3）障碍照明。障碍照明是装设于高大建筑物的顶部，作为飞行障碍标志的照明。

3. 建筑动力系统

将电能转换为机械能的电动机，拖动水泵、风机等机械设备运转，为整个建筑提供舒适、方便的生产、生活条件而设置的各种系统，统称为建筑动力系统。

4. 建筑弱电系统

将电能转换为讯号能的电子设备，保证讯号准确接收、传输和显示，以满足人们对各种信息的需要和保持相互联系的各种系统，统称为建筑弱电系统。

二、供电系统的维修与维护

1. 变配电所（室）的运行与维护

变配电所（室）的运行主要是变压器和配电设备的运行。要使其正常运行，在运行中实施维护是非常重要的。

（1）倒闸操作。倒闸操作是变配电室人员按照指定的运行方式对各种开关设备进行分闸和合闸的操作。其具体操作要点如下：

1）断路器和隔离开关的倒闸操作步骤是：合闸时先合隔离开关（俗称刀闸），再合断路器；拉闸时先拉断路器，再拉隔离开关。这主要是防止隔离开关带负荷倒闸引起太大的电弧而触发事故。

2）万一发生操作失误，具体处理方法是：①若刚拉闸少许已发现错误，此时仅产生少许电弧，应立即合上；若已全部拉开，则不许重新合上。②若已错误合闸，或错合时产生较大电弧，绝不允许再立即回拉，此时应分析误操作引起的后果，立即采取正确倒闸操作以减轻或消除误操作事故。

（2）送电和停电操作

1）送电。一般从电源侧合开关，依次到负荷侧合开关，其合闸操作遵循上面提到的倒闸操作的步骤，这样的操作比较安全。在变电站由于外部电网暂时停电时，为使电网恢复供电后送电操作简便些，当停电时可以不必拉开总开关，只拉开各出线开关即可。这样当恢复供电后只要依次合上各路出线开关便可送电。

2）停电。一般从负荷侧拉开关，先拉低压侧各路出现开关，依次拉至电源侧高压主开关。这样的顺序可以使开关分断电流减小，比较安全。

（3）变配电所（室）事故处理。作为物业管理人员，应尽量避免事故的发生，但是也要掌握处理事故的方法。对于一些常见的故障，其处理方法为：

1）隔离开关故障。多表现为发热或开关咬死难以拉开。

发热主要是由于隔离开关接触部分的压紧弹簧螺柱松动以及触点长时间表面氧化导致电阻增加而发热。其处理方法是减轻负荷，使其发热自然减少。但这不是长远解决问题的方法，要彻底解决，应把隔离开关在可能的情况下退出运行进行维修。

隔离开关拉不开时，应分析其卡住咬死部位和原因，不能强行拉开而造成破坏。处理方法是切换母线把开关退出运行停电维修。

2）单相接地故障。当发生单相接地时，三相电压将发生异常，有接地故障的一相其相电压接近于零，其他两相电压将升高$\sqrt{3}$倍。

单相接地故障的处理方法是先对供电线路逐条进行试验检查，找出故障点，然后对该线路停电检修。停电前应先通知有关用电单位做好停电准备或由变电所做好线路切换继续供电。在处理过程中要密切监视电压互感器的发热并注意不能直接操作隔离开关切断接地故障电路。

3）母线系统故障。母线系统故障多半是由于误操作引起的，也有因断路设备的继电保护装置误动作而导致的。当出现母线断路器跳闸时，应仔细检查母线，查明故障点，待误操作或误动作的故障消除后才能恢复母线供电，严禁未作检查就对母线强行供电。

2. 变压器的运行维护

变压器是变电所（室）的主要设备。变压器是一种静止的电器，用来把某一数值的交变电压变换为同频率的另一数值的交变电压。在物业管理区中主要使用三相降压变压器，它在整个配电系统中的作用是非常重要的。为保证变压器安全可靠地运行，在运行中给予严密的监察和定期进行维护是十分必要的。

变压器在日常运行中值班人员要进行的监察内容为：

（1）变压器温度。观察变压器上层油温是否接近或超过最高允许温度。

（2）油位。观察变压器油位、油色是否正常，是否有渗油、漏油以及假油位现象。

（3）运行中的声响。变压器运行时有正常的电磁声响，检查时判断是否有异常声响。如果有异常响声多半是变压器内的紧固部位松动或者是交流电频率波动过大甚至可能局部有放电现象而引起的。

（4）检查仪表读数并定时抄表做好运行记录。

（5）检查变压器外部，如绝缘件、防爆管、阀门等附件是否正常。

3. 供配电线路的维护

供配电线路常见故障有：断路、短路、漏电和接触不良等。检修时应查出故障发生原因和位置，并注意采取合理的措施进行处理。

（1）断路故障。断路故障有相线断路和中性线断路两种，一旦发生，应及时更换新线。

（2）短路故障。一般是相线与相线之间、相线与中性线之间和相线与接地线之间出现的短接现象。发生短路时应更换新线或重新包扎。

（3）漏电。漏电是因为导线老化、受潮、绝缘后受损而造成的电流漏泄现象。一般可用兆欧表测量线路或设备的绝缘电阻，及时进行修复或更换。

（4）管子配线绝缘电阻检测与换线。导线在管内处于不通风、散热差等状态，导线的绝缘层很容易出现黏结、脆化、老化，导致绝缘电阻下降，因此需经常检测，必要时要更换导线。

三、供配电系统的日常保养和管理

供配电系统的日常保养与管理是一项经常性、持久性的工作，为了保证物业能够安全、正常地供配电，必须加强供配电系统的日常保养与管理。

供配电系统的保养和管理应该从以下几个方面进行运作：

1. 建立健全严格的供配电运行制度和电气维修制度，责任到人。

2. 负责供电的运作，加强有关人员的培训，按规定要求操作和维修人员持证上岗。

3. 采取多种方式做好安全用电、合理用电的宣传工作。

4. 配备主管电气的工程技术人员，健全供电网络资料，熟悉楼宇的进线、房屋内的电表、电力匹配、电压、线路等。

5. 建立 24 小时值班制度，发现故障及时排除，并支持用户的事故投诉。

6. 加强日常维护检修，保证公用照明、指示、显示灯完好无损，管辖范围内的电气线路符合施工技术要求，线路负荷满足和保证住用户用电安全，确保供配电设备安全运行。

7. 对电表安装、抄表、用电进行计量，对公用电进行合理分配。

8. 对临时施工工程及住用户装修应有临时用电管理措施，对公用照明及其他电气设备关闭要加强管理。

9. 遇火灾、地震、水灾等灾害时，要有及时切断电源的预防措施，并协助供电部门做好安全用电的有关工作。

10. 检查沿墙及沿顶棚架设的明线是否松脱、垂落、损伤，有无其他物品触碰导线，室外架空线的瓷瓶是否破裂，导线垂度是否过大，有风时导线摇摆线间有无相碰现象，电杆是否歪斜，木杆有无腐朽缺土问题。

11. 检查导线绝缘是否良好，各类绝缘导线的绝缘是否老化，特别是各接头处有无变焦、变脆，绝缘包布有无失效，接头之间有无电腐蚀现象。

12. 检查金属管连接的地线是否良好，有无虚脱或腐蚀问题，各种管固定是否牢固，管子接头有无脱扣拔节现象等。

13. 检查各用电器具如开关、灯头、插座等是否牢固，灯头吊线距地是否太低，有无自行拉扯的临时线路等。

14. 检查各种地板的接地电阻是否符合规定（防雷接地 10Ω 以下，保护接地 4Ω 以下），接地导线有无伤痕和腐蚀。

15. 特殊房间应有特殊要求。例如，潮湿、高温、易燃、防爆等场所应按照有关规定进行重点检查维护。

16. 限电、停电提前出安民告示，以便住用户合理安排生活，避免造成经济损失和人员伤亡。

第 3 节 电梯系统的维护与管理

一、电梯的基本情况

1. 电梯的组成

电梯是多层和高层建筑重要的垂直交通设施，电梯的正常运行是保证建筑物实现其使用功能的必备条件，因此，物业管理者应该加强电梯等垂直交通设施的维修与管理。多层建筑物垂直交通设施主要包括电梯和自动扶梯，自动扶梯主要应用于人流量比较大的公共建筑中，电梯主要应用于一般公共建筑和居住建筑中。

从构造上来分析，电梯通常由电梯井道、电梯厢（轿厢）和运载设备三部分组成，如图 6—22 所示。电梯井道内安装导轨、撑架和平衡重，轿厢沿轨道滑行，由金属块叠合而成的平衡重用吊索与轿厢相连保持轿厢平衡。

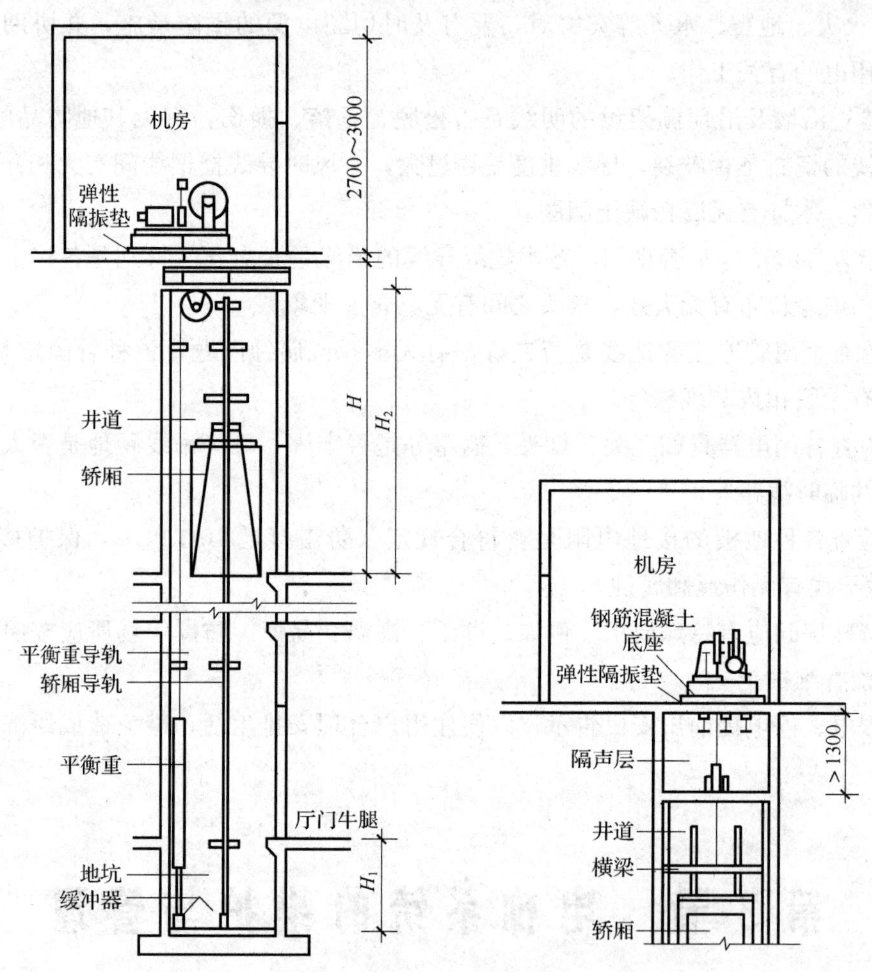

图 6—22　电梯组成示意图

从系统组成上来分析，电梯由机械和电气两大系统组成。机械系统由曳引系统、轿厢和对重装置、导向系统、厅轿门和开关门系统、机械安全保护系统等组成。电气控制系统主要由控制柜、操纵箱等多个部件和几十个分别装在各有关电梯部件上的电气元件组成。

从功能系统上，可以将电梯从总体结构上分成八个部分，分别为：

（1）曳引系统。功能是输出与传递动力使电梯运行。主要由曳引机、曳引钢丝绳、导向轮、反绳轮等组成。

（2）导向系统。功能是限制轿厢和对重的活动自由度，使轿厢和对重只能沿着导轨做升降运动。由导轨、导靴和导轨架组成。

（3）轿厢。功能是运送乘客或货物，是电梯的工作部分。由轿厢架和轿厢体组成。

（4）门系统。功能是封住层站入口和轿厢入口。由轿厢门、层门、开门机、门锁等组成。

（5）重量平衡系统。功能是相对平衡轿厢重量，在电梯工作时能使轿厢与对重间的重量差保持在某一个限额内，保证电梯的曳引传动正常。由对重和重量补偿装置组成。

（6）电力拖动系统。功能是提供动力，实行电梯速度控制。由曳引电动机、供电系统、速度反馈装置、电动机调速装置等组成。

（7）电气控制系统。功能是对电梯的运行实行操纵和控制。由操纵装置、位置显示装置、控制房（柜）、平层装置、选层器等组成。

（8）安全保护系统。功能是保证电梯安全使用，防止一切危及人身安全的事故发生，主要由限速器、安全钳、缓冲器、端站保护装置等组成。

2. 电梯的类型

根据建筑物的高度、用途及客流量（物流量）不同，设置不同类型的电梯。目前电梯的基本分类方法有以下几种：

（1）按用途分类

1）客运电梯。为运送乘客设计的电梯，要求有完善的安全设施以及一定的轿内装饰。

2）货运电梯。主要为运送货物而设计，通常有人伴随，有必要的安全装置。

3）消防电梯。专门为消防员灭火时使用的电梯。

4）其他。除上述常用电梯外，还有些特殊用途的电梯，如冷库电梯、矿井电梯、观光电梯等各种专门用途的电梯。

（2）按速度分类

电梯无严格的速度分类，我国习惯上按如下方法分类：

1）低速梯。速度低于1.0 m/s的电梯。

2）中速梯。速度在1.0～2.0 m/s之间的电梯。

3）高速梯。速度大于2.0 m/s的电梯。

4）超高速梯。速度超过5 m/s的电梯几乎都装在楼高超过100 m的建筑物内。由于这类建筑物叫做“超高层”建筑，所以与之相应的电梯也多被称为“超高速”电梯。

（3）按驱动方式分类

1）交流电梯。曳引电动机是交流电机。当电机是单速时，称为交流单速电梯，速度一般不高于 0.5 m/s；当电动机是双速时，称为交流双速电梯，速度一般不高于 1.0 m/s；当电动机具有调压调速装置时，称为交流调速电梯，速度一般不高于 1.75 m/s；当电动机具有调压调频调速装置时，称为交流调压调频电梯，简称 VVVF 控制电梯，速度可达 6.0 m/s。

2）直流电梯。曳引电动机是直流电动机。当曳引机带有减速箱时，称为直流有齿电梯，速度一般不高于 1.75 m/s；当曳引机无减速箱，由电动机直接带动曳引轮时，称为直流无齿电梯，速度一般高于 2.0 m/s。

3）液压电梯。靠液压传动的电梯，分为柱塞直顶式和柱塞侧置式两种。

4）齿轮齿条式电梯。齿条固定在构架上，电动机—齿轮传动机构装在轿厢上，靠齿轮在齿条上的爬行来驱动轿厢，一般为工程电梯。

二、电梯的运行维护

电梯在使用过程中，会出现一些故障。由于电梯主要由机械和电气两大系统组成，因此，电梯的故障也分为机械系统故障和电气控制系统故障。

1. 机械系统的故障和维修

机械系统的故障在电梯的全部故障中所占比重虽然比较小，但是一旦发生，可能会造成更长时间的停机待修，甚至会造成更为严重的设备和人身事故。因此应尽量减少机械系统的故障。

（1）机械系统的常见故障。机械系统常见的故障有以下几类

1）由于润滑不良或润滑系统的故障，造成部件的转动部位发热灼伤、烧死或抱轴，造成滚动和滑动部位的零部件损坏而被迫停机修理。

2）由于没有开展预检修，未能及时检查发现部件的滚动、转动、滑动部位中有关机件的磨损程度，并根据各机件的磨损程度和电梯使用的频繁程度，正确制定修复或更换有关机件的期限，造成零部件损坏而被迫停机修理。

3）电梯在运行过程中，由于振动造成紧固螺钉松动，特别是某些存在相对运动，并在相对运动过程中实现机械动作的部件，由于零部件的紧固螺钉松动而产生位移，或失去原有精度，又不能及时检查发现修复，而造成磨、抱、撞坏电梯机械而被迫停机修理。

4）由于平衡系数与标准要求相差过远，或严重过载造成轿厢蹲底或冲顶，冲顶时由于限速器和安全钳动作而被迫停机待修。

（2）机械系统的维修。针对以上可能发生的故障，可以采取以下措施

1）做好设备的日常维护保养，定期检查机械系统中各部件的转动、滚动、滑动部位的润滑情况。按时加油和注油，按时清洗和换油，避免出现润滑不良甚至造成干磨的情况。

2）在日常维护保养的基础上开展预检修，把事故和故障消灭在萌芽状态，可以大大减少停机待修事件。

3）由于某种原因出现电梯冲顶，造成限速器和安全钳动作，把轿厢卡在导轨上，使电梯不能继续运行。这时必须用承载能力不小于轿厢的重量挂在机房楼板上的手动葫芦上，把轿厢上提 150 mm 左右，使安全钳复位，再慢慢将轿厢放下，拆去手动葫芦，使位于上梁的安全钳开关和机房的极限开关复位之后，一般情况下电梯就能恢复运行。但须在查明事故原因之后，方能交付正常使用。

4）电梯机械系统中其他部件如果出现故障时，修理工应分析判断确定故障发生点，然后就可以按照有关技术文件的要求，仔细进行拆卸、清洗，检查测量，排除故障。机件经修理更换零部件后，投入运行前须经认真调试方可交付使用。

2. 电气控制系统的故障和维修

电梯故障多数是电气控制系统的故障。造成电气控制系统故障的原因是多方面的，主要原因是电气元件的质量和维护保养质量。

（1）电气控制系统的常见故障

1）各种电气元件的接点接触不良造成的故障。

2）断路故障。

3）短路故障。

断路和短路在工作电压比较高，而且以继电器和接触器为主要控制元件的电梯电气控制系统中，是最常见的故障。

（2）电气系统故障的维修。对于电气系统的故障，应采取以下的有效措施

1）配备专职的电气维修人员，掌握电梯电气控制原理，熟识元器件的安装位置和线路的敷设情况，掌握排除故障的正确方法，提高技术素质。

2）掌握电气控制系统的电路原理图，搞清楚电梯从启动、加速、满速运行，到站提前换速、平层停靠开门等全过程中各控制环节的工作原理，各种电气元件之间的相互控制关系，各继电器和接触器接点的作用。

3）发生短路故障时，比较迅速查找短路故障点的方法是进行分区、分段送电，再查看熔断器是否烧毁。然后拉断电源，用万用表的电阻挡测量检查，就能迅速找到故障点，把故障排除。

4）发生断路故障时，可拉断电路的电源，用万用表的电阻挡进行检查，根据电路原理图逐段测量电路的电阻，并根据电阻值的大小分析确定故障点。

三、电梯的日常保养与管理

1. 电梯的日常保养维修

（1）电梯保养维修的含义。电梯的保养维修一般分为小修、中修、大修三级。小修，即日常的保养维修，包括排除故障的紧急维修和定期定点的常规保养。中修，即电梯运行较长时间后进行的全面检修，每 3 年一次。大修，即中修后连续运行 3 年，因电梯设备零部件发生较大磨损需更换主机或其他配件，以恢复电梯设备和配件的原有性能而进行的全面维修。

（2）电梯保养与维修的基本要求

1）经常对电梯机房、轿厢和机电设施进行清扫、吸尘检查，保持电梯机房、轿厢、电气部件清洁，特别是各继电器接触良好可靠。对电梯的各润滑点进行油位润滑检查。

2）每周对电梯的主要安全设施和电气控制部分进行一次重点检查。每层厅门要严格检查，厅门锁闭合应可靠，电气连锁应灵敏可靠。

3）每 3 个月对电梯的所有机械、电气等传动、控制与安全设施进行一次全面检查，进行一些必要的调整、维修和加注润滑油。

4）每年对电梯进行一次技术检验，检查所有机械、电气、安全装置的工作情况和磨损程度；对磨损损坏的部件进行修复或更换，并报上级安全检测部门进行年检。

5）根据电梯实际使用情况，每 3 年对电梯进行一次大修，对各部件全面拆洗、调整、更换。大修后和新装电梯均需经安全检测部门检验合格后，方可使用。

6）根据电梯使用情况，对电梯检修过程中存在的问题，应作详细记录，以备查考。

2. 电梯运行的管理

（1）根据各种类型的电梯图纸资料及技术性能指标，制定电梯安全操作、维修保养的规章制度。

（2）制定服务规范，服务公约，乘梯须知，司机、维修工岗位职责和电梯服务标志。

（3）对电梯运行人员和维修人员进行业务培训，坚持资质审查、持证上岗制度。电梯的故障修理必须由经劳动部门审查认可的单位和技术人员承担。

（4）重视和落实电梯的保修和安全年检工作。

（5）必须坚持定期制订检查、维护、保养工作计划，健全电梯设备档案及修理记录。

（6）当电梯运行管理中发生故障时，要首先救护乘客出梯。

（7）做好电梯的耗电计量及计费工作。

（8）电梯钥匙要专人管理，停梯必须贴出通知。

（9）如电梯长期不使用，必须切断电源，以防意外。启用前详细检查和试运行。

第 4 节　空调系统的维护与管理

空调系统的正常运行，是物业管理工作的一项基本要求。特别是一些采用密封设计的公共建筑，空调系统的故障将会使用户与使用者产生巨大的损失。为了保证空调系统的正常运行，必须进行严格的保养维修和管理。

一、空调系统的组成

1. 基本组成

一般来说，一个完整的空调系统应由以下四个部分组成，如图 6—23 所示。

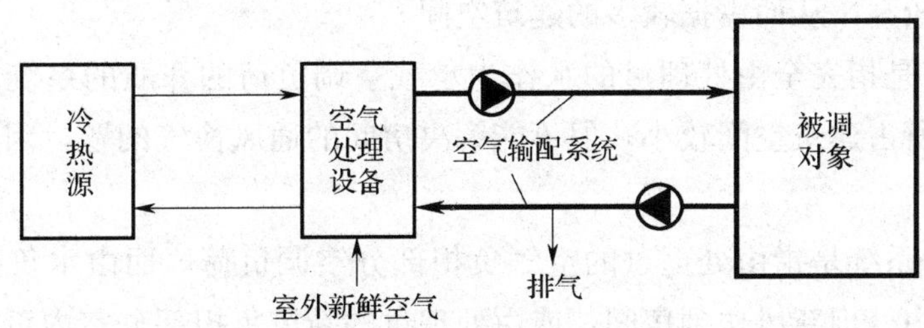

图 6—23　空调系统的组成

(1) 被调对象。即空调房间或房间。被调节的房间可以是封闭式的，也可以是敞开式的；可以由一个房间或多个房间组成，也可以是一个房间的一部分。

(2) 空气处理设备。这是空调系统的核心，室内空气与室外新鲜空气被送到这里进行热湿交换与净化，达到处理要求的温湿度和洁净度，再被送回到室内。

(3) 空气输配系统。这是空气进入空气处理设备、送到空调房间形成的输送和分配系统，包括风道、风机、风阀、风口和末端装置等。

(4) 冷热源。空气处理设备的冷源和热源。冷源一般由制冷机组承担，热源可以是锅炉、热泵等。

2. 分类

空调系统有很多类型，其分类方法也有很多种。在此介绍两种。

(1) 按照空气处理设备的集中程度可以分为集中式空调系统、半集中式空调系统与分散式空调系统。

1）集中式空调系统是指空气处理设备（过滤器、冷却器、加热器、加湿器与风机等）集中设置在空调机房内，空气经过处理达到要求后，经风道送入各房间的系统。

2）半集中式空调系统是指在空调机房集中处理部分或全部风量，然后送往各房间，由分散在各被调房间内的二次设备（又称末端装置）再进行处理的系统。

3）分散式空调系统（也称局部机组）是指不设置集中的空调机房，而把整体组装的冷热源、空气处理设备与风机均具备的空调器直接设置在被调房间内或被调房间附近，控制局部、一个或几个房间空气参数的系统。

（2）无论何种空调系统，都需要有一种或多种流体作为载体或介质带走作为空调负荷的室内产热、产湿或有害物，达到控制室内环境的目的。若按处理空调负荷的介质对空调系统进行分类，可以分为全空气系统、全水系统、空气—水系统与冷剂系统。

1）全空气系统是指完全由处理过的空气作为承载空调负荷的介质的系统。由于空气的比热比较小，需要用较多的空气才能达到消除余热余湿的目的，因此这种系统要求风道断面较大或风速较高，从而占据较多的建筑空间。

2）全水系统是指完全由处理过的水作为承载空调负荷的介质的系统。由于水的热容较大，因此管道所占建筑空间较小，但不能解决房间的通风换气问题，因此通常不单独采用这种方法。

3）空气—水系统是指由处理过的空气负担部分空调负荷，而由水负担其余部分负荷的系统。比如集中处理新风送到房间，或由处理过的新风负担部分室内负荷，再由设置在各房间的风机盘管承担其余的室内负荷的风机盘管加新风系统。这种方法可以减少集中式空调机房与风道所占据的建筑空间，又能保证室内的新风换气要求。

4）冷剂系统是指由制冷剂直接作为承载空调负荷的介质的系统。分散安装的局部空调器内部带有制冷剂，制冷剂通过直接蒸发器与房间空气进行热交换，达到冷却除湿的目的，属于制冷剂系统。

二、空调系统的维修与维护

1. 制冷设备的原理

（1）压缩式制冷。压缩式制冷机是由制冷压缩机、蒸发器、冷凝器和膨胀阀四个主要部件组成的，并由管道连接，构成一个封闭的循环系统，如图 6—24 所示。制冷剂在制冷系统中经过蒸发、压缩、冷凝和节流四个主要的热力过程，完成一个制冷循环，通过这样的循环，就可以获

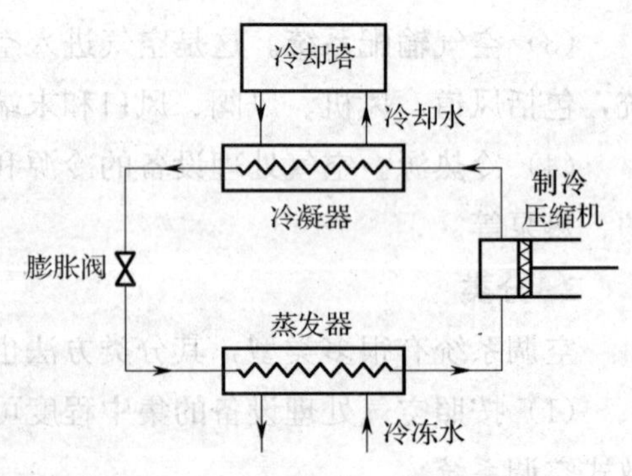

图 6—24　压缩式制冷循环原理图

得空调系统所需要的冷源。

（2）压缩式制冷循环的主要部件

1）制冷压缩机。制冷压缩机是压缩式制冷装置的一个重要部件，形式很多，根据工作原理的不同，可以分为容积式制冷压缩机和速度型制冷压缩机两类。常用的容积式制冷压缩机有活塞式压缩机、螺杆式压缩机、涡旋式压缩机等。速度型制冷压缩机包括离心式和轴流式两种。

2）冷凝器。冷凝器的作用是把压缩机排出的高温高压的气态制冷剂冷却并使其发生汽化。空调用制冷装置所采用的冷凝器根据冷却介质的不同可分为水冷式、风冷式和蒸发式三种。水冷式冷凝器是靠水进行冷却的，因此需要有一套冷却水系统。风冷式冷凝器利用空气冷却制冷剂，不需要复杂的水系统。蒸发式冷凝器的冷却水从盘管上部喷出，淋洒在盘管外表面上，水吸收了制冷剂的热量后一部分蒸发变成水蒸气，其余未蒸发的水经水泵再循环使用。

3）蒸发器。蒸发器的作用是使制冷循环中的液态制冷剂和要冷却的介质（水或空气）发生热交换，制冷剂吸收热量而汽化，被冷却的介质温度降低。

（3）冷水机组的运行。制冷机组就是将制冷系统中的部分或全部部件配套组装在一起，成为一个整体，最常用的制冷机组是冷水机组。

冷水机组的类型非常多，运行操作的程序和方法也不尽相同，特别是一些采用微型计算机控制的冷水机组，其运行操作的程序和方法与常规控制的冷水机组有差别。因此，管理人员在对冷水机组实行任何操作之前，都应认真阅读所选用冷水机组的使用说明书，严格按照使用说明的要求进行各种操作。对于常规控制的冷水机组，虽然操作方法有所不同，但还是有一些共同之处，这里仅就这些共性部分做简要介绍。

1）启动前的准备

①检查冷水机组的蒸发器进、出水阀是否全部开启。

②检查冷冻水泵、冷却水泵进、出水阀是否全部开启。

③检查分水管上的阀，根据楼层的空调需要，决定是否开启。

④检查回水总管两端的阀是否开启。

⑤检查系统里的水压，以在规定范围内为准。

⑥检查压缩机的油位是否正常。

⑦检查主机显示代码状态。

2）机组启动

①观看控制屏的代码显示是否正常。

②启动冷却塔、冷冻水泵，并要保持进出冷水机组的冷冻水的压差和进出冷水机组的

制冷剂的压差。

③若没有问题，按键启动机组（注意电流变化状态），此时控制中心即置机组于运行状态，注意显示器上的显示信息，观看机组是否有故障显示。

3）关机

①先停冷水机组。

②再停冷冻水泵、冷却水泵。

③切断总电源。

2. 系统维修保养

（1）日常保养

1）制冷机组和空调机组

①每小时按操作规程中运行检查所列项目对主机进行检查。

②每班检查集中总管压差装置的工作状况，记录压力表读数。

③每周清理机组外表及主机环境。

2）水泵。每 2 小时作以下检查：

①电动机轴承温度是否正常，运转时是否有异常响动和振动。

②联轴器是否有异常响动、跳动以及漏油现象。

③压力表的读数是否正常。

④阀门开关位置是否正常。

⑤是否有不正常的漏水现象。

⑥每周清理水泵机组的外表以及泵房环境。

3）冷却水塔

①运转时是否有异常响动和振动。

②塔内水流及水位是否正常。

③每周检查传动带张紧度。

4）风机盘管

①每天检查电动机及风机各轴承温度是否正常，机组运转是否有异常响动和振动。

②每周检查离心式风机的传动带张紧度及是否有漏水漏气现象。

③每周检查冷凝水排泄情况。

④每周检查盘管内是否发生堵塞。

（2）月度保养

1）制冷机组和空调机组

①更换不正常的仪表。

②检查制冷剂是否有泄漏，以及机组是否有漏水、漏油现象。

③根据数据记录分析机组月度运行情况。

2）水泵

①给轴承加润滑油。

②检查联轴器的润滑情况，以及主要的连接螺钉是否有松动现象。

3）冷却水塔

①检查传动带及传动轮磨损及松动情况。

②给轴承加润滑油。

③检查主要部件连接螺栓的紧固情况。

④清理减速箱、疏水滤网及冷却水塔的内外表面。

4）风机盘管

①检查室内空调效果、各风机盘管运转、传动带张紧度及磨损情况。

②清洗风机盘管的过滤网。

③检查冷凝水管及冷冻水管的畅通情况。

（3）季度保养

1）水泵

①电动机轴承、联轴器的清洁加油和换油。

②检查水泵吸入端的水过滤器，并进行清洗。

2）水系统

①检查系统内水质，必要时更换水。

②清理阀门丝杆并加油。

③检查集水总管压差装置，调整其工作性能。

（4）年度保养

1）制冷机组和空调机组

①检验各仪表的正确可靠性。

②全面检查制冷剂系统、润滑系统和水系统的密封性。

③检查保养安全阀及附属阀件。

④清洗机油过滤器，每 2 年更换一次冷冻机油。

⑤检查管道是否发生腐蚀现象，测试电路动作的可靠性。

⑥模拟试验各安全装置的性能，对电动机进行保养。

2）水泵

①检查所有运动部件损耗情况、整个系统的密封情况、风管的完好情况。

②做好叶轮、机壳以及所有附属部件的防锈保养工作。

③启动前对叶轮、轴承座、电动机等主要连接螺钉做全面紧固，运转 48 小时后重新检查一次。

3）风机盘管

①全面检查各风机盘管运转情况。

②对轴承加油或换油。

③检查电动机设备的绝缘性能和附属阀件的性能。

④检查传动带轮的磨损情况。

⑤检查管道系统以及盘管内是否有漏水、漏气、堵塞的现象。

⑥对风机和盘管的翅片进行清洗。

4）水系统

①检查保温层、管道、阀门防锈保护层，必要时做大保养。

②更换老化的密封件及管道。

③检查集水总管压差装置气动系统的密封及磨损情况、压力表及伸缩节的可靠性。

5）风管

①检查保温层。

②检验并调节各风管的风量。

③检查防火阀。

④更换不能使用的风管。

三、空调系统的管理制度

1. 空调系统工作制度

（1）空调工对当班空调系统运行负有全部责任。领班必须组织好空调工按照巡回检查制度，定时对外界及空调区域的温度、相对湿度进行监视，根据外界天气变化及时进行空调工况调节，努力使空调区域的温度、相对湿度符合要求的数值范围。

（2）严格执行各种设备的安全操作规程和巡回检查制度。

（3）坚守工作岗位，任何时间都不得无人值班或擅自离岗，值班时间不做与本岗位无关的事。

（4）负责空调设备的日常保养和一般故障检修。

（5）值班人员必须掌握设备运行的技术状况，发现问题立即报告，并及时处理，且在工作日记上做好详细记录。

（6）值班人员违反制度或失职造成设备损坏的，将追究其责任。

（7）认真学习专业知识，熟悉设备结构、性能及系统情况，做到故障判断准确，处理迅速及时。

2. 空调机房的管理制度

（1）空调机房当班人员必须持证上岗。无关人员不得进入空调机房内。

（2）当班人员开机前应严格按操作规程进行检查，机组、水等正常方可按照正常程序开机。

（3）空调主机如有异常情况应采取应急措施，并及时向主管领导汇报。

（4）当班人员负责机房及机组的清洁卫生工作。

第5节　消防设备、防雷系统的维护与管理

一、消防设备系统的组成

目前我国普遍采用的是传统消防设备，以水力灭火的消防设备为主。它包括供水箱、消防箱、喷淋系统、灭火机、灭火瓶、消防龙头、消防泵以及配套的消防设备，如温感器、烟感器、防火卷帘、防火门、消防报警系统、防火阀、消防电梯、抽烟送风系统、消防走道及事故照明、应急照明设备等。

二、消防设备系统的维修与管理

消防系统的管理是物业管理的重要环节，物业管理者必须具有“预防为主、防消结合”以及“专业消防与义务消防相结合”的管理理念，从人力、物力、技术等各方面充分做好消防安全工作，确保物业的安全。

1. 消防系统的维修

消防系统的维修必须注意以下几个方面：

（1）应确定专人按国家消防规范要求对室内外消防栓系统进行维护管理，对于消防栓接圈的封闭及水龙带，应进行定时检查、保养及试验工作，以防止老化、霉变、失效，对于检查不合格的应及时更换。

（2）加强对喷淋系统的维护管理，若发现个别喷头有漏水、腐蚀，必须立即更换。注意喷头的除尘，保护好温感元件。喷淋管道系统进入杂物或因管内水垢、水锈而堵塞时，必须及时进行清理。

（3）对于室内消防设备的维修、管道及阀门的维修，与室内供水管道部分的维修相同。室内消防设施也是由管道、阀门等构成的，其损坏同样是管道漏水、阀门漏水或关闭不严等。对于室外的管道，同样应做好冬季的防冻保温工作，以确保管道处于良好的工作状态。

（4）对于储水池（箱、塔）应存足够的水量，并随时补足；对于离心泵及其电动机，应按有关规定，定时检查保养，并应根据有关规定设置备用水泵。

（5）定期对火灾自动报警系统的功能做试验和检查。注意对感温、感烟探测器等消防设备的清洗，定期由专业清洗单位（包括具有清洗能力和获得当地消防监督机构认可的单位）全部清洗一遍。清洗后作相应探测值及其他必要的功能试验，试验不合格的探测器一律报废，并严禁重新安装使用。更换损坏的探测器必须使用原型号或技术参数相同的替代品替换。清洗时，可分期分批进行，也可一次性清洗。

2. 消防系统的管理

消防系统的管理应该侧重于以下环节：

（1）聘请具有消防部门认可、持有合格消防执照的消防设备保养公司，定期检查及负责维修保养物业内各类消防设备，最好是定期检查（年检或季检）并出具消防检查合格证，上报消防局存查。

（2）对擅自更改消防设备的单位或个人提出书面警告，并责令其雇请合格消防设备保养公司进行检修复原。

（3）根据具体情况，对设置于大堂、走廊、停车场等地方易受碰撞的消防设备，加装防撞护栏予以保护，对易受碰撞的自动灭火花洒头可加装防护铁罩，既不影响其灭火功能，又使之受到保护。

（4）灭火筒务必安装在显眼易取的地方，保护好筒身的标志和使用方法说明，检查喷嘴是否闭塞。

（5）任何时候都要保持公共走廊畅通无阻，绝不能堆放杂物，以免影响火警逃生。

（6）经常向住户进行消防宣传教育，使之了解物业内各项消防设备的性能、用途、使用方法，以便在火警发生时能正确操作一些较简单的消防栓、警钟、灭火筒等设备，进行报警和灭火。

三、防雷装置的组成

雷电是一种自然现象，对建筑和人员会造成很大的危害。一般来说，建筑物越高，受雷击的机会越多。不同地区，雷击的密度也有所不同。为预防和减少雷电灾害，雷区或较高的建筑物都应有防雷保护装置。

建筑物的防雷装置，一般由接闪器、引下线和接地装置三个部分组成。

1. 接闪器

接闪器也叫做受雷装置，是接受雷电流的金属导体，即通常所指的避雷针、避雷带或避雷网。接闪器总是高出建筑物的。建筑物上用的接闪器主要是避雷针和避雷带，重点设施才用避雷网保护。

避雷针一般采用圆钢或焊接钢管制成，其规格有下列规定：针长 1 m 以下时，圆钢直径不应小于 12 mm，钢管直径不应小于 20 mm；针长 1～2 m 时，圆钢直径不应小于 16 mm，钢管直径不应小于 25 mm。在烟囱顶上的针，圆钢直径不应小于 20 mm，钢管直径不应小于 40 mm。

避雷带和避雷网可采用圆钢或扁钢制作，一般优先采用圆钢。采用圆钢时，圆钢直径不应小于 8 mm；采用扁钢时，其截面不应小于 48 mm^2，其厚度不应小于 4 mm。在烟囱顶上，采用圆钢时，圆钢直径不应小于 12 mm；采用扁钢时，扁钢截面不应小于 100 mm^2，其厚度不应小于 4 mm。国外有些建筑甚至用 25 mm×3 mm 的扁铜带为材料，虽然其成本较高，但效果更好、寿命更长。

2. 引下线

引下线又称引流器，它是把雷电流由接闪器引到接地装置的导体。

引下线可采用圆钢或扁钢制作，一般优先采用圆钢。采用圆钢时，圆钢直径不应小于 8 mm；采用扁钢时，其截面不应小于 48 mm^2，其厚度不应小于 4 mm。当烟囱上的引下线采用圆钢时，其直径不应小于 12 mm；采用扁钢时，其截面不应小于 100 mm^2，厚度不应小于 4 mm。

引下线对防雷很重要，每栋建筑至少要设置 2 根，当引下线锈蚀严重时应及时更换。在我国，引下线常利用建筑构件内钢筋作引下线。为安全起见，一般要选用直径不小于 16 mm的主筋，并且同时用两条主筋为引下线更好。

3. 接地装置

接地装置是埋在地下的接地导体和垂直打入地内的接地体的总称。

利用基础接地是建筑防雷较常用的方法。基础接地是把地梁内的主筋连接起来，使各段地梁连成一个环形回路，以此组成一个完整的自然接地装置。

采用人工接地装置，一般是做成竖直接地体。其材料通常是用 40 mm×40 mm×4 mm 左右的角钢制作，长度一般为 2.5 m，间距为 5 m，埋地顶端离地面为 0.8～1 m。接地体也可用直径 20 mm 以上的圆钢或管径不少于 40 mm 的钢管制作。竖直接地体之间要用直径 10 mm 以上的圆钢作环形连接，形成一个完整的接地装置。

防雷装置的冲击电阻越小越好，但投资大。一般民用建筑和二类公共建筑的人工接地体规定冲击电阻不大于10 Ω，而自然基础接地体则不大于5 Ω。

四、防雷保护系统的维护与管理

1. 防雷保护系统的维护

防雷保护系统应勤加检查与维护。如果系统通路不畅，则不仅不能防雷电，反而易招致雷击。因此，在系统的维护方面要切实加以注意。

（1）接闪器、引下线应保持镀锌、涂漆完好。

（2）接闪器与引下线和接地体的连接必须牢固可靠，接地电阻值应符合规定要求，一般是不大于10 Ω。

（3）每年雷雨季节到来之前，均应对整个系统进行检查和维护，提前做好防雷准备。在雷雨后，也要及时对系统进行检查，察看是否有因雷击而导致某些连接点的松脱和断开。

（4）如发现引下线受到严重腐蚀，其腐蚀程度占截面积的30％以上则应及时更换；同样，如发现接头松脱也要立即紧固。

在雷雨季节，任何对故障的拖延都可能招致严重的后果。

2. 防雷保护系统的管理

物业服务企业应当做好建筑防雷保护系统的检查维护工作，履行下列职责：

（1）按照安全责任制的要求，将防雷装置的管理列入物业安全管理工作，并指定专门人员负责防雷装置的日常检查维护。

（2）按照规定对防雷装置进行安全检测，并配合检测机构做好检测工作。

（3）对相关人员进行雷电防护的安全教育和培训。

（4）对不符合技术规范要求的防雷装置及时整改，并向检测机构申请复查。

（5）建立防雷装置的安全检测和维护检查档案。

本章小结

本章着重介绍了房屋设备维护与管理的相关内容。包括给水排水系统的组成，给水排水系统的维修，保养与管理；供配电系统的组成，供配电系统日常保养与维修管理；电梯的基本情况，电梯的运行维护，电梯的管理制度；空调系统的组成，空调系统的维修与维护，空调系统的管理制度；消防设备系统的组成，消防设备系统的维修与管理。并介绍了防雷装置的组成及防雷保护系统的维护与管理等相关知识。

复习思考题

1. 建筑给水系统通常由哪几个部分组成？

2. 建筑给水系统按照供水对象的不同，一般可以分为几类？

3. 房屋排水设备通常由哪几个部分组成？

4. 简述建筑电气照明系统基本组成。

5. 供配电系统的保养和管理应从哪几方面进行？

6. 电梯的故障可分为哪几类？对于电气系统的故障，应该采取什么有效措施？

7. 电梯保养与维修的基本要求有哪些？

8. 简述空调机房的管理制度。

9. 消防系统的管理应该侧重哪些环节？

模拟测试题

一、填空题（请将正确的答案填在横线空白处）

1. 建筑给水系统通常由________、________、________、________、________、________、________几个部分组成。

2. 建筑给水系统按照供水对象的不同，可以分为：________、________和________。

3. 建筑排水系统按照所排除污（废）水的性质，可以分为____________排水系统、____________排水系统和____________排水系统。

4. 供电负荷可分为三级。其中，中断供电将造成人身伤亡，或将在政治上、经济上造成重大损失的负荷，称为____________。

5. 供配电线路常见故障有：________、________、________和________等。

二、判断题（下列判断正确的请打“√”，错误的打“×”）

1. 供配电系统的日常保养与管理是一项阶段性的工作。（　）

2. 发生火灾的时候，乘客可以乘坐消防梯逃生。（　）

3. 中断供电将造成用电户政治上和经济上较大损失的是三级负荷。（　）

4. 供配电系统的管理应该建立 24 小时值班制度。（　）

5. 电梯的故障分为机械系统故障和电气控制系统故障。其中电气控制系统的故障所占比率比较小。（　）

三、单项选择题（下列每题有四个选项，其中只有一个是正确的，请将其代号填在括号内）

1. 提供人们日常生活中饮用、烹调、盥洗、洗涤、淋浴等用水的管道设施，称为（　　）系统。

A. 生产给水　　B. 生活给水　　C. 消防给水　　D. 工业给水

2. 供电负荷通常可分为三级，一般的物业管理区域中以（　　）负荷居多。

A. 一级　　B. 二级　　C. 三级　　D. 零级

3. 自动扶梯主要应用于（　　）的公共建筑中。

A. 人流量比较少　　B. 人流量非常少

C. 人流量非常大　　D. 人流量比较大

4. 功能是保证电梯安全使用，防止一切危及人身安全事故发生的系统，称为电梯的（　　）系统。

A. 电气控制　　B. 电力拖动　　C. 安全保护　　D. 曳引

5. 目前我国普遍采用的是传统消防设备，以（　　）的消防设备为主。

A. 水力灭火　　B. 电力灭火　　C. 风力灭火　　D. 火力灭火

四、多项选择题（下列每题中的多个选项中，至少有两个是正确的，请将其代号填在括号内）

1. 按用途分类，电梯的类型可分为（　　）。

A. 客运电梯　　B. 货运电梯　　C. 消防电梯　　D. 观光电梯

2. 电梯的保养维修一般分为（　　）几级。

A. 翻修　　B. 小修　　C. 中修　　D. 大修

3. 对电梯运行人员和维修人员，必须坚持（　　）制度。

A. 资质审查　　B. 能力审查　　C. 持证上岗　　D. 无证上岗

4. 一个完整的空调系统应该由（　　）几部分组成。

A. 被调对象　　B. 空气处理设备　　C. 空气输配系统　　D. 冷热源

5. 建筑物的防雷装置，一般由（　　）几部分组成。

A. 接闪器　　B. 引下线　　C. 雷达　　D. 接地装置

五、简答题

1. 什么叫视觉照明系统？它通常可分为哪几种？

2. 消防系统的管理是物业管理的重要环节，物业管理者必须具有什么样的管理理念？

3. 物业服务企业在做好建筑防雷保护系统的检查维护工作中应履行哪些职责？

4. 室内消防设备分为哪几种？它们分别由哪些设备组成？

5. 建筑排水系统按照所排除污（废）水的性质，可以分为哪几类？

模拟测试题参考答案

一、填空题

1. 引入管　水表节点　管道系统　卫生器具和用水设备　给水附件　升压和储水设备　室内消防设备

2. 生活给水系统　生产给水系统　消防给水系统

3. 生活污水　工业废水　雨水

4. 一级负荷

5. 断路　短路　漏电　接触不良

二、判断题

1. ×　2. ×　3. ×　4. √　5. ×

三、单项选择题

1. B　2. C　3. D　4. C　5. A

四、多项选择题

1. ABC　2. BCD　3. AC　4. ABCD　5. ABD

五、简答题

1. 视觉照明是指在自然采光不足之处或夜间，提供必要的照度，满足人们的视觉要求，保证所从事的生产生活活动正常进行。根据具体工作条件，又可分为工作照明、事故照明、障碍照明。

2. 消防系统的管理是物业管理的重要环节，物业管理者必须具有“预防为主、防消结合”以及“专业消防与义务消防相结合”的管理理念，从人力、物力、技术等各方面充分做好消防安全工作，确保物业的安全。

3. 物业服务企业在做好建筑防雷保护系统的检查维护工作中应履行下列职责：

（1）按照安全责任制的要求，将防雷装置的管理列入物业安全管理工作，并指定专门人员负责防雷装置的日常检查维护；

（2）按照规定对防雷装置进行安全检测，并配合检测机构做好检测工作；

（3）对相关人员进行雷电防护的安全教育和培训；

（4）对不符合技术规范要求的防雷装置及时整改，并向检测机构申请复查；

（5）建立防雷装置的安全检测和维护检查档案。

4. 室内消防设备分为普通消防设备、自动喷洒设备及水幕消防设备。其中普通消防设备也称为消火栓给水系统，该设备通常由水枪、水带、消火栓、管网及水源等组成；自动喷洒消防设备是一种特殊的消防设备，通常由喷水头、管网、信号阀和火警讯号器等组成；水幕消防设备主要是用于公共建筑、人流量比较大的建筑物中。水幕消防设备通常由洒水头、管网和控制阀组成。

5. 建筑排水系统按照所排除污（废）水的性质，可以分为三类：

（1）生活污水排水系统。排除人们日常生活中的生活废水和粪便污水。

（2）工业废水排水系统。排除生产过程中产生的生产污水和工业废水。

（3）雨水排水系统。接纳和排除屋面的雨水和融化的雪水。

第7章

物业管理服务

第 1 节　窗口接待及物业档案资料管理

一、窗口接待

1. 管理处的设置及人员要求

在物业小区内设置管理处，是物业服务企业为业主提供服务的一个窗口。物业管理人员必须每日对小区进行巡查，发现问题及时处理。

管理人员是物业服务企业为业主提供全面管理服务的具体实施者，在他们的工作职责和权利范围内，为业主提供周到细致的管理和服务，满足业主的需求。管理人员素质的高低，管理质量的优劣，直接影响到物业服务企业在业主和使用人心目中的形象。因此，对于管理人员应该有一定的要求。

（1）小区经理必须持证上岗。即具备国家或地方的相关职业资格证书和岗位水平证书，具备一定年限的任职经历。

（2）所有管理人员必须挂牌上岗。管理人员应做到服装统一，仪表整洁规范。

2. 物业管理的窗口接待

管理处设接待窗口，负责日常业主或使用人的来访接待等工作。具体包括：业主或使用人的业务咨询、报修、收费、投诉；监督投诉电话的受理；业主物业档案资料的建立和管理工作等。

对于窗口接待，管理处首先必须明确接待时间，一般应实行周一至周日全天业主或使用人接待，并公开办事制度、公开收费项目和标准。同时，监督、投诉电话全天开通，并及时回复。小区中应设置业主联系箱，并应每天定时开箱。

管理处必须实行回访制度。接待投诉要认真听取投诉意见并做好记录，处理投诉要做到尽量让业主满意，及时进行回访与业主沟通，处理结果要做好记录。对于维修项目，安全设施维修 2 天内回访；房屋渗漏水项目维修 3 天内回访，雨天后再做一次回访；其他项目维修一星期内回访。对回访中发现的问题，24 小时内书面通知相关人员作出整改。

二、物业档案资料保管

1. 物业档案资料的含义

物业档案资料，是指人们在物业的开发和管理活动中形成的，作为原始记录保存起来以备查考的文字、图像、声音以及其他各种方式和载体的文件。

物业档案资料由两部分组成。一部分是物业本身的资料，包括开发建设成果的记录和物业服务企业接管后对物业进行维修养护与更新改造情况的记录；另一部分是物业业主和使用人的资料，包括业主、住户的姓名、家庭成员情况、工作单位、联系方式、管理费缴纳情况以及物业租赁租金等。档案可以采用原始档案和计算机档案双轨制，以文字、图表、电脑磁盘、照片、录像等方式储存档案，并采取相应的保管措施。

2. 物业档案资料的作用

(1) 凭证作用。物业档案资料是原始记录，是历史的真凭实据，具有法律凭证作用。例如，物业接管验收中的原始记录，可以成为日后保修、索赔的凭据；楼宇入住中的原始记录，可以成为日后管理与服务的依据等。

(2) 参考作用。物业档案资料记录了从物业的生成到目前的全部过程，因此，它对于人们查考既往情况，总结经验教训，摸清管理规律，具有重要的参考作用。例如，根据用户的基本状况的动态记录，可以了解服务对象的层次和差别，不断增加新的服务项目，有针对性地满足用户的需求。另外，它对于管理费用的分摊、使用纠纷的调解、维修范围的确定都有着不可或缺的作用。

3. 物业档案资料的保管

物业档案资料保管，是指物业服务企业在物业管理活动中，对物业的原始记录进行的收集、整理、鉴定、保管、统计、利用，为物业管理提供客观依据和参考资料。

物业档案资料保管有以下的特点：

(1) 动态性。在自然的、社会的、人为的因素作用下，物业的实物形态和使用状况经常处于变化发展之中。例如，物业数量的增减，完损情况的变化，结构和用途的改动，物业价值的起落，产权人的更替，使用人的变化、分户等，都是经常发生的。因此，物业档案资料保管是一种动态性很强的管理。

(2) 基础性。物业档案资料保管是物业管理的基础工作，这是因为它是现代化管理的基础和物业管理水平的标志。

1) 现代化管理的基础。现代化管理是以计算机为中心的信息处理。信息是一种无形资源，也是管理的要素之一。物业档案资料保管是信息处理的基础性工作，它多数表现为人工方式的前处理。只有前处理工作做好了，计算机化的信息处理工作才有基础。

2) 物业管理水平的标志。物业档案资料是整个物业管理活动的原始记录，具有真实性、可靠性。管理者的管理意识、文化素质、业务水平、工作作风等都会在物业档案资料中反映出来。因此，它是物业管理企业的一项基础性工作，其管理的好与坏，成为衡量物业管理水平高低的标志之一。

4. 注意事项

档案资料保管在物业服务企业的日常管理中是非常重要的一项工作，应注意做好以下三方面的工作：

（1）严格档案管理制度。为加强物业管理企业的档案保管工作，根据国家有关档案管理规定，需要制定一些档案管理制度，旨在规范档案的保管工作。档案管理制度一般包括以下内容：

1）档案的归档制度。

2）档案的借阅制度。

3）档案的鉴定制度。

4）档案的销毁制度。

（2）明确档案保管要求。档案保管工作是维护档案安全和完整的重要工作。档案保管得好，为档案工作的顺利进行提供了基本前提；反之，整个档案工作就会受到影响。在档案的归档管理中，为了便于档案管理，尽可能将档案储存方式多样化，运用光盘、胶卷、照片、表格、图片等多种形式保存，有利于档案的网络化管理。在档案的使用过程中，应充分利用计算机网络技术，采用先进的检索软件，充分发挥档案资料的作用。要明确档案保管工作中以下三方面要求：

1）档案的妥善保管，主要做好档案科学管理的日常工作。例如，配备合适的文件柜、文件盒以及消防器材等，并做好日常检查工作。档案室应避免无关人员任意进出，档案室钥匙由档案管理员专门保管。

2）档案流动中的保护，主要指档案在各个流动环节中的一般安全防护。例如，对原始资料的借阅者，要按照档案的不同密级，经相关负责人批准方可借阅。

3）档案保护中的专门措施，是为延长档案寿命而采取的复制、修补等各种专门的技术处理。例如，对于借阅频繁的档案，非常容易发生损坏，要及时修补破损的档案。

（3）注意档案信息安全。维护档案信息安全，除了保证它的物质安全外，更要确保档案的信息安全。

1）控制纸制档案的使用。很多重要的文件材料都是以纸制档案的形式保存的，因此，首先要保证纸制档案的安全。一方面要提高安全防范意识，建立健全的借阅制度；另一方面还要明确档案的使用年限。

2）控制电子档案的使用。首先要安全保管电子档案，远离病毒的侵害；同时还要采取各种措施控制电子档案的使用，比如哪些文件控制复制，哪些管理人员能够打开哪一层文件等。

第 2 节　物业公共区域的清洁卫生服务

物业环境的整洁、卫生、优美是业主和使用人对物业管理工作的最基本要求，也是物业小区品质的重要体现，更是物业服务企业管理水平的重要标志。整洁优美的物业区域环境需要常规性的清洁卫生服务来保证。

一、公共区域清洁卫生服务的含义和原则

1. 公共区域清洁卫生服务的含义

公共区域清洁卫生服务简称保洁服务，是指物业服务企业通过清、扫、擦等日常的保洁工作，定时、定点、定人进行生活垃圾的分类收集、处理和清运，以及宣传教育、监督治理和保护物业区域环境，防治环境污染等，来维护物业区域的清洁卫生，创造整洁优美的区域环境。

除了做好日常清扫外，物业服务企业还要做好防治“脏乱差”的工作。“脏乱差”具有多发性、蔓延性和顽固性的特点。例如，随手乱扔各种垃圾，包括将袋装垃圾随手放在大楼外的路边上、高层抛物等；乱堆物品堵塞公共走道，随意排放污水废气，随地吐痰，以及乱涂、乱画、乱搭、乱建、乱张贴等，都有可能发生在某些业主或使用人身上。故物业服务企业要在加强宣传和引导上多开动脑筋，做足文章，努力营造良好的环境氛围。

2. 公共区域清洁卫生服务的原则

（1）专业化服务与预防相结合。在清洁卫生服务中，专业化服务和预防不文明行为是保持物业区域整洁的两个重要方面。物业服务企业除了提供各种专业化保洁服务外，还要注意预防各类不文明的行为。也即通过适当的管理措施，纠正业主和使用人不良的卫生习惯，防止“脏乱差”现象的发生。因为优良的物业区域环境的造就，是区域内全体人员共同努力的结果，只有大家齐心协力，相互配合才能真正搞好环境整洁。

（2）照章办事，严格管理。物业服务企业就清洁卫生服务的有关事项要取得业主的理解和支持，对区域内的保洁提出切实可行的措施和管理制度，而且要求全体业主与使用人共同遵守。这些管理制度是物业服务企业和业主、使用人双方应该共同遵守的行为准则。同时，物业服务企业还要开展宣传教育工作，使业主与使用人自觉地配合保洁服务工作，共同营造一个整洁舒适的环境。

（3）责任明确，分工具体。清洁卫生服务本身是一项很烦琐的工作，而且工作的时间

长，内容多，保持难度大。在保洁管理服务的过程中，要保证各个环节的良好衔接，防止出现卫生区空白，要周密安排每一个岗位和责任范围，明确岗位职责，责任落实到人，这样才能提供全面的保洁服务，以保持物业管理区域良好的卫生状况。

二、公共区域清洁卫生服务的范围和制度建设

1. 清洁卫生服务的范围

在物业管理区域中，我们把区域空间划分为专有部分、部分共用部分、全体共用部分三类。“共用部位”是指一幢物业内部，由整幢物业的业主、使用人共同使用的门厅、楼梯间、水泵间、电表间、电梯间、电话分线间、电梯机房、走廊通道、传达室、内天井、房屋承重结构、室外墙面、屋面等部位。共用部位内公共区域的清洁卫生服务主要内容包括楼内公共区域的保洁和楼外公共区域的保洁。

（1）楼内公共区域的保洁。楼内公共区域一般是指物业管理区域内单幢楼宇的地面、楼梯扶手、栏杆、窗台、天花板、公共灯具、门窗玻璃、天台屋顶、电梯轿厢、消防栓、指示牌等公共设施和公共区域。物业服务企业要认真做好楼内公共区域的保洁管理；商业楼宇还要做好包括大堂、公共通道、洗手间、会所等的保洁管理。

（2）楼外公共区域的保洁。楼外公共区域一般是指物业管理区域内的道路地面、绿地、明沟、垃圾箱（房）、公共灯具、宣传栏等部位。物业服务企业要认真做好楼外公共区域的保洁工作，并做好消毒灭害。商业楼宇还要做好楼宇外部广场的保洁清扫工作。

（3）生活废弃物（垃圾）的处理。对于日常生活中产生的垃圾（含装修垃圾）应进行合理分类、收集、处理和清运。物业服务企业除了派专人负责清扫、进行保洁服务外，还应该通过建立规章制度和业主管理规约，督促业主或使用人自觉将垃圾倒入指定的垃圾收集点和垃圾桶内，杜绝乱倒乱倾现象，并做到垃圾收集袋装化、垃圾回收分类化、垃圾处理无害化，使整个回收系统呈良性循环，创造一个舒适、优美的文明小区。

2. 制度建设

管理制度是搞好保洁服务工作的保证。管理制度包括管理处正、副主任，保洁班班长，保洁员等岗位职责，劳动纪律要求，奖惩条例，清洁卫生检查制度及清洁机具使用操作和保养细则等。各级人员及其职责如下：

（1）管理处主任职责

1）按照企业的管理目标，制定保洁服务计划，组织各项清洁服务的具体实施。

2）检查各区域保洁工作的完成情况，发现不足，及时纠正。

3）对外接洽保洁服务业务。

4）合理配置保洁人员，下达各班组工作任务。

(2) 管理处副主任职责

1) 配合主任，拟订保洁管理的实施方案。

2) 对员工进行专用保洁设备、保洁材料使用保养、保洁工作操作规程指导。

3) 监督检查分管的保洁区域和项目。

(3) 保洁班班长职责

1) 负责对员工进行岗位培训，并做好培训记录。

2) 编制保洁物料使用计划，控制保洁用品成本，提交保洁区域维护报告。

3) 负责保洁工作人力配置，做好日常工作安排，每天检查保洁考勤情况，监督落实保洁员岗位职责。

4) 带头做好保洁工作，以身作则，调动员工的积极性，高质量、高效率地完成责任区保洁工作。

5) 检查所辖范围的日常保洁效果。

(4) 保洁员职责

1) 听从班长的安排，按企业规定着装，挂牌上岗。

2) 严格按照保洁程序，保质保量地搞好本人负责的保洁卫生工作；作业时应注意避让业主、客人，防止碰撞，做到文明作业，礼貌待人。

3) 保洁作业结束，收拾工具，整理现场后，方可离场。

(5) 物流服务企业的其他工作

为使保洁服务实现制度化、规范化管理，物业服务企业还需要做好下列几方面工作：

1) 明确保洁工作要求。规定保洁服务的时间、清洁方式、质量标准、工作流程和岗位职责。如处理日常垃圾专人负责、日产日清，定点倾倒、分类倾倒，定时收集、定时清运，按照规定的工作流程，履行保洁的岗位职责。

2) 规定具体的保洁质量标准。保洁质量标准是衡量保洁工作效率和结果的尺度。保洁一般的通用标准是“五无”，即无裸露垃圾、无垃圾死角、无明显积尘积垢、无蚊蝇虫滋生地、无脏乱差顽疾；“六不”，即不见积水、不见积土、不见杂物、不漏收垃圾堆、不乱倒垃圾和不见人畜粪；“六净”，即路面净、路沿净、人行道净、雨水口净、树根墙根净和废物箱净。

3) 制订保洁工作计划。要制订出清扫保洁工作的每日、每周、每月、每季甚至每年的计划安排，对每一项计划都落实到人、落实到岗。

4) 定期检查。物业服务企业可将每日、每周、每月、每季、每年的清扫保洁工作的具体内容用记录报表的形式固定下来，以便企业本身对保洁情况进行定期和不定期的检查。同时，也让业主对保洁工作情况进行监督。

三、公共区域清洁卫生服务的措施和机构职责

1. 保洁管理服务的措施

保洁管理的措施，是指物业服务企业为了创造整洁、卫生、优美、舒适的物业环境所采取的行之有效的方法和手段。主要有以下几项：

（1）实行生活垃圾分类袋装化。生活垃圾袋装化的要求现在基本都能做到，但分类袋装化目前能做到的却寥寥无几。而在欧洲许多国家20世纪60年代起就提倡生活垃圾分类袋装化，通过多年的努力，现已做到了“三统一”，即统一垃圾袋规格（黑色、易封口），统一收集，统一运至指定地点进行无害化、资源化、减量化处理，从而大大改善了环境的质量。

（2）进行超前宣传教育。物业服务企业在“早期介入”阶段，即应提前通过各种渠道向未来的业主或使用人进行宣传教育。例如，在开发商销售房屋时、在业主办理入住手续时，就可以与有关单位（或部门）联系，寻找宣传教育的“切入点”，利用张贴布告、分发宣传资料等形式，订立“约法三章”，向业主和使用人进行超前宣传教育，以便收到事半功倍的效果。

（3）配备必要的硬件设施。为了增强清扫保洁工作的有效性，物业服务企业可配备与之有关的必要的硬件设施。如固定垃圾投放位置，配备垃圾收集专用桶、箱等。

（4）加强日常宣传教育。对于各种不良的卫生习惯除了通过各种手段进行宣传教育外，还应当采取必要的手段和措施，进行友情提醒，并争取业主委员会、居民委员会的配合、支持。

2. 保洁管理服务的机构设置

物业服务企业保洁管理机构的设置可以是一个部门，也可以是隶属某部门的下属专业班组，这可以根据物业服务企业所管辖的物业类型、区域分布、面积大小来确定具体的机构设置。某物业管理小区保洁管理机构设置如下：

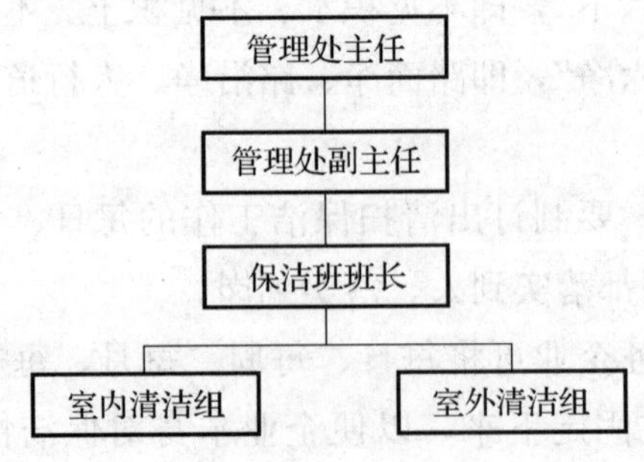

第 3 节　物业公共绿化养护服务

一、公共绿化日常养护服务的意义和作用

1. 公共绿化日常养护服务的意义

绿化，简单地说，就是栽种植物以改善环境的活动。物业管理区域内的物业环境绿化系统，是城市绿化系统的重要组成部分，环境绿化系统与住户关系密切，它不仅有改善小气候、净化空气、调节温度、减少污染、防止噪声等作用，而且一个美好的绿化环境有利于人们消除疲劳，振奋精神。联合国规定，可以达到保障人类健康的城市人均绿化的标准是 50～60m^2。绿色是生命之色，可以改善人类的生存环境，使人延年益寿，陶冶情操，净化环境。在物业管理中，物业服务企业通过行使组织、协调、督导、服务、宣传教育等职能，以及加强绿化管理，为业主营造一个清洁、安静、优美、舒适的环境，提升生活品质，这是物业管理绿化服务工作的意义所在，也是物业服务企业的职责所在。

2. 绿化的主要作用

（1）绿化具有保护和改善生态环境的作用

1）防风、防尘，保护生态环境。绿化树林能起到降低风速、阻挡风沙、吸附尘埃的作用，因此大面积地绿化覆盖，对防止尘土飞扬是非常有效的。

2）净化空气，降低噪声，改善环境。绿色植物能吸收二氧化碳，放出氧气，起到净化空气的作用。灌木和乔木搭配种植可以形成一道绿篱屏障，吸收和阻挡噪声。

3）改善小气候，调节温度，制止城市热岛效应。绿化能蒸发水分，增加空气中的相对湿度，而散发出来的水分可吸收热量，从而降低炎热季节的气温。热岛效应完全是人为造成的：人造热源多、车辆多、人口密集，钢筋水泥建筑物和水泥路面储存大量热能，楼厦逼仄透风差、散热性能差等。大面积的绿化带能抑制“热岛”的形成，是制止城市热岛效应最有效措施之一。

（2）绿化具有美化环境的作用。园林绿化是美化物业区域的一个重要手段，是城市建设中不可或缺的组成部分。运用园林植物树木花卉不同的形状、颜色、用途和风格，因地制宜地配置色彩富有季节变化的各种乔木、灌木、花卉和草皮，不仅使物业区域披上绿装，而且瑰丽的色彩，芬芳的花香，点缀着绿树成荫，能为广大业主和使用人创造一个优美、清新、舒适的环境。

（3）绿地、花卉能陶冶人的情操，起到修身养性的作用。绿地是儿童游戏、大人休闲娱乐、老人锻炼身体的场所，能起到丰富生活、消除疲劳、令人身心愉快的效果。花卉还能陶冶人的情操，提高人的审美能力，是人类追求完美的一种精神寄托。

花卉具有色、形、味、意多重审美属性，可以用它来装点、美化人们的生活。人们欣赏花、培植花，以花为友，不仅能得到美的享受，引发人的审美遐想，还能起到充实人的生活、提高生活情趣、优化生活质量的作用。

二、绿化养护的内容和要求

1. 绿化养护的内容

物业绿化养护，既是一年四季日常性的工作，又具有阶段性的特点。物业绿化养护的主要内容可分为以下两个方面：

（1）物业绿地的营造。物业绿地的营造包括物业绿地的规划设计、绿化植物的选择、绿化植物配置的方式、绿地营造的施工、物业空间绿化管理等方面的工作。

1）物业绿地的规划设计。物业服务企业所辖区域内的绿地规划设计原则是“适用、经济和美观”，可利用精巧的园林艺术小品和丰富多彩的园林植物进行绿化，尽可能布置开朗、明快的景观，设置一些凉亭、座椅，使其形成优美、清新的环境，以满足业主或使用人室外休息的需要。

2）植物选择。园林植物选择，要注意树种的选择，因为树木生命周期长，如果选择不当，将造成严重的后果。园路树应树干高大，树冠茂密，根深耐旱；水池边宜栽落叶少、不产生飞絮的花木；花木尽量不选用带刺和有毒的品种；花坛、花境应栽种色彩鲜艳、花香果佳的植物。

3）植物的配置方式。物业绿地的植物配置不仅要取得“绿”的效果，还要给人以“美”的享受。在配置所辖区域内的绿地植物时，可采用规则式和自然式两种。接近建筑物的地方，宜采用对称、整齐、端庄、明确、显著的规则式；远离建筑物的地方，宜采用优柔、活泼、含蓄、曲折、淡雅的自然式。在对物业绿地植物进行配置时，必须考虑植物的外形、色彩等方面的特性，进行仔细的选择和合理的配置，才能创造出美的景象，使物业环境的美化渗透到精神世界的美好情感中去。

4）绿地营造施工。绿地营造工程可委托园林工程部门施工。为了达到环境绿化和美化的目的，除了良好的设计外，施工是重要的一环。它直接影响工程质量和以后的管理、养护工作，影响花木生长及绿化美化的效果和各种功能的发挥。因此，物业服务企业一定要重视绿地营造的施工。

5）物业空间绿化管理。物业环境绿化管理部门不但要搞好地面绿化，而且在条件适宜的地方，搞一些空间绿化。同时还应该鼓励业主搞好物业的空间绿化，包括墙面绿化、阳台绿化、屋顶绿化、室内绿化等。空间绿化除了观赏作用外，还可弥补建筑物的缺陷。

（2）物业绿地的日常养护。物业绿地的养护是指物业绿地营造完成后，为巩固其成果，发挥其功能，而进行的一系列养护工作。养护工作必须一年四季不间断地长期进行，才能保证花木生长旺盛、花红草绿。一般来说，养护工作主要包括以下内容：浇水、施肥、整形、修剪、除草、松土、防治病虫害等花草树木技术管理。

2. 绿化养护的要求

（1）对草坪养护管理的要求。应适时修剪草坪，并清除杂草，控制杂草滋生，保持草坪的平整；及时灌溉，保证有效供水，遇草坪积水应采取排除措施，发现病虫害要及时灭杀，做好病虫害的防治工作；可根据草种和草坪的生长情况适时适量地施肥。

（2）对树木养护管理的要求。对乔、灌木按规范适时修剪；篱、球造型植物及时修剪，做到枝繁叶茂，紧密、圆整、无脱节；地被、攀缘植物适时修剪整理；要做到及时耕除或拔除树木周围的杂草，控制大面积杂草发生；按植物品种、生长情况、土壤条件适时施肥，满足植物生长需要；对病虫害要防治结合、及时灭治；当树木有倒伏倾向或发生倒伏时，要及时扶正、加固。

（3）对花坛花境养护管理的要求。要做好花卉的布置，保持花卉生长良好；及时清除枯萎的花蒂、黄叶、杂草、垃圾；根据花卉的种类和生长期不同，做好病虫害的防治；保证花坛花境的有效供水，无积水。

第 4 节　公共秩序的维护服务

一、公共秩序维护服务的目的

1. 公共秩序维护服务的含义

公共秩序维护服务也就是一般大家所说的物业保安管理，是指物业服务企业为防盗、防破坏、防不法活动、防灾害事故而采取各种措施和手段，保证业主和使用人的人身财产安全，维持正常的生活与工作秩序的一种服务管理工作。它是物业管理服务中的一项很重要的内容，因为业主和使用人的生命与财产安全是最基本、最基础的要求，如果安全没有保障，其他的服务要求就无从谈起。

公共秩序维护服务主要包括门岗服务、巡逻岗服务、技防设施和救助、车辆管理等几项内容。

2. 公共秩序维护服务的意义

在整个物业管理服务过程中，公共秩序维护服务占有举足轻重的地位，它既是业主安居乐业的保证、是整个社区安定的基础，也是促进和谐社会的重要保障，同时也是物业服务企业体现企业形象的重要方面。所以，无论是居住物业还是非居住物业，作为人们生活、工作和休息的场所，公共秩序维护服务的最终目的就是为业主和使用人的人身、财产提供安全和保护。

因此，搞好公共秩序维护服务工作有着不同寻常的重要意义，具体体现在：

（1）能确保物业及附属设施设备、公共区域等不受他人破坏、损坏，或在有意外的情况下尽可能地减少损失。

（2）能有效地阻止或防止任何危及业主和使用人的生命财产和身心健康的行为发生。

（3）能有效地控制外来人员和外来车辆的进出，保障业主的生活秩序与工作秩序，维护区域内道路安全，保证车辆的通行。

（4）能有效地促进精神文明建设，和睦邻里关系，减少邻里纠纷。

（5）能有效地震慑各种犯罪分子，积极打击各种犯罪活动，维护物业区域的安定，为社会的和谐稳定作出贡献。

二、公共秩序维护服务的机构设置

安全防范服务一般由物业服务企业的安保班负责。

从机构设置的角度来说，物业服务企业的公共秩序维护服务是通过设立安保班来具体负责实施的。因此，公共秩序维护的机构设置的合理性与科学性尤其重要，应当考虑到物业的档次、类型、规模等相关因素。物业面积越大，物业管理类型及配套设施就越多，机构设置也就越复杂。某物业管理小区公共秩序维护的机构设置框架如下：

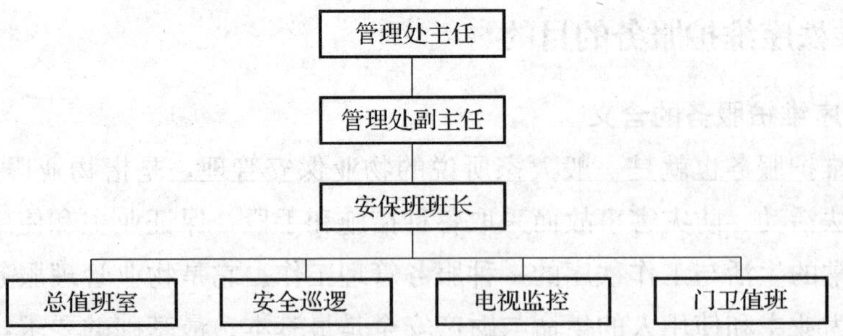

其中安全巡逻根据监视区域责任划分为多个班组，每个班组又根据 24 小时值班需要分为三班二运转或四班三运转。

三、公共秩序维护服务的基本内容

1. 执行国家有关管理规定，协助公安机关维护物业管理区域内业主和使用人的生命、财产安全。

2. 实行值班和巡逻制度，发现治安隐患，及时排除。

3. 制止诸如推销、叫卖、乞讨、拾荒以及流动商贩进入物业管理区域。

4. 在辖区内发生治安、车辆行驶等方面的突发事件时，安保人员要挺身而出，制止事态进一步扩大。并维护好现场秩序，迅速查明原因，报告有关部门，同时协助查处。

5. 维护物业管理区域内各项公众制度的严肃性，对不遵守各项规章制度的业主和使用人，安保人员应劝阻、制止，并做好宣传工作。

6. 物业管理区域的安保人员应当协助做好安全防范工作，当受公安机关委托时，可以核查有关车辆、人员的证件及其他情况；对破坏区域内秩序的人和事，有权劝阻、制止，直接移交公安机关处理。

四、公共秩序维护服务的基本要求

为了确保做好物业管理区域内的安全工作，物业服务企业应做好以下几方面的工作：

1. 安保人员必须具有良好的职业道德规范

安保人员的素质高低决定物业秩序维护工作的质量好坏，为此，要求物业服务企业在安保人员的选聘及平时安保工作的考核中，加强这方面的管理。安保人员职业道德要求是：忠于职守，竭诚服务；遵纪守法，廉洁公道；不畏艰险，勇于奉献；仪表端庄，文明礼貌。

2. 必须建立有效的安保制度

（1）根据物业布局和总面积、幢数、出入人口数、公共设施数、业主或使用人的数量，配齐门卫和巡逻岗的实际人数。

（2）确定安保巡逻岗位和线路，尤其注意出入口、隐蔽处、设备机房、车库、车棚等处。

（3）建立 24 小时固定值班、站岗和巡逻制度，做好交接班工作。

3. 认真做好日常安保工作

（1）与派出所、街道建立密切联系，随时了解社会治安动态。

（2）采取发放通行证、出入证，来访登记措施，控制人流、物流、车流。

（3）熟悉业主和使用人基本情况，掌握物业管理区域内的结构布局、设备性能等情况。

（4）及时、正确处理各种突发事件。

（5）填写每日工作报告和特别工作报告。

（6）严禁安保人员滥用权利，如使用武力、武器，随意搜身、抄身等。

五、公共秩序维护服务的主要职责

1. 物业安保部门的职责

（1）信守合同，确保服务质量。根据安保部门的服务宗旨和同业主签订的合同内容，组织力量，布置任务，提出要求，履行合同；并不断进行督促、检查和总结，圆满完成安保部门所承诺的各项秩序维护服务工作。

（2）管好队伍，努力提高业务素质。对安保队伍实行科学管理，是安保部门的主要职责之一，也是提高队伍素质和战斗力的根本途径。管理工作做好了，不仅能提高队伍素质，充分调动每个人的积极性，还能充分发挥安保队伍整体的功能，取得最佳效益，达到预期的目标。

（3）加强联系，做好协调配合工作。公共区域秩序维护服务不是孤立的，它需要社会上各个部门和广大群众的支持、理解和配合。因此，安保部门的重要职责之一，就是要主动地加强与有关部门的联系，不断沟通情况，交流信息，以达到相互理解、相互支持、相互配合的目的。这是做好该项服务工作必不可少的重要条件。

2. 物业安保人员的职责

（1）安保班班长职责

1）负责全队工作，带领全队人员依据各自职责，认真做好安全保卫工作。

2）熟悉治安各岗位职责、任务、工作要求、考核标准。掌握区域内的安保工作规律及特点，加强重点岗位的安全防范。

3）经常检查各岗位工作情况，零点之后的夜间查岗每周不少于两次。

4）及时做好安保员的岗位培训、技能训练及日常考核工作。

5）配合其他管理部门做好服务工作，制止、纠正各类违章行为。

6）完成上级布置的其他任务。

（2）安保员职责

1）服从领导，听从指挥，做到令行禁止，遇事报告。

2）遵守国家的政策法规，做到依法办事，不能超越权限处理公共秩序维护中的任何事务。

3）熟悉本岗位职责和工作流程，圆满完成工作任务。

4）当班时必须提高警惕，坚守岗位，认真巡查管辖区域，发现可疑现象要及时盘问和调查，预防治安案件的发生。

5）积极配合卫生、绿化、工程等部门的工作。

6）积极协助公安机关开展各项治安防范活动，推进辖区的治安环境建设。

7）按交接班制度，对当班中各种情况在认真处理前提下，做好书面记录，以备查考。

3. 安保巡逻人员的工作内容与要求

(1) 按时巡逻，留意所有可疑人物及事件，并记录值班时间内发生事项。例行巡逻按既定巡逻路线、巡查点及巡查时间进行。巡逻中切勿遗漏死角。

(2) 熟悉巡逻区内各类设备、物品的位置，发现设备、物品有移动等可疑情况，应立即查明报告。

(3) 检查电线线路和水管管道有无损坏，发现漏水（电）时，应采取措施并及时上报。

(4) 巡逻中闻到异味，听到可疑声响，须立即查明情况并报告。

(5) 注意观察来往人员的情况及其携带的物品，发现可疑人员要选择适当的位置加以监视并报告。

(6) 发现偷盗、流氓等违法犯罪分子，应即刻擒获。

(7) 制止在辖区内的打架、斗殴事件。

(8) 发现火警时，立即组织扑灭，并迅速报警。

(9) 发现散发小广告、乞讨、拾捡垃圾及推销商品的闲杂人员，要进行盘查并驱逐。

(10) 如有业主或使用人投诉或求援，当职人员必须接受，应立即处理并报告主管，以便协助及迅速解决。

(11) 制止业主或使用人的违章行为。

4. 门卫人员的工作内容与要求

(1) 对进出辖区的外来人员和车辆实行严格的登记管理制度。

(2) 访客到访一律凭有效证件登记后，方可进入辖区。

(3) 检查和登记出入辖区的机动车辆。凡装有易燃、易爆、剧毒品或污染性等物品的车辆不准进入辖区。

5. 安保人员交接班制度

(1) 接班人员应按规定着装提前 10 分钟上岗接班。交班人员交班时应把当班情况、注意事项、器械物品及工作情况记录交代给接班人员并签名认可。

(2) 接班人员无论因何种原因未能准时到岗或未办理接班手续时，当班人员不得擅自下班离岗。

(3) 交班人员必须处理或安排好交班时尚未完成及有待处理的事。

（4）交班人员要待接班人员对辖区巡视验收后才能下班，接班人员验收时间无特殊情况不得超过接班时间 15 min。

六、公共区域秩序维护的人员要求

1. 必须持证上岗，即国家规定机构颁发的职业资格证书。

2. 身体健康，工作认真负责，有较强的责任心。

3. 能正确使用消防器材，能对小区日常护卫事项作出正确反应。

4. 能遵守相关行业规范，做到着装统一，并能按照工作要求佩带好相关安全护卫器械。

七、公共秩序维护服务中的技防措施

物业小区安全防范主要是把人防、技防和物防有机地结合起来，形成立体化、多层次、全方位、科学的防范犯罪的强大网络体系，从而减少安全防范中人为因素造成的盲区及漏洞。

一个完整的小区安防系统可由如下几道防线构成：

1. 周界防越报警系统

它是第一道安全防线，由周界防越报警系统构成，以防范翻越围墙和周界进入社区的非法入侵者。

通常，在小区的围墙四周设置红外多束对射探测器，一旦有非法入侵者闯入就会触发，并立即发出报警信号到周界控制器，通过网络传输线发送至管理中心，并在小区中心电子地图上显示报警点位置，以利于保安人员及时准确地处警，同时联动现场的声光报警器（白天使用）或强光灯（夜间使用），及时威慑和阻吓不法之徒，提醒有关人员注意，做到群防群治，拒敌于小区之外，真正起到防范的作用。

2. 闭路电视监控系统

它是第二道安全防线，由闭路电视监控系统构成，对社区出入口、主要通道及重点设施进行监控管理。

闭路电视监控系统是在小区主要通道、重要公建及周界设置前端摄像机，将图像传送到智能化管理中心，中心对整个小区进行实时监控和记录，使中心管理人员充分了解小区的动态。同时采用多媒体控制平台与周界防越报警系统及住宅室内报警系统联动。当发生警情时，中心监视器将自动弹出警情发生区域的画面，并进行记录。

在发生突发安全事件后，监控系统记录下来的电视图像将发挥重要的证据作用。

3. 保安巡更管理系统

它是第三道安全防线，由保安巡更管理系统构成，通过物业中心保安人员对住宅区内可疑人员、事件进行监控。

任何一个先进的保安系统都不能做到100%的自动化，所以，应该强调技防与人防的相互结合。巡更管理系统的系统结构由现场控制器、监控中心、巡更点匙控开关、信息采集器等部分组成，通常现场控制器与监控中心可以与防盗报警系统共用。巡更点匙控开关可以接在就近的现场控制器或防盗报警控制主机上。

巡更管理系统的主要功能有：

• 保证巡更值班人员能够按巡更程序所规定的路线与时间到达指定的巡更点，进行巡视，不能迟到，更不能绕道。

• 对巡更人员自身的安全要充分保护。如果在规定的时间内，指定的巡更点未发出“到位”信号，该巡更点将发出报警信号，此时，应立即派人前往处理。

4. 楼宇可视对讲系统

它是第四道安全防线，由楼宇可视对讲系统构成，可将闲杂人员拒之梯口处。

一般有访客对讲和访客可视对讲两种。

5. 住户室内综合报警系统

它是第五道安全防线，由住户室内综合报警系统构成，若发生非法入侵或发生如火灾、老人急症等紧急事件，通过户内各种探测器，报警中心将很快获得警情消息，并迅速派员赶往事件现场进行处理。

八、高压脉冲电子围墙

高压脉冲电子围墙采用高压电子脉冲施加于需要安全防范区域周界的设施上，融阻挡、报警、监控为一体，与安全监控、安全管理系统联动，以其主动防御的形式把入侵者拒之于安防区外，具有强大的威慑力。

高压脉冲电子围墙一改国内周界防范中单纯的事后报警的传统模式，强调了以“阻挡为主，报警为辅”的国际周界安防新概念，它既具有普通围墙的阻挡功能，又具有威慑报警功能，以其优越的性能实现了传统围墙与报警系统的完美结合。该系统对入侵者给予瞬间脉冲电击，以阻止其翻越，做到了预防为主；对执意入侵者和破坏者，则会给予脉冲式电击并发出报警，延缓了入侵的时间，为安保人员及时制止犯罪争取了时间。

高压脉冲电子围墙的特点见表7—1。

表 7—1　　高压脉冲电子围墙的特点

特点	说明
有形式的界墙	高压脉冲电子围墙由高强度电子导线、挂线柱、角柱和紧线器等构成，附加在现有的围墙、围栏上，或自立式安装，形成完整的有形界墙，使安防区域有明确的分界，且易于安装
高压电子阻挡	5 000～8 000 V 电子缆线产生的非致命脉冲高压能有效阻挡并击退入侵者，主动对入侵企图作出反击，延迟入侵时间，并且不伤害人的生命
监视和报警	当入侵者触碰或破坏电子围栏（短路或断路）时，系统会及时发出警报和指示报警区域。系统可以和中心监视、安防管理系统联动，还可以与其他报警、监视产品配套使用
有效阻挡和及时报警	电子围栏的阻挡和报警主动对入侵企图作出反击，在入侵者入侵之前，就及时报警，这为抓获入侵者、保证财产安全提供了可靠的防范和捕捉的时间
可靠的安全和良好的报警	电子围栏采用低能量（5 J）、低频率（60 次/min）脉冲，一旦有人触碰，犹如电棍触击，不会造成生命伤害。脉冲每分钟扫描 60 次，一旦系统短路或断路时，监控器及时发出报警信号
最低误报率	电子围栏基本不受气候影响，比如在雾天、风沙天、雨雪天等，系统仍能维持最高报警值。系统连续工作，采用 UPS 以保证在外界停电时继续工作

动物触碰会被击退，但不会引起报警。

高压脉冲电子围墙系统在防区的周边架设了一道电子围栏。围栏上一般挂有“小心电子围栏”的警示牌，以起到威慑作用。

脉冲电子围墙系统以前主要应用于一些有特别要求的物业区域，如军事基地、机场、监狱、看守所、工厂、高级住宅小区、养殖场、畜牧场、矿区等。现在一般的物业小区均安装有高压脉冲电子围墙系统。

第 5 节　车辆停放管理

一、车辆停放管理的含义和主要内容

随着人们生活水平的提高，拥有汽车的家庭越来越多。而早期开发的物业，由于对停车估计不足，造成了现在停车库内车位的严重紧张，给有车一族带来不便，给物业管理工作带来许多麻烦。故物业服务企业只能在管理上下功夫，努力搞好车辆的停放管理，这是物业管理工作中不容轻视的问题。

1. 车辆停放管理的含义

所谓车辆停放管理是指物业服务企业根据有关停车管理服务的规定及物业管理服务合同的约定，通过制定相应的停车管理制度，引导辖区内的车辆有序地行驶与停放，防止车辆的乱停乱放，保障车主和其他业主与使用人的合法权益，维护物业管理区域正常的生活和工作秩序。

2. 车辆停放管理的主要内容

（1）机动车停车位的管理

1）物业管理区域内的机动车停车场（库），应当提供给本物业管理区域的业主、使用人使用。停车位不得转让给物业管理区域外的单位、个人；停车位有空余的，可以临时出租给物业管理区域外的单位、个人。

2）停车位要转让的，受让对象应当是本物业管理区域的业主。租用停车位的业主享有该车位的优先购买权。

3）在住宅物业管理区域内的道路上设置停车位的，不得占用消防通道，不得妨碍行人和其他车辆通行。

（2）机动车辆行驶管理

1）限制外来车辆进入辖区。但公安、消防、抢险、救护、环卫等特种车辆执行公务时除外，并不得收费。

2）进入辖区的车辆，行驶停放应服从管理人员的指挥并注意前后左右车辆安全，在规定的位置停车。行车通道、消防通道及非停车位严禁停放。

3）长期停放的车辆，应提出申请，交纳停车费，领取“停车证”。在物业管理区域内停放的车辆，不得影响其他车辆和行人的正常通行。

4）进入辖区的车辆，应减速行驶，禁止鸣号，不得损坏共用设施设备。

5）装有易燃、易爆、剧毒或污染品的车辆，严禁进入辖区。

6）管理人员发现可疑情况，应及时报告，并认真做好交接班工作。

（3）摩托车、自行车和助动车管理

1）摩托车、自行车、助动车应遵守有关规定，在指定的地点停放。

2）需办理托管的车辆，应办理有关手续，交纳保管费，领取保管卡。

3）托管车辆出入辖区，凭卡存车、取车。

4）外来车辆进入辖区时，应按指定位置停放，并付停车费。

二、车辆停放管理工作要求

1. 遵守停车管理有关规定。

2. 履行物业服务合同相关停车管理的约定。

3. 制定停车管理制度，包括停车管理的职责、停车位和临时进出车辆停放的管理方案、发生紧急情况（如车辆被盗、被损坏、撞车事故等）的处置预案等。

4. 在物业管理区域的地面、墙面设立交通标识，引导车辆按规定路线行驶。

5. 做好车辆被盗、被损坏的处理。

三、停车场的管理

物业区域的停车场有露天停车场、室内停车场、地下停车场、机械式立体车库、路边停车等类型，停车场的产权归属问题有不同的情况，应根据具体停车场的实际情况制定相应管理办法。

一般，物业区域停车场的管理包括以下内容：

1. 停车场管理系统的建立和维护。

2. 停车场的标识、停车线和倒车限制保护装置的设置。

3. 建立停车场管理制度，其中公开制度应明示。

4. 停车时对车辆驾驶的要求和停车引导。

5. 停放车辆的安全管理。

6. 室内停车场照明、通风、消防等设备的运行管理。

7. 依据相关法规和约定收取相关的费用。

第 6 节　物业消防管理

一、物业消防管理的基本概念

物业消防管理是物业管理的基本内容之一，包括防火和灭火（救护）两个方面。具体包括：消防宣传教育；消防演练；消防设备的运行管理和维护；消防用具的使用和管理；消防监控；消防检查；消防档案管理等。

1. 消防管理的目的

消防管理的基本目的是预防物业火灾的发生，最大限度地减少火灾损失，为业主和使用人的生产和生活提供安全环境，增强城市居民的安全感，保证其生命和财产的安全。其中，灭火（救护）是在起火后采取措施进行扑救，防火是把工作做到前头防患于未然。

2. 消防管理的方针

中国消防管理的方针是“预防为主，防消结合”。要求消防工作在指导思想上，要把预防火灾放在首位。要采取一切行政的、技术的和组织的措施，防止火灾的发生。所以，物业的消防管理也应立足于火灾的预防上，从人力、物力、技术等多方面充分做好灭火准备，以便在发生火灾时，能够迅速而有效地加以扑灭。

二、物业消防管理的人员配置与职责划分

1. 消防管理的人员配置

物业消防管理的人员配置一般从属于公司的安全保卫部门，由安保人员兼任，但业务管理又是专业专职和单列的。

2. 消防管理人员的职责划分

（1）专职消防管理人员职责

1）对本部门和物业服务企业的经理负责，负责管理、指导、督促、检查、整改所辖区域内的消防工作。

2）落实各项防火安全制度和措施，严格贯彻执行消防法规。

3）组织消防宣传教育，加强业主和使用人的消防意识。

4）负责所辖区域内动用明火作业的签批和现场监护工作。

5）定期巡视、试验、检查、大修、更新各种消防设施和器材，指定专人管好所辖区域内的各种消防设备设施和器具。对消防设施故障和不足，应专门报告给主管领导，并做出维修计划。

6）定期检查所辖区域内的要害部位，及时发现和消除火险隐患。

7）负责消防监控报警中心，24 小时日夜值班，做好值班记录和定期汇报工作，发现火警火灾时，要立即投入现场指挥和实施抢救。

（2）义务消防人员的职责。物业服务企业全体员工都是义务消防人员，必须履行消防人员职责。

1）认真学习有关消防知识，掌握各种器材操作技术和使用方法。

2）积极做好防范宣传教育工作。宣传教育内容主要有：防火灭火基本方法，物业内消防设施及其功能与使用，安全疏散和人员抢救等。宣传方式可采取专人上门发通知、张

贴广告、出墙报、利用电视等。

3）定期检查本部门和所管区域内的消防器材设备的完好状况。

4）一旦发生火警火灾，应立即投入现场抢救。

三、物业消防管理的主要内容

1. 定期巡视、检测、保养、维修、更新消防器材和设备，使消防器材、设备、设施处于100%的完好状态。

2. 任何单位和个人都有责任维护消防设施，不准破坏和擅自挪用消防设备和器材，不准埋压和圈占消防水源，不准占用防火间距，堵塞消防通道。

3. 积极开展防火宣传教育。建筑物内禁止燃放烟花爆竹，严禁燃烧物品。建筑物内的走道、楼梯、出口等部位保持畅通，严禁堆放物品。

4. 业主或使用人在进行装修或改造需动用明火作业时，须经物业服务企业批准。动火单位和个人应严格执行动火管理制度，确保作业安全。

5. 坚持管理人员和安保人员的巡查制度，对物业设施中存在的消防隐患应及时整改。

6. 加强施工管理，严格装修审批和监督制度，确保相关工程符合消防安全的规定。

四、物业消防管理规定

1. 消防工作要贯彻“预防为主，防消结合”的方针。物业服务企业的全体员工均应知晓有关消防条例。

2. 公共走道必须保持畅通无阻，任何单位和个人不得随意占用和堵塞，严禁在设立禁令的通道上停放车辆。

3. 不得损坏消防设备和器材，妥善维护和保管各类消防设备和设施。

4. 不得在住宅区内存放和使用易燃、易爆、剧毒物品。

5. 安全使用燃气，不得私自接装燃气热水器。

6. 遵守安全用电管理制度，严禁超负荷使用电器，以免发生事故。

7. 住户要进行室内装修或改造时，须向管理处提出书面申请，经批准后方可施工。并要严格按照辖区的有关消防规定施工，确保辖区安全。

8. 发生火警，应立即报警，并关闭电闸，迫降电梯至底楼，疏散人群。

五、防火安全“三级”检查制度

1. 班组检查

（1）每个员工每天对本岗位、本地段进行一次火情安全的检查，排除本身能够排除的一般不安全因素，上报本身不能解决的火情隐患及不安全因素。

（2）发现问题应及时处理，及时报告，否则发生事故则由本岗位当班人员负责。

（3）每天应将班组各人检查的结果向领班汇报。

（4）接班时应提前10分钟进入岗位，并向上一班了解情况，对检查内容进行验收并签名，发现一般的问题由接班班长负责处理，较大问题以书面形式报上级领导处理，不得忽视或拖延。

2. 管理处检查

（1）管理处领导每周组织班组负责人对本处管辖地段、设备物资进行一次检查。

（2）检查班组一级对防火安全工作的执行落实情况。

（3）组织处理本处的火险隐患及整改，向员工进行安全教育，及时表扬或批评。

（4）每月向企业安全主任汇报一次本管理处消防安全情况。

3. 公司检查

（1）每月由物业管理部或企业领导对各部门进行重点检查或抽查，企业领导小组每年不少于一次全面检查。

（2）检查各管理处贯彻防火安全制度的执行情况，重点检查要害部分防火安全管理及执行情况。

六、发生火警的处理程序

1. 立即拨打火警电话，报告有关部门与上级。
2. 组织相关人员赶赴现场自救，采取恰当措施，尽力控制火势。
3. 组织群众撤离危险区。
4. 做好安全保卫工作，严防趁火打劫和其他破坏活动。
5. 协助有关部门处理善后工作，并做记录。

第7节　其他委托服务

一、物业管理其他委托服务的内容

其他委托服务是物业服务企业在提供物业管理常规性服务之外，因地制宜开展的、方便业主和使用人的生活，提高其生活质量和水平的有偿服务。

其他委托服务的内容可以包括衣、食、住、行、娱乐、购物、家政等各个方面。

1. 衣着方面

洗衣服务，成衣服务。

2. 饮食方面

点心、面包房、餐饮店、茶坊、咖啡馆。

3. 家居居住方面

房屋修缮；房屋装修；房屋看管；物业租售代理；家居清洁卫生、消毒、打蜡；搬家服务；代装空调、淋浴器、防盗装置、晒衣架；代办煤气、电话、有线电视、网络相关业务；代缴水、电、煤、电话等费用。

4. 行旅方面

车辆出租；预订火车票、机票。

5. 娱乐方面

棋牌室；阅览室；美容美发；健身馆；游泳池。

6. 购物方面

24 小时便利店；水果供应；花卉供应；快递业务。

7. 家政方面

接送幼童上学入托；代订书报杂志；代聘各类保姆；代请家教。

二、物业管理其他委托服务的要求

尽管委托服务的项目很多，利润也能保证，但要求物业服务企业满足一些基本的要求。

1. 必须要有高素质的经营管理人才

从事多种经营服务的人员，必须真正理解物业综合经营管理的经济学内涵，在服务方式的设计、费用的收取、服务标准的制定方面定位恰当，用市场经济的观念来进行综合服务经营，为物业服务企业的持续发展奠定一定的经济基础。

2. 量力而行

其他委托服务要根据物业服务企业的自身情况，因时、因地、因人制宜，有计划、有步骤地开拓。要结合业主和使用人的特点来决定规模大小和档次高低。

3. 妥善处理与物业区域环境之间的关系

在为客户服务、为企业营利的同时，绝不可以给业主和使用人的生活及工作环境带来不良后果。要注意避免噪声干扰和环境污染。保证物业区域环境的整洁与美化。例如，餐饮的经营要注意防止大声喧哗，餐饮店的油烟排放也要妥善解决，餐饮的排污要保持畅通，以免堵塞管道，影响环境。

4. 收费合理公开

物业服务企业可以通过自身努力，开展多种经营服务来提高收入水平，可以根据业主的委托提供物业服务合同约定以外的服务项目，服务报酬由双方约定。因此，物业服务企业在为业主和使用人提供个性化服务的同时，要注意做到收费合理、公开、公平、质价相符。真正做到为业主提供优质服务，树立企业良好形象。

5. 妥善处理与地区政府、相关部门及业主委员会之间的关系

如经营项目需要“通水、通电、通气”，必须与燃气、自来水、供电局等协调好关系。又如，开展美容美发和餐饮服务，需取得卫生防疫部门的许可等。

本章小结

本章着重介绍了物业管理服务，它是物业管理的基础性工作。本章的内容包括：窗口接待及物业档案管理、物业公共区域的清洁卫生服务、物业公共绿化养护服务、物业区域公共秩序的维护服务等。其中，公共秩序维护服务中的技防措施，除了介绍了常见的周界防越报警系统、闭路电视监控系统、保安巡更管理系统、楼宇可视对讲系统和住户室内综合报警系统外，还对高压脉冲电子围墙作了大致的介绍，因为高压脉冲电子围墙的使用范围现在越来越广。

复习思考题

1. 物业管理窗口接待的主要工作任务有哪些？
2. 物业档案资料由哪些基本的资料组成？
3. 物业档案资料主要有哪些作用？
4. 简述公共区域清洁卫生服务的含义。
5. 楼外公共区域的保洁范围有哪些？
6. 简述保洁员职责。
7. 物业绿化养护的基本要求有哪些？
8. 简述公共秩序维护服务的含义。
9. 物业消防管理的内容包括哪些方面？

模拟测试题

一、填空题（请将正确的答案填在横线空白处）

1. 管理处设接待窗口，负责日常业主或使用人的来访接待等工作。具体包括：业主或使用人的______、______、______、______的受理；业主物业档案资料的建立和管理工作等。

2. 对于窗口接待，管理处首先必须明确接待时间，一般应实行______至______全天业主或使用人接待。

3. 对于物业管理中的维修项目，安全设施维修______回访；房屋渗漏水项目维修______回访，______再作一次回访；其他项目维修______回访。

4. 物业服务企业还要做好防治“脏乱差”的工作。“脏乱差”具有______性、______性和______性的特点。

5. 公共秩序维护服务主要包括：______、______、______、______等几项内容。

二、判断题（下列判断正确的请打“√”，错误的打“×”）

1. 消防工作要贯彻“以消为主，防消结合”的方针。 （ ）

2. 单幢楼宇的地面、楼梯扶手、栏杆、窗台等的保洁属于楼内公共区域的保洁。 （ ）

3. 物业管理区域内的道路地面、绿地、明沟、垃圾箱（房）的保洁属于楼外公共区域的保洁。 （ ）

4. 高压脉冲电子围墙一改国内周界防范中单纯的事后报警的传统模式，强调了以“阻挡为主，报警为辅”的国际周界安防新概念。 （ ）

5. 物业消防管理的基本目的就是灭火。 （ ）

三、单项选择题（下列每题有四个选项，其中只有一个是正确的，请将其代号填在括号内）

1. 物业管理处必须实行回访制度。对回访中发现的问题，（ ）内书面通知相关人员作出整改。

A. 24 小时　B. 8 小时　C. 36 小时　D. 48 小时

2. 物业小区内停车位要转让的，受让对象应当是本物业管理区域的（ ）。

A. 开发商　B. 非业主使用人　C. 企业　D. 业主

3. 物业消防管理包括定期巡视、检测、保养、维修、更新消防器材和设备，使消防器材、设备、设施处于（　　）的完好状态。

A. 95%　　B. 98%　　C. 100%　　D. 90%

4. 联合国规定，可以达到保障人类健康的城市人均绿化的标准是（　　）m^2。

A. 40～50　　B. 50～60　　C. 60～70　　D. 70～80

5. 负责保洁工作人力配置，做好日常工作安排，每天检查保洁考勤情况，监督落实保洁员岗位职责是（　　）的职责。

A. 管理处主任　　B. 管理处副主任　　C. 保洁班长　　D. 保洁员

四、多项选择题（下列每题中的多个选项中，至少有两个是正确的，请将其代号填在括号内）

1. 物业档案资料保管，是指对物业的原始记录进行的（　　）、统计、利用，为物业管理提供客观依据和参考资料。

A. 收集　　B. 整理　　C. 鉴定　　D. 保管

2. 档案管理制度一般包括（　　）。

A. 档案的归档制度　　B. 档案的借阅制度

C. 档案的鉴定制度　　D. 档案的销毁制度

3. 公共区域清洁卫生服务的原则包括（　　）。

A. 专业化服务与预防相结合　　B. 照章办事，严格管理

C. 因人而异　　D. 责任明确，分工具体

4. 绿化具有保护和改善生态环境的作用，主要体现在它具有（　　）的作用。

A. 防风、防尘，保护生态环境

B. 净化空气，降低噪声，改善环境

C. 改善小气候，调节温度，制止城市热岛效应

D. 净化水质

5. 一个完整的小区安防系统可由几道防线构成，下列属于小区安防系统的是（　　）。

A. 周界防越报警系统　　B. 闭路电视监控系统

C. 保安巡更管理系统　　D. 楼宇可视对讲系统

五、简答题

1. 楼内公共区域的保洁范围有哪些？

2. 在物业区域内发生火警时，该如何处理？

3. 绿化具有保护和改善生态环境的作用，主要体现在哪些方面？

4. 一个完整的小区安防系统可由哪几道防线构成？

5. 物业小区车辆停放管理工作要求有哪些？

模拟测试题参考答案

一、填空题

1. 业务咨询　报修　收费　投诉　监督投诉电话

2. 周一　周日

3. 2 天内　3 天内　雨天后　一星期内

4. 多发　蔓延　顽固

5. 门岗服务　巡逻岗服务　技防设施和救助　车辆管理

二、判断题

1. ×　2. √　3. √　4. √　5. ×

三、单项选择题

1. A　2. D　3. C　4. B　5. C

四、多项选择题

1. ABCD　2. ABCD　3. ABD　4. ABC　5. ABCD

五、简答题

1. 楼内公共区域的保洁范围包括物业管理区域内单幢楼宇的地面、楼梯扶手、栏杆、窗台、天花板、公共灯具、门窗玻璃、天台屋顶、电梯轿厢、消防栓、指示牌等公共设施和公共区域。商业楼宇还要包括大堂、公共通道、洗手间、会所等。

2. 发生火警的处理程序如下：

（1）立即拨打火警电话，报告有关部门与上级。

（2）组织相关人员赶赴现场自救，采取恰当措施，尽力控制火势。

（3）组织群众撤离危险区。

（4）做好安全保卫工作，严防趁火打劫和其他破坏活动。

（5）协助有关部门处理善后工作，并做记录。

3. 绿化具有保护和改善生态环境的作用，主要体现在：

（1）防风、防尘，保护生态环境。

（2）净化空气，降低噪声，改善环境。

（3）改善小气候，调节温度，制止城市热岛效应。

4. 一个完整的小区安防系统由以下防线构成：

（1）周界防越报警系统。

（2）闭路电视监控系统。

（3）保安巡更管理系统。

（4）楼宇可视对讲系统。

（5）住户室内综合报警系统。

5．物业小区车辆停放管理工作要求如下：

（1）遵守停车管理有关规定。

（2）履行物业服务合同相关停车管理的约定。

（3）制定停车管理制度，包括停车管理的职责、停车位和临时进出车辆停放的管理方案、发生紧急情况（如车辆被盗、被损坏、撞车事故等）的处置预案等。

（4）在物业管理区域的地面、墙面设立交通标识，引导车辆按规定路线行驶。

（5）做好车辆被盗、被损坏的处理。

第 8 章

物业管理常用的信函、文本与合同

物业管理服务中，我们经常会有一些事情必须及时让业主或使用人知道，比如：入住通知、收费通知、电梯检修停运通知、水箱清洗停水通知、节假日放假温馨提示等；或者会在工作中接触到一些物业管理方面的公文，如物业管理情况通报、请示报告、物业管理工作计划和总结、物业管理公函、物业服务合同、物业服务招投标文件、物业管理岗位职责等，这些都是物业服务企业和业主沟通的重要方面，或者是物业管理工作的一些重要方面。

此外，物业服务企业有时还需对业主（住户）的一些查询、投诉进行处理和回复，这就需要我们物业管理从业人员必须具有良好的书写信函能力和公关意识，这对提高物业服务的质量是十分有用的。

本章仅选列一些常见的物业管理公文，供大家参考，相关的详细内容可查阅物业管理常用应用文等书籍。

第 1 节　物业管理中常用的公务信函

一、通知、通报

通知是一种公文，适用于批转下级机关的公文，转发上级机关和不相隶属机关的公文；也适用于传达要求下级机关办理和需要有关单位周知或者执行的事项；也可以用于干部的任免和聘用。

通报是一种适用于表彰先进、批评错误、传达重要精神或情况的公文。举例如下。

1. 入住通知书

《入住通知书》

________女士/先生：

您好！欢迎您入住××花园！

您所认购的________区________栋________单元________室楼宇，经市有关部门验收，测量合格，现已交付使用准予入住。

1. 请您按《入住通知书》及《办理入住手续须知》来办理入住手续，办理地点在________楼________室。在规定的日期内，地产部、财务部、物业服务企业等有关部门和单位将到场集中办公。

2. 为了您在办理过程中能顺利而快捷地办理好入住手续，请以下表时间为准前来办理入住手续。

各楼各层办理入住手续时间分配表（略）

如您届时不能前来办理入住手续，请您及时与我公司联系，落实补办的办法，联系电话＿＿＿＿＿＿。

特此通知

××房地产开发公司

××物业管理公司

＿＿＿＿年＿＿月＿＿日

2. 物业管理费收缴通知书

《物业管理费收缴通知书》

尊敬的各位业主：

您好！本小区将于2012年1月1日至10日开始收缴2012年一季度的物业管理服务费，为了确保本公司各项工作的顺利开展，烦请您在百忙之中前到小区管理处（A楼101室）交纳相关费用。

若您因工作繁忙或其他原因不能前来付费，可致电小区管理处（6472××××）进行预约，我们将安排管理人员上门收取，感谢您对我们工作的大力支持。

东方物业有限公司××管理处

2012年1月1日

3. 元旦节放假的温馨提示

《元旦节放假的温馨提示》

尊敬的各位业主/住户：

您好！2012年元旦将至，我公司恭祝大家新年快乐，万事如意！

为了大家能过一个安全、温馨和舒适的节日，我公司在加强各小区出入口控制和日常巡逻的同时友情提醒各位业主和住户注意以下几点。

1. 如您外出，注意关好门窗以及水、电、气的开关，同时请保管好自己的贵重物品，不要将大额现金留存家中，以免发生火灾和失窃。

2. 请您将车辆停放在指定位置，并检查确认车门车窗是否完全锁住，以免造成经济损失；如您长时间外出，而车辆停放在小区内，请及时告之管理处。

3. 请不要随意给陌生人开门，以防不测。

4. 在使用家用电器及天然气时，请注意用电用火安全，切勿违规操作。

5. 请大家将自家阳台上摆放的物品移至安全地方，以避免高空坠物；同时也请楼上住户不要将物品向楼下丢弃，以免伤及楼下行人及车辆和影响小区的卫生状况。

6. 根据派出所要求，商铺的商家在节日期间如要歇业，店内请留人值守（特别在夜间），营业结束后不要将贵重物品（如电脑等物）放置在店面上，以防失窃。

7. 请照看好自己的小孩，不要在水池边玩耍及在小区内燃放烟花爆竹，预防溺水及火灾事件的发生。

东方物业有限公司××管理处

2011 年 12 月 25 日

4. 水箱清洗停水通知

《水箱清洗停水通知》

尊敬的各位业主/住户：

您好！为了保证向广大业主提供符合国家标准的用水，保障居民用水质量，管理处决定于 2011 年 10 月 11 日 8：30～17：00 对生活水箱进行清洗消毒。

具体清洗时间：2011 年 10 月 11 日 8：30～17：00

清洗期间将会停水，请大家提前储备好生活用水，由此给您生活造成不便敬请谅解！

感谢您对我们工作的支持。

东方物业有限公司××管理处

2011 年 10 月 3 日

5. 物业管理检查情况通报

《关于全区住宅小区物业管理检查情况通报》

各物业服务企业：

为进一步加强我区住宅小区物业管理工作，不断提升物业管理水平，构建和谐、文明、安全、整洁的小区环境，区物业管理办公室于今年 9～11 月，历时三个月，分别对全市纳入管理的 120 个住宅小区就安全防范、环境卫生、绿化管护、综合管理等方面进行了检查。从检查情况看，各物业服务企业管辖小区的保洁、绿化、公共秩序维护等工作，比往年有较大改观，大多数小区楼道清扫洁净，管理秩序良好，绿化管护正常，住宅小区“环境综合整治月”活动取得明显成效。明月物业公司为物业服务人员配备交通工具，提高服务效率；民安物业公司清理区内小菜园，不留死角；民富物业公司逐户征求业主意见，提高物业服务费；前程物业公司妥善处理业主投诉，提高群众满意度；新宇物业公司增加服务项目，加强环境整治等做法，体现了物业服务企业想事干事的服务理念有了很大改观，对区物业管理的规范化发展将起到很大的推动作用。

尽管物业管理的标准和要求很明确，但是仍然有思想不重视、管理不到位的现象，存在的问题仍然比较突出，现通报如下。

一、小区卫生死角多，保洁质量不高。皇园小区、两岸人家等小区公共绿地杂草、杂物、白色垃圾随地可见，垃圾箱周围不清洁，楼道、车库门前杂物堆放，公共绿地晒衣架晾衣绳乱拉乱挂。

二、秩序维护人员素质不高，服务不规范。益都花园小区、花海花园等个别小区秩序维护人员缺乏良好的精神状态，没有秩序维护人员的仪表仪容和服务意识，小区安全防范巡查不够，盗窃案件时有发生。

三、门卫值班室、监控房，环境不整洁。鹏程小区、少山小区等小区值班室、监控房烟头、蚊香灰随处可见，保安衣物、保洁工具、消防器械随意乱放，桌面零乱不堪，窗台、宣传橱窗积尘时间长，监控探头损坏不及时维修。

四、小区车辆乱停乱放，管理不到位。新世纪花园小区、静思小区等小区机动车占道停车，摩托车、自行车未按指定位置排放，停放无序，管理不力，无车辆进出登记制度。

五、软件资料不全，责任不明确。幸福小区、全泰小区等无岗位管理考核制度和日常管理工作记录，管理人员工作松散，各项管理档案归档不齐。

针对以上通报的问题，要求各物业服务企业，一是要高度重视抓整改；二是要对照标准抓落实；三是要强化管理抓提高。各企业要以积极的态度认真对照标准加以自查，予以改正，对整改不达标的企业，我们将按照相关规定降低或取消其物业服务资质。

××区物业管理办公室

2011 年 12 月 10 日

二、报告、请示

报告是一种适用于向上级部门汇报工作、反映情况、答复上级部门询问的公文。

请示是一种适用于向上级部门请求指示、批准的公文。举例如下。

1. 关于小区物业管理情况的视察报告

《关于小区物业管理情况的视察报告》

××市城乡建设环境保护工作委员会

根据常委会工作计划和主任会议安排，3月下旬，市人大常委会副主任×××带领部分××市、××市人大代表，对我市小区物业管理情况进行了视察。其间，实地察看了鑫正小区、华意家园、文苑小区、金地花园、供电东宿舍、蜜水景苑、立新嘉园等住宅小区的物业管理情况，听取了市政府的工作汇报，召开了有关人员参加的座谈会。现将视察情况报告如下。

一、主要成绩

近年来，市政府及有关部门从构建和谐社会的大局出发，始终把政策引导、稳步推进、突出重点、逐步完善作为物业管理工作的指导思想，坚持抓试点、促全面，抓规范、促服务，全市小区物业管理工作成效明显，初步建立起了市场化、经营型的物业管理体制，为优化群众生活环境、提升城市品位、构建和谐社会发挥了积极作用。到目前，我市在物业管理企业注册、物业管理质量和水平等多个方面，都走在了全潍坊市的前头。其中，蜜水景苑、碾头小区和城投新视界等一批住宅小区，已成为潍坊市物业管理的样板小区。

（一）多措并举抓宣传，增强了业主参与物业管理的意识。市政府及有关部门比较重视小区物业管理的宣传工作，通过发放宣传单、制作电视专题、开辟报纸专栏、设立咨询点等多种方式，较好地促进了社会各界对物业管理工作的认识和了解，增强了业主的参与意识。去年以来，共发放宣传材料2万多份，印发业主手册2万多份，接受群众咨询达5000多人次。同时，定期编印内部资料《高密物业》，及时登载物业管理新闻和物业案例；开通了“高密物业管理网站”，为业主进行业务咨询和反映问题提供了方便，进一步密切了业主与物业管理企业和政府的联系；设立了物业管理投诉电话，随时接受群众投诉，及时有效地对问题进行处理，初步建立了小区物业管理的良性运行机制。此外，还通过宣传栏、召开业主委员会会议等形式，定期公开物业收费等有关项目，在规范物业公司收费行为的基础上，增加了物业管理透明度，受到业主好评。

（二）健全制度抓规范，促进了物业管理工作的顺利开展。近年来，市政府及其相关部门建章立制、健全法规政策体系，狠抓规范运作，在全省县级市中率先出台《物业管理办法》的基础上，又先后出台了《住宅共用部位、共用设施设备专项维修资金收取使用管理规定》等一系列规范性文件。一方面是规范了专项维修资金的收取和管理工作。开发建设单位在办理《商品房预售许可证》时，代缴专项维修资金的50%，在办理工程竣工验收备案时按实际面积缴纳余额部分，同时实行专款专用，专户储存，保证了该资金准确及时到位。另一方面是规范了企业资质管理。严格实行物业服务企业资质年审制度，对达不到原定企业资质条件的，服务不达标、服务质量差、群众意见大的企业，坚决降低资质等级或取消资质。此外，还引导有关企业实行整合重组，积极培育物业管理品牌企业。到目前，全市取得物业管理资质证书的企业达到19家，从业人员600余人，管理面积达到150万平方米，涵盖小区55处，占城区小区总数的50%以上。

（三）创新思路抓投入，提高了物业管理工作的效率。为适应建设现代化数字社区的需要，我市投资50多万元建立了省内第一家“物业管理信息平台”，该信息管理系统对业主资料进行电脑管理，对水费、电费、物业管理服务费全部实行电脑收费、打印、统计，同时还可随时查阅各类管线的维修更换情况，有效地提高了工作效率，方便了广大业主。目前，全市已有31个小区资料进入信息平台管理，其他小区的数据采集工作正在进行。另外，注重观念更新和思路创新，积极组织从业人员参加上级举办的物业管理培训，组织物业公司经理参观学习外地先进的管理理念和管理方法，在提高物业从业人员的综合素质和工作质量等方面起到了较好的促进作用。

（四）立足职能抓服务，赢得了社会和广大业主的认可。市政府充分发挥行业主管部门的职能优势，不断加强对新小区、单位托管小区和旧小区的综合管理，较好地促进了和谐小区建设。一是提前介入。去年以来，物业部门选择了部分小区实行物业管理前期介入，在小区及配套设施规划初期就积极开展了小区基础设施配置和物业信息平台基础资料采集等工作，促进了立新嘉园、嘉和公寓和交运景苑等一批小区配套设施的完善。二是及时改造。针对物业管理中存在的物业质量问题，物业管理部门合理调配维修资金，对部分存有问题的小区基础设施及时进行了改造。如市建设局投资14万元对鑫正小区排污设施进行了彻底改造；投资12万元对该小区的房屋渗漏和阳台断裂问题进行了维修；协调自来水公司投资35万元，对其供水系统进行了全面改造，妥善解决了该小区存在的物业遗留问题，得到了业主和周围群众的好评。三是快速反应。要求各物业公司实行24小时值班，并配备专门维修队伍，增强了对突发事件的快速反应能力，物业服务质量和水平得到进一步提高。

二、存在问题

视察组在充分肯定我市物业管理工作成绩的同时，指出了一些影响物业管理行业健康发展的困难和问题。

（一）业主的服务消费观念比较淡薄。目前，业主维权意识不断增强，但物业管理消费观念还有待进一步转变。一些业主还没有适应“花钱买服务”的消费模式，买房时只注意房子的质量、价格，对物业管理问题知之甚少，甚至不清楚自己与物业公司之间的权利义务关系，一旦出现物业管理方面的问题，很容易情绪化。有相当部分业主对物业管理漠不关心，缺乏足够的参与意识和自治意识，业主委员会的作用得不到有效发挥。

（二）开发遗留问题影响后期物业管理。由于我市物业管理工作起步较晚，在前几年的住宅小区建设过程中，对物业管理方面缺乏有效的监督指导，没有整体规划，而部分开发商又以盈利为目的，没有高标准、严要求建设小区，造成部分住宅小区建设档次较低、绿化面积不足、缺乏必要的物业用房等，达不到物业管理的要求。一些开发企业在促销期间夸大宣传，业主入住后许多承诺不能兑现，给后期物业管理带来许多困难。

（三）建管不分的管理方式制约着物业管理市场化进程。我市大部分物业服务企业依附于开发商，建管一体的格局尚未打破，没有实现有效的市场竞争。有的企业习惯于对开发商负责，忽视了业主的权益；有的企业过度追求利润，不按合同约定提供相应服务。许多开发遗留问题一般要在居民入住后才会暴露出来，导致居民把不满都集中到了物业服务企业身上，而大部分企业独立程度不高，往往成了开发商的“替罪羊”。目前，物业管理相对分散，成本高、效益低，加之从业人员素质参差不齐，服务不规范，专业性不强，企业运作透明度不够，这些都制约了物业管理的正常运转和企业的自我发展。另外，有的单位固守封闭状态的自我保护式管理，难以形成符合市场经济规律的供求关系，从一定程度上阻碍了物业管理的市场化进程。

（四）物业管理工作机制不够完善。物业服务企业与居委会的关系尚未理顺，工作责权范围不清，有的出现多头管理、工作重复，有的相互推诿扯皮、管理缺位。业主与物业管理企业双向选择的机制尚未建立，物业管理收费、招投标等方面仍缺乏有效的管理办法。

三、几点建议

针对上述困难和问题，视察组提出了以下几点建议。

（一）提高认识，切实加强对物业管理工作的领导。物业管理是加强社区建设、构建和谐社会的重要内容之一。市政府要高度重视物业管理工作并切实加强领导，使其真正成为政府社会管理网络中的组成部分。要稳妥有序地推进旧城改造，积极实施成方连片开发，为做好下步的物业管理工作和提升城市品位创造有利条件。要加大对物业管理的宣传力度，注重宣传物业管理法规、政策和工作动态，提高社会各界对物业管理的认识。同时，进一步规范物业管理行为，依法督促开发商如期足额配置物业管理办公用房、经营用房和物业管理经费。

（二）注重前期规划建设管理，确保物业配套设施的完善。要严格开发项目准入制度，继续实行物业管理提前介入制度，促进小区规划建设定位超前、用地集约、配套合理、设施齐全，为实施物业管理奠定坚实基础。物业管理部门要参与小区综合验收工作，对违反规划要求的、市政公用基础设施和公用设施不配套的、工程质量低劣的，要依法进行督查整改，切实保证小区配套设施的同步到位。另外，要尽快成立供热公司并出台相关办法，建立和规范由热电厂到供热公司，再到住宅小区的三级供暖体系，进一步做好住宅小区的集中供热工作。

（三）加大市场培育力度，提高物业管理企业综合实力。要重点抓好扶持物业服务企业创品牌、增实力、上等级的工作。要进一步推行物业管理招投标工作，逐步建立行之有效的竞争机制，不断做大做强物业服务企业，使其从开发商的附属中分离出来，真正成为独立的法人主体和市场主体。要千方百计扩大物业管理市场总量和覆盖面，有计划、有步骤地推进机关、企事业单位住房管理社会化，加快物业管理市场化进程。

（四）加强业主委员会建设，充分发挥业主委员会作用。业主委员会是业主与物业管理企业联系的桥梁，是反映业主利益，对业主进行自我教育、自我监督、自治自律的群众组织。建立并完善、规范业主委员会的运作机制，充分发挥其作用，是培育物业管理市场的社会基础，也是当务之急。对入住率达到50%以上的居住小区，要加快成立业主委员会，发挥业主自治作用。

（五）健全物业管理制度，理清企业与有关单位的职责。要根据《物业管理条例》等法律法规，结合我市实际，适时调整、完善我市的物业管理政策性文件，进一步规范物业管理工作。要注重理顺物业管理企业与各相关单位、居委会的关系，整合各种社会资源，携手共建和谐社区。

2010 年 4 月 20 日

2. 关于成立运河新城小区物业管理公司的请示

《关于成立运河新城小区物业管理公司的请示》

区房管局：

运河新城小区位于运河以南，五一路以西，是市政府为安置支持重点工程建设拆迁村民而建设的大型农民安置小区。小区占地 400 余亩，一、二期工程 2338 套房屋已完工，水、电、气等基础设施正加紧施工，2009 年底已将 1700 余户将房屋分到拆迁村民手中，第一期工程房屋于 2010 年 3 月底交户所用。目前，村民正急于装修入住，但小区内的环境卫生、基础设施及房屋管理、绿化安全保卫等工作还没有衔接。为了加强运城小区环境管理，更好地为入住村民提供各种服务，特请示市房管局批准成立《运河新城小区物业管理公司》。

妥否，请批示。

运河街道办事处

2010 年 3 月 23 日

三、函

函是不相隶属机关之间商洽工作，询问和答复问题，请求批准和答复审批事项时使用的公文，分公函、便函两种。

《民侯县建设局关于加强住宅小区物业管理的函》

甘泉街道办事处、各乡镇人民政府：

福州市人民政府办公厅于 2007 年 6 月 6 日制发了《福州市物业管理工作四级职责分工意见》（以下简称《职责分工意见》），福州市房管局于 2007 年 7 月 23 日专门下达了《关于贯彻落实福州市物业管理工作四级职责分工意见的通知》（以下简称《通知》），要求按照《职责分工意见》的要求加强对物业企业的管理，切实维护群众的合法权益和社会的和谐稳定，为百姓安居乐业创造良好的生活环境。根据上述文件精神，物业管理实行“重心下移、属地管理”的新机制，强化和落实各级政府和基层组织在物业管理中的职能，故此，建议各街道（乡镇）及居（村）委会做好以下工作。

一、落实好街道（乡镇）及社区的物业管理职能。各街道（乡镇）要重视基层物业管理队伍建设，加强对物业管理日常工作的组织实施，行使属地管理权，确定一位领导具体分管物业管理工作。进一步健全完善物业管理站的设置，街道（乡镇）应设立物业管理站，配备专职人员，做到机构、人员、经费落实到位，人员基本稳定。组织物业专职人员参加各种物业管理培训，努力提高专职人员的素质和业务水平。

二、街道（乡镇）应加强对业主大会、业主委员会日常工作的指导、监督，严格执行市房管局印发的“业主大会召开及业主委员会选举等 22 个相关规范文本”，在业主委员会选举中应充分发挥牵头组织和指导作用，促使全体业主积极参与业主委员会选举，帮助业主将热心公益事业、责任心强、公正廉洁、具有社会公信力和一定组织能力的人员推选为业主委员会成员；各居（村）委员会对业主委员会应强化日常监督力度，要建立监督机制，督促业主大会依法依规召开，派员参与业主大会会议全过程的指导、监督，保证业主大会会议召开与决策的公正性，引导业主委员会在充分尊重全体业主意愿的基础上依法做出决定，维护广大业主的合法权益。街道（乡镇）和居（村）委员会要切实履行对业主大会、业主委员会工作的协调、指导、监督职责，及时协调处理解决住宅小区物业管理的矛盾纠纷。

三、街道（乡镇）应加强对物业服务企业项目管理情况的初审，在年检审查时认为不合格的应负责督促企业限期进行整改。

四、街道（乡镇）和居（村）民委员要建立投诉受理制度，设立投诉电话、投诉受理点，安排工作人员接受并解决业主和居民群众反映的投诉纠纷。要创建物业管理矛盾纠纷预防、控制机制，建立物业管理区域重大事件报告制度和各部门之间的重大事件快速反应机制，努力把问题化解在萌芽，解决在基层。同时，要加强与相关职能部门的沟通协作、建立由街道（乡镇）牵头组织，居（村）委员、业主委员会、物业管理企业和相关职能部门参加的联席会议制度，及时解决物业管理中的综合性问题。

五、物业服务企业要严格按照《福州市物业服务收费管理实施细则》（暂行）、《福州市普通住宅物业服务等级指导性收费标准》（试行）和《福州市住宅物业小区房屋装修垃圾清运收费标准》的规定收费，禁止价格欺诈和价格歧视。各小区物业企业如无县物价管理部门批准的其他收费标准，一律视为执行福州市规定的收费标准。

六、创造条件，加大力度对农民住宅小区实施物业管理。近年来，随着新农村建设的逐步深入和城市化进程的快速推进，我县出现了一批安置房小区、农民新村等农民住宅小区。街道（乡镇）应尽力根据城市化的要求，参照物业管理有关法律法规和城镇社区管理模式，对农民住宅小区实施物业管理。

1. 因地制宜编制住宅小区规划并严格按规划实施建设。住宅小区规划应结合村庄实际情况，倡导量力而行、经济适用、体现特色、面积适度、节能节材的原则，明确总平布置、安置户数、建设规模、立面设计以及道路、绿化、给排水、垃圾收集等配套设施建设内容，同时，为满足物业管理需要，应配备物业管理房。小区规划制定后，应严格按规划实施建设，特别是要多渠道筹集资金，不断完善小区配套设施建设。

2. 落实农民住宅小区物业管理机构和管理措施，雇请日常管理、保安、保洁等人员，参照物业管理有关法律法规，结合乡规民约，制定小区各项规章管理制度。

3. 落实农民住宅小区物业管理资金。一是可按照相关规定向住户收取一定数额的物业管理费，二是预留小区内部分配套商业设施作为村集体财产，其租赁所得专款用于小区物业管理，三是由街道（乡镇）、居（村）委员安排一定的补助资金。

物业管理与居民群众生活密切相关，是涉及千家万户切身利益的民生问题，是创造和谐社区的基础性工作。街道（乡镇）和居（村）民委员要认真贯彻《物业管理条例》《福建省物业管理条例》《福州市物业管理若干规定》的精神，严格按照《职责分工意见》和《通知》规定的职责分工，增强社区管理的责任感，提高物业管理工作的自觉性和主动性，充分发挥各自优势，依法实施监管，推进和谐社区建设，努力推动物业管理与创建和谐社区联建共建。

2007 年 11 月 30 日

四、批复

批复是上级部门答复下级部门请示事项时使用的公文。批复是下行公文。

《关于九龙雅苑物业管理收费问题批复》

宁价字［2008］第 216 号

南京龙顺物业管理有限公司：

你公司《关于九龙雅苑物业管理收费的报告》悉。根据《南京市物业管理办法》和《南京市物业收费管理实施办法》的有关规定，经研究，现就九龙雅苑物业管理收费问题批复如下。

一、公共服务费收费标准：以每月每平方米（建筑面积）计算，住宅为 0.60 元。非住宅用房收费标准由当事人协商确定。公共服务的内容按合同或业主公约约定实行。

二、停车管理服务费：以每月每辆计算，地下车库业主共用车位停车为 200 元，业主专用车位停车为 80 元；小汽车露天车位停车 120 元。小汽车临时停车收费按宁价房［2005］58 号文件规定收取，收费标准为每辆每次 5 元。

三、电梯、水泵、公共照明等公共水电费应单独列账，按实际发生费用和约定方式公开合理分摊。

四、物业管理服务收费应明码标价，使用价格主管部门监制的价目表；物业管理单位必须定期公布年度收支账目及费用分摊情况，接受业主委员会或业主、使用人的监督。

本批复自 2008 年 1 月 1 日起执行。执行期至业主委员会成立或委托合同期满时终止。

南京市物价局

2008 年 11 月 5 日

五、会议纪要

会议纪要是用于记载、传达会议情况和议定事项的一种公文，具有记录性、知照性和约束性。

《学院办公室物业管理周例会会议纪要》

院办物纪字［2010］2号

广西交通职业学院办公室　　2010年1月13日

2010年1月12日下午2点10分，在学院行政楼502会议室召开了学院相关部门和学院物管工作联系周例会。会议由院办刘娜副主任主持。

参加人员：杨　葵　帅希望　项　丽　郑祖志　杨锦林　王冬梅及物管公司部门主管。

一、王冬梅汇报了上周物管主要工作和整改措施

1. 关于公共区域垃圾桶损坏严重需更换：正在与商家联系，争取在寒假期间完成更换。

2. 关于东湖水质问题：已呈送报告。

3. 关于行政楼413会议室12月31日未关问题：对当值员工按《员工守则》规定已进行处理。

4. 关于1月5日下午五教C4楼钥匙脱离教管员监管，未登记老师将钥匙取走问题：对当值员工按《员工守则》规定已进行处理。

5. 关于节能工作的巩固：继续加强员工节能意识培训。

6. 关于期末、寒假消防安全问题：

1）每天利用班前会强化员工安全意识，领班加大巡视检查力度，主管抽查《每周每次夜间查岗》。

2）寒假期间，做好常规巡视，对外来人员加强进出管理，包括进入教学楼自习的学生作相关登记；多媒体设备集中管理；启动安全日报告制度。

7. 学生携带食品进教学楼。请学院加强学生教育，同时物业管理处做好相关内容的温馨提示及加强在教学楼入口的控制。

8. 学生活动在黑板、桌面上贴双面胶不易清除，应尽量避免。

9. 五教消防水管无水，六教F1消防水管无水应解决。

二、学院办公室刘主任肯定了物管对上周例会所安排工作的落实情况，并希望物管方进一步做好各自工作。

1. 关于2007—2009年的水电费用，应提供当年的学生人数，以便比较。

2. 关于五教A118、A119、A219的使用和管理问题，学院安排专业人员检查、维修好后再交物管方，使用和管理由物管方负责，维修由实验中心负责。

3. 下周物管例会暂停，临时问题个别协调。

三、学院对物管方提出以下几点希望和要求

1. 暂定从 1 月 18 日起，拆除多媒体设备，按学院安排集中存放，假期中使用需学院教务处批条。

2. 教室使用不能用于经营性质，物管做好单独登记，加强巡逻，确保安全。

3. 临近期末和寒假，安全和消防工作要高度重视，希望加强巡视和值班人员职责，保证教学楼、行政楼、图书馆等校园重点部位的安全。

4. 学院定于 1 月 22 日上午 8：30 安全大检查，请物管参加。

5. 物管提供的东湖改造方案及预算已交学院财务资产处项丽处长。

第 2 节　物业管理中常用的事务文本

一、计划

计划是为完成一定时期某项任务或达到某种目标而预先作出的安排或部署，并形之于文字的条理化的书面材料。

《东怡小区物业保洁部 2011 年工作计划》

回首过去，展望未来。在 2011 年即将来临之际，我们将一如既往地保持工作激情，紧跟公司和管理处的工作步伐，努力将保洁部打造成为一支拉得出、打得响的队伍。具体的工作打算如下：

1. 加强保洁建设，加强员工的思想教育，加大对保洁人员的管理力度，提高保洁人员的素质和工作热情。

2. 狠抓保洁人员的业务技能、专业知识、操作规范等培训工作，制订出详细的培训计划，并按员工考核标准实施。

3. 努力提高每位员工的自身素质和服务水平，坚决优胜劣汰，优化保洁部人员队伍结构。完善奖惩制度，对每月清扫保洁工作做得好的人员，给予相应的奖励，对工作不力给社区造成不良影响的将进行相应的处罚。

4. 严格控制用料、降低成本费用，增创经济效益。在创收方面，我们将更多地为业主提供有偿保洁服务，争取在去年创收的基础上有所突破。

在新的一年中，我们将在管理处的正确领导下，带动保洁部的全体员工，以积极进取和脚踏实地的工作作风，做好全年的各项保洁工作，为创建优美整洁的小区环境做出我们的贡献。

东怡小区物业保洁部

2010 年 12 月 20 日

二、总结

总结是对以往的一段时间内的某项工作、学习、思想等情况，进行系统的回顾，通过分析研究，作出客观的评价，肯定成绩、找出不足，分析原因，以利于今后的提高。

《东怡小区物业保安部 2011 年工作总结》

2010 年即将过去，值此辞旧迎新之际，保安部将对过去一年的工作进行回顾，总结经验、查找不足，以利于在新的一年里扬长避短，再创佳绩。

1. 严格管理、优质服务

强化管理，不断提升管理人员的素质。通过管理人员的现场督导和质量检查，逐步完善安全岗位的窗口形象，不断提高自身的优质服务水准。急业主所急、想业主所想，努力为业主创造一个安全、祥和的物业小区环境。由于服务到位、管理到位，物业保安部门的工作得到了小区业主好评，赢得了尊重、赢得了信任。

2. 预防为主、重点布控

在管理处的关心指导下，我们通过制定各种安全方案，贯彻落实防火、防盗等“六防”措施，全年小区内未发生一件意外安全事故。保安部安排员工勤于巡查、严密防控，在相关部门的配合下，实行群防、群检、群治，以确保小区万无一失。针对特别区域实行重点监控，有效地防止了盗窃等犯罪事件的发生。

3. 完善设施、有备无患

公司和管理处的领导对安全工作十分重视，指导保安部将小区消防预案进行优化，并对设备设施、消防器材进行检查维护和完善。同时对消防器材实行重点管理，检查、维护落实到人。组织小区业主进行了两次消防演习，取得了较好的效果。

4. 加强培训、提高素质

按照年初制订的安全培训计划，管理处参照行业规范，聘请专业人士对保安员进行 6 次专题培训，重点讲解管理素质、服务意识、礼貌待客、专业技能、消防知识、突发事件分析等，通过讲解、点评、交流、考核，使保安员的思想认识和业务能力得到了提升。

在 2011 年中，我们将在认真总结的基础上，努力使队伍建设、管理水平有一个新的提高，争取做到领导放心、业主满意。

东怡小区物业保安部

2010 年 12 月 26 日

三、简报

简报是传递某方面信息的内部使用的报告，如简要的调查报告、简要的情况报告、简要的工作报告、简要的消息报道等。它具有简、精、快、新、实、活和连续性等特点。

《东城区物业管理工作简报(第七期)》

2010 年 12 月 12 日，区物业管理工作领导小组召开了全区物业管理工作会议，会上，领导小组副组长做了关于“提高认识，加强服务，全面提升区物业管理水平”的工作报告。回顾了 2010 年的工作，找出了存在的问题，明确了 2011 年区物业管理工作思路、主要任务及目标。

我区的物业管理工作起步较晚，经历了从无到有、从弱到强的发展历程，截止到目前，我区从事物业的管理企业 38 家，管理的住宅小区已达 120 余个。住宅小区物业管理覆盖率为 95%以上。目前，我区已获得物业管理达标小区 87 个，其中获得省级示范小区 13 个，省级优秀小区 32 个。这些成绩的取得是物业管理企业规模化、智能化、规范化管理的结果，大大改善了小区的居住环境，小区业主的物业都达到了保值、增值的效果。物业管理工作的有效开展，对于改善市民的生活质量，促进就业和再就业，提高城市的管理水平和文明程度，构建和谐社会都具有十分重要的意义。

为此，今年全区的物业管理工作，将以城市创优工作为契机，严格按照国务院的《物业管理条例》和我市的《物业管理实施细则》的要求，加大行业监管力度，强化行业自律。大力开展行业培训工作，全面提高全行业的服务水平。

东城区物业管理工作领导小组

2010 年 12 月 13 日

四、调查报告

调查报告是对某项工作、某个事件、某个问题，经过深入细致的调查后，将调查中收集到的材料加以系统整理，分析研究后撰写的书面报告。具有写实性、针对性和逻辑性的特点。

《东城区物业管理情况调查报告》

物业管理是城市管理和社会建设矛盾集中体现的领域，规范的物业管理是和谐社会建设总体战略中的重要内容。根据区政协的安排，我们开展了北城区物业管理的调研。

一、存在的问题

1. 业主对权利义务的认识不对称

随着住房商品化、私有化程度的提高，业主的维权意识日渐增强，对物业服务企业不断提出高标准的服务要求，但也有相当一部分业主对自身应承担的义务认识不清。表现为：一是房屋维修养护责任意识不强，“产权归己，维修自理”的观念没有树立；二是不服从管理，乱装修、乱搭建屡禁不止，自律意识淡漠；三是不按时交纳或不交纳物业管理费，尤其是老旧小区。不交费的理由多种多样，物业服务不到位自不必说，房屋质量等开发商遗留问题、邻里纠纷、下岗等都作为不交费的理由。如此恶性循环，直至物业企业服务质量下降，广大业主也深受其害。最典型的就是年初闹得沸沸扬扬的鸳鸯一村业主与新雨物业纠纷，最终两败俱伤。

2. 企业对管理服务的定位不准确

我市物业服务企业从业人员文化层次普遍较低，素质不高，很难树立科学的管理和服务理念，加剧了业主和物业企业之间的矛盾。主要表现在：一是某些物业服务企业员工缺乏客户至上意识，服务态度不端正，服务用语不文明，服务行为不规范，对业主的正当要求不能满足，更谈不上主动帮助业主排忧解难。特别是由于物业企业造成的问题也不能得到及时解决，直接影响物业管理服务水平的提高和客户满意度的提升。二是某些物业服务企业缺乏专业人员。日常维修是物业管理一项重要的工作，维修不及时、不到位都会使业主对物业服务企业的服务质量产生怀疑，甚至出现矛盾。

3. 开发商遗留问题的解决不到位

开发商遗留问题突出，相关部门没有按规定进行验收，严重影响了物业管理。一是对新建住宅小区交付使用缺乏有效监督，一些项目交付使用时往往绿化、封闭、道路等配套设施尚未完善，业主未得到承诺利益，引发物业服务收费矛盾，也制约了物业管理的顺利开展。二是有些公建配套设施，如车库、地下室、架空层、活动中心、会所等权属界定不清，易引发纠纷。三是房屋质量问题。新小区交付使用一段时间后，房屋质量问题陆续暴露出来。此外，物业管理市场竞争机制尚未完全建立，有些物业服务企业为了扩大业务，对开发商妥协，降低承接标准接管物业，也为日后的管理工作埋下了隐患。

二、解决问题的几点建议

1. 加强政府管理和引导，完善物业管理法制建设进一步修改完善《物业管理的实施细则》，使其更具有可操作性，明确政府部门、开发企业、物业服务企业和业主各方的责任、权利和义务。深入宣传相关法律法规，让广大业主了解物业管理的重要性，履行相关义务，积极配合物业服务企业做好管理工作，同时也要善于运用法律武器维护自己的合法权益。进一步规范物业服务企业工作行为方式，完善招投标制度建设，引入竞争机制，把优秀物业服务企业引进来，以改变物业从业人员素质差、服务不规范、专业性不强、企业运作透明度不够的落后状况。

2. 加快业主委员会制度的规范化建设

相关部门要指导业主选出真正能够代表业主利益、热心公益事业、有一定知识水平的人员主持、参与业主委员会工作，能够在物业服务企业和业主之间起到桥梁作用，建立业主和物业服务企业之间的信任。业主委员会与物业公司签订物业管理委托服务合同，要仔细斟酌条款，确定服务项目和服务费价格，并定期召开业主大会，监督经费使用情况，受理业主投诉。对于热难点问题，物业服务企业要通过管理规约，对违章搭建、垃圾处理、噪声油烟扰民、放养宠物和乱停车等问题约法三章，共同维护小区环境。

3. 严格把好物业验收关，努力推进老旧小区改造

开发商遗留问题日渐成为新建小区的物业管理难点。小区竣工验收时，相关部门要严把房屋、配套设施、水电气等质量关；要监督物业服务企业承接物业时必须履行的程序，坚决避免一些物业服务企业因盲目扩大业务量而草率接管，为日后正常运转和自我发展留下隐患。有关部门要加大对老旧小区物业管理规划和投资力度，努力提高车棚、绿化、封闭等相关配套设施建设。物业服务企业要与社区紧密配合，加强对弱势居民的扶助。

总之，通过整个调查，让我们对我区物业管理的现状有了更深入的了解，对物业管理行业发展的瓶颈有了初步的认识，物业管理行业要想有突破性的发展，必须进行积极的改革探索。

东城区物业管理工作调研组
2010 年 5 月 18 日

第 3 节　物业管理制度文本

物业管理制度文本是要求有关人员共同遵守的，按一定程序办事的规范和行为准则文

本。在物业管理的市场竞争中，如果说一个企业的设备精良、工作设施先进是竞争的硬件，那么物业管理制度的完备、严密、科学、合理就是竞争取胜的软件。因此，物业服务企业必须十分重视制度文本的制定和执行。

一、制度文本的分类

物业管理制度文本大致可以分为两大类。一类是物业服务企业内部的管理制度，如岗位职责、部门职责、工作程序、管理制度、考核条例等。此类制度的制定是为了明确各部门、各岗位的职责，约束企业员工的行为，协调、衔接各环节的关系，保证企业工作的正常有序运转，从而保证物业管理工作的正常开展。

另一类物业管理制度是指用于界定物业管理参与者权利与义务、规范实施物业管理过程中各方行为、协调相关各方主体间关系的规定，如物业验收接管制度、入住手续、维修基金管理办法、管理规约等。此类制度总体上明确了物业管理各主体的权责，规范约束了各主体的行为，有利于提升物业管理的质量，促进物业管理的发展。

物业管理制度文本的具体内容很多，读者可参阅此类的专门书籍，在此仅举例作介绍。

二、制度文本示例

1. 管理员岗位职责

《东狮物业管理有限公司管理员岗位职责》

1. 协助主任对管理处的服务工作进行管理、监督、协调，负责责任区域的日巡视，做好“房管日记”。

2. 协助主任参与楼宇竣工验收和接管工作，准备入住资料，办理入住手续，陪同业主（住户）看房验房，并管理好空置房屋。

3. 协助主任办理业主装修审批手续，负责装修巡视，办理装修验收手续。

4. 协助主任组织、开展社区活动和宣传工作，主动加强与业主（住户）的沟通和联系，认真执行回访工作规定。

5. 协助主任与供电、供水和供气等部门保持良好的关系，配合居委会、城管办和派出所搞好计划生育、环境达标和治安联防工作。

6. 协助主任周检工作，做好周检记录和不合格服务的纠正跟踪，加强员工培训。

7. 接待业主（住户）来访，做好对投诉人和违章人士的解释工作，对违章操作或违章行为及时制止、汇报或按规定处理。

8. 负责对物品采购、仓库、员工宿舍和食堂进行监督管理。

9. 完成主任交代的其他任务。

2. 物业公司办公室职责

《东狮物业管理有限公司办公室职责》

在总经理（副总经理）直接领导下负责全公司行政事务、人事劳资工作，其职责如下：

1. 深入基层，广泛收集各种信息，协助公司领导制订有关企业发展的计划和措施。

2. 负责日常行政接待，处理来信来访工作和行政会议、政治业务学习准备工作的布置。

3. 负责草拟公司行政、人事方面的公文（如通知、报告、请示、会议纪要、决议、制度等）和各类文件的打印工作。

4. 负责公司公关工作，协助总经理处理对内对外协调关系，落实上传下达任务。

5. 严格执行保密制度，负责公司文件、资料、档案、图书管理工作。

（1）质量体系文件的发放管理工作。

（2）行政文件的收集、发放、传阅、呈批、催办、保存、注销及文件档案资料的立卷归档工作。

（3）公司员工档案、资料等有关记录的整理、归档工作。

（4）公司合同、协议、评审记录、业务信息等其他文件。

（5）指导各部、室、管理处的文件资料的管理。

（6）公司各类书籍的购置、分类、保管、借阅、管理工作。

6. 负责公司人事行政印鉴管理工作，办理公司和员工各类证件。

7. 购置、登记、调配公司本部行政办公用品。

8. 公司车辆（含各部、室、管理处）的调度使用和公司本部车辆的维修工作。

9. 负责公司各部、室、管理处的定岗定编；员工的招聘、考核、录用、定级、辞退、工作调整、人事调动和干部、员工的调配。

10. 审核或批准员工的工作、休假工作，为员工办理社会保险。

11. 负责公司员工的培训和年度综合考评工作。

12. 协助公司领导对各部、室制定经济指标、管理目标责任书。

13. 负责公司及各部室、管理处固定资产的建账、建卡、登记、领用、注销等管理工作，防止公司资产流失。

14. 完成公司领导交办的其他工作。

3. 物业服务企业管理部投诉处理程序

《东狮物业管理有限公司管理部投诉处理程序》

1. 目的

方便业主（住户）监督本公司提供的管理服务的质量，促进管理服务中的不合格服务及时纠正，以提高管理服务质量。

2. 基本标准

（1）登记投诉：不缺项，详细认真，转呈及时。

（2）解释投诉：耐心细致，用语礼貌，用词准确，不含糊其辞。

3. 具体规定

（1）本着“业主至上，服务第一”的宗旨，对业主（住户）的投诉热情接待，使用礼貌用语，不允许对住户有冷淡和不礼貌的行为。

（2）对于业主（住户）的投诉，管理人员要耐心询问，详细认真地进行登记。

（3）接到投诉的人员将内容登记完之后，应立即转呈（普通的可以通过电话或口头转呈，严重的还需书面转呈），分类处理。

（4）未经管理处直接向物业管理部投诉的处理

1）征得业主（住户）同意的前提下，可以指引投诉人与管理处联系，直接反映情况。

2）将投诉情况转告被投诉的管理处处理，并在两天内追踪检查投诉处理结果。

（5）管理处未能处理而投诉公司的投诉处理程序

1）管理人员明确投诉内容后，应立即与投诉所涉及的部门联系，调查并判断投诉的有效性。

2）对于无效投诉，管理人员应在两天内与投诉人联系，做好解释工作。

3）对于有效投诉，管理人员应在三天内深入分析原因和责任，并填写《不合格报告》，由投诉涉及的有关责任人制定纠正措施，经部门负责人与物业管理部经理认可后，进行处理，同时应与投诉人联系，答复其处理结果。

4）根据纠正措施应完成的时间，管理人员应对投诉的不合格服务及时进行跟踪检验。

（6）如投诉问题严重，管理人员应立刻报告经理并联系有关部门负责人，由经理组织人员一起随业主（住户）到现场查看，记录实际情况，填写纠正措施报告。

（7）如有些投诉涉及单位无法及时将问题解决，在三天内与投诉人联系，做好解释工作，同时尽快与有关部门取得联系将问题解决，并及时将处理结果告知投诉人。

4. 相关文件与质量记录

（1）来访登记表

《来访登记表》

登记部门：

序号	时间（日期）	来访形式	来访人			来访事由	记录人	处理情况
			姓名	联系电话	地址或单位			

（2）投诉登记表

《投诉登记表》

登记部门：

序号	时间（日期）	来访形式	来访人			投诉内容	处理表号码	处理情况
			姓名	联系电话	地址或单位			

注：如属投诉将内容填到《投诉登记表》上，来访形式按照来人、电话、函件、传真、电子邮件等形式填写。

（3）投诉处理表

《投诉处理表》

单位：　　　　　　　　班组：　　　　　　　No：

<table>
<tr><td>投诉人</td><td></td><td>联系电话</td><td></td><td>地址</td><td></td></tr>
<tr><td colspan="6">投诉时间：　　年　　月　　日　　时　　分
内容：

记录人：　　年　　月　　日</td></tr>
<tr><td colspan="6">调查情况、结果：

属有效投诉□　无效投诉□　　调查人：　　年　　月　　日</td></tr>
<tr><td colspan="6">处理意见

责任人签名：　　年　　月　　日</td></tr>
<tr><td colspan="6">回访验证（上门/电话/信函）：

业主（住户）签名：　　验证人：　　年　　月　　日</td></tr>
</table>

注：接待人将内容登记在《投诉处理表》上并通知责任人取表进行处理，处理完成后，验证人在此表上填上完成时间并签名。

（4）回访记录表

《回访记录表》

<table>
<tr><td>楼号室号</td><td></td><td>回访人</td><td></td><td>回访形式</td><td></td></tr>
<tr><td>回访事由</td><td colspan="5"></td></tr>
<tr><td>回访记录</td><td colspan="5">
记录人：　　业主（住户）：　　年　　月　　日</td></tr>
<tr><td>主任意见</td><td colspan="5">
签名：　　年　　月　　日</td></tr>
</table>

（5）业主（住户）意见征询表

《业主（住户）意见征询表》

小区（物业）名称：　　　　　　　　　　　　　　　　　　　　　　年　　月　　日

业主姓名：		楼号室号：			联系电话：
序号	服务项目	总体评价			不满意原因或意见与建议
		满意	较满意	不满意	
01					
02					
03					
04					
05					
06					
07					
08					
09					
10					
11					
12					
说明	1. 请在总体评价栏内打“√”。 2. 服务项目即为管理处日常的物业管理服务项目。 3. 请于　　年　　月　　日前将此表投入业主（住户）联系箱内。				

第 4 节　物业管理经济文书

一、物业管理招标书

《前期物业管理招标书》

《××》物业小区由××开发建设。为推进物业管理服务的市场化运作，现决定按照建设部《前期物业管理招投标管理暂行办法》和市住房保障和房屋管理局《关于前期物业管理招投标的若干规定》的规定，采用（公开/邀请）招标的方式选聘本项目的物业管理企业。

一、《××》住宅物业基本情况概述

本项目建造的物业类型为：

地块四至范围：东至××路，西至××路，南至××路，北至××路（或见附图）。

本项目总用地面积××平方米。

用地构成为：物业用地××平方米；道路用地××平方米；公建用地××平方米；绿化用地××平方米。

本项目总建筑面积××平方米。

其中地下总建筑面积××平方米；地上总建筑面积××平方米（住宅建筑面积××平方米，非住宅建筑面积××平方米，其他物业建筑面积××平方米）。

本项目共计建筑物××幢（其中住宅××幢，非住宅××幢）；建筑结构为××。

本项目的建筑覆盖率为××%；综合容积率××；绿化率××%；绿化面积××平方米；集中绿化率××%；集中绿化面积××平方米。

本项目规划建设机动停车位××个，其中地上停车位××个，地下停车位××个；按照规划设计建造了非机动车停车位。

本项目已于××年××月开工建设，共分××期开发建设。第一期工程计划于××年××月竣工并交付使用；整个建设项目计划于××年××月全部建成并交付使用。

二、主要设施设备的配置及说明（详见附件1）

三、公建配套设施及说明（详见附件2）

四、物业管理用房的配置情况

（一）物业管理企业办公用房：建筑面积为××平方米，坐落位置××。

（二）业主委员会活动用房：建筑面积为××平方米，坐落位置××。

五、物业管理的内容与要求

（一）物业管理的内容

1. 物业管理区域内物业共用部位、共用设施设备及场所的使用管理及维修养护。

2. 物业管理区域内物业共用部位、共用设施设备和相关场地的保洁服务。

3. 物业管理区域内公共秩序和环境卫生的维护。

4. 物业管理区域内的绿化养护和管理。

5. 物业管理区域内车辆（机动车和非机动车）行驶、停放及经营管理。

6. 供水 、供电、供气、电信等专业单位在物业管理区域内对相关管线、设施维修养护时，进行必要的协调和管理。

7. 物业管理区域的日常安全巡查服务。

8. 物业管理区域内的巡视、检查，物业维修、更新费用的账务管理，物业档案资料的保管。

9. 物业管理区域内业主、使用人装饰、装修物业的行为管理。

……

(二) 物业管理的要求

1. 按专业化的要求配置管理服务人员。

2. 物业管理服务与收费质价相符。

……

六、投标人的条件

1. 依法注册登记、具有独立法人资格，并有××级以上物业管理资质的物业管理企业。

2. 具有经营管理相似物业××万平方米以上的管理经验。

……

七、投标文件的编制要求

1. 管理服务理念和目标。要求结合本项目的规划布局、建筑风格、智能化硬件设施配置及本物业使用性质特点，提出物业管理服务定位、目标及具体实施措施。

2. 项目管理机构运作方法及管理制度。编制项目管理机构、工作职能组织运行图，阐述项目经理（小区经理）的管理职责、内部管理的职责分工、日常管理制度和考核办法目录。

3. 管理服务人员配置。拟配小区（项目）经理、主要工程技术管理人员的姓名、年龄、学历、职称，以及相似工作岗位工作年限，经历；其他岗位人员拟配人选、数量、职称。

4. 物业管理用房及相应管理设施的配置。提供物业管理用房的使用计划、办公经费的投入预算、开办费筹措和处理意向。

5. 物业管理费用的收支预案。按照本物业的使用性质，分项计算出本项目范围内住宅和非住宅收取的物业管理费（每平方米建筑面积），以及各项管理费用支出计划与数额。

6. 物业管理服务分项标准与承诺

(1) 房屋及配套设施设备和相关场地的管理标准与完好率承诺。

(2) 房屋零星小修、急修质量标准和保质期承诺。

(3) 维修工程质量合格率和回访验收率承诺。

(4) 电梯、水泵等大型机电设备维修保养标准和完好率承诺。

(5) 街坊道路、小区绿化、住宅楼道、楼梯、门厅及非住宅物业场所等公共部位24小时内保洁次数与洁净程度承诺。

(6) 街坊道路、路灯、草坪及住宅内楼道公共灯具设备完好率和亮灯率承诺。

(7) 住宅和非住宅物业建筑、地下停车库内消防设施管护措施与承诺。

(8) 小区街坊道路管护措施和完好率承诺。

(9) 小区绿化乔灌木、草坪和园林建筑附属设施的管护标准措施和苗木成活率承诺。

(10) 管理服务质量投诉处理及时率承诺。

(11) 业主及使用人对管理服务满意度及对满意度测评方法的承诺。

……

7. 物业的维修养护管理，保洁、保安、护绿工作的实施方案

(1) 对业主、使用人自用部位提供维修服务的措施。

(2) 物业管理区域内共用设施设备的维修措施。

(3) 业主、使用人装饰、装修物业的管理措施。

(4) 住宅外墙或建筑物发生危险，影响他人安全时的工作预案。

(5) 保障物业管理区域内环境清洁度的措施。

(6) 物业管理区域内保安24小时值勤，巡视重点部位24小时监控的岗位责任描述。

(7) 小区绿化（乔灌木草坪及其他附属设施）按季节维护、保养项目和措施。

……

8. 物业维修和管理的应急措施

(1) 业主、使用人自用部位突然断水、断电、无煤气的应急措施。

(2) 小区物业管理范围突然断水、断电、无煤气的应急措施。

(3) 业主与使用人自用部位排水设施阻塞的应急措施。

(4) 雨、污水管及排水管网阻塞的应急措施。

(5) 电梯突然停运或发生机电故障的应急措施。

(6) 发生火警时的应急措施。

9. 丰富社区文化，加强业主相互沟通的具体措施。

10. 智能化设施的管理与维修方案。

11. 施工噪声控制等与业主生活密切相关事项的应对预案。

12. 提供《业主临时公约》的建议稿。

……

八、投标报价要求

1. 根据本招标文件的要求，表明对本项目的物业管理总收费报价金额、分项收费报价金额及测算依据。报价计算单位为建筑面积××元/月·平方米。

2. 说明物业服务费的结算形式（包干制/酬金制）。

……

九、投标书送达的要求

1. 投标单位应于××年××月××日××时××分前至招标工作小组购买标书，每套标书收取成本费×元整并同时缴纳投标保证金××元整 。未中标者在招标人确定中标人后的5日内退还保证金，利息不计。

2. 招标人定于××年××月××日××时××分约请投标人在施工现场集中后，共同查勘招标物业现场并答疑。

3. 投标单位应根据本招标文件的要求，编制投标书共××套，并加盖投标企业法定代表人印章，密封后于××年××月××日××时××分截标前，送达招标人指定的投标箱内，招标人将出具收件证明。逾期送达的，视作为放弃投标。

投标人在截标前可书面通知招标人补充修改或撤回已提交的投标文件。经补充修改的内容为投标文件的组成部分。投标人在截标后送达经补充修改的投标文件，招标人有权拒收。

4. 投标文件有下列情形之一的，投标文件无效。

1）未密封的。

2）未加盖投标单位法定代表人与投标单位印章的。

3）未能按照招标文件要求编制的。

4）逾期送达的。

十、开标的时间，地点，方法与程序

1. 开标的时间、地址。

2. 开标的方法与程序。

十一、评标标准和评标办法

1. 招标人根据有关规定，本项目的评标委员会成员共设×人。其中：招标人指派×人，由招标人从市房地资源局建立的专家名册中采取随机抽取的方式确定物业管理专家成员×人。

2. 招标人、开标、评标会议定于××年××月××日××时××分，在××路××弄××号××室召开。由评审委员会分别对投标书编制和投标人陈述与答辩进行评审。其中投标书编制占总分的×％，投标人陈述与答辩占总分的×％。

……

十二、中标人的确定及物业服务合同的签订

1. 招标人在投标文件截止之日起的×日内（最长不超过30日）确定中标人，并向中标人发出中标通知书；招标人在向中标人发出中标通知书的同时，将中标结果通知所有未中标的投标人，并返还其投标书。

2. 招标人和中标人在向中标人发出中标通知书发出之日起的30日内，按照招标文件和中标人的投标文件以书面形式签订物业服务合同。

……

十三、其他事项的说明

本招标项目物业管理服务费收费标准，按照中标价格确定。

1. 投标人根据《关于前期物业管理招投标的若干规定》，在投标过程中投标人如有违法、违纪、违规行为的，一经查实取消本次投标资格，已经中标的取消中标资格，保证金不予退还，由此造成的经济损失，招标人有权要求予以赔偿。

2. 由于中标人悔标而未能在规定时间内与招标人签订管理服务合同的，本次招投标的全部费用由中标人承担。

3. 投标人应表明对招标人在招标邀请书、招标文件中所提出的规定和要求表示理解；应表明投标书连同招标者的书面中标通知均具有法律约束力；应表明投标报价的有效期自×××至×××。

4. 投标人应提供公司营业执照、法定代表人证明、物业管理资质等级证书、法人代表的授权委托书等证明文件，并概要介绍本公司的资质等级、以往管理业绩等情况。

……

十四、招标人及联系方式

招标人：

地　址：

电　话：

邮　编：

联系人：

(单位公章)

××年××月××日

附件：

一、物业主要设施设备的配置及说明

1. 给水、排水、排污设施设备配置状况。

2. 供电、供气设施设备配置状况。

3. 垃圾处理设施设备配置状况。

4. 小区出入口共计××处，分设在××路、××路和××路。

5. 小区智能化设备的配置。

6. 设施设备的主要技术参数和指标。

……

二、物业公建配套设施及说明

二、物业管理投标书（目录，具体内容省略）

《物业管理投标书范文（目录）》

第一章前言

第一节概述

第二节释义

第三节编制依据

第二章投标函

第三章企业综合介绍

第一节公司简介

第二节公司架构

第三节运作特点

第四章管理文案及内容

第一节物业管理整体设想及策划

第二节采取的管理方式

第三节管理机构及人员配备、培训、管理

第四节物业管理规章制度

第五节日常物业管理的承诺

第六节社区文化建设

第七节房屋及公共设施维修养护计划

第五章物业管理成本预算书

第六章结束语

第七章相关证书资料

三、物业管理合同

《上海市前期物业管理服务合同（2011版住宅物业示范文本）》

甲方：________

法定代表人：________

地址：________

联系电话：________

乙方：________

法定代表人：________

资质等级：________，证书编号：________

地址：________

联系电话：________

甲、乙双方在自愿、平等、协商一致的基础上，就________（物业名称）的前期物服务事宜，订立本合同。

第一条　本合同所涉及的物业基本情况

物业名称：________

物业类型：________

坐落位置：________区/县________乡/镇________路________弄________号

四至范围（规划平面图）：________

总建筑面积：________平方米；其中住宅________平方米。

物业构成见附件一，物业规划平面图见附件二。

第二条　乙方为本物业管理区域的业主、物业使用人提供下列物业管理服务事项。

（一）物业共用部位的维护。

（二）物业共用设施设备的日常运行和维护。

（三）公共绿化养护服务。

（四）物业公共区域的清洁卫生服务。

（五）公共秩序的维护服务。

（六）物业使用禁止性行为的管理。

（七）物业其他公共事务的管理服务。

（八）业主委托的其他物业管理服务事项。

第三条　物业专有部分的自用部位、自用设备损坏时，业主、物业使用人可以向乙方报修，也可以自行维修。经报修由乙方维修的，维修费用由业主、物业使用人承担。

第四条　甲方按规定向乙方提供位于________路________号________室（建筑面积________平方米）的房屋作为物业管理办公用房，在合同履行期间供乙方无偿使用，但不得改变其用途。

第五条　乙方提供的前期物业管理服务内容和标准应符合下列约定：

（一）物业共用部位的维护、物业共用设施设备的日常运行和维护，详见附件三。

（二）公共绿化养护服务，详见附件四。

（三）物业公共区域的清洁卫生服务，详见附件五。

（四）公共秩序的维护服务，详见附件六。

（五）物业使用禁止性行为的管理，详见附件七。

（六）物业其他公共事务的管理服务，详见附件八。

第六条　甲方将物业交付业主前，应会同乙方对物业共用部位、共用设施设备进行查验，并按规定向乙方移交物业管理所必需的相关资料。

甲、乙双方办理物业查验、移交手续，对查验、移交中发现的问题及相应解决办法应采用书面方式予以确认。具体内容详见附件九。

第七条　乙方根据下述约定，按建筑面积向业主收取物业服务费。

（一）住宅：

高层________元/月・平方米。

多层________元/月・平方米。

别墅________元/月・平方米。

物业________元/月・平方米。

（二）办公楼：________元/月・平方米

（三）商业用房：________元/月・平方米

（四）________

（五）________

（六）________

上述物业服务收费分项标准（元/月・平方米）如下：

一、住宅物业

1. 综合管理服务费：________

2. 共用部位、共用设施设备日常运行、保养、维修费用：________

3. 公共区域的清洁卫生服务费用：________

4. 公共区域绿化养护费用：________

5. 公共区域秩序维护服务费用：________

6. ________

二、非住宅物业

1. 综合管理服务费：________

2. 共用部位、共用设施设备日常运行、保养、维修费用：________

3. 公共区域的清洁卫生服务费用：________

4. 公共区域绿化养护费用：________

5. 公共区域秩序维护服务费用：________

6. ________

第八条 自本合同生效之日的当月至物业出售并交付物业买受人之日的当月发生的物业服务费用，由甲方承担；自物业交付物业买受人之日的次月起至本合同终止之日发生的物业服务费用，由甲方和物业买受人按照物业出售合同的约定承担。物业出售合同未约定或者约定不明确的，由甲方承担。

已竣工但尚未出售的物业以及甲方未交付给业主的物业，由甲方依照本合同第七条约定的标准向乙方交纳物业服务费。

第九条 前期物业管理期间，乙方按下述第________种收费形式确定物业服务费用。

（一）包干制。由业主向乙方支付本合同第七条约定的物业服务费用，盈余或者亏损均由乙方享有或者承担。

（二）酬金制。在本合同第七条约定预收的物业服务资金中按下述第________种方式提取酬金，其余全部用于物业服务合同约定的支出，结余或者不足均由业主享有或者承担。

1. 每________（月/年）在预收的物业服务费用中按________%的比例提取酬金。

2. 每________（月/年）在预收的物业服务费用中提取________元的酬金。

（三）________

第十条 物业服务费用（物业服务资金）按________（年/季/月）交纳，业主应在________（每次缴费的具体时间）履行交纳义务。

逾期交纳的，违约金的支付约定如下：________

第十一条 物业服务费用实行酬金制方式计费的，乙方应向全体业主公布物业管理年度计划和物业服务资金年度预决算，并每年向全体业主公布物业服务资金的收支情况。

对物业服务资金收支情况有争议的，甲乙双方同意采取以下方式解决：

（一）________。

（二）________。

第十二条　停车场收费分别采取以下方式：

（一）停车场属于全体共有全体业主共用的，车位使用人应按露天机动车车位________元/个·月、车库机动车车位________元/个·月、露天非机动车车位________元/个·月、车库非机动车车位________元/个·月的标准向乙方交纳停车费。

乙方从停车费中按露天机动车车位________元/个·月、车库机动车车位________元/个·月、露天非机动车车位________元/个·月、车库非机动车车位________元/个·月的标准提取停车管理服务费。

（二）停车场属于甲方所有、委托乙方管理的，业主和物业使用人有优先使用权，车位使用人应按露天车位________元/个·月、车库车位________元/个·月的标准向乙方交纳停车费。

乙方从停车费中按露天车位________元/个·月、车库车位________元/个·月的标准提取停车管理服务费。

（三）停车场车位所有权或使用权由业主购置的，车位使用人应按露天车位________元/个·月、车库车位________元/个·月的标准向乙方交纳停车管理服务费。

第十三条　业主或物业使用人对车辆停放有保管要求的，与乙方另行约定。

第十四条　物业管理区域内的全体业主所有的会所及相关设施委托乙方经营管理，经营管理收费约定如下：

（一）健身房：________

（二）棋牌室：________

（三）网球场：________

（四）游泳池：________

（五）其他：________

上述经营管理收入按下列约定分配：

1. ________

2. ________

3. ________

物业管理区域内属甲方所有的会所及相关设施，其经营管理收费由甲方与乙方或者业主、物业使用人另行约定。

第十五条　物业服务费属本合同第九条第二项或者第________项约定的，物业服务费中按实结算的部分年终结余或不足的处理方式：

（一）年度结算结余部分，按以下第________种方式处理：

1. 转入下年继续使用。

2. 直接纳入专项维修资金。

3. ________。

（二）年度结算不足部分，按以下第________种方式处理：

1. 由业主追加补足。

2. ________。

第十六条　业主应当按照下列规定筹集、使用和管理维修资金：

（一）业主应当按照规定交纳专项维修资金。

（二）专项维修资金的账务由物业管理企业代管。

（三）业主在转让其物业时，其账户上的专项维修资金继续用作物业的共用部位、共用设备设施的维修、更新和改造。

（四）按照政府规章及相关规定使用和管理专项维修资金。

第十七条　甲方相关的权利义务：

（一）在物业销售前，应在其制定的《业主临时公约》中向业主明示物业管理服务收费的标准及物业装饰装修管理要求等事项；甲方未尽此义务而给乙方或业主、物业使用人造成损失的，应承担赔偿责任。

（二）督促业主、物业使用人按时交纳物业服务费用；对业主或物业使用人违反《业主临时公约》的行为予以劝阻、制止。

（三）授权乙方对业主、物业使用人违反《业主临时公约》的行为，依照《业主临时公约》的约定进行劝阻、制止。

（四）完善本物业管理区域内的配套设施和配套工程，包括物业的标识系统、公共垃圾桶、垃圾中转站、垃圾房等。

（五）审查和批准物业管理方案、年度管理计划、年度维修养护计划、年度费用预算、决算报告，监督、检查乙方各项方案和计划的实施。

（六）________。

第十八条　乙方相关的权利义务：

（一）设立专门机构负责本物业的日常管理工作，并委派具有岗位资格的人员履行本合同。

（二）根据法律、法规的有关规定和本合同的约定，开展各项物业服务活动，但不得侵害业主、物业使用人及他人的合法权益，不得利用提供物业管理服务的便利获取不当利益。

（三）根据有关法律、法规的规定和本合同的约定，向业主或物业使用人收取物业服务费用，通过合法有效的方式解决拖欠物业服务费的问题。

(四)及时向业主公告本管理区域内的重大物业服务事项，每个月公布一次专项维修资金和按实结算项目的费用收支账目。

(五)结合本物业的实际情况，编制物业管理方案、年度管理计划、年度维修养护计划、年度费用预算和决算报告。

(六)________。

第十九条　在物业管理服务过程中发生下列事由，乙方不承担责任。

(一)因不可抗力导致物业管理服务中断的。

(二)乙方已履行本合同约定义务，但因物业本身固有瑕疵造成损失的。

(三)因维修养护物业共用部位、共用设施设备需要且事先已告知业主和物业使用人，暂时停水、停电、停止共用设施设备使用等造成损失的。

(四)因非乙方责任出现供水、供电、供气、供热、通讯、有线电视及其他共用设施设备运行障碍造成损失的。

(五)________。

(六)________。

第二十条　甲方违反本合同第六条的约定，致使乙方的管理服务无法达到本合同第二条、第五条约定的服务内容和标准的，由甲方赔偿由此给业主和物业使用人造成的损失。

第二十一条　除第二十条规定情况外，乙方的管理服务达不到本合同第二条、第五条约定的服务内容和标准的，应以违约事项涉及并收取的服务费为基数向相应业主支付________的违约金。

第二十二条　乙方违反本合同的约定，擅自提高收费标准的，对超出标准的部分，业主有权拒绝支付；已经支付的，业主有权要求乙方________倍返还。

第二十三条　甲方拒绝或拖延履行保修义务的，业主、物业使用人可以自行或委托乙方修复，修复费用及造成的其他损失由甲方承担。

第二十四条　甲方违反本合同约定的义务，致使乙方不能完成本合同约定的服务内容和标准的，乙方有权依法解除本合同；造成乙方经济损失的，甲方应予经济赔偿。

第二十五条　经全体业主所持投票权(按首次业主大会会议的投票权计算规定确定)2/3以上通过解除本合同的，甲方应当解除合同。

甲方解除合同的，乙方应当在甲方通知的合理时间内与甲方或其选聘的物业管理企业完成交接手续。

第二十六条　双方协商一致，可解除本合同，并在________日内办理交接手续。

第二十七条　本合同其他相关违约责任的约定：

(一)________

（二）________

（三）________

（四）________

（五）________

第二十八条　本合同中下列词语的定义是：

（一）业主，是指物业的所有权人。

（二）物业使用人，是指物业的承租人和实际使用物业的其他人。

（三）物业买受人，是指物业出售合同中确定的物业购买人。

（四）物业交付使用，是指物业买受人收到甲方书面入住通知并已办理相应手续。物业买受人依约收到入住通知后在限定期限内不办理相应手续的，视为已交付使用。

（五）共用部位，是指一幢住宅内部，由整幢住宅的业主、使用人共同使用的门厅、楼梯间、水泵间、电表间、电梯间、电话分线间、电梯机房、走廊通道、传达室、内天井、房屋承重结构、室外墙面、屋面、________、________、________等部位。

（六）共用设施设备，是指：

1. 一幢住宅内部，由整幢住宅的业主、使用人共同使用的供水管道、排水管道、落水管、照明灯具、垃圾通道、电视天线、水箱、水泵、电梯、邮政信箱、避雷装置、消防器具、________、________、________等设备。

2. 物业管理区域内，由业主和使用人共同使用的道路、绿地、停车场库、照明路灯、排水管道、窨井、化粪池、垃圾箱（房）、________、________、________等设施。

（七）公共区域，是指一幢住宅内部，由整幢住宅的业主、使用人共同使用的区域以及整幢住宅外、物业管理区域内，由全体业主、使用人共同使用的区域。

（八）专有部分，是指在构造上及利用上具有独立性，由业主独立使用的物业部位。

第二十九条　本合同未尽事宜，双方可另行以书面形式签订补充协议。

第三十条　补充协议及本合同的附件均与本合同具有同等法律效力。

本合同、本合同的附件及补充协议中未规定的事宜，均遵照中华人民共和国有关法律、法规和规章执行。

第三十一条　本合同正本连同附件共________页，一式________份，甲乙双方各执________份，一份向房地产主管部门办理备案。

第三十二条　本合同履行期间，遇不可抗力致使合同无法履行的，双方应按有关法律规定及时协商处理。

第三十三条　本合同在履行中如发生争议，双方可以通过协商方式解决；协商不成的，采取以下第________种方式解决。

（一）向________仲裁委员会申请仲裁。

（二）向人民法院提起诉讼。

第三十四条　本合同为期________年，自________年________月________日起至________年________月________日止。

本合同期限未满，若业主大会与物业管理企业签订的物业服务合同生效的，本合同终止。

第三十五条　本合同期限届满前________月，业主大会尚未成立的，甲、乙双方应就延长本合同期限达成协议；双方未能达成协议的，乙方应在本合同期限届满后________月内继续履行本合同，甲方应在此期间选聘新的物业管理企业。

第三十六条　本合同终止时，乙方应将物业管理用房、物业管理相关资料等属于全体业主所有的财物及时完整地移交给业主委员会；业主委员会尚未成立的，移交给甲方或________代管。

第三十七条　本合同经甲乙双方签字/________后生效。

甲方签章：________　　乙方签章：________

法定代表人：________　　法定代表人：________

______年____月____日　　______年____月____日

附件（具体内容省略）

附件一：物业构成

附件二：物业规划平面图

附件三：物业共用部位、共用设施设备的日常运行、保养和维修服务

附件四：公共区域绿化养护服务

附件五：物业公共区域的清洁卫生服务

附件六：公共区域秩序的维护服务

附件七：物业使用禁止性行为的管理

附件八：综合管理服务

附件九：物业承接验收确认书

甲方：________

法定代表人：________

地　　址：________

联系电话：________

乙方：________

法定代表人：________

资质等级：________，证书编号：________

地　　址：________

联系电话：________

根据《物业管理条例》第二十八条、第二十九条的规定及其他相关规定，甲、乙双方就乙方承接________（物业名称）（坐落位置：________区/县________乡/镇________路________弄________号）的前期物业管理服务，办理物业验收手续等事宜，共同确认如下：

一、物业共用部位、共用设施设备的查验内容

甲方已于________年________月________日会同乙方对物业下述共用部位、共用设施设备进行了查验：

1. ________

2. ________

3. ________

4. ________

二、物业共用部位、共用设施设备的查验结论（查验结论在下属□中选择）

□经乙方查验、甲方确认，上述物业共用部位、共用设施设备完好，乙方同意承接验收。

□经乙方查验、甲方确认，上述物业共用部位、共用设施设备中存在的问题如下：

1. ________

2. ________

3. ________

4. ________

经甲、乙双方协商一致，就存在的问题确定解决办法如下：

1. ________

2. ________

3. ________

4. ________

三、物业资料的移交

甲方已于________年________月________日向乙方提供和移交了下列物业资料（具体清单另附）：

1. 规划图、竣工总平面图，单体建筑、结构、设备竣工图，附属配套设施、地下管

网工程竣工图等竣工验收资料。

2. 设施设备安装、使用说明、产品合格证明和维护保养等技术资料。

3. 物业质量保证文件和物业使用说明文件。

4. ________

甲方签章：________　　　　乙方签章：________

法定代表人：________　　　　法定代表人：________

________年______月______日　　　　________年______月______日

使用说明

1. 本合同为示范文本，适用于住宅以及同一物业管理区域内非住宅的物业管理。合同双方当事人在签约之前应当仔细阅读本示范文本的内容。

2. 经双方当事人协商确定，可以对本示范文本的条款内容（包括选择内容、填写空格部位的内容）进行选择、修改、增补或删减。

3. 本示范文本所称的甲方为物业建设单位，乙方为物业建设单位通过招投标的方式或者经房地产管理部门批准采用协议方式选聘的物业管理企业。

4. 本示范文本的服务期限应根据《物业管理条例》第二十六条"前期物业服务合同可以约定期限；但是，期限未满、业主委员会与物业管理企业签订的物业服务合同生效的，前期物业服务合同终止"的规定确定。

5. 根据《上海市住宅物业管理规定》第十八条的相关规定，本合同为甲方与物业买受人签订的房屋销售合同的组成部分。

根据《上海市住宅物业管理规定》第二十四条的规定，本合同生效之日至出售房屋交付之日的当月发生的物业服务费用，由甲方承担。出售房屋交付之日的次月至本合同终止之日的当月发生的物业服务费用，由物业买受人按照房屋销售合同约定的前期物业服务收费标准承担；房屋销售合同未约定的，由甲方承担。

6. 在签订合同时，合同双方应当出示有关资质证明及签约主体资格的证书、证明文件。

四、广告文案

《保丽之家"物业篇"》

主标题：业主未进，物业先行

副标题：开盘半个月，物业进场 150 天

保丽地产，地产界的精英。长期以来，做强整个产业链，在物业管理环节中，一贯秉

承“精致生活，服务领先”的理念，精益求精，力争为业主做得最好。

我们精心挑选了通过ISO9002国际质量认证的一级资质物业管理公司——保华物业管理有限公司作为物业管理伙伴。和其他开发商还仅仅满足于聘请外地物业公司作为远程顾问不同，保华物业管理有限公司从施工之日起，就从方便业主生活、方便日后服务的角度，全程参与了“保丽之家”社区环境规划、配套规划和工程把关工作。不止于此，楼盘开盘仅半个月，保华物业管理有限公司就组织了由所有业主儿童参加的“保丽之家”森林公园游夏令营活动，邀请所有小主人共度清凉一夜，创建和谐社区文化。

业主未进，物业先行。保丽人坚信，精致、精心、精彩，我们的生活才会更好。

本章小结

本章着重介绍了物业管理中常用的信函、文本与合同。并以选列的方式，给出了入住通知、收费通知、电梯检修停运通知、水箱清洗停水通知、节假日放假温馨提示、物业管理情况通报、物业管理情况视察报告、成立物业管理公司的请示、物业管理公函、物业管理收费批复、物业管理会议纪要、物业管理工作计划和总结、物业管理工作简报、物业管理岗位职责、物业管理招（投）标书、物业管理合同、物业管理广告文案等文本或文本摘要，以便大家在工作中参考。

若要了解相关的详细内容可查阅物业管理常用应用文等书籍。

复习思考题

1. 请起草一份水箱清洗停水的通知。
2. 请起草一份春节放假的温馨提示。
3. 请简述简报的含义。

模拟测试题

一、填空题（请将正确的答案填在横线空白处）

1. 物业管理从业人员必须具有良好的________能力和________，这对提高物业服务的质量是十分有用的。

2. 物业管理制度文本大体可分为两大类，一类是物业公司________的管理制度，另一类是用于界定物业管理参与者的________与________。

3. 通报是一种适用于________、________、传达________或情况的公文。

二、判断题（下列判断正确的请打“√”，错误的打“×”）

1. 节假日放假温馨提示属于物业管理制度文本。（ ）

2. 物业管理工作计划和总结属于经济文本。（ ）

3. 书中的《保丽之家“物业篇”》属于物业管理公务信函。（ ）

4. 请示是一种适用于向上级部门请求指示、批准的公文。（ ）

三、单项选择题（下列每题有四个选项，其中只有一个是正确的，请将其代号填在括号内）

1. 报告是一种适用于向（ ）部门汇报工作、反映情况、答复询问的公文。

A. 下级　B. 上级　C. 同级　D. 横向

2. 函是（ ）机关之间商洽工作，询问和答复问题，请求批准和答复审批事项时使用的公文，分公函、便函两种。

A. 不相隶属　B. 相隶属　C. 上下级　D. 平级

3. 下面属于物业服务企业内部的管理制度的是（ ）。

A. 验收接管制度　B. 入住手续

C. 管理规约　D. 物业服务企业部门职责

四、多项选择题（下列每题中的多个选项中，至少有两个是正确的，请将其代号填在括号内）

1. 下面属于物业管理中常用公务信函的有（ ）。

A. 收费通知　B. 电梯检修停运通知

C. 水箱清洗停水通知　D. 批复

2. 下面属于物业管理中常用经济文本的有（ ）。

A. 物业管理招标书　B. 节假日放假温馨提示

C. 物业管理合同　D. 物业管理情况通报

3. 下面属于物业管理员岗位职责的有（ ）。

A. 协助主任办理业主装修审批手续，负责装修巡视，办理装修验收手续

B. 负责公司人事行政印鉴管理工作，办理公司和员工各类证件

C. 购置、登记、调配公司本部行政办公用品

D. 协助主任周检工作，做好周检记录和不合格服务的纠正跟踪，加强员工培训

4. 会议纪要是用于记载、传达会议情况和议定事项的一种公文，具有（ ）。

A. 记录性　B. 知照性

C. 约束性　D. 详细性

五、简答题

1. 请起草一份水箱清洗停水的通知。

2. 请起草一份国庆节放假的温馨提示。

3. 简述调查报告的含义。

模拟测试题参考答案

一、填空题

1. 书写信函　公关意识

2. 内部　权利　义务

3. 表彰先进　批评错误　重要精神

二、判断题

1. ×　2. ×　3. ×　4. √

三、单项选择题

1. B　2. A　3. D

四、多项选择题

1. ABCD　2. AC　3. AD　4. ABC

五、简答题

1.

水箱清洗停水通知

尊敬的各位业主/住户：

您好！为了保证向广大业主提供符合国家标准的用水，保障居民用水质量，管理处决定定于××年××月××日 8：30—17：00 对生活水箱进行清洗消毒。

具体清洗时间：××年××月××日 8：30—17：00

清洗期间将会停水，请大家提前储备好生活用水，由此给您生活造成不便敬请谅解！

感谢您对我们工作的支持。

××物业有限公司××管理处

××年××月××日

2.

国庆节放假的温馨提示

尊敬的各位业主/住户：

您好！××年国庆节将至，我公司恭祝大家新年快乐，万事如意！

为了大家能过一个安全、温馨和舒适的节日，我公司在加强各小区出入口控制和日常巡逻的同时友情提醒各位业主和住户注意以下几点：

1. 如您外出，注意关好门窗以及水、电、气的开关，同时请保管好自己的贵重物品，不要将大额现金留存家中，以免发生火灾和失窃。

2. 请您将车辆停放在指定位置，并检查确认车门车窗是否完全锁住，以免造成经济损失；如您长时间外出，而车辆停放在小区内，请及时告之管理处。

3. 请不要随意给陌生人开门，以防不测。

4. 在使用家用电器及天然气时，请注意用电用火安全，切勿违规操作。

5. 请大家将自家阳台上摆放的物品移至安全地方，以避免高空坠物；同时也请楼上住户不要将物品向楼下丢弃，以免伤及楼下行人及车辆和影响小区的卫生状况。

6. 根据派出所要求，商铺的商家在节日期间如要歇业，店内请留人值守（特别在夜间），营业结束后不要将贵重物品（如电脑等物）放置在店面上，以防失窃。

7. 请照看好自己的小孩，不要在水池边玩耍及在小区内燃放烟花爆竹，预防溺水及火灾事件的发生。

××物业有限公司××管理处

××年××月××日

3. 调查报告是对某项工作、某个事件、某个问题，经过深入细致的调查后，将调查中收集到的材料加以系统整理，分析研究后撰写的书面报告。具有写实性、针对性和逻辑性的特点。

第 9 章

建筑识图与房屋建筑基础

房屋是供人们居住、学习、生产和进行社会活动的场所，是一种由人工制成的建筑物，它也是物业管理服务的主要对象之一。

第 1 节　房屋的建筑类型及影响因素

房屋建筑按其使用性质可分为居住建筑、公共建筑、工业建筑和农业建筑几大类，其中，居住建筑和公共建筑通常又称为民用建筑。本书主要介绍民用房屋建筑。

一、民用房屋建筑的具体分类

1. 按房屋建筑用途分类

（1）居住建筑。居住建筑是指供人们生活起居用的建筑物，如别墅、公寓、普通住宅、宿舍等。

（2）公共建筑。公共建筑是指供人们进行各项社会活动的建筑物，如学校、办公楼、商店、宾馆、旅馆、医院、影剧院等。

2. 按建筑结构分类

建筑结构是指建筑物中由承重构件（基础、墙体、柱、梁、楼板、屋架等）组成的体系。

（1）砖木结构。主要承重构件是用砖、木做成。其中竖向承重构件的墙体和柱采用砖砌，水平承重构件的楼板、屋架采用木材。

砖木结构房屋一般多见于层数较低，一般在 3 层以下的房屋。且大部分为 1949 年以前建造的城镇居民住宅，或 20 世纪 50～60 年代建造的民用房屋和简易房屋。

（2）砖混结构。竖向承重构件采用砖墙或砖柱，水平承重构件采用钢筋混凝土楼板、屋顶板，其中也包括少量的屋顶采用木屋架。

砖混结构房屋建造层数一般在 6 层以下，造价较低，抗震性能较差，开间和进深的尺寸及层高都受到一定的限制。这类建筑物正逐步被钢筋混凝土结构的建筑物所替代。

（3）钢筋混凝土结构。承重构件如梁、板、柱、墙（剪力墙）、屋架等，是由钢筋和混凝土两大材料构成。其围护构件如外墙、隔墙等，是由轻质砖或其他砌体做成。

钢筋混凝土结构房屋适用于多层的工业厂房，商场、办公楼、高层住宅等，其结构适应性强、抗震性能好，耐用年限较长。

（4）钢结构。主要承重构件均是用钢材制成。这种结构整体性、刚度和柔度性均好，自重轻，但耗钢量大，施工难度高，耐火性较差，且建造成本较高。

钢结构多用于高层公共建筑和跨度大的工业建筑，如体育馆、影剧院、跨度大的工业厂房等。

3. 按建筑物的层数分类

（1）居住建筑

1）低层建筑：1～3 层，大多用于住宅、别墅、小型办公楼、托儿所等。

2）多层建筑：4～6 层，大多为住宅、办公用房等。

3）中高层建筑：7～9 层。

4）高层建筑：10 层以上。

（2）公共建筑。按高度区分，高度低于 24 m 的为单层或多层建筑，高度超过 24 m 的为高层建筑，高度超过 100 m 的为超高层建筑。

二、房屋建筑的影响因素

房屋在构造上要考虑各种影响使用的因素，所以在进行房屋设计和建造及使用时，必须考虑这些因素。

1. 房屋受力的作用

房屋受力的作用是指房屋整个主体结构在受到外力时，能保持稳定，没有不正常变形，没有结构性裂缝。作用在房屋建筑结构上的力称为荷载，荷载又分为永久荷载和可变荷载，还有偶然荷载。

永久荷载包括房屋的自重及地基土的反力、土压力。可变（活）荷载指人群、家具、设备、风压力、雪荷载等。偶然荷载如地震、爆炸、撞击等。

2. 自然界的影响

房屋建成后，它必然受到日晒雨淋、冰冻、地下水、热胀冷缩等影响，因此在设计和建造时，要考虑温度、伸缩、地基压缩下沉、材料收缩、变形等因素，采取结构、构造措施，以及保温、隔热、防水、防温度变形的措施，从而避免由于这些因素而引起房屋的破坏，保证房屋的正常使用。

3. 各种人为因素的影响

房屋在使用过程中，有许多人为因素对房屋产生影响，如机械振动、化学腐蚀、装饰时拆改、火灾及可能发生的爆炸和冲击，为了防止这些有害影响，必须在房屋设计和建造时采取相应的构造措施。

第 2 节　房屋建筑的基本组成

各种民用建筑由于用途不同，它们的形式和构造各不相同。但一般民用建筑都是由基础、墙（柱）、楼地面、楼梯、屋顶、门窗等主要部分组成，如图 9—1 所示。

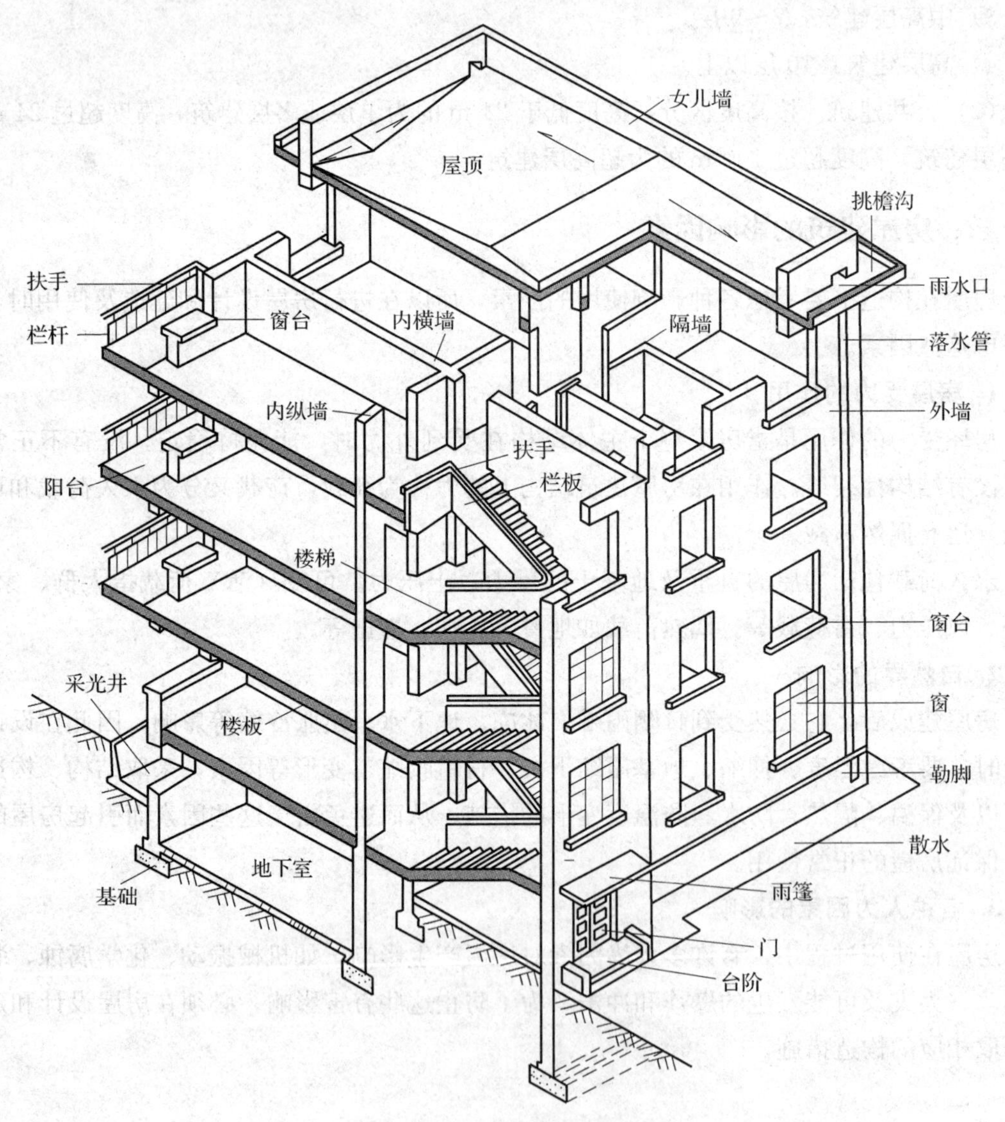

图 9—1　民用建筑的构造组成

一、基础与地下室

1. 基础的分类

基础是建筑物的墙或柱深入土中的部分，是建筑物下部的承重构件。建筑物的总荷载（包括建筑物自重和外加的活荷载）通过基础传给地基。

基础埋置深度不超过 5 m 叫浅基础，超过 5 m 叫深基础。浅基础构造简单，施工方便，造价低廉，一般工程中优先选用浅基础，只有表面土层土质极弱、总荷载较大或其他特殊情况下，才选用深基础。

影响基础埋深的因素有三个方面：土层构造情况、地下水位情况和深度情况。根据这三方面综合考虑确定基础埋置深度。

地基是承受基础传来荷载的土层，地基分天然地基和人工地基两类。天然地基是指天然土层具有足够的地基承载力，不需要人工加固，直接可以将房屋建造在上面的土层。人工地基是指需要经过人工加固后，才可将房屋建造在上面的土层。

2. 基础的种类

（1）按材料受力特点分类

1）刚性基础。凡是由刚性材料建筑，受刚性角限制的基础称为刚性基础，它们的抗压强度好，但抗拉、抗弯、抗剪等强度较差。因而设置大放脚增加基础底面宽度，刚性基础适用于土质较均匀、地下水位低、六层以下的砖墙承重建筑。如砖基础、毛石基础、毛石砼、混凝土基础等。

2）柔性基础（扩展基础）。当刚性基础不能满足力学要求时，可以做成钢筋混凝土基础，称为扩展基础。它不受刚性角限制，它以钢筋抵抗拉应力，基础承受弯曲的能力较大，所以这种基础可以做得宽又薄，适用于土质较差、上部荷载较大、地下水位较高的情况。如图 9—2 所示为钢筋混凝土基础图。

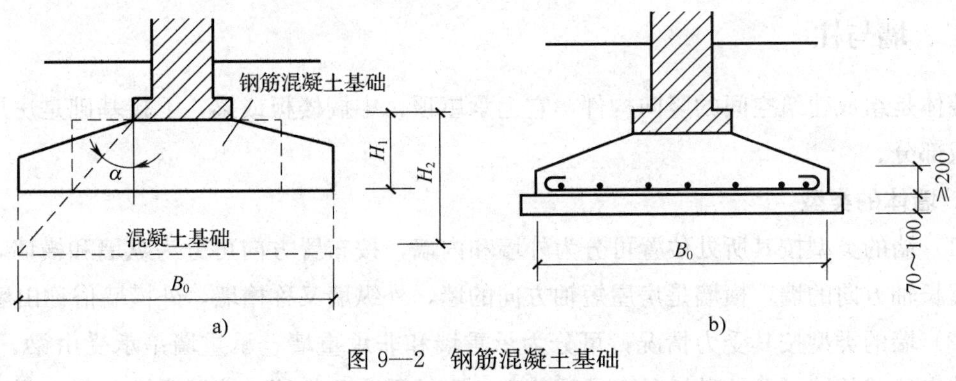

图 9—2　钢筋混凝土基础

a）混凝土基础与钢筋混凝土基础比较　b）基础配筋情况

（2）按构造类型分类

1）浅基础。按构造类型分类见表 9—1。

表 9—1　　浅基础按构造类型分类

分类	说　明
单独基础	在建筑中，柱的基础一般都是单独基础
条形基础	墙的基础通常连续设置成长条形，称为条形基础
筏板基础	当柱子或墙传来的荷载很大，地基土较软弱，用单独基础或条形基础都不能满足地基承载力要求时，往往需要把整个房屋底面（或地下室部分）做成一片连续的钢筋混凝土板，作为房屋的基础，称为筏板基础
箱形基础	为了增加基础板的刚度，以减小不均匀沉降，高层建筑往往把地下室的底板、顶板、侧墙及一定数量的内隔墙一起构成一个整体刚度很强的钢筋混凝土箱形结构，称为箱形基础
壳体基础	为改善基础的受力性能，基础的形式可不做成台阶状，而做成各种形式的壳体，称为壳体基础

2）深基础。深基础按构造类型可分为桩基、地下连续墙、墩基和沉井等。

3. 地下室类型

（1）按使用功能分，有普通地下室和人防地下室。

（2）按构造形式分，有全地下室和半地下室。

（3）按结构材料分，有砖墙结构地下室和钢筋混凝土结构地下室。

1）砖墙结构地下室适用于上部荷载不大而且地下水位较低的情况。

2）钢筋混凝土结构地下室适用于上部荷载较大及地下水位较高的情况。

4. 地下室的构造

地下室由墙体、底板、顶板、门窗和楼梯五大部分组成。

二、墙与柱

墙体是组成建筑空间的竖向构件，它上承屋顶，中搁楼板或梁，下接基础是房屋的重要组成部分。

1. 墙体的类型

（1）墙的类型按其所处位置可分为外墙和内墙，按布置方向可分为纵墙和横墙，纵墙是房屋长轴方向的墙，横墙是房屋短轴方向的墙，外纵墙又称檐墙，外横墙俗称山墙。

（2）墙的类型按其受力情况，可分为承重墙和非承重墙，承重墙是承受由梁、楼板、屋顶传来荷载的墙，非承种墙是不承受荷载、只承受自重的墙，非承重墙包括自承墙和框架墙，框架墙也叫填充墙，在框架中荷载由板、梁、柱承受，房屋中的隔墙也属于非承重墙。

2. 承重墙体的作用

在承重墙结构中，墙体承受由屋顶、楼板、梁等构件传来的垂直荷载，以及风力和地震力，具有承重作用。墙体抵挡自然界风、沙、雨、雪侵蚀，防太阳辐射和噪声干扰，保温、隔热、隔声，具有维护作用。墙体可根据使用需要，把室内空间划分为各种房屋，具有分割的作用。

3. 对墙体的基本要求

对不同部位，作用不同的墙体，要求应各有侧重，墙体应有足够的强度和承重能力，墙体的高厚比应符合稳定性要求，外墙有保温，隔热、隔音的能力，还要具有防水、防风沙、隔音的能力。

砌砖墙体是由砖与砂浆砌合而成，按国家现行标准，砌墙砖分为普通砖和空心砖两大类。砖墙的强度、刚度、稳定性、防水、隔音等指标与砌墙砖和砌筑砂浆的质地及施工手段直接有关。

4. 隔墙

隔墙与内墙不同，它不承重，对房屋内部仅起分割作用，当然隔墙还应力求质轻、壁薄、隔音、防火、防潮和防腐蚀等功能。

隔墙的类型很多，从构造上分可分为三大类，详见表 9—2。

表 9—2　　隔墙的类型

分类	说　明
块材式隔墙	砖隔墙、加气混凝土砌块隔墙
立筋式隔墙	板条抹灰隔墙，石膏龙骨石膏板，轻钢龙骨石膏板隔墙
板材式隔墙	加气、砼条板隔墙，碳化石灰板隔墙，空心石膏板隔墙

另外还有玻璃幕墙（通称幕墙），主要是用于办公楼及高级宾馆等。

5. 砖墙的细部构造

（1）勒脚

1）定义：外墙外侧面与室外地平接触部分叫勒脚。勒脚是外墙的墙角，即建筑物的外墙与室外地面或散水部分的接触墙体部位的加厚部分。

2）作用：保护墙角不受雨侵蚀，加固墙身、美化建筑立面。

3）材料：一般采用抹水泥砂浆或是涂料刷白等面层，对标准较高的勒脚可贴天然石材。

勒脚的高度由建筑立面要求决定，一般距室外地坪 500 mm 以上，兼顾建筑立面效果，可以做到窗台或更高些。

（2）散水（护坡）

1）定义：在勒脚下部地面铺设稍有坡度的平面体称为散水。

2）作用：防止地面水浸入基础。

3）适用：用于屋面为无组织排水或年降雨量较少的北方地区的屋面。散水坡的宽度一般做到 600 mm 以上，坡度为 3%～5%，一般采用素混凝土。

（3）明沟（阳沟、排水沟）

1）定义：勒脚下部地面所做的水平排水沟称为明沟。

2）作用：排除屋檐流下的雨水，防止雨水渗入地基，明沟其宽度和深度不小于 200 mm，纵向坡度为 1%～3%。

3）适用：常用于年降雨量较大的南方地区。

（4）防潮层

1）作用：在建筑底层内墙脚、外墙勒脚位置设置连续的防潮层隔绝地下水的毛细渗透，避免墙身受潮破坏。

2）适用：防潮层设置的最佳位置在室内地平以下 60 mm 处（即一皮砖厚处）。

6. 过梁

（1）定义：支承墙体洞口（门窗、管道）上部荷载的横向构件称为过梁。上部荷载包括上部墙体自重、上部梁、板传递来的荷载，过梁将这些荷载自重传递到两侧的洞间墙上。

（2）类型：过梁的类型有砖拱过梁、钢筋砖过梁、钢筋混凝土过梁和木过梁。

钢筋混凝土过梁是由钢筋（受拉）和混凝土（受压）组成，它承载能力强，抗震、抗腐蚀都好，可预制也可以现浇，被广泛采用。

钢筋混凝土过梁的宽度等于墙厚，梁高约为洞口宽的 1/12，并应符合砖厚整倍数，梁端伸入支座长度不小于 240 mm。如图 9—3 所示为钢筋混凝土过梁。

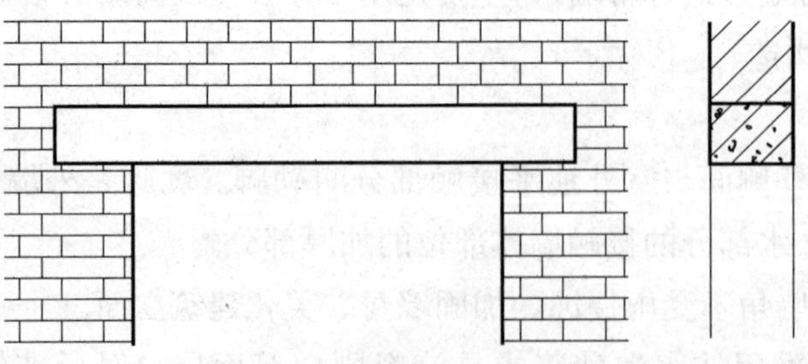

图 9—3　钢筋混凝土过梁

7. 墙体的抗震构造和变形缝

（1）圈梁

1）定义：圈梁是在房屋的檐口、窗顶、楼层、吊车梁顶或基础顶面标高处，沿砌体墙水平方向设置封闭状的按构造配筋的混凝土梁式构件。因为圈梁是连续围合的梁所以叫做圈梁。

2）作用：增强建筑的整体刚度及墙身的稳定性。圈梁可以减少因基础不均匀沉降或较大振动荷载对建筑物的不利影响及其所引起的墙身开裂。在抗震设防地区，利用圈梁加固墙身就显得更加必要。

当圈梁与门窗过梁在同一标高时，洞口上的圈梁可以兼作过梁。

（2）构造柱

1）定义：构造柱是在墙身的主要转角部位或墙体超过 4 m 的时候设置的竖直构件。

2）作用：其作用是与圈梁一起组成空间骨架，以提高建筑物的整体刚度和整体的延展性，约束墙体裂缝，从而增加建筑物的抗震能力。

（3）变形缝。变形缝是指为了防止因气温变化、不均匀沉降以及地震等因素造成对建筑物的使用和安全影响，设计时预先在变形敏感部位将建筑物断开，分成若干个相对独立的单元，且预留的缝隙能保证建筑物有足够的变形空间，设置的一种构造缝。

变形缝包括了伸缩缝（温度缝）、沉降缝和抗震缝。

8. 柱子

柱子是独立支撑结构的竖向受压构件，它在房屋中承受并传递由梁、板、屋架传来的荷载。柱的常用材料有钢筋混凝土、砖、木、钢等。

三、楼、地面

1. 楼板层作用

楼板层是房屋的水平承重构件，它不仅有承重作用，同时对墙身起水平支撑作用，增加墙体的稳定性，以及对建筑空间进行分隔。

2. 楼板层的组成

楼板层是由面层、结构层、顶棚三部分组成。

（1）面层。面层是直接作用荷载的面层，必须满足坚固耐磨、平整、光洁等要求。

（2）结构层。结构层由梁、板等构件组成，要求具有足够的强度和刚度。它承受楼层上人与物体的荷载，再把荷载与自重传给承重墙或柱。

（3）顶棚。顶棚又称天花板，是室内饰面之一，要求表面光洁、美观。

3. 楼板层的类型

楼板层根据其承重层使用的材料不同，可分为钢筋混凝土楼板、钢楼板、砖拱楼板和木楼板等。

4. 首层地面

首层地面是指建筑物底层的地坪。和楼板一样，它承受着地面上的荷载，并均匀地传给地基。常见的地面由面层、垫层和基层构成。

其常用材料有混凝土、地砖等。

四、楼梯

1. 楼梯的组成

楼梯是联系建筑物上下各层的垂直步行交通设施。在设有电梯、自动梯作为主要垂直交通手段的多层和高层建筑中也要设置楼梯。高层建筑尽管采用电梯作为主要垂直交通工具，但仍然要保留楼梯供火灾时逃生之用。

楼梯一般由连续梯级的楼梯段（又称梯跑）、平台（休息平台）和栏杆（板）三部分组成（见表 9—3）。楼梯的最低和最高一级踏步间的水平投影距离为梯长，梯级的总高为梯高。

表 9—3　　楼梯的组成

组成	说　明
楼梯段	楼梯段是倾斜放置并带有踏步的构件，踏步水平面为踏步面，垂直面为踏步踢面
平台	由平台梁和平台板组成，是连接上下两个楼梯段并供行人休息的水平构件
栏杆（板）	在栏杆（板）上设扶手，供上下时依扶之用

如图 9—4 所示为楼梯的组成。

2. 楼梯的尺度（楼梯的坡度一般为 20°～45°）

为使楼梯具有符合要求的通行能力，必须保证楼梯段和休息平台的宽度。

（1）楼梯段宽度。楼梯段宽度是指墙面到扶手中线的水平距离。

1）单人通行梯宽≥850 mm。

2）双人通行梯宽 1 100～1 200 mm。

3）三人通行梯宽 1 500～1 800 mm。

（2）休息平台宽。休息平台宽是指与楼梯段垂直的墙面至转角扶手中心线的水平线的水平距离，其宽度≥楼梯段的宽度，以利人流畅通和搬运家具设备。

（3）踏步尺寸。踏步尺寸高度不宜超过 210 mm，不宜小于 140 mm，宽度 260～

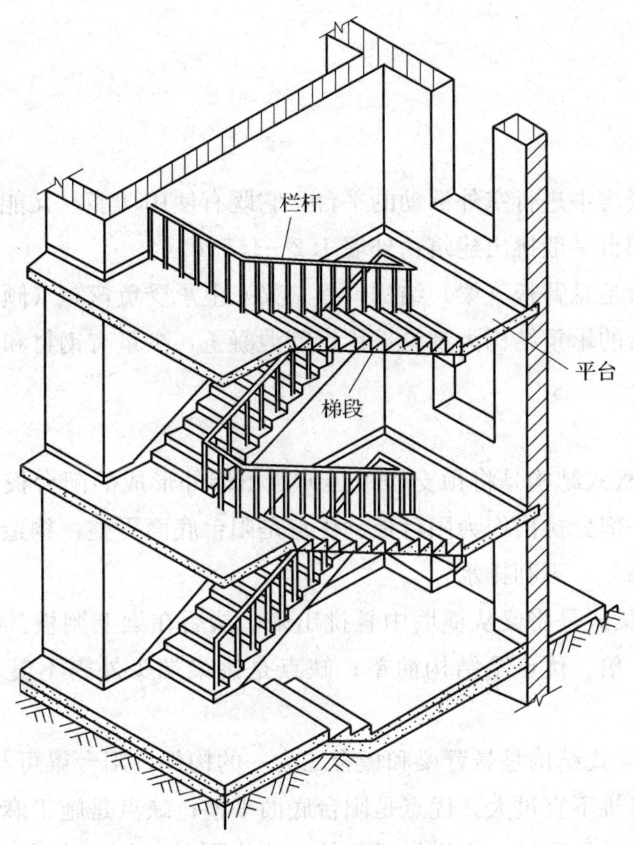

图 9—4　楼梯的组成

310 mm。当楼梯段进深受条件限制，踏步宽度较小时可用突缘踏步加宽 20 mm，做法有出沿与尖角两种。

(4) 净空高度。楼梯净空高度是指人在休息（楼层）平台或楼梯段通过时，应具有最低的空间高度要求：休息平台净高不小于 2 000 mm；楼梯段净高不小于 2 200 mm。

(5) 栏杆（板）高度。室内楼梯扶手高度自踏步前缘起不小于 900 mm；顶层楼梯平台的水平栏杆高不小于 1 000 mm；幼儿活动场所的楼梯应设儿童扶手，其高应为 500～600 mm。

(6) 楼梯的栏杆、扶手用料。要具有足够的刚度和可靠的连接，要有滑手感且舒适。材料：木材、金属、玻璃、不锈钢、钢筋混凝土等。室外不宜采用木材、塑料。

3. 楼梯的分类

(1) 按位置的不同，可分为室内楼梯与室外楼梯。

(2) 按使用性质的不同，可分为室内主要楼梯、辅助楼梯、室外安全楼梯和防火楼梯。

五、阳台

1. 阳台的概念

阳台是人们在楼房中进行室外活动的平台，它既有使用功能，又能对建筑物起到装饰作用，美化立面。阳台一般挑出建筑物外墙 1.2～1.5 m。

（1）受力。阳台是悬臂板（梁）结构，板（梁）上承受负弯矩（倾覆力）的构件。

（2）材料。阳台的承重结构大都是采用钢筋混凝土，少量有钢材和木材两种。

2. 阳台的形式

（1）凸阳台

1）挑板式。挑板式结构是将预支楼板延伸挑出墙外形成的阳台板，板的一部分作为楼板压在横墙内，一部分挑出作为阳台板。优点是阳台底面平整，构造简单；缺点是阳台地面和室内地面无高差，不利排水。

2）挑梁式。挑梁式是将梁从横墙中悬挑出来，然后在梁上搁板。梁伸入横墙长度不小于悬挑长度的 1.5 倍。优点是结构简单；缺点是挑梁端头外露不美观，端头还要增设边梁。

3）压梁式。压梁式结构是悬臂梁和板合二为一的构件，阳台梁可与圈梁现浇在一起，这种形式的阳台板悬挑不宜过大。优点是阳台底面平整；缺点是施工麻烦，当梁上部分墙体开阔较大或横墙承重的顶层均需增加梁的长度才能平衡，必要时还可将梁深入横墙。

4）两边支承悬挑式。当阳台在阴转角时，利用两段相邻的墙作支承（搁置在过梁上），挑出一角，斜向配筋现浇。

（2）凹阳台。一般是将预制钢筋混凝土板搁置在阳台两侧的墙上，沿外墙设一小梁承受栏杆扶手的质量，也有将阳台板搁置在小梁和凹入的墙上。

（3）半凸半凹阳台。阳台突出部分按凸阳台合作法，阳台凹入部分按凹阳台合作法，凸出部分长度不大，可沿外墙设一小梁支承板，把阳台板搁置在小梁和凹入的外墙上。

3. 阳台栏杆和栏板

阳台的栏杆和栏板承担人们侧推力，也对房屋立面起一定装饰作用。

栏杆、栏板的高度一般不宜低于 1.05 m，竖杆间距不大于 110 mm。

栏杆材料：金属（方钢、扁铁）、砖、混凝土等。

为防止阳台上的雨水流入室内，阳台地面一般低于室内地面 30 mm 以上，阳台地面应做 1%～3%的坡度。

如图 9—5 所示为阳台的类型。

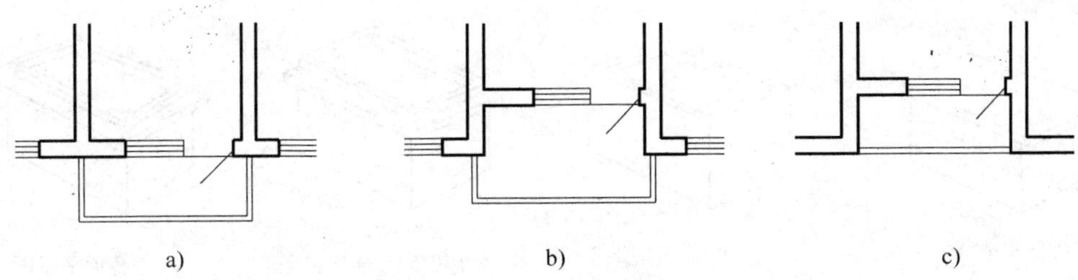

图 9—5 阳台的类型

a）凸阳台 b）半凸半凹阳台 c）凹阳台

六、屋顶

1. 屋顶的作用

屋顶是房屋最上部起覆盖作用的外部围护构件，防御自然界的风、雨、雪、日晒、噪声等有害物质的侵蚀。

2. 屋顶的分类

屋顶由屋面、保温隔热层、承重结构和顶棚四部分组成，有些建筑可不设置保温（隔热）层或顶棚。

（1）屋面是屋顶的面层，屋面材料和做法要求具有一定的抗渗性能、抗摩擦性能和承载能力。

（2）承重结构是承受屋面上传来的荷载及屋面、保温隔热层和承重结构自重的结构层，其材料多采用钢筋混凝土或木料、钢材等。

（3）保温隔热层。保温层是在寒冷地区为防止室内热量过分散失而设置的构造层；隔热层是在炎热地区为防太阳辐射热进入室内而设置的构造层。

（4）顶棚。顶棚是屋顶的底面，有直接抹灰和吊顶两种形式。

3. 屋面的构造要求和坡度

屋面的构造要求：确定排水坡度，选择屋面防水材料，选择保温隔热做法及顶棚做法，应能满足坚固耐用，防漏可靠，保温、隔热达到标准。屋面的坡度是解决漏雨的关键之一。

4. 屋顶的形式

屋顶有平屋顶、坡屋顶、曲面屋顶（单曲、双曲面）、多波式折板屋顶等多种形式。如图 9—6 所示为屋顶的类型。

（1）平屋顶。不是绝对水平的，必须有一定坡度利于排水，当坡度小于 5％时都为平屋顶。面层防水材料有柔性防水和刚性防水两种。排水沟坡度可通过构造垫置或结构垫置

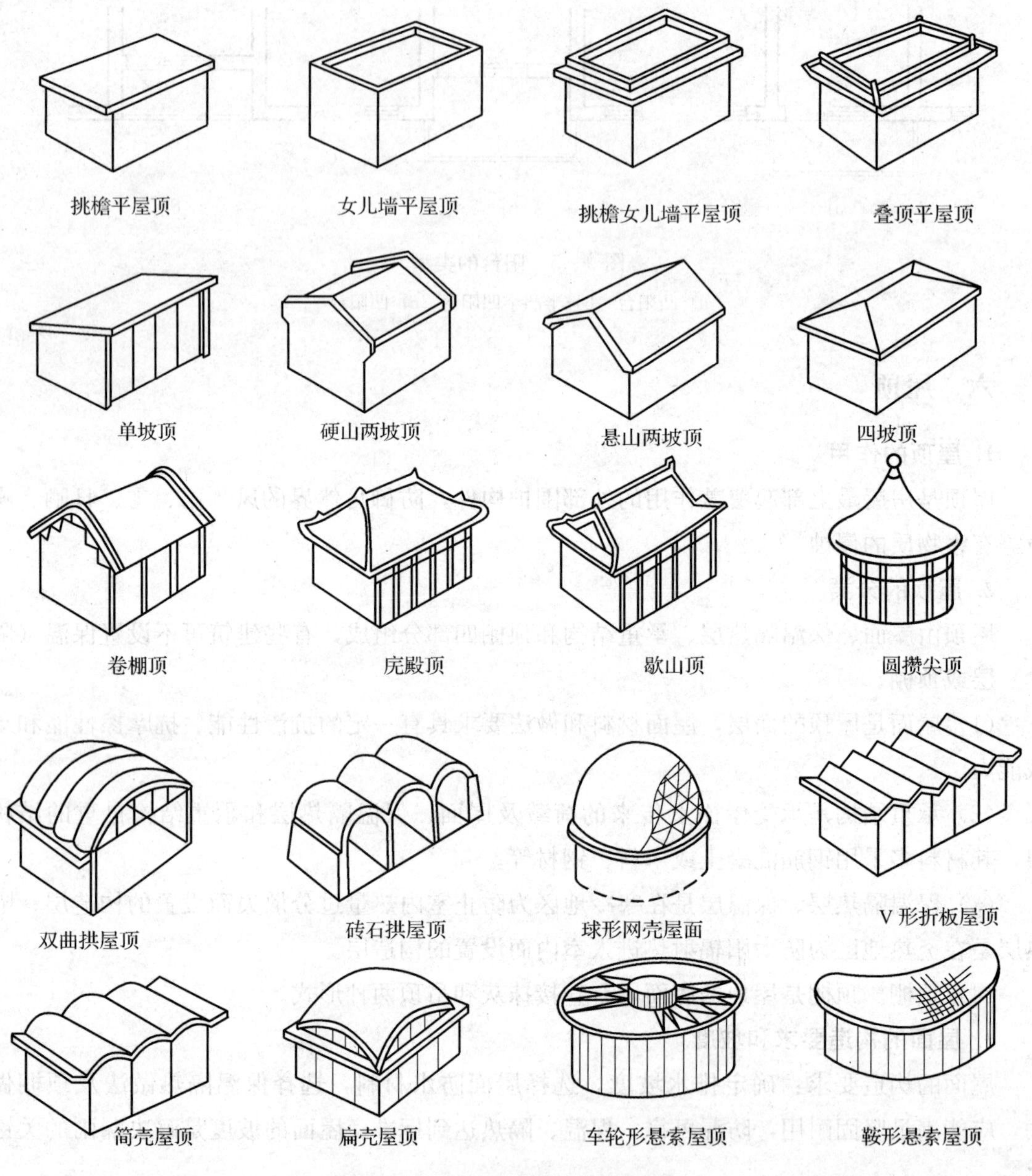

图 9—6　屋顶的类型

两种方法形成。平屋顶排水方法可分为有组织排水和无组织排水两种。

（2）坡屋顶。一般由斜面或折板斜面组成。屋面坡度大于 5%的屋顶为坡屋顶，它的承重结构的顶面是倾斜的，承重结构体系可分为砖墙承重、梁架承重、屋架承重。坡屋顶的屋面材料有小青瓦、机制平瓦（水泥、黏土）、波形瓦、金属板瓦等。坡屋顶的底面是倾斜的屋架，很不美观，一般要做吊顶，吊顶可做在屋架承重结构上。

（3）曲面屋顶。曲面屋顶是指由各种薄壳或悬索结构形成的空间结构力系（筒拱形、球形、双曲面）等，这种结构内力分布均匀合理，节约用材，适用大跨度、大空间、造型特殊的建筑屋顶。

七、门与窗

1. 门和窗的作用

门和窗是房屋中不可缺少的建筑构件，门和窗不但有实用价值，还有建筑装饰的作用，门和窗不仅能采光、通风、接受日照，还有保温、隔声等作用，并在建筑中起到围护作用。

门和窗按其所用的材料分为：木门窗、钢门窗、铝合金门窗、塑钢门窗等。

2. 窗的组成

一般平开窗由窗框、窗扇、五金零件等组成。

（1）窗框也称窗樘，它固定在墙上用以悬挂窗扇，窗框与窗扇在保证开关方便的同时，要求关闭时有一定的密封性。还要提高窗扇与窗框之间接缝防风雨的能力。

（2）窗扇是由上、下帽头和左右挺及窗玻璃组成。

3. 门的组成

一般由门框、门扇组成，有的还有贴脸、门头线、筒子板等部分。

门框和门扇之间用铰连接。

门扇上安装门用五金供开关固定用，如锁、插销等。

平开门的尺寸是按人体尺度确定的，一股人流的宽度为 550 mm。一般单扇门宽度为 800～900 mm，辅助门 700～800 mm，双扇门 1 200～2 100 mm。门的高度为 2 000～2 100 mm。

对净高较大的房门、公共建筑入口处大门，高度可适当加高。门高度很大时，上部应设亮子，以减轻门框的负担。

第 3 节　房屋建筑的承重结构

房屋建筑建成后，它所受的竖向荷载由屋顶、楼层通过板、梁、柱和墙传达到基础，再传达给地基，同时还有承受水平风荷载。这些荷载的承受与传递都要通过房屋的结构体系来承担。

民用房屋常用的结构体系有以下几种。

一、砖混结构

砖混结构通常指承重墙体为砖墙承重，楼层和屋顶为钢筋混凝土梁板的建筑，墙体中设置钢筋混凝土圈梁和构造柱。这类结构整体性较好，耐久性和耐火性都好，取材方便，但自重较大。

适用：地震烈度小于 7 度的地区，7 层以下层高、空间较小的住宅、办公建筑。

二、半框架（内骨架）

房屋内部由梁、柱、板组成的框架承重，外墙为砖墙承重，开设门窗受到与砖混结构同样的限制，并仍应设置圈梁和构造柱。这类结构形式受力分配较复杂，变形不均匀，故不是理想的结构形式。

适用：层数不多的商场、车间等。

三、全框架结构（全骨架）

由钢筋混凝土梁、板、柱刚性连接而成骨架结构，且布满整幢建筑中。这种结构形式整体性好，承载能力强，抗震与抗振性都好。由于砖墙不承重，故开设门窗不受限制，但施工技术要求高，造价较高。适用于 10 层以下的大空间、多功能房间的建筑。

1. 框架结构的布置方案

（1）横向框架。框架主梁沿建筑物的横向布置，板沿纵向布置在主梁上，采用横向框架承重，有利于增加房屋的横向刚度。

（2）纵向框架。框架主梁沿建筑物的纵向布置，板沿横向布置在主梁上，采用纵向框架承重，它的横向刚度较差。

（3）双向框架。当纵横两个方向都布置承重横梁，称双向框架，由于纵横两个方向的梁均与立柱刚性连接，它的抗震性能最好。

（4）无梁结构。这种结构没有横梁，仅由板和立柱组成，楼板直接支承在墙和柱子上，楼板的荷载直接由板传到墙和柱，柱网布置为正方形或矩形，柱距为 6 m 左右。为提高楼面的承载能力和刚度，应增大柱对板的承托面积和减小板跨，在柱顶上加设柱帽和托板。适用于楼层净空较大或荷载较大的商场、展览馆等。

2. 按整体性和装配化程度分类

（1）现代整体式框架。全部结构均在现场浇筑成一整体。

(2) 预制装配式框架。全部构件预制，现场装配成框架。由于装配式钢筋混凝土楼板的整体性较差，因此，楼板中的预制构件之间的节点连接构造十分重要。

(3) 装配整体式框架。全部构件预制或大部分构件预制，现场装配，现浇面层结构。

四、框架—剪力墙结构（简称为框剪结构）

框架体系主要用于10层以下的房屋，框架体系用以承受竖向荷载是合理的，因为当层数不多时，风荷载影响较小，竖向荷载对结构设计起控制作用。但在框架层数较多时，水平荷载将使梁、柱截面尺寸过大。因此，为克服这些不足，用剪力墙来负担大部分水平荷载。提高水平方向的刚度，可大大减小柱和梁的截面尺寸。框剪结构是在框架体系的房屋中设置一些剪力来代替部分框架，两边山墙为剪力墙，中间都为框架结构，形成井格架。

剪力墙是抗侧能力很大的钢筋混凝土墙体，它的宽度和高度与整个房屋相同，在框剪结构中，剪力墙将负担绝大部分水平荷载。

适用：宜在16～25层房屋中采用，由于剪力墙在一定程度上限制建筑平面的灵活性，这种体系一般用于办公楼、旅馆、住宅及某些工业厂房。

五、剪力墙结构

当房屋层数更多时，横向水平荷载（水平剪力）已对结构设计起控制作用，如采用框架—剪力墙结构，由于剪力墙数量与厚度均需增加，这时则宜采用剪力墙结构。

因房屋很高时，底层不仅轴向力很大，水平荷载产生的力矩也相当大，这时，宜采用墙片以代替框架，墙片抗侧刚度大，其抗剪能力大大提高，通称抗剪墙或剪力墙结构。

全部由剪力墙承重、不设框架的结构体系称剪力墙体系。

适用：一般用于25～30层的房屋。由于剪力墙结构的房屋建筑平面布置局限性大，较难获得较大的空间，所以一般常用于住宅、旅馆等建筑。对底部（或底部2～3层）需要大空间的高层建筑，可将底部（或底部2～3层）的若干剪力墙改为框架，这种体系称为框架剪力墙结构。框架剪力墙结构不宜用于抗震设防地区。

剪力墙结构的三种形式：现浇剪力墙结构、装配式大型墙板结构、盒子结构。

六、筒体结构

筒体结构是由一个或多个竖向筒体（由剪力墙围成的薄壁筒或由密柱框架构成的框筒）组成的结构，它适用于平面或竖向布置繁杂、水平荷载大的高层建筑。

筒体结构分筒体—框架、框筒、筒中筒、束筒四种结构。

第 4 节　房屋建筑施工图

一、房屋建筑图

房屋建筑图是用来表达房屋施工情况的一套完整的图纸。它是将一幢建筑物的内外形状和大小，以及各个部分的结构、构造、装饰、设备等内容，按照规范规定，用正投影方法，详细准确地画出的图样。一套完整的房屋建筑图，根据其专业内容或作用的不同，一般分为以下几个部分：（1）图纸目录；（2）设计总说明；（3）建筑总平面图；（4）建筑施工图；（5）结构施工图；（6）暖通及空调施工图；（7）给排水施工图；（8）电气施工图。各工种的施工图可分为基本图和详图两部分。

其中，建筑施工图是在建筑工程上所用的一种能够准确地表达出建筑物的外形轮廓、大小尺寸、结构、构造和材料做法的图样。它由平面图、立面图和剖面图三部分组成。建筑施工图是按照平行正投影原理绘制而成的。

二、建筑施工图的表示方法

1. 图示方法主要特点

（1）施工图中的各种图纸，主要是用正投影法绘制的，都符合正投影规律和投影关系。

在 H 面（水平面）上作平面图。

在 V 面（正立面）上作立面图。

在 W 面（侧立面）上作侧剖图。

（2）房屋形体较大时，施工图采用小比例绘制，常用的比例是 1∶100 或 1∶200。

如有很多内容在小比例中无法表达清楚时，需要配以较大比例的详图，例如：1∶1、1∶2、1∶5、1∶10 等。

2. 房屋建筑图的图式符号

（1）索引符号。对于图中需要另画详图表示的局部或构件，为了读图方便，应在图中的相应位置以索引符号标出。

索引符号是由直径 10 mm 的圆及水平直径构成，圆及水平直径均应以细实线绘制。当索引的详图与被索引的图在同一张图纸内时，在上半圆内用阿拉伯数字注出该详图的编号，在下半圆内画一段水平细实线，如图 9—7a 所示；当索引的详图与被索引的图不在同一张图纸内时，在下半圆内用阿拉伯数字注出该详图所在图纸的编号，如图 9—7b 所示；当索引的详图采用标准图集时，在圆的水平直径的延长线上加注标准图集的编号，如图 9—7c 所示。

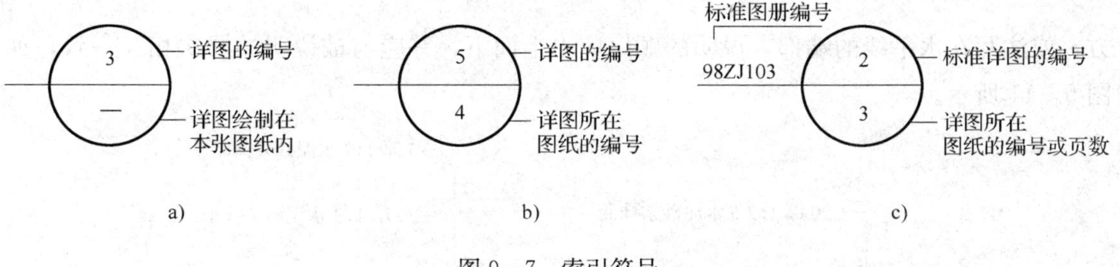

图 9—7　索引符号

（2）详图符号。详图符号应根据详图位置或剖面详图位置来命名，采用同一个名进行表示。详图符号的圆用直径为 14 mm 的粗实线绘制。

图 9—8a 表示详图与被索引图在同一张图纸上；图 9—8b 表示详图与被索引图不在同一张图纸上。

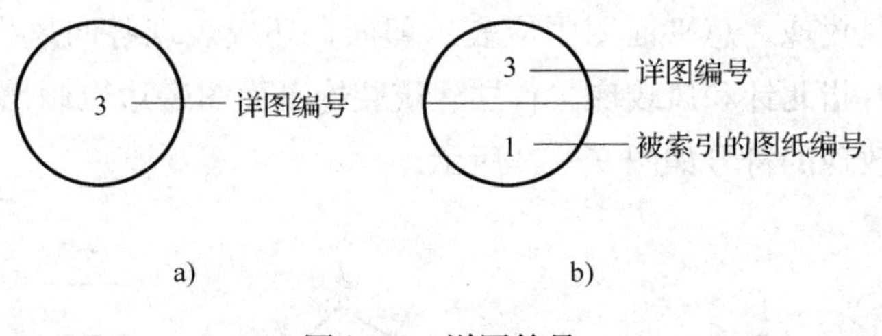

图 9—8　详图符号

（3）引出线。对图纸中某些部位无法标注表达时，常采用引出线来说明所表达的内容，可采用水平方向的直线或水平线成 30°、60°、45°、90°的直线和折线，文字说明宜注写在横线上方或水平线的端部，如图 9—9 所示。

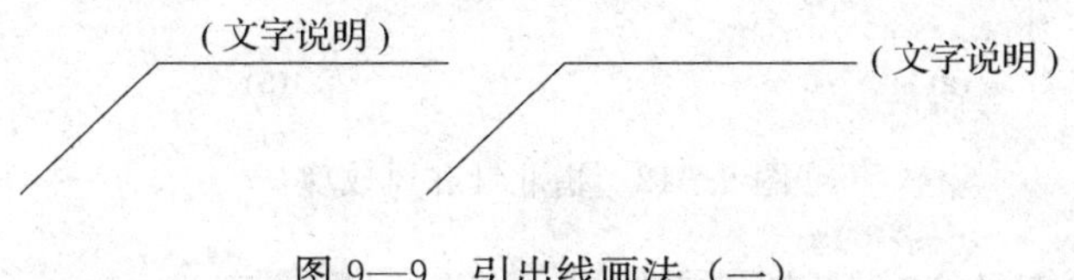

图 9—9　引出线画法（一）

同时引出几个相同部分的引出线，宜互相平行，也可画成集中于一点的放射线，如图 9—10 所示。

多层构造或多层管道共用引出线，应通过被引出的各层。文字说明注写在水平线的上

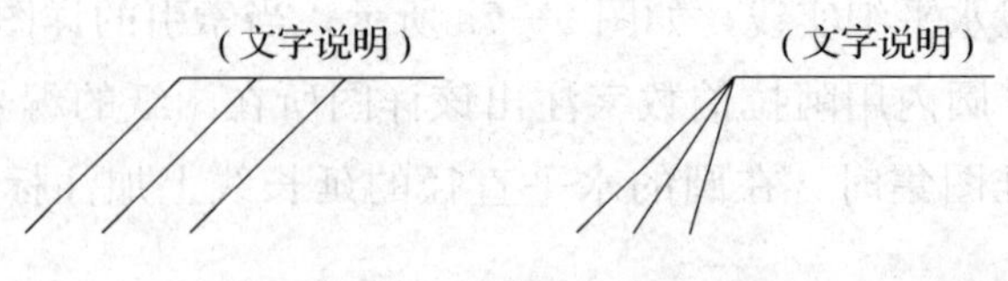

图 9—10　引出线画法（二）

方，或注写在水平线的端部，说明的顺序应由上而下，并应与被说明的层次相互一致，如图 9—11 所示。

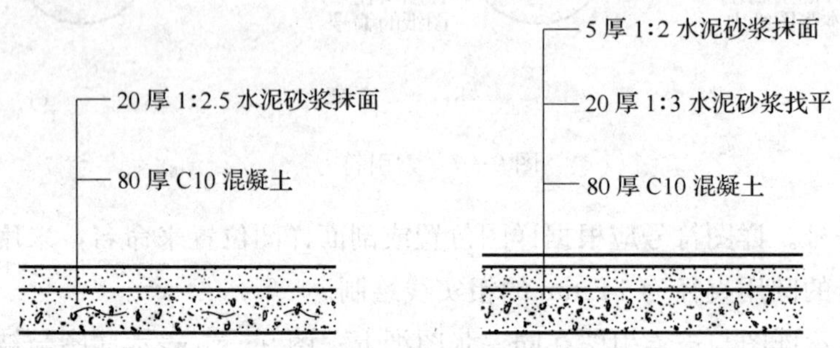

图 9—11　引出线画法（三）

（4）指北针和风玫瑰。总平面图中应表示朝向，还应表现各向风力对该地区的影响，因此在图样旁还绘有指北针和风玫瑰。首层建筑装饰平面图旁边也画出指北针，用来表示方向。指北针和风玫瑰的符号如图 9—12 所示。

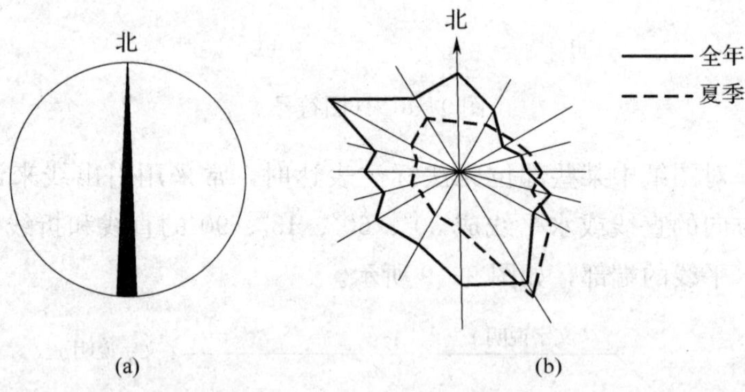

图 9—12　指北针和风玫瑰

指北针的画法为直径 24 mm 的细实线圆，指针尾端宽度为 3 mm。风玫瑰是风向频率玫瑰图的简称，它表明该地区各风向的频率，频率最高，表示该风向的吹风次数最多。

（5）标高符号。标高是用以标明房屋各部分的竖向高度的符号。标高符号用等腰三角形表示，标高数字以米为单位，注写到小数点后 3 位，如图 9—13 所示。

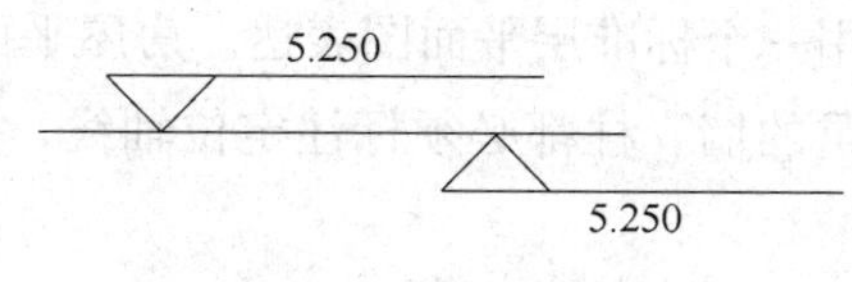

图 9—13　标高符号

三、建筑平面图

1. 建筑平面图基础

建筑平面图简称为平面图。假想一个水平剖切面在窗台上方把房屋剖开，移去剖切平面以上部分，对留下部分作水平投影图，称建筑平面图，如图 9—14 所示。

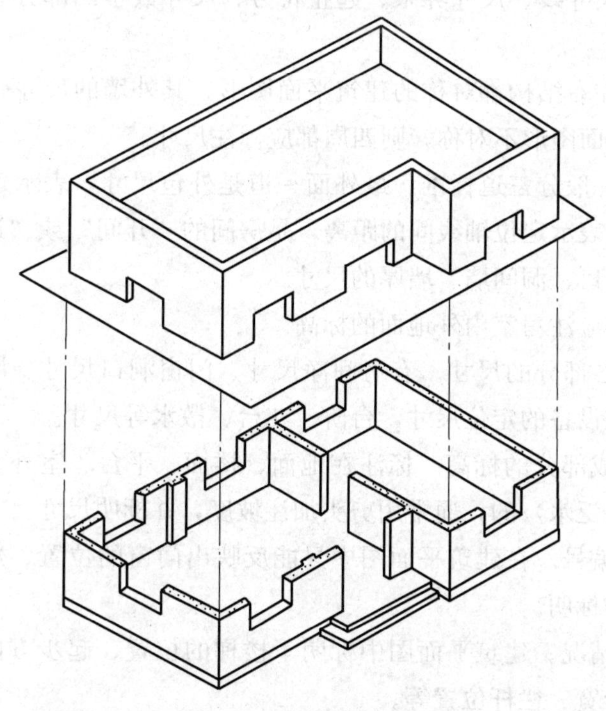

图 9—14　平面图的形成

平面图是放线、砌筑墙体、安装门窗、作室内装修、编制预制及施工备料等的基本依据。

平面图主要用来表达建筑物各层的平面形状、大小尺寸、内部布置、门窗位置及开启方向、楼梯位置及形状、墙体厚度、楼地面构造做法等。

2. 建筑平面图的识读

图名：一般按其表明的层数来命名（如底层平面图、标准层平面图、顶层平面图）。

对于平面布置相同的楼层可用一个标准层平面图表达。房屋平面图表示方法有如下规定。

（1）定位轴线。凡是承重的墙、柱都必须标注定位轴线，并给予编号。（定位轴线与砖墙的中心线重合）。

定位轴线用细点划线表示，末端画实线圆（直径为 8mm），水平方向编号采用阿拉伯数字从左到右顺序编号，竖向编号采用大写拉丁字母从下往上顺序编号。

（2）图线和图例。凡是被剖切的墙、柱的断面轮廓用粗实线表示，没有剖切到的可见轮廓线，如窗台、楼梯等用中粗实线表示，尺寸线、引出线用细实线表示，轴线用细点划线表示。门的代号是 M，窗的代号是 C。

（3）尺寸标注

1）尺寸标注由尺寸线、尺寸界限、起止符号、尺寸数字四部分组成。尺寸数字应标写在尺寸线上方。

2）对于上下、左右结构都对称的建筑平面图形，其外墙的尺寸一般注在平面图形的下方和左侧，如果平面图形不对称，则四周都应标注尺寸。

3）外墙的尺寸一般分三道标准。最外面一道是外包尺寸，表示建筑物的总长度和总宽度；中间一道尺寸表示定位轴线间的距离，是房间的“开间”或“进深”尺寸；最里面一道尺寸表示门窗洞口、洞间墙、墙厚的尺寸。

在平面图中，还应注写室内外地面的标高。

4）平面图上的各部分的尺寸。有房间净尺寸、门窗洞口尺寸、墙厚度，还应标注某些局部尺寸，如固定设备的定位尺寸，台阶、花台、散水等尺寸。

5）建筑物各组成部分的标高。标注在地面、楼面、平台、室外台阶、外廊、阳台面等。楼地面有坡度（泛水）的，通常用剪头加注坡度，并标明尺寸。

6）门窗位置和编号。在建筑平面图中只能反映出门窗的位置、数量和宽度尺寸，而高度尺寸在剖面图中标明。

7）楼梯的布置情况。建筑平面图中标明了楼梯的位置、起步方向、上下行方向、踏步级数、楼宽、平台宽、栏杆位置等。

8）剖面图的剖切位置。在建筑平面图中，通常用剖视符号将建筑剖面图的位置表示出来，以便了解剖面图的剖视方向。

剖切符号：由剖切位置线和剖切方向线组成。

剖切位置线是用一组不穿越图形的粗实线表示。在剖切线的两端用另一组垂直剖切线的粗短实线表示投射方向。

9）室内装饰要求。在建筑平面图中，对室内的楼地面、平顶、墙面、隔断等设施的位置、尺寸及用料的构造做法都有标明，如无法表达清楚时，要另画详图。

10）屋顶部位的设施和构造。通过屋顶建筑平面图可以了解屋面上天窗、水箱、电梯机房、屋面出入口、铁爬梯、女儿墙及屋面变形缝等设施和屋面排水分区、排水方向、坡度、檐沟、泛水、下水口等的位置及尺寸。

四、建筑剖面图

1. 建筑剖面图的形成

假设用一个垂直剖切平面在建筑物平面组合较为复杂的部位剖开，移去靠近观察者的部分，对留下部分作正投影所得到的垂直投影图，称建筑剖面图，如图 9—15 所示。

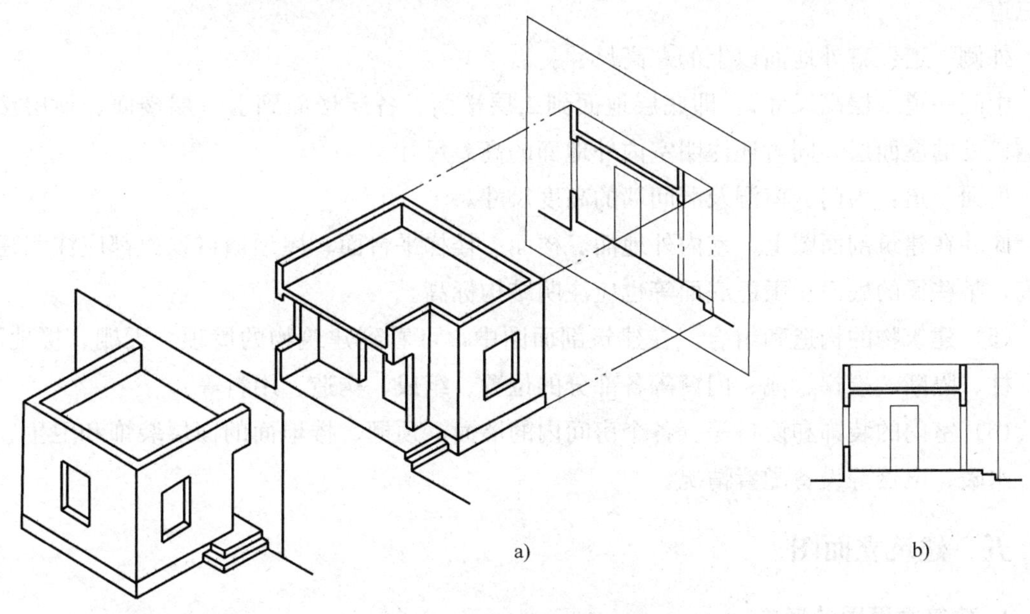

图 9—15 剖面图的形成
a）剖面图的形成 b）剖面图

2. 建筑剖面图的作用

建筑剖面图用来表达建筑物内部垂直方向的高度、楼层分层情况及简要的结构形式和构造方式，可作为室内装修、编制预算、施工备料的重要依据。

3. 建筑剖面图的主要内容

建筑剖面图主要用来表明建筑物内部的空间布局，如楼面、室内外地面（包括台阶、明沟等）、各部位的高度，各种设施的形式，室内顶棚、楼地面、墙面的装修及其门、窗（包括过梁、圈梁、防潮层、女儿墙及屋顶）构造，建筑结构的特点，内外标高和各部分分段尺寸等内容。

4. 建筑剖面图的识读

（1）图名。建筑剖面图的图名按照它们的剖视编号来称呼，如1—1剖面图、2—2剖面图。

（2）定位轴线。一般只画出两端的轴线及其编号，以便与平面图对照。

（3）图线。室内外地面线用加粗实线表示。

剖切到的墙身、楼板、屋面层、楼梯段、楼梯、平台等轮廓用粗实线表示。

未剖切到但可见的门窗洞、楼梯段、楼梯扶手和内外墙的轮廓线用中粗实线表示。

（4）尺寸标注。建筑剖面图中，必须标注垂直尺寸和标高，外墙的高度尺寸一般也标注三道。

外侧一道：室外地面以上的总高尺寸。

中间一道（层高尺寸）：即底层地面到二层楼面、各层楼面到上一层楼面、顶层楼面到檐口处的屋面层。同时还注明室内外地面的高差尺寸。

里面一道：为门、窗洞及洞间墙的高度尺寸。

此外在建筑剖面图上，室内外地面、楼面、楼梯平台面、屋顶檐口顶面都应注明建筑标高，某些梁的底面、雨篷底面等也应注明结构标高。

（5）建筑物的构造和组合。在建筑剖面图中，可看到建筑物的屋顶、天棚、楼地面、墙、柱、隔断、楼梯、池、门窗等各部分的位置、组成、构造、用料等。

（6）室内的装饰和设备等。各个房间内的墙面、顶棚、楼地面的面层装饰和卫生、通风、水暖、电器等设备配置情况。

五、建筑立面图

1. 建筑立面图的形成

建筑立面图是对建筑物的外立面进行正投影所得到的投影图，如图9—16所示。

2. 建筑立面图的作用

建筑立面图是用来表明建筑物的外貌特征、外墙面装饰、做法的重要图样，也是编制预算、施工备料的重要依据。

3. 建筑立面图的主要内容

建筑立面图主要用来表明建筑物立面的各个部位，如屋顶、门窗、挑檐或女儿墙、阳台、勒脚等的位置、大小尺寸和形式、外墙饰面材料及构造做法等内容。

4. 建筑立面图的识读

建筑立面图的常用比例为1∶100。

（1）图名。有三种命名方法：

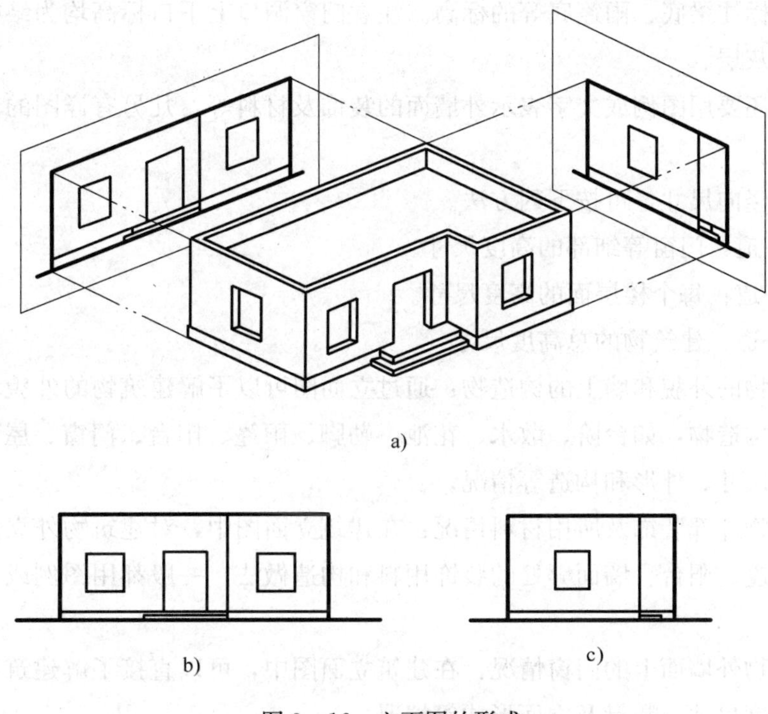

图 9—16　立面图的形成

a）立面图的形成　b）正立面图　c）侧立面图

1）以房屋的主要出入口或反映房屋外形主要特征的立面图称为正立面图，与其相对的是背立面图，其余分别为左侧立面图和右侧立面图。

2）按房屋的朝向来定，如南立面图、北立面图、东立面图、西立面图。

3）按立面图两端轴线编号来定，如 1—10 立面图、10—1 立面图。

（2）定位轴线。立面图中一般只画房屋两端的轴线和编号，结合平面图以便确定立面图的朝向。

（3）图例及符号。立面图中所选用的比例较小，门窗一般用图例表示，门窗中画有斜的细实线，表示向外开，细虚线表示朝里开。门窗型号相同的，只要以一两个为代表画出细部即可，其余可以只绘出轮廓线即可。

（4）尺寸标注及标高。立面图上一般不注写高度方向的尺寸，而是要标注出外墙各部分的相对标高，一般标注室外地坪、室内地面、勒脚、各层楼面、檐口、窗台、窗顶、雨篷底、阳台等处标高，并宜沿高度方向注写各部分的高度尺寸。

立面图上标注的标高，有建筑标高和结构标高之分。建筑标高是指抹灰层在内的完成表面的标高，一般用来标注构件上顶面标高。结构标高是指不包括抹灰层的结构面的标高，一般用来标注梁底、雨篷底等的标高。注意门窗洞口上下口标高均为结构标高，也就是均不包括抹灰层。

立面图上还要用图例或文字表示外墙面的装饰及材料等，凡另有详图的部分都要标注详图索引符号。

如要标注竖向尺寸，可按下列方法。

- 最内一道：门窗等细部的高度尺寸。
- 中间一道：每个楼层面的高度尺寸。
- 最外一道：建筑物的总高度尺寸。

（5）建筑物的外貌和墙上的构造物：通过立面图可以了解建筑物的外貌和在立面上可以看到的全部构造物，如台阶、散水、花池、勒脚、雨篷、阳台、门窗、屋顶、檐口、雨水管等位置、尺寸、外形和构造等情况。

（6）建筑物外部装饰及所用材料情况：在建筑立面图中，对建筑物外立面各部位如檐口、窗台、雨篷、阳台、墙面等处的装饰用料和构造做法，一般都用图例或文字说明加以表达。

（7）建筑物外墙面上的门窗情况：在建筑立面图中，可以直接了解建筑物外墙上的门窗的位置、高度尺寸、数量及立面形式等情况。

附 1：建筑常用构件代号

构件名称	代号	构件名称	代号	构件名称	代号
板	B	屋面板	WB	空心板	KB
槽形板	CB	楼梯板	TB	墙板	QB
屋面梁	WL	圈梁	QL	基础梁	JL
楼梯梁	TL	屋架	WJ	框架	KJ
基础	J	柱	Z	阳台	YT

附 2：建筑构造及配件图例（见表 9—4）

表 9—4　　建筑构造及配件图例

名　称	图　例	说　明
墙体		包括土筑墙、土墙、三合土墙
隔断		1. 包括板条抹灰、木制、石膏板、金属材料等隔断 2. 适用于到顶与不到顶隔断

续表

名 称	图 例	说 明
栏杆		
楼梯	 上 下 上 下	1. 上图为底层楼梯平面，中图为中间层楼梯平面，下图为顶层楼梯平面 2. 楼梯的形式及步数应按实际情况绘制
坡道	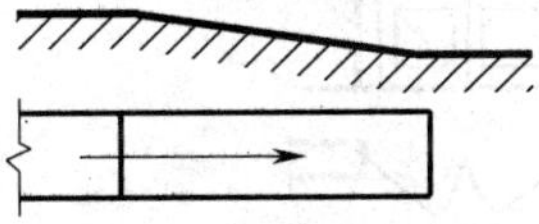	
检查孔	 	左图为可见检查孔 右图为不可见检查孔
孔洞		
坑槽	 	
墙预留槽	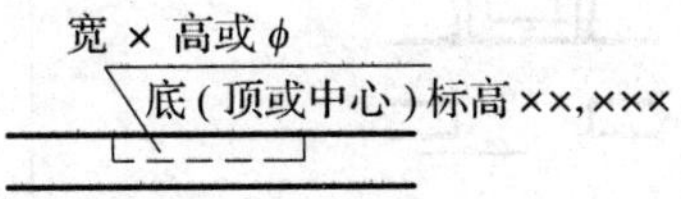 宽 × 高或 ϕ 底（顶或中心）标高××,×××	1. 以洞中心或洞边定位 2. 宜以涂色区别墙体和留洞位置
烟道	 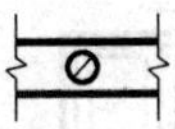	
通风道	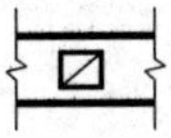 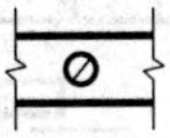	

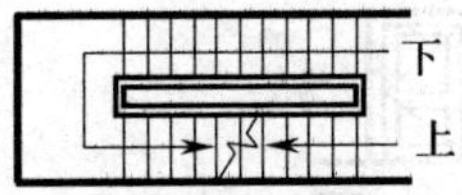

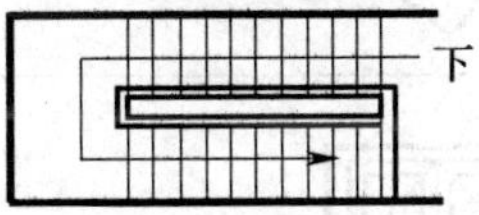

续表

<table>
<tr><th>名　称</th><th>图　例</th><th>说　明</th></tr>
<tr><td>空门洞</td><td> 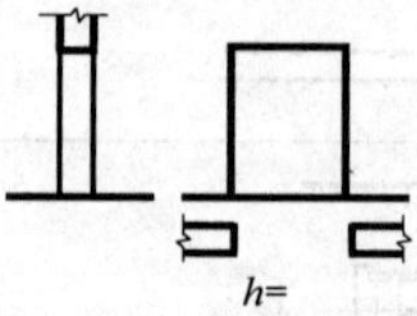h=</td><td>h 为门洞高度</td></tr>
<tr><td>单扇门
（包括平开或
单面弹簧）</td><td> 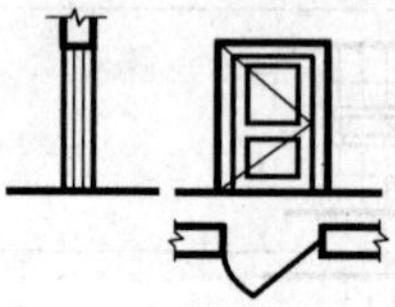</td><td rowspan="3">1. 门的名称代号用 M 表示
2. 剖面图上左为外，右为内，平面图上下为外，上为内
3. 立面图上开启方向线交角的一侧为安装合页的一侧，实线为外开，虚线为内开
4. 平面图上门线应 90°或 45°开启，开启圆弧线宜画出
5. 立面图上的开启线在一般设计图中可不表示，在详图及室内设计图上应表示
6. 立面形式应按实际情况绘制</td></tr>
<tr><td>双扇门
（包括平开或
单面弹簧）</td><td></td></tr>
<tr><td>对开折叠门</td><td></td></tr>
<tr><td>墙外单扇推拉门</td><td> 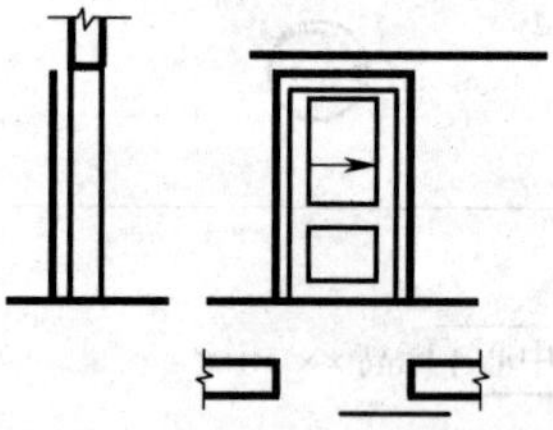</td><td rowspan="2">1. 门的名称代号用 M
2. 图例中剖面图左为外、右为内。平面图下为外，上为内
3. 立面形式应按实际情况绘制</td></tr>
<tr><td>墙外双扇推拉门</td><td></td></tr>
</table>

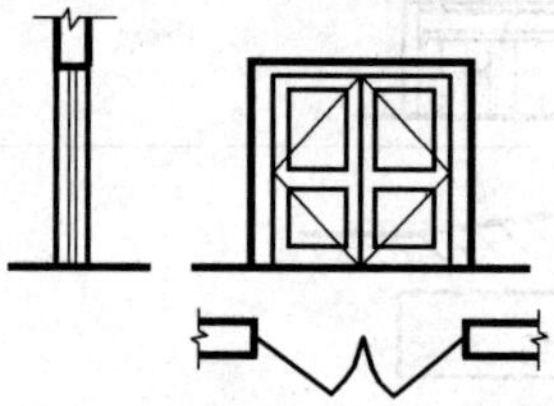

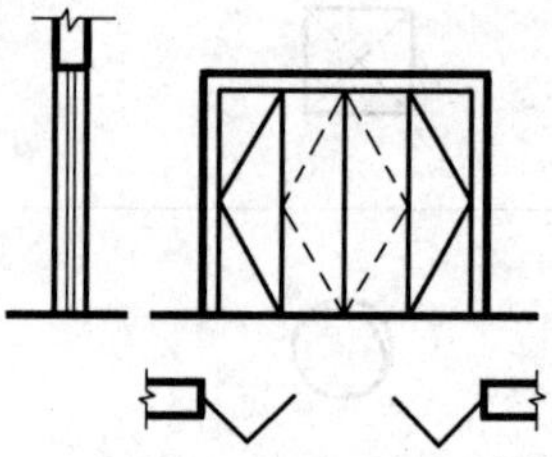

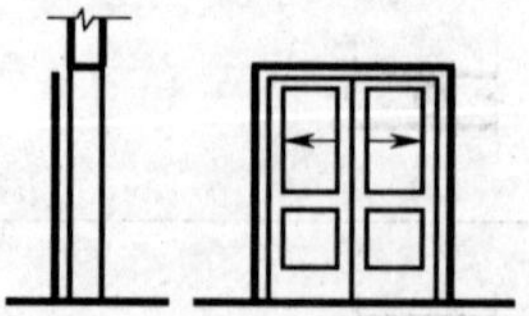

续表

名 称	图 例	说 明
墙内单扇推拉门	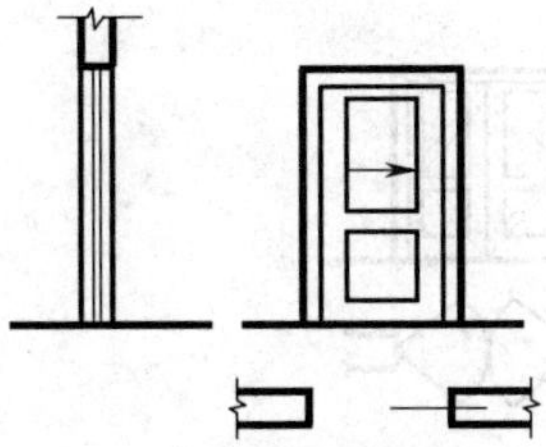	1. 门的名称代号用 M 2. 图例中剖面图左为外、右为内。平面图下为外，上为内 3. 立面形式应按实际情况绘制
墙内双扇推拉门	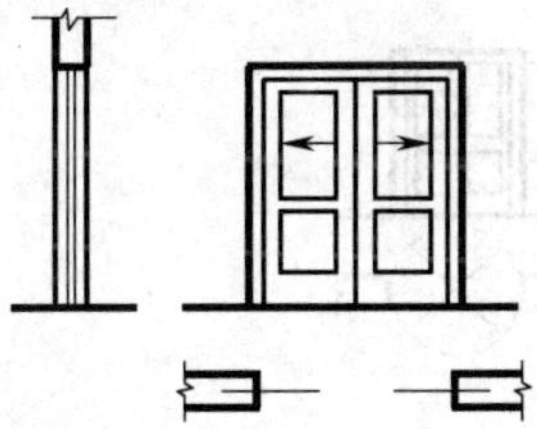	
单扇双面弹簧门	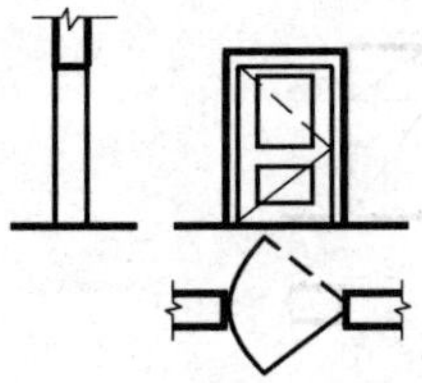	同“单扇门”说明
双扇双面弹簧门	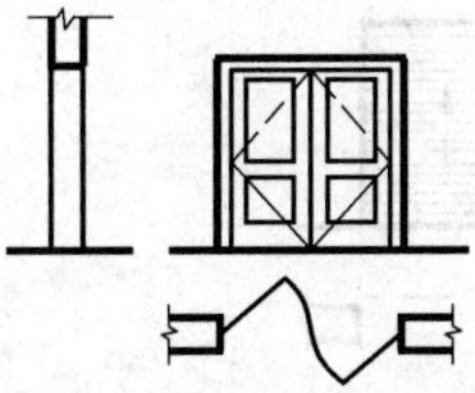	
单扇内外开双层门（包括平开或单面弹簧）	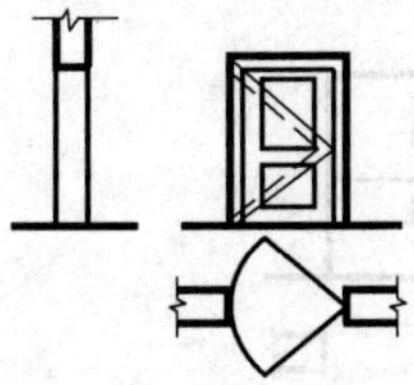	

续表

名　称	图　例	说　明
双扇内外开双层门（包括平开或单面弹簧）	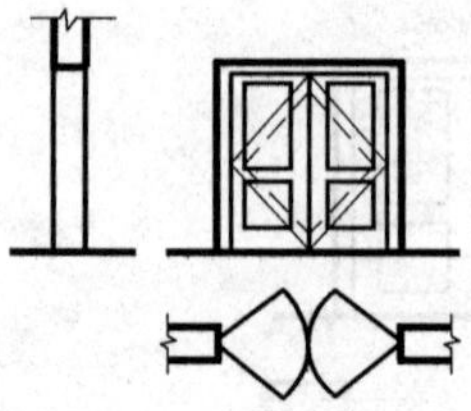	同“单扇门”说明
转　门	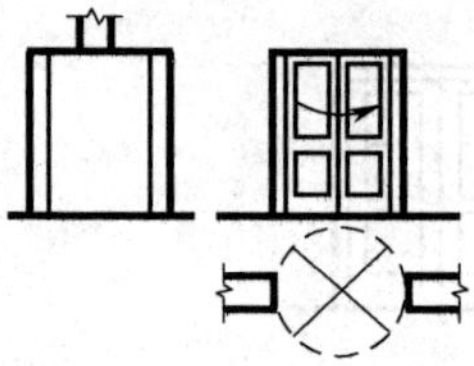	同“单扇门”说明 1、2、4、5、6
折叠上翻门	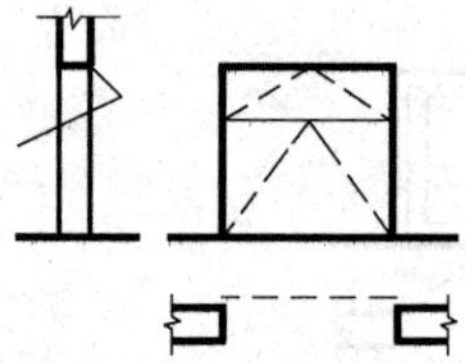	同“单扇门”说明 1、2、4、5、6
卷门	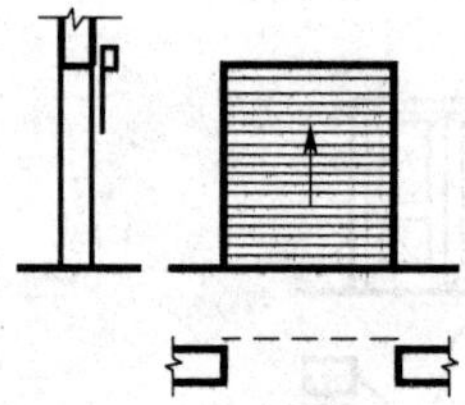	同“单扇门”说明 1、2、6
提升门	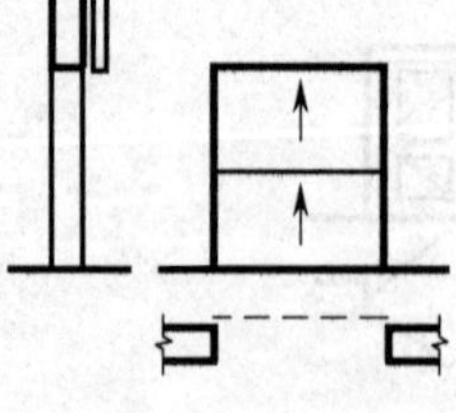	

续表

名　称	图　　例	说　　明
单层固定窗	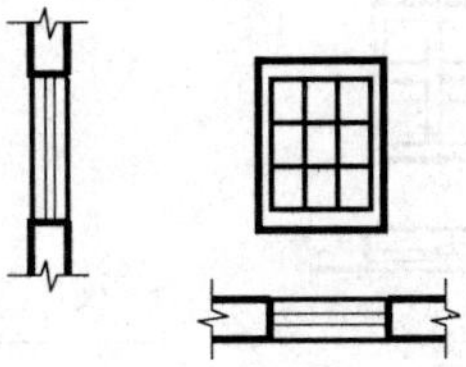	1. 窗的名称代号用C表示 2. 立面图中的斜线表示窗的开启方向，实线为外开，虚线为内开；开启方向线交角的一侧为安装合页的一侧，一般设计图中可不表示 3. 剖面图上左为外，右为内，平面图上下为外，上为内 4. 平、剖面图上的虚线仅说明开关方式，设计图中不需表示 5. 窗的立面形式应按实际情况绘制 6. 小比例绘图时平、剖面的窗线可用单粗实线表示
单层外开上悬窗	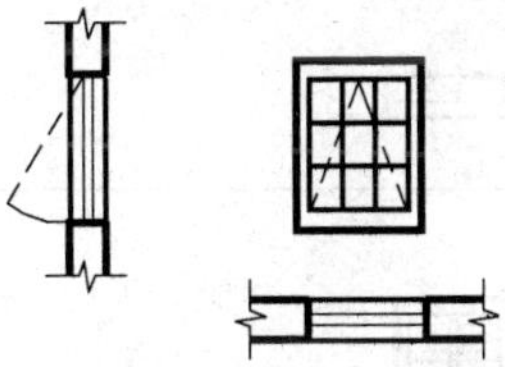	
单层中悬窗	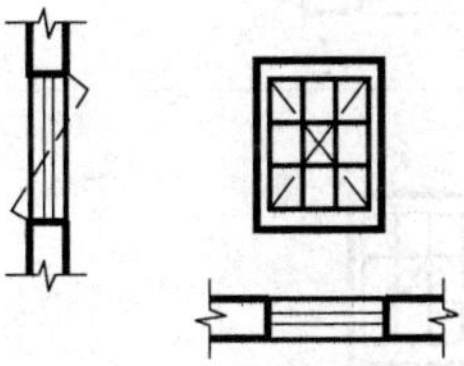	同“单层固定窗”说明
单层内开下悬窗	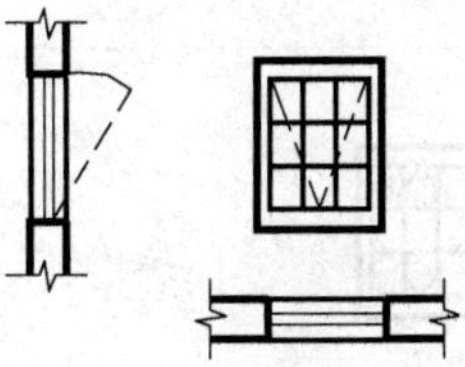	
单层外开平开窗	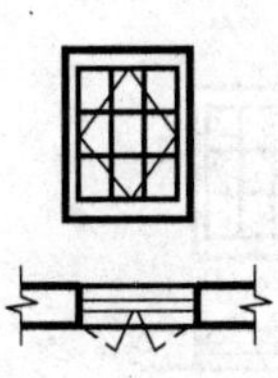	

续表

<table>
<tr><th>名 称</th><th>图 例</th><th>说 明</th></tr>
<tr><td>左右推拉窗</td><td></td><td rowspan="2">同“单扇固定窗”说明中的1、3、5、6</td></tr>
<tr><td>上推窗</td><td></td></tr>
<tr><td>百叶窗</td><td></td><td>同“单扇固定窗”说明中的1、2、3、4、5</td></tr>
<tr><td>立转床</td><td></td><td>同“单层固定窗”说明</td></tr>
<tr><td>单层内开平开窗</td><td></td><td rowspan="2">同“单层固定窗”说明</td></tr>
<tr><td>双层内外开平开窗</td><td></td></tr>
</table>

续表

名　称	图　　例	说　　明
高窗	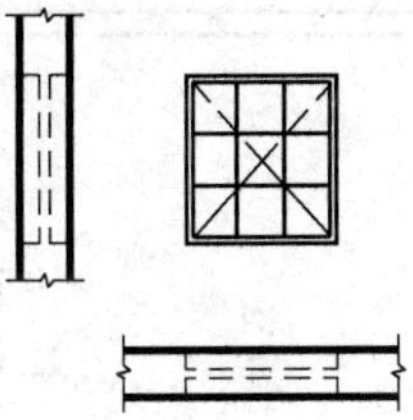 $h=$	1. 窗的名称代号用 C 表示 2. 立面图中的斜线表示窗的开启方向，实线为外开，虚线为内开；开启方向线交角的一侧为安装合叶的一侧，一般设计图中可不表示 3. 图例中，剖面图所示左为外，右为内，平面图所示下为外，上为内 4. 平面图和剖面图上的虚线仅说明开关方式，在设计图中不需表示 5. 窗的立面形式应按实际绘制 6. h 为窗底距本层楼地面的高度

附 3：建筑平面图（见图 9—17）

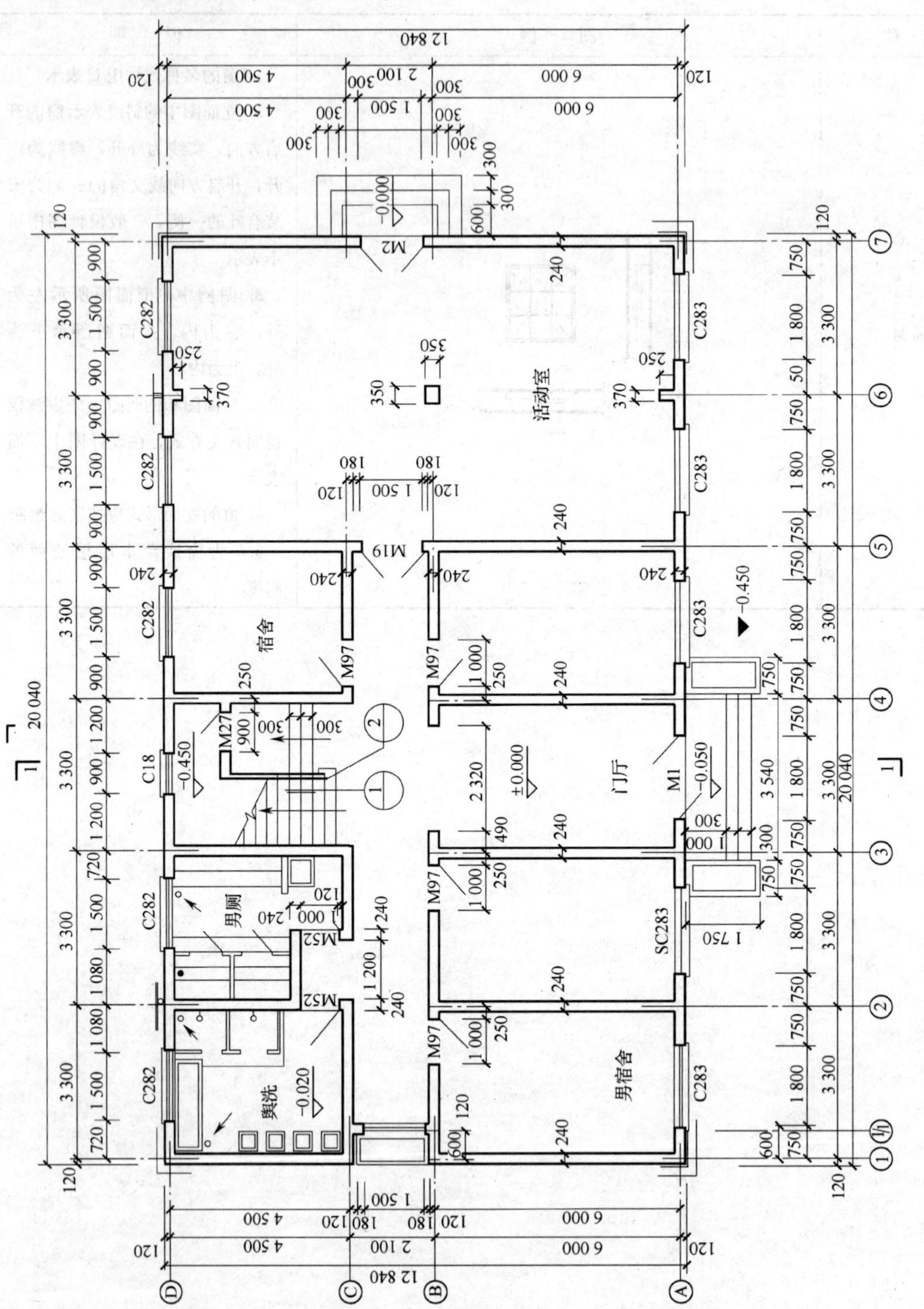

图9—17　底层建筑平面图

附 4：建筑剖面图（见图 9—18）

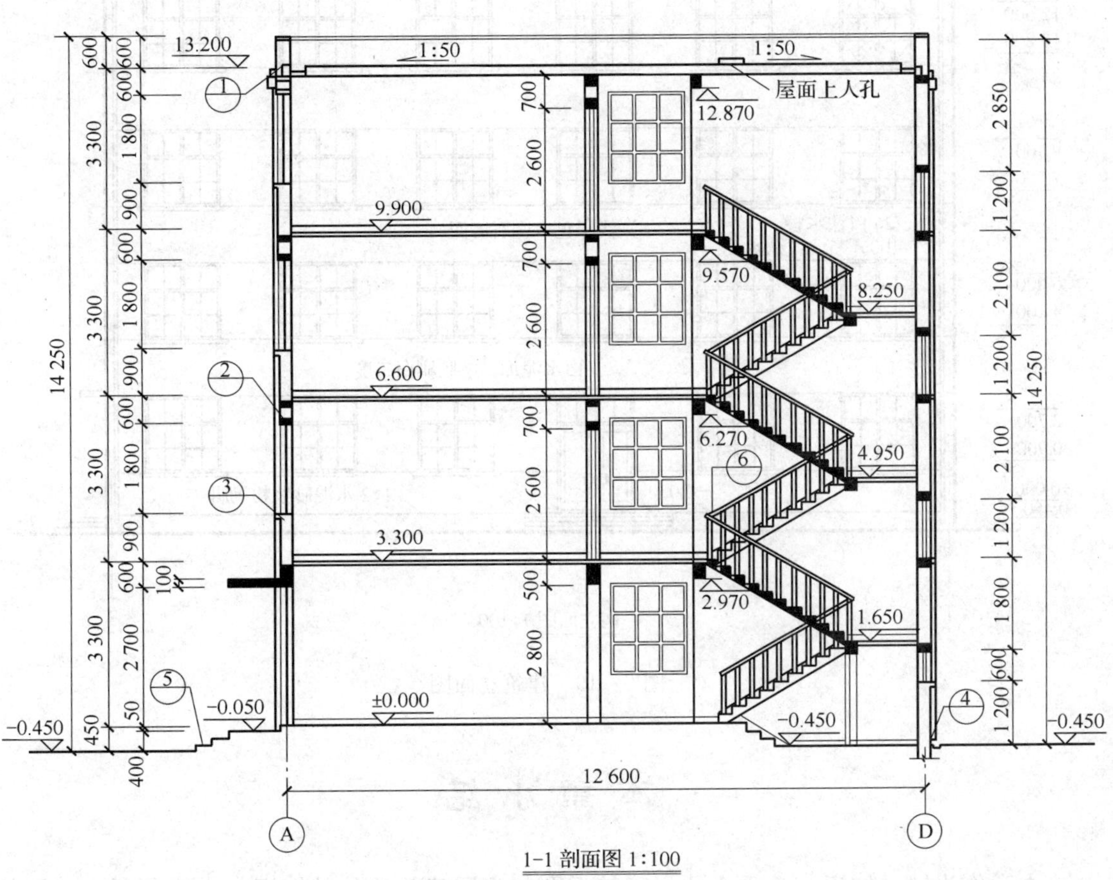

1-1 剖面图 1:100

图 9—18　建筑剖面图

附 5：建筑立面图（如图 9—19 所示）

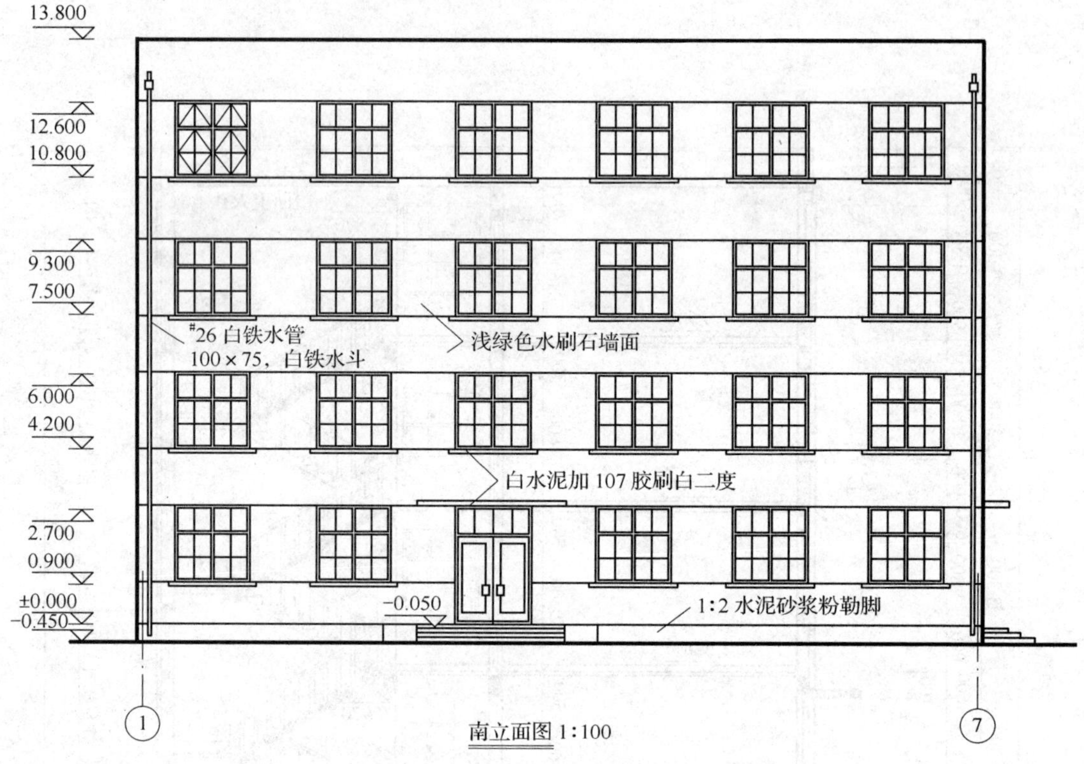

图 9—19　建筑立面图

本章小结

本章作为辅助知识，着重介绍了建筑识图与房屋建筑的基础知识。内容包括：房屋的建筑类型、建筑的结构分类、房屋建筑的影响因素；房屋建筑的基本组成；基础的种类、墙体的类型、承重墙体的作用、墙体的抗震构造、屋顶的作用和组成等；并简单介绍了房屋建筑施工图的知识以及建筑平面图、建筑剖面图和建筑立面图。

复习思考题

1. 一般民用建筑主要由哪些部分组成？
2. 承重墙体的作用及其各组成部分都是什么？

3. 过梁的类型有哪几种？

4. 屋顶由哪几部分组成？

5. 屋顶的主要作用有哪些？

6. 民用建筑常用的结构体系主要有哪几种？

模拟测试题

一、填空题（请将正确的答案填在横线空白处）

1. 房屋是供人们________、________、________和进行________的场所。

2. 房屋建筑按其使用性质可分为________、________、________和________几大类。

3. 一般民用建筑都是由________、________、________、________、________、________和________等主要部分组成。

4. 基础埋置深度不超过 5 m 叫________，超过 5 m 叫________。

5. 楼梯一般由连续梯级的________、________和________三部分组成。

二、判断题（下列判断正确的请打"√"，错误的打"×"）

1. 建筑结构是指建筑物中由承重构件（基础、墙体、柱、梁、楼板、屋架等）组成的体系。（　　）

2. 钢结构多用于 20 世纪 50～60 年代建造的民用房屋和简易房屋。（　　）

3. 楼梯是联系建筑物上下各层的垂直步行交通设施。（　　）。

4. 总平面图中应表示朝向，还应表现各向风力对该地区的影响，因此在图样旁还绘有指南针和风玫瑰。（　　）

5. 房屋建筑图是用以表达房屋施工情况的一套完整的图纸。（　　）

三、单项选择题（下列每题有四个选项，其中只有一个是正确的，请将其代号填在括号内）

1. 建筑（　　）是对建筑物的外立面进行正投影所得到的投影图。

A. 平面图　　B. 立面图　　C. 剖面图　　D. 总平面图

2. 砖混结构房屋建造层数一般在（　　）。

A. 1～3 层　　B. 6 层以下　　C. 7～9 层　　D. 10 层以上

3. 多层的工业厂房、商场、办公楼、高层住宅等一般采用的是（　　）。

A. 砖木结构　　B. 砖混结构　　C. 钢筋混凝土结构　　D. 钢结构

4. 对于图中需要另画详图表示的局部或构件，为了读图方便，应在图中的相应位置以（　　）标出。

A. 标高符号　B. 详图符号　C. 指北针和风玫瑰　D. 索引符号

5. 楼梯的坡度一般为（　　）。

A. 10°～20°　B. 20°～45°　C. 45°～60°　D. 60°～75°

四、多项选择题（下列每题中的多个选项中，至少有两个是正确的，请将其代号填在括号内）

1. 建筑施工图是由（　　）三部分组成。

A. 平面图　B. 立面图　C. 剖面图　D. 总平面图

2. 筒体结构分（　　）四种结构。

A. 筒体—框架　B. 框筒　C. 筒中筒　D. 束筒

3. 楼梯按使用性质的不同，可分（　　）。

A. 室外安全楼梯　B. 防火楼梯　C. 室内主要楼梯　D. 辅助楼梯

4. 楼板层一般由（　　）三部分组成。

A. 面层　B. 结构层　C. 顶棚　D. 地面

5. 可变（活）荷载包括（　　）。

A. 家具荷载　B. 房屋的自重　C. 设备荷载　D. 雪荷载

五、简答题

1. 何为刚性基础，它有哪些特点？

2. 何为构造柱，它有哪些作用？

3. 请简述门和窗的作用。

4. 一套完整的房屋建筑图，根据其专业内容或作用的不同，一般可分为哪几个部分？

5. 哪些建筑我们一般称之为公共建筑？

模拟测试题参考答案

一、填空题

1. 居住　学习　生产　社会活动

2. 居住建筑　公共建筑　工业建筑　农业建筑

3. 基础　墙（柱）　楼地面　楼梯　屋顶　门窗

4. 浅基础　深基础

5. 楼梯段（又称梯跑）　平台（休息平台）　栏杆（板）

二、判断题

1. √　2. ×　3. √　4. ×　5. √

三、单项选择题

1. B　2. B　3. C　4. D　5. B

四、多项选择题

1. ABC　2. ABCD　3. ABCD　4. ABC　5. ACD

五、简答题

1. 凡是由刚性材料建筑，受刚性角限制的基础称为刚性基础。刚性基础的特点是抗压强度好，但抗拉、抗弯、抗剪等强度较差。

2. 构造柱是在墙身的主要转角部位或墙体超过 4 m 的时候设置的竖直构件。其作用是与圈梁一起组成空间骨架，以提高建筑物的整体刚度和整体的延展性，约束墙体裂缝，从而增加建筑物的抗震能力。

3. 门和窗是房屋中不可缺少的建筑构件，其不但有实用价值，还有建筑装饰的作用；不仅能采光、通风、接受日照，还有保温、隔声等作用，并在建筑中起到围护作用。

4. 一套完整的房屋建筑图，根据其专业内容或作用的不同，一般分为以下几个部分：(1) 图纸目录；(2) 设计总说明；(3) 建筑总平面图；(4) 建筑施工图；(5) 结构施工图；(6) 暖通及空调施工图；(7) 给排水施工图；(8) 电气施工图。

5. 公共建筑一般是指供人们进行各项社会活动的建筑物，如学校、办公楼、商店、宾馆、旅馆、医院、影剧院等。

物业管理员（五级）知识考核模拟试卷（一）

一、填空题（请将正确的答案填在横线空白处。每空1分，共26分）

1. 物业的含义应该包含三项内容：1）已建成并具有使用功能和________的各类________；2）与这些房屋相配套的设备、________；3）相关的________。

2. 物业管理的本质是服务。物业管理是寓管理、经营于________之中的第三产业。

3. 物业管理人员应具有良好的思想品德，能做到________、________、自强、自励。

4. 目前国际市场上通用的物业管理招标方式可分为三种，即________、________和协议招标。

5. 在物业管理过程中，物业服务企业对一些专项管理和服务可以选聘专业公司负责，但不得将________责任及________转让给其他人或单位。

6. 物业服务合同终止时，物业服务企业必须及时向业主委员会移交________和相关________。

7. 房屋养护是指物业服务企业为保证物业处于良好的使用状态，对________、________及________实施的综合养护工作。

8. 房屋养护应该遵循的原则是：________、________。

9. 建筑排水系统按照所排除污（废）水的性质，可以分为________排水系统、________排水系统和________排水系统。

10. 对于窗口接待，管理处首先必须明确接待时间，一般应实行________至________全天业主或使用人接待。

11. 公共秩序维护服务主要包括：________、________、________和车辆管理等几项内容。

二、判断题（下列判断正确的请打“√”，错误的打“×”。每题1分，共16分）

1. 物业管理首先提供的是服务，其服务对象是物业。（　）

2. 物业服务工作的宗旨是“企业至上、管理第一”。（　）

3. 物业管理早期介入阶段需要物业服务企业的整体介入。（　）

4.《临时管理规约》是由建设单位负责制定的。（　）

5. 按照物业装饰装修管理的相关规定，晚间19：00至次日上午9：00和节假日，不得从事敲、凿、钻、锯等产生严重噪声的施工活动。（　）

6. 房屋的所有权人和使用权人均称为业主。（　）

7. 业主大会是由一个物业管理区域内的业主代表组成的。（　）

8. 屋面防水是建筑物防水的薄弱环节，因此，应加强屋面工程的养护。（　）

9. 计划养护是物业服务企业凭借经验和平时掌握的检查资料从物业管理角度提出来的养护工作的计划安排。（　）

10. 供配电系统的日常保养与管理是一项阶段性的工作。（　）

11. 中断供电将造成用电户政治上和经济上较大损失的是三级负荷。（　）

12. 电梯的故障分为机械系统故障和电气控制系统故障。其中电气控制系统的故障所占比率比较小。（　）

13. 单幢楼宇的地面、楼梯扶手、栏杆、窗台等保洁属于楼内公共区域的保洁。（　）

14. 物业消防管理的基本目的就是灭火。（　）

15. 物业管理工作计划和总结属于经济文本。（　）

16. 钢结构多用于20世纪50～60年代建造的民用房屋和简易房屋。（　）

三、单项选择题（下列每题有四个选项，其中只有一个是正确的，请将其代号填在括号内。每题1分，共12分）

1. 由业主选聘物业服务企业实行专业管理的模式，这是我国目前（　）采用的一种管理模式。

A. 较少　B. 基本不　C. 广泛　D. 非主要

2. 物业管理的质量目标包括硬件目标和软件目标。软件目标包括服务的完备性、及时性和（　）等。

A. 整体性　B. 用户的满意度

C. 充分性　D. 有效性

3. 如遇张先生的太太，今年50出头，她本人姓王，以下（　）称呼是对的。

A. 张女士　B. 张太太　C. 王小姐　D. 王太太

4. 在物业服务前台接待中，物业管理人员应做到思想集中、精神饱满、真诚微笑、（　）。

A. 着装整齐　B. 着装随便　C. 一心二用　D. 表情严肃

5. 根据《物业管理条例》的规定：在业主、业主大会选聘物业服务企业之前，建设单位选聘物业服务企业的，应当签订书面的（　）合同。

A. 物业交接　B. 物业移交　C. 前期物业服务　D. 物业服务

6. （　）验收是一项物业建造的最后阶段，它属于质量的验收。

A. 接管　B. 竣工　C. 入住　D. 隐蔽工程

7. 业主委员会是业主大会的（　）。

A. 执法机构　B. 领导机构　C. 执行机构　D. 协调机构

8. 住宅区内的非住宅物业业主在首次业主大会会议上的投票权，按其拥有的物业建筑面积计算，每满（　　）平方米计一票。

A. 九十　　B. 八十　　C. 一百　　D. 一百五十

9. 房屋维修工作中，凡是以修复房屋的小损小坏，维持房屋原来的使用状态及完损等级为目的的维修，称为房屋的（　　）。

A. 小修　　B. 中修　　C. 大修　　D. 翻修

10. 目前我国普遍采用的是传统消防设备，以（　　）的消防设备为主。

A. 水力灭火　　B. 电力灭火　　C. 风力灭火　　D. 火力灭火

11. 联合国规定，可以达到保障人类健康的城市人均绿化的标准是（　　）m^2。

A. 40～50　　B. 50～60　　C. 60～70　　D. 70～80

12. 函是（　　）机关之间商洽工作，询问和答复问题，请求批准和答复审批事项时使用的公文，分公函、便函两种。

A. 不相隶属　　B. 相隶属　　C. 上下级　　D. 平级

四、多项选择题（下列每题中的多个选项中，至少有两个是正确的，请将其代号填在括号内。每题 2 分，共 22 分）

1. 我国土地使用权出让最高年限规定为：工业用地为 50 年、（　　）。

A. 居住用地为 70 年

B. 教育、科技、文化、卫生、体育用地为 50 年

C. 商业、旅游、娱乐用地为 40 年

D. 综合或者其他用地为 50 年

2. 物业管理一般具有（　　）和契约化等特点。

A. 社会化　　B. 专业化　　C. 规范化　　D. 经营化

3. 物业管理人员应具备的素质包括（　　）。

A. 政治和品德素质　　B. 管理素质　　C. 公关素质　　D. 文化素质

4. 物业管理人员应具备的职业道德包括（　　）。

A. 办事公道　　B. 奉献社会　　C. 真诚服务　　D. 诚实守信

5. 前期物业管理的主要工作流程包括（　　）。

A. 签订前期物业服务合同　　B. 物业管理人员的培训

C. 物业的接管与验收　　D. 进户管理

6. 在物业装修期间，物业服务企业应做到的包括（　　）。

A. 配备专人负责日常巡视和监督　　B. 发现违规行为及时进行劝阻

C. 装修完毕后及时收回临时出入证　　D. 发现违法装修行为及时依法处理

7. 业主委员会依法履行职责，以下属于业主委员会职责的是（　　）。

A. 召集业主大会会议，报告物业管理的实施情况

B. 代表业主与业主大会选聘的物业服务企业签订物业服务合同

C. 及时了解业主或使用人的意见和建议，监督和协助物业服务企业履行物业服务合同

D. 监督管理规约的实施

8. 房屋完损等级按房屋的结构、装修、设备三个组成部分的各个项目的完好或损坏程度来划分，分为（　　）和危险房屋。

A. 完好房　　B. 基本完好房　　C. 一般损坏房　　D. 严重损坏房

9. 建筑物的防雷装置，一般由（　　）组成。

A. 接闪器　　B. 引下线　　C. 雷达　　D. 接地装置

10. 一个完整的小区安防系统可由几道防线构成，下列属于小区安防系统的是（　　）。

A. 周界防越报警系统　　B. 闭路电视监控系统

C. 保安巡更管理系统　　D. 楼宇可视对讲系统

11. 筒体结构分（　　）这几种结构。

A. 筒体—框架　　B. 框筒　　C. 筒中筒　　D. 束筒

五、简答题（每题 4 分，共 24 分）

1. 简述物业管理的定义。

2. 物业管理人员的职业道德规范包括哪些方面？

3. 按照顺序，前期物业管理的主要工作流程大致有哪些？

4. 业主大会作出哪些决定，应当经专有部分占建筑物总面积 2/3 以上的业主且占总人数 2/3 以上的业主同意？

5. 危险房屋的鉴定应按照哪些程序进行？

6. 建筑排水系统按照所排除污（废）水的性质，可以分为哪几类？

物业管理员（五级）知识考核模拟试卷（一）答案

一、填空题

1. 经济效用　房屋　设施　场地　2. 服务　3. 自信　自律　4. 公开招标　邀请招标　5. 整体管理　利益　6. 相关财产　资料　7. 房屋结构　装修　设备部分　8. 因地制宜　合理修缮　9. 生活污水　工业废水　雨水　10. 周一　周日　11. 门岗服务　巡逻岗服务

技防设施和救助

二、判断题

1.× 2.× 3.× 4.√ 5.× 6.× 7.× 8.√ 9.√ 10.× 11.× 12.× 13.√ 14.× 15.× 16.×

三、单项选择题

1.C 2.B 3.B 4.A 5.C 6.B 7.C 8.C 9.A 10.A 11.B 12.A

四、多项选择题

1.ABCD 2.ABCD 3.ABCD 4.ABCD 5.ABCD 6.ABC 7.ABCD 8.ABCD 9.ABD 10.ABCD 11.ABCD

五、简答题

1. 物业管理是指业主通过选聘物业服务企业，由业主和物业服务企业按照物业服务合同约定，对房屋及配套的设施设备和相关场地进行维修、养护、管理，维护相关区域内的环境卫生和秩序的活动。

2. 物业管理人员的职业道德规范包括：爱岗敬业、诚实守信、办事公道、真诚服务和奉献社会。

3. (1) 签订前期物业服务合同；(2) 物业管理机构的设立；(3) 物业管理人员的培训；(4) 规章制度的建立；(5) 物业的接管与验收；(6) 进户管理；(7) 装修搬迁管理；(8) 档案资料的建立。

4. 业主大会作出筹集和使用专项维修资金，改建、重建建筑物及其附属设施的，应当经专有部分占建筑物总面积 2/3 以上的业主且占总人数 2/3 以上的业主同意。

5. 房屋危险性鉴定应依次按下列程序进行。

(1) 受理委托：根据委托人要求，确定房屋危险性鉴定内容和范围。

(2) 初始调查：收集调查和分析房屋原始资料，并进行现场查勘。

(3) 检测验算：对房屋现状进行现场检测，必要时，采用仪器测试和结构验算。

(4) 鉴定评级：对调查、查勘、检测、验算的数据资料进行全面分析，综合评定，确定其危险等级。

(5) 处理建议：对被鉴定的房屋，应提出原则性的处理建议。

(6) 出具报告。

6. 建筑排水系统按照所排除污（废）水的性质，可以分为三类：

(1) 生活污水排水系统。排除人们日常生活中的生活废水和粪便污水。

(2) 工业废水排水系统。排除生产过程中产生的生产污水和工业废水。

(3) 雨水排水系统。接纳和排除屋面的雨水和融化的雪水。

物业管理员（五级）知识考核模拟试卷（二）

一、填空题（请将正确的答案填在横线空白处。每空1分，共26分）

1.《物业管理条例》所称的物业管理，是指________通过选聘物业服务企业，由业主和物业服务企业按照________约定，对房屋及配套的设施设备和相关场地进行维修、养护、管理，维护相关区域内的________的活动。

2. 物业管理档案资料的建立，必须紧紧抓住收集、整理、________、________四个环节。

3. 那种同人们的职业生活和职业交往相联系的、在职业范围内形成的比较稳定的道德观念、行为规范和习俗，就是________。

4. 评标的具体原则是：________、________、行为规范和信誉良好。

5. 物业服务企业的经营内容就是提供物业管理服务，即要对房屋及配套的设施设备和相关场地进行________、________、________，维护相关区域内的环境卫生和秩序。

6. 物业服务企业从事物业管理和服务，必须履行一定的职责，而履行职责就要享有一定的________，并承担一定的________。

7. 房屋日常养护可分为________养护、________养护两种情况。

8. 房屋修缮按照物业完损程度及修缮规模不同可分为房屋________、________、________、________及________等。

9. 建筑给水系统按照供水对象的不同，可以分为：________、________和________。

10. 物业服务企业还要做好防治“脏乱差”的工作。“脏乱差”具有________性、________性和________性的特点。

二、判断题（下列判断正确的请打“√”，错误的打“×”。每题1分，共16分）

1. 物业管理行业是一个具有高额资金回报的行业，其经费的使用总体比较宽裕。（ ）

2. 物业管理从业人员一般应擅长沟通技巧，能善于化解矛盾，这就要求我们的从业人员应该具备一定的政治和品德素质、业务素质、文化素质、身心素质、公关素质和管理素质。（ ）

3. 业主、业主大会选聘物业服务企业从事物业管理活动的，称之为前期物业管理。（ ）

4. 物业服务企业承接物业时，应当对物业共用部位、共用设施设备进行查验。（ ）

5. 物业服务企业是不以盈利为目的经济组织。（ ）

6. 物业服务企业的资质等级分为一、二、三级三种。（ ）

7. 根据《物业服务企业资质管理办法》，国务院建设主管部门负责三级物业服务企业资质证书的颁发和管理。（ ）

8. 对被鉴定为危险房屋的，一般采用整体拆除的方式进行处理。（ ）

9. 只有房屋的结构、装修、设备部分各项均符合完好标准，其完损等级才可评为完好房。（ ）

10. 沉降裂缝是由于房屋地基变形、基础不均匀沉降引起的。（ ）

11. 发生火灾的时候，乘客可以乘坐消防梯逃生。（ ）

12. 供配电系统的管理应该建立 24 小时值班制度。（ ）

13. 消防工作要贯彻“以消为主，防消结合”的方针。（ ）

14. 高压脉冲电子围墙一改国内周界防范中单纯的事后报警的传统模式，强调了以“阻挡为主，报警为辅”的国际周界安防新概念。（ ）

15. 节假日放假温馨提示属于物业管理制度文本。（ ）

16. 总平面图中应表示朝向，还应表现各向风力对该地区的影响，因此在图样旁还绘有指南针和风玫瑰。（ ）

三、单项选择题（下列每题有四个选项，其中只有一个是正确的，请将其代号填在括号内。每题 1 分，共 12 分）

1. 根据使用功能的不同，物业一般可分为居住物业、（ ）、工业物业和其他用途物业四类。

A. 商业物业　B. 商场物业　C. 公寓物业　D. 工厂物业

2. 物业管理是为业主或使用人提供全面服务的，所以必须注重（ ），提供“个性化”的服务。

A. 以人为本　B. 以物业为本　C. 以企业为本　D. 以利益为本

3. 应答客人询问时，（ ）做法是不正确的。

A. 站立说话　B. 借助手势　C. 目视他处　D. 面带笑容

4. 物业管理早期介入，是指物业服务企业在（ ），受房地产开发商的邀请或委托，从物业管理服务的角度，为物业建造的全过程提供咨询。

A. 接管物业之后　B. 接管物业之前

C. 业主入住后　D. 业主入住前

5. 前期物业管理是指由（ ）选聘物业服务企业从事的物业管理活动。

A. 业主大会　B. 业主委员会　C. 建设单位　D. 行政管理部门

6. 物业的交付也就是物业服务企业按照程序将物业的（　）交付给购房者的过程。

A. 产权　B. 实物　C. 产权及实物　D. 图纸

7. 设立物业管理公司的注册资本至少应达到（　）万元以上。

A. 30　B. 50　C. 60　D. 80

8. 根据《物业服务企业资质管理办法》，（　）主管部门负责一级物业服务企业资质证书的颁发和管理。

A. 县级政府建设　B. 地级政府建设

C. 省级政府建设　D. 国务院建设

9. 房屋完损等级的评定以（　）为评定依据。

A. 房屋建造年代　B. 房屋原始建造标准

C. 房屋实际完损标准　D. 房屋已使用年数

10. 提供人们日常生活中饮用、烹调、盥洗、洗涤、淋浴等用水的管道设施，称为（　）系统。

A. 生产给水　B. 生活给水　C. 消防给水　D. 工业给水

11. 物业小区内停车位要转让的，受让对象应当是本物业管理区域的（　）。

A. 开发商　B. 非业主使用人

C. 企业　D. 业主

12. 报告是一种适用于向（　）部门汇报工作、反映情况、答复询问的公文。

A. 下级　B. 上级　C. 同级　D. 横向

四、多项选择题（下列每题中的多个选项中，至少有两个是正确的，请将其代号填在括号内。每题 2 分，共 22 分）

1. 随着我国物业管理事业的不断发展和完善，物业管理行业将逐步呈现的发展趋势为：（　），物业服务管理与作业分离的运作模式将逐步形成。

A. 企业经营上的规模化、品牌化　B. 管理服务上的个性化

C. 管理手段上的智能化　D. 管理服务上的标准化

2. 以下服务属于物业管理服务基本内容的有（　）。

A. 公共区域秩序的维护　B. 保洁、绿化管理

C. 车辆的停放管理　D. 物业私有部位的管理

3. 物业服务礼仪接待中应做到的是（　）。

A. 注意礼节，讲究原则　B. 一视同仁，举止得当

C. 严于律己，宽以待人　D. 严格要求，严格执法

4. 物业的共用部位一般包括（　）。

A. 楼梯间　　B. 电梯井道　　C. 外墙　　D. 屋顶

5. 物业的共用设备一般包括（　　）。

A. 电梯　　B. 消防设备　　C. 变配电设备　　D. 水泵

6. 业主在享有一定权利的同时，也必须履行应尽的义务。下列属于业主义务的是（　　）。

A. 按时交纳物业服务费用

B. 监督业主委员会的工作

C. 遵守管理规约、业主大会议事规则

D. 执行业主大会的决定和业主大会授权业主委员会作出的决定

7. 物业服务企业是从事物业管理服务活动的企业，其概念包括的含义是（　　）。

A. 按合法程序成立　　B. 具有行业资质

C. 是独立法人　　D. 是以盈利为目的的经济组织

8. 房屋维修的原则包括（　　）。

A. “安全、合理、经济、实用”的原则

B. “区别对待”的原则

C. 为用户服务的原则

D. 修缮资金投资效果最大化的原则

9. 按用途分类，电梯的类型可分为（　　）。

A. 客运电梯　　B. 货运电梯　　C. 消防电梯　　D. 观光电梯

10. 绿化具有保护和改善生态环境的作用，主要体现在它具有（　　）的作用。

A. 防风、防尘，保护生态环境

B. 净化空气，降低噪声，改善环境

C. 改善小气候，调节温度，制止城市热岛效应

D. 净化水质

11. 建筑施工图是由（　　）组成的。

A. 平面图　　B. 立面图　　C. 剖面图　　D. 总平面图

五、简答题（每题 4 分，共 24 分）

1. 物业管理服务的基本内容主要包括哪些？

2. 简述物业服务工作的宗旨。

3. 前期物业管理与物业管理早期介入的作用有哪些不同？

4. 业主大会成立的条件是什么？

5. 何为翻修工程？其适用范围有哪些？

6. 一个完整的小区安防系统可由哪几道防线构成?

物业管理员(五级)知识考核模拟试卷(二)答案

一、填空题

1. 业主　物业服务合同　环境卫生和秩序　2. 归档　利用　3. 职业道德　4. 质量优良　报价合理　5. 维修　养护　管理　6. 权利　义务　7. 零星　计划　8. 小修　中修　大修　翻修　综合维修　9. 生活给水系统　生产给水系统　消防给水系统　10. 多发　蔓延　顽固

二、判断题

1. ×　2. √　3. ×　4. √　5. ×　6. √　7. ×　8. ×　9. ×　10. √　11. ×　12. √　13. ×　14. √　15. ×　16. √

三、单项选择题

1. A　2. A　3. C　4. B　5. C　6. C　7. B　8. D　9. C　10. B　11. D　12. B

四、多项选择题

1. ABCD　2. ABC　3. ABC　4. ABCD　5. ABCD　6. ACD　7. ABCD　8. ABCD　9. ABC　10. ABC　11. ABC

五、简答题

1. 物业管理服务的基本内容主要包括:

(1) 对房屋及其附属设备、设施的维修、养护、管理。

(2) 公共区域秩序的维护。

(3) 保洁、绿化管理。

(4) 车辆的停放管理。

(5) 物业共有部位的管理。

(6) 物业档案资料的保管。

(7) 物业维修、更新改造和养护费用的财务管理。

(8) 物业使用中对禁止性行为的管理以及物业服务合同约定的其他服务项目。

2. 物业服务工作的宗旨是"业主至上、服务第一"。

3. 物业管理早期介入是物业服务企业站在日后使用和管理的立场上,对房地产的开发过程提出具体的意见和建议,起到一个辅助的作用。而前期物业管理是物业服务企业通过合同形式行使管理权,承担相应的民事法律责任,起到一个主导的作用。

4. 《上海市住宅物业管理规定》中明确:"一个物业管理区域内,房屋出售并交付使用的建筑面积达到百分之五十以上，或者首套房屋出售并交付使用已满两年的，应当召开首次业主大会会议，成立业主大会。”

5. 房屋翻修是指需全部拆除，重新设计、重新建造的改造工程。房屋翻修一般适用于主体结构严重破坏、丧失正常使用功能、有倒塌危险且不能通过一般维修恢复的或无维修价值的房屋。

6. 由以下几道防线构成：

（1）周界防越报警系统。

（2）闭路电视监控系统。

（3）保安巡更管理系统。

（4）楼宇可视对讲系统。

（5）住户室内综合报警系统。